KB162257

근대일본의 사회변화와 역사지식 :
문명개화에서 제국주의까지

이 저서는 2014년 정부(교육부)의 재원으로 한국연구재단의 지원을 받아 연구되었음(NRF-2014S1A6A4A02024711)

근대일본의 사회변화와 역사지식 :

문명개화에서 제국주의까지

함 동 주

역락

차 례

프롤로그

   1868년 1월 3일, 일군의 귀족과 하급무사들은 천황의 이름으로 도쿠가와막부의 해체와 왕정복고의 단행을 선포하였다. 이들의 손에서 발포된 왕정복고의 선언은 다음과 같다.

   도쿠가와 쇼군이 지금까지 위임받았던 대정(大政)을 반환하고 쇼군 직을 사퇴하겠다는 두 안건을 (천황께서) 이번에 단호히 받아들이셨다. 원래 계축년(1853) 이래 미증유의 국난이 있어서 선제께서 오랫동안 고심하신 것은 모두가 다 아는 바이다. 이에 따라 왕정복고를 하여 국위를 만회할 기반을 세우기로 결정하셔서 지금부터 섭정, 관백, 막부 등을 폐지하고 우선 임시로 총재, 의정, 참여의 3직을 두어 만기(萬機)를 행하실 것이다. 진무(神武) 창업의 때에 기반을 두어 진신, 무변, 당상, 지하의 구별 없이 올바른 공의를 마음껏 논하게 하고, 천하와 휴척을 함께 하실 생각이므로 모두는 힘써 지금까지의 오만하고 타락하고 더러운 습성을 씻어내고 진충보국(盡忠報國)의 정성으로 봉사해야 할 것이다.[1]

그로부터 31년이 지난 1889년 2월 11일, 메이지천황은 이토 히로부미를 비롯한 왕정복고의 원훈들에게 둘러싸인 자리에서 헌법창제의 사실을 공포하기 위해 「헌법발포칙어」를 발표하였다.

> 짐은 국가의 번영과 신민의 행복을 가장 중요한 영광으로 여긴다. 짐이 선조들께 이어받은 대권에 의해 현재와 미래의 신민에 대해 이 불마(不磨)의 대전을 선포한다. 생각건대 우리의 선조, 우리의 조종은 우리 신민의 선조의 협력과 보익에 의해 우리 제국을 처음 세우고, 그리하여 무궁하게 드러내 보였다. 이것은 우리의 신성한 선조의 위덕과 함께 신민이 충실하고 용무하여 국(國)을 사랑하고 공(公)을 따름으로써 이 빛나는 국사(國史)의 업적을 남긴 것이다. 짐은 우리 신민은 곧 조종의 충량한 신민의 자손이라고 생각하고 있으니, 그들이 짐의 뜻을 받들어 짐의 일을 뒷받침하고, 함께 화충협동(和衷協同)하며, 더더욱 우리 제국의 영광을 국내외에 선양하고, 선조의 위업을 영원히 공고하게 하는 바람을 함께 하고, 이 부담을 나누어 견뎌나갈 것을 의심하지 않는다.[2]

이 두 사건은 근대일본을 규정짓는 결정적인 순간으로 그 중요성은 더 이상 언급할 필요가 없을 것이다. 필자의 관심은 메이지천황의 이름으로 발표된 위의 두 문서가 모두 '과거'에 깊은 의미를 부여한 점에 있다. 메이지천황은 낡은 막부정권을 무너트리는 순간에도 '진무 창업'을, 입헌제 도입을 천명하는 자리에서는 '조종(祖宗)의 위덕(威德)'과 '국사의 성적(成跡)'을 언급하였다. 근대국가로의 중대한 전환점에서 메이지천황의 이름으로 일본의 역사적 기원과 영속성을 강조한 것이다. 메이지 일본에서 역사가 정치·사회적으로 지닌 무게감을 보여주는 대목이다.

이 책에서 목표로 하는 바는 근대일본의 전개와 역사지식의 상호관계를 살펴보는 데 있다. 달리 표현하자면 "메이지 일본이라는 시공간 속에서 역사와 사회의 관계는 어떻게 전개되었고, 어떻게 상호 소통하였는가?"라는 질문이 이 책의 핵심이다.

이 책은 근대일본의 성립과 변화 속에서 역사지식의 형성·변용 과정을 고찰할 것이다. 역사지식의 변화를 추적한다는 점에서 일종의 사학사에 해당한다. 그렇지만 기존의 사학사가 '역사학'의 발전 과정을 밝히고자 하였다면, 이 책의 목표는 역사지식이 어떻게 일본사회의 현실과 상호 연동되면서 영향을 주고받았는지를 밝히는 데 있다. 다시 말해, 역사지식이 일본사회의 발전 과정과 긴밀한 관련을 가지며 영향을 미치고 영향을 받는 실태들을 밝힘으로써 역사지식이 단순한 학문적 진리의 측면에 한정된 것이 아니라 그 사회의 정치적, 사회적 맥락 속에서 존재하는 것임을 보고자 한다. 그런 점에서 메이지 시대의 일본은 매우 적절한 연구대상이다. 메이지 시대가 전통적 질서를 해체하고 서양문화에 기반을 둔 근대국가를 수립한 것에서 시작하여 입헌제 도입, 제국주의 국가로의 부상으로 이어지는 급격한 변화의 시대였기 때문이다. 따라서 메이지 일본은 사회변화와 역사지식이 어떻게 서로에게 영향을 주는지를 한 눈에 보여주는 전시장과 같다고 할 수 있다.

랑케의 역사주의에 입각한 근대역사학은 '과거 사실 그대로'의 객관적 연구를 무기로 역사와 사회를 분리시켜서, 양자의 만남 자체를 부인하고 거부하였다. 근대역사학의 또 다른 이론적 축을 제공한 마르크스는 역사지식이 사회와 일정한 관련성을 지닌다는 점은 인정하였다. 그렇지만 마르크스적 시각에서도 '지식'은 사회경제적 구조의 산물이기 때문에, 역사와 사회의 관계는 일방적인 것으로 이해된다.

E.H. 카의 지적대로 역사란 과거에 있었던 사실이 아니라 과거와 현재의 대화이다. 역사학은 단순히 과거에 있었던 일을 더 많이 알아내는 것을 의미하지 않는다. 역사적 지식을 둘러싼 갈등이 현재의 삶에 직접 영향을 미치며, 반대로 현재의 상황에 의해 역사지식의 내용이 바뀌는 경우를 어렵지 않게 찾아볼 수 있다. 다시 말해, 한 사회의 역사에 대한 지식에는 그 사회의 현재와 미래를 어떻게 규정할 것인가를 둘러싼 극히 정치적·사회적·문화적 판단이 개입된다.

근대국민국가의 탄생을 둘러싼 일련의 연구들은 '역사'가 제공하는 과거에 대한 지식/이미지가 근대사회의 성립과 성격 규정에 중요한 역할을 했다는 점을 지적하고 있다. 에릭 홉스봄(Eric Hobsbawm)의 '전통의 창출'은 새로운 사회경제적 토대 위에 세워진 근대국가들이 '전통' 혹은 '만들어진 전통'을 통해 스스로의 정체성을 확보해 가는 모습을 그려냄으로써 '역사상'의 역할을 적극적으로 평가한 바 있다.[3] 일본학계의 경우, 니시카와 나가오(西川長夫)의 '국민국가론'은 가장 민족주의적인 국가로 인식되어온 일본의 민족주의가 메이지 시대에 어떤 기제를 통해 형성되어 가는가를 생생하게 그려냄으로써 '민족'을 초역사적 존재에서 역사적 존재로 끌어내리는 역할을 하였다. 국민국가론은 국민국가의 형성과정에서 사회경제적 요소보다는 각종 문화장치의 역할을 중요시하면서 그 중에서 '역사상'의 중요성을 논하였다. 근대사회에 있어서 '역사적 기억'을 공유하는 것이 분산된 인민을 국민으로 통합하여 근대국민국가를 건설하는 데 중요한 역할을 하였음을 지적한 것이다.[4] 이러한 일련의 연구들은 역사와 사회의 만남이 결코 한쪽에 의한 일방 소통이 아니라 서로가 서로를 규정하고 규정 받는 상호 소통의 관계임을 보여준다.

그렇다면 '메이지'라고 하는 시공간과 역사적 지식은 어떻게 상호작용하였는가? 일본의 역사에서 '메이지'는 전근대에서 근대로의 전환점이었다는 독특한 시대성을 지니고 있다. 흔히 메이지유신은 근대일본의 기점으로 이해되면서 이를 통해 일본의 근대화가 본격화된 것으로 평가되어왔다. 실제로 메이지유신 이후 일본사회의 정치, 사회, 문화적 변화는 급격하게 진행되었다. 1870년대 초 영국과 같은 서구의 문명을 수입할 것을 주창했던 후쿠자와 유키치(福澤諭吉)는 1880년이 되면 일본이 이미 '동양의 영국'이 되었다고 선언했고, 1889년 메이지 헌법의 제정은 1871년의 독일제국헌법 제정에 비해 얼마 차이 나지 않았다. 그렇지만 과거 강좌파가 지적한 것처럼 메이지 시대는 '반봉건적 유제'가 넘쳐났던 시기였다.5) 메이지 시대는 전근대에서 근대로의 전환이 불완전하게 이루어진, 과도기적 시기였다. 문명개화의 영향은 일부 대도시의 상층 인사들에게 집중되었으며, 대부분의 일본인들은 전통적 생활방식과 세계관을 이어갔다. 다시 말해, 메이지 일본이라는 시공간 속에서 과거와 현재, 전통과 외래, 보수와 진보가 유례가 없을 만큼 복잡하게 뒤섞여 치열하게 경쟁하고 있었다. 이러한 메이지 일본의 변화와 갈등은 역사지식의 전개에서도 드러난다. 메이지유신 이후 전통적 역사지식과 서양의 근대적 역사지식이 공존하는 속에서 일본의 근대적 지식체계를 만들어갔다.

메이지 초기의 일본에는 서양의 역사지식이 수용되면서 새로운 역사상과 역사지식이 등장하였다. 이 책은 근대적 역사상의 형성이 일본사회의 근대적 전환 과정과 깊은 상호관계를 지녔음에 주목하여, 다음과 같이 구체적 실태와 의미를 검토하고자 한다.

첫째, 본 연구는 근대일본의 전개과정에서 형성된 새로운 역사지식이 학문적 차원을 넘어서서 다양한 사회·정치적 영향을 미쳤음에 주목하면서, 이를 통해 역사지식과 사회현실의 상호관계를 보고자 한다. 메이지 초기의 문명개화 운동은 일본 사회 전반에 거대한 변혁을 가져왔으며, 그 과정에 새로운 역사지식이 형성되었다. 즉, 서양의 각종 학문과 지식이 수용되면서 역사지식에도 커다란 변화가 진행되었고, 그 결과 전통적 역사지식의 변용이 불가피해졌다. 예를 들어 메이지 초기에 수용된 서양사 관련 지식은 1870·80년대 일본사회가 근대적 정체성을 구축해가는 과정에 직접적이며 광범위한 영향을 미쳤다. 일본의 서양사 수용은 중국과 일본을 중심으로 하는 전통적 세계관에 커다란 충격을 주면서, 서양 중심의 근대적 세계관 형성의 기반이 되었다. 나아가, 일본사 서술에도 영향을 미쳐 근대적 일본사 서술과 연구의 출발점이 되었다. 필자는 이러한 근대적 역사상이 일본사회의 근대적 변용과정의 정치·사회·문화 전반에 깊은 관계를 지녔을 것이라 생각하며 역사지식이 현실과 밀접하게 조응해 가는 양상을 살펴보고자 한다.

둘째, 근대일본의 발전과정을 서적의 출판과 유통, 독서와 같은 출판문화사의 방법을 적극 활용하여 연구하고자 한다. 즉, 출판과 역사의 총합적 연구에 의한 방법론적 확장을 통해 지식의 생산과 유통, 소비를 유기적으로 접목시키고자 한다. 일종의 새로운 형태의 '지식의 역사'를 시도하고자 한 것이다. 메이지 초기부터 활발해진 서적 출판은 근대일본의 발전 과정에 중요한 역할을 하였다. 예를 들어, 문명개화기의 서양사 서적 출판은 중국과 일본을 중심으로 하는 전통적 세계관에 커다란 충격을 주면서, 서양 중심의 근대적 세계관 형성에 기여하였다. 일본사의 경우도 마찬가지였다. 메이지 초기부터 일본사 서술과 출판이 서양사학의 영향을 받아 새로운 방향으로 전개되었는데, 이러한 변화과정은 일본사회의 정치, 사회적 변화와 맞물렸던 것이다.

다른 한편으로는 메이지 초기부터 서양사 관련의 번역서에 입각한 일차적 지식수용이 진행되면서 개인저작·연설문·신문기사와 같은 다양한 형태로 서양사 지식은 일본 내에서 재생산되기 시작하였다. 이러한 재생산의 단계는 서양사 지식을 자신의 정치·사회적 입장에 따라 소비·재가공한 것으로, 역사적 지식이 단순한 지식에 그치지 않고 적극적인 사회문화적 의의를 띠게 된 것이다. 다시 말해, 서적출판을 통해 확산된 새로운 역사지식이 일본인들의 세계관·현실인식에 영향을 미치면서 일본사회의 근대적 변용에 깊은 관련을 지녔음을 살펴볼 것이다. 이를 통해 역사에서의 출판·독서와 같은 문화적 요소의 역할에 대한 이해를 넓히고자 한다.

셋째, 사학사적 해석에서 벗어나 역사서술의 사회문화적 의미에 주목하고자 하였다. 기존의 사학사에 따르면, 역사서술은 학술사적 관점에 의해 평가되었으며, 그 결과 사학사는 그러한 학문적 의미의 역사서술의 전개과정을 재구성하는 분야로 자리 잡았다. 이에 비해, 필자는 '역사'를 하나의 문화현상으로 파악하는 신문화사의 시각을 채용하였다. 즉, 역사서, 역사관, 역사가라고 하는 것은 사회의 역사적 맥락 속에서 전개되고 있는 인간 삶의 반영물로 파악하였다. 따라서 메이지 일본의 역사서들은 '근대 역사학의 발전'이라는 사학사적 관점에서 탈피하여 일본사회의 전개에 어떠한 영향을 미쳤는가를 기준으로 검토하고자 한다.

본서의 연구대상의 범위는 다음과 같다. 첫째, 본서는 메이지 일본(1868~1912)의 역사관련 서적의 출간 실태를 서지학의 방법을 활용하여 정리하고, 그 중에서 대표적인 서적들 속에 담긴 역사상의 내용과 특징을 분석하고 있다. 두 번째는 역사상이 지식에서 담론으로 확정되면서 어떠한 사회적 역할을 했는가의 측면에 주목할 것이다. 즉, 새로운 역사지식과 역사상이 다양한 채널을 통해 유통·확산되면서 형성된 역사담론이 일본사회의 전개과정에 미치는 영향을 밝히고자 한다. 이를 통해 기존의 사학사적 접근법에서 벗어나 '역사상'의 사회문화적 역할 중심의 새로운 역사서술을 시도하고자 한다.

한편, 역사지식의 사회적 소통과 소비 과정을 살피기 위해 개인의 저작이나 논설, 신문과 잡지의 기사, 역사교과서와 같은 자료를 활용할 것이다. 마지막으로, 역사지식의 사회적 영향력 및 의의의 검토는 크게 메이지 초기, 입헌제 도입, 제국주의 수립으로 나누어 진행한다. 각 시기의 키워드는 '문명'·'자유민권,' '국민'·'천황,' '제국'·'식민' 으로 설정하고, 각 시기별 정치·사회적 변화 속에서 어떠한 역사지식이, 어떤 의미와 방식으로 등장하며 해석되었는가를 살펴볼 것이다.

1. 메이지 초기의 근대화와 역사지식의 변화

(1) 서양문화 수용과 서적출판의 근대화

19세기 후반의 일본사회는 근대사회로의 급격한 변화를 겪었다. 도쿠가와 막부가 페리 제독의 요구에 의해 개국을 단행한 이후로 국내외적인 변화가 이어졌다. 이는 결국 도쿠가와 막부의 붕괴와 메이지 정부의 등장이라는 정치권력의 이동으로 귀결되었다. 1868년의 메이지유신은 근세와 근대의 결정적인 전환점이었다. 정치권력의 이동에 그치지 않고 사회 전반에 걸친 근대화가 진행되었기 때문이다. 그런데 메이지유신이 근대화의 계기가 된 것이 정권교체의 필연적 결과는 아니었다. 새로이 등장한 정권이 취한 정치적 목표와 방향이 근대화였기 때문에 가능한 것이었다.

메이지 정부는 일찍부터 서양 열강의 군사적 우월성을 깊이 인지하고 이를 따라가기 위해 서양문화를 수용할 필요성을 인식하였다. 서양문화의 수용에 대한 긍정적 시각은 정부뿐 아니라 양학자를 비롯한 지식인들, 나아가 일반인들 사이에서도 자리 잡았고, 그 결과 1870년대 일본사회는 문명개화의 열기에 휩쓸렸다. 이러한 서양문화 수용의 열기에 커다란 매개체가 된 것이 서적출판이었다. 대부분의 일본인들은 서적을 통해 서양에 관한 정보와 지식을 얻었다. 따라서 문명개화의 진행은 서양관련 서적의 수요를 급증시켰고, 이에 따라 출판업계에서도 서적출판의 기술적 진전과 새로운 출판물들의 간행과 같은 변화가 이어졌다.

(가) 메이지유신과 서양문물의 수용

1868년 1월 3일, 교토의 궁정에서 '왕정복고'를 내세운 쿠데타가 발발했다. 흔히 '메이지유신'으로 불리는 이 사건으로 도쿠가와 막부는 260여년에 걸친 권력을 잃고 붕괴되었다. 그리고 쿠데타를 이끈 반막부 세력에 의한 새로운 정권이 탄생했다. 메이지유신은 오랫동안 지속되어 온 무사세력에 의한 지배를 종식시킨 정치적 사건이었으며, 이를 통해 일본은 근대국가의 건설이라는 새로운 시대를 맞이하게 되었다.

그러나 메이지유신은 단순한 정권교체에 그치지 않았다. 일본에 사회·문화 전반에 걸친 대대적 변혁을 가져오는 출발점이었다. 메이지유신에 의한 일본의 변혁은 '근대화'의 과정이었다. 신정부는 정권획득 과정에서 '왕정복고'라는 과거 회귀적인 명분을 세웠지만 실제로는 서양의 선진문물 수입을 통해 근대화를 적극 추진하며 일본사회의 변화를 주도하였다. 특히 1870년에 접어들어 정권의 토대가 안정되면서 서구문물 수용을 본격적으로 진행하였다. 정부의 적극적 지휘 하에 서양 과학의 수용, 법률의 개혁, 기독교의 전파, 공리주의나 사회진화론 같은 서구사상의 유입, 외국인 전문가의 초빙, 유학생의 파견, 서구적 생활양식의 채용 등이 진행되었다.

메이지 초기의 서구문명 수용풍조를 가리켜 '문명개화'라고 부른다.

문명개화란 용어는 영어의 civilization[6]의 번역어로, 후쿠자와 유키치 (福澤諭吉)가 『서양사정외편(西洋事情外編)』(1867)의 「세상의 문명개화(世の 文明開化)」편에서 영어의 civilization을 '문명개화'로 번역하여 부른 것 에서 시작되었다.[7] 문명개화라는 용어 자체가 처음부터 서양문명의 수 용이라는 의미를 포함했음을 알 수 있다. 1870년대에는 메이지 정부도 서구문물의 적극 수용 방침을 추진하였으며 명륙사(明六社)와 같은 단체 에 모인 지식인들의 계몽활동으로 인해 문명개화의 풍조는 한층 확대되 었다.

문명개화기 일본사회의 근대적 경험은 흔히 철도·전신·서양음식과 건물 등, '개화의 풍경'에 담긴 이미지로 표상된다. 수도인 도쿄와 개항 장 요코하마는 서양인들이 왕래하고 서양식 건물과 거리를 갖춘 근대 도시로 변모하였다. 도쿄와 요코하마 사이에는 일본 최초의 철도가 부 설되었으며, 1872년에 새로 조성된 긴자는 서양식 벽돌건물과 가스등을 갖춘 문명개화의 명물이 되었다.

일본사회의 변화는 외형적인 면에 머물지 않았다. 문명개화는 사람들 의 의식·태도·지식 등, 세계관의 변화를 가져왔다. 1873년 간행된 『개 화의 입구(開化の入口)』라는 책에는 가이카 분메이(開化文明)와 사이카이 에이키치(西海英吉)라는 인물이 서양 유학에서 돌아와 고향을 찾는 모습 이 그려져 있다. 이들은 양복, 구두, 모자, 단발과 같은 개화의 복장을 하고 돌아와 고향 사람들을 놀라게 했다. 그뿐 아니라 고향 사람들을 고루하다면서 양복, 단발, 육식, 징병제, 여자교육 등의 이점과 필요성 을 역설하였다.[8] 이 두 사람은 원래의 이름을 버리고 분메이와 에이키 치로 개명한 것에서 알 수 있듯이, 전통적 가치를 대신하여 영국을 대 표로 하는 서구문명을 전면적으로 수용하려는 당시의 시대상을 대변하고 있다. 분메이와 에이키치라는 새로운 인간형이 등장하는 순간, 일본 사회의 변화는 돌이킬 수 없는 것이 되었다.

물론 일본사회가 문명개화기에 처음으로 서양문물을 접한 것은 아니었다. 도쿠가와 시대에도 제한적이지만 서양과의 접촉을 통해 서양문화가 유입되었다. 특히 18세기 막부가 서양문물에 대한 금지정책을 일부 완화하면서 일본에 나가사키의 네덜란드인들을 통해 서양의 서적들이 들어왔다. 이를 바탕으로 서양의 언어와 과학기술을 연구하는 난학이 학문으로 자리 잡았다. 난학자들은 서양서적의 번역과 더불어 저술활동을 통해 서구의 과학지식 뿐 아니라 그 사회적 변화에 대한 정보를 수집, 분석하는 역할을 하였다. 그러나 도쿠가와 시대의 난학은 분명한 한계를 지닌 것이었다. 막부가 취한 쇄국정책으로 인해 서양문물의 수용을 지극히 제한적일 수밖에 없었다. 따라서 난학은 일부의 학자들 사이에서 제한적으로 계승되었을 뿐, 결코 일본사회에 폭 넓은 변화를 초래할 만큼의 파급력을 지닐 수 없었다.

이러한 상황에 근본적인 변화를 가져온 것이 일본의 개국이었다. 1853년 페리 내항과 그에 따른 문호개방은 서양의 존재를 일본사회에 극적으로 알림으로써, 서양에 대한 관심이 크게 확산되었다. 예를 들어, 막말 기 존왕양이파의 대부였던 요시다 쇼인(吉田松陰)은 두 차례에 걸쳐 '양행(洋行)', 즉 서양을 직접 견문하려고 밀항을 시도하다가 처벌을 받았다. 처음 1853년 6월 페리 내항 얼마 후인 9월에 나가사키에 들어온 러시아 군함을 타고 해외시찰을 위한 밀항을 하려고 했지만 실패한 후, 다음해 다시 내항하여 시모다에 정박 중이던 미국 군함에 올라가서 외국에의 밀항을 간청했지만 역시 실패했다.[9]

엄격히 제한되었던 '양행'의 기회는 서양과의 교류가 본격화되면서 점차 확대되었다. 1860년에 막부가 미국과의 통상조약 비준서 교환을 위한 최초의 해외 사절단을 파견하면서 공식적인 서양경험의 기회가 시작되었다. 사절단원은 정사 신미 마사오키(新見正興), 부사 무라가키 노리마사(村垣範正)를 비롯한 총 77명이었다. 이후에도 막부는 수차례에 걸쳐 서양 각국에 공식사절단을 파견하였다. 또한 서양의 군사기술과 지식에 대한 수요가 늘면서 막부뿐 아니라 번에서도 유학생이 파견되었다. 특히 번 차원의 유학생 파견은 막부의 해외도항 금지령에 의해 불법이었음에도 단행되었다. 죠슈의 경우, 1863년에 영국으로 이토 히로부미(伊藤博文), 이노우에 가오루(井上馨), 야마오 요조(山尾庸三), 노무라 야키치(野村弥吉), 엔도 긴스케(遠藤謹助)를 파견했다. 뒤이어 1865년에는 사쓰마번과 사가번이 영국으로, 1866년에는 사쓰마번과 지쿠젠번이 미국으로 각각 유학생을 파견했다. 특히, 1866년 막부의 유학·도항 금지령이 해제되면서 여러 번에서 유학생 파견이 활발해졌다. 막말의 해외 유학생들은 원래의 파견 목적인 서양의 군사기술과 군사제도뿐 아니라 정치, 경제, 법률, 철학 등의 폭넓은 학문을 접하여 서양인식의 전기를 마련했다. 또한 서양의 발전된 실상을 체험함으로써 서양과의 교류를 옹호하는 개국론으로 전환한 이노우에 가오루, 이토 히로부미와 같은 사례가 등장했다.10)

근대일본의 사상적 아버지로 일컬어지는 후쿠자와 유키치는 막말에 수차례에 걸쳐 서양 각국을 방문할 기회를 얻었던 행운아였다. 그는 개국 이후 난학을 거쳐 영학(英學)에 뜻을 두고 배우던 중, 25세가 되던 1860년 1월에서 5월까지 막부의 미국 사절단을 따라 미국에 갈 기회를 얻었다. 그는 미국에 가길 원하여 정식 사절단이 승선한 미국 군함 포하탄호(Powhatan)와 함께 파견된 일본 군함 간린마루(咸臨丸) 함장 기무라 가이슈(木村芥舟)를 찾아서 수행원이 되길 간청했다고 한다. 기무라의 호의로 승선의 기회를 얻은 그는 간린마루를 타고 샌프란시스코에 도착하여 머문 후, 다시 하와이를 거쳐 귀국했다.11)

이듬해인 1861년 12월부터 1862년 말까지 그는 막부의 유럽 사절단에 포함되어 유럽 각국을 방문하였다. 이번에는 막부에 고용되어 정식으로 파견되었으며 400냥 가량의 돈도 받았다고 한다. 그는 파리에서 사절의 임무를 마친 후, 영국을 거쳐 네덜란드, 프로이센의 수도 베를린, 러시아의 페테르부르크, 다시 파리를 거쳐 포르투갈을 차례로 방문했다. 거의 1년에 걸친 여정이었다. 그는 "과연 이 세상은 악당들만 있는 게 아니다. 이제까지 외국 정부의 태도를 보면 일본의 약점을 파고들어 일본인의 불문살벌(不文殺伐)을 틈타 갖가지 무리한 시비를 걸어오는 바람에 몹시 난처했다. 그런데 그 본국에 와보니 사람들이 무척 공명정대하고 온순하다는 생각이 들어, 내 평생의 소신인 개국일편(開國一遍)의 설을 견고히 한 적이 있다."12)라고 회고하였다. 해외 경험이 쌓이면서 샌프란시스코 방문 때에 낯선 모습에 신기하고 당황해 하던 것에서 한 걸음 나아가 이제 서양사회에 대한 나름대로의 평가와 견해를 갖게 되는데 이르렀음을 알 수 있다. 그는 세 번째로 1867년 1월에서 6월 사이에 막부의 군함수취위원의 일행으로 미국을 방문하였다. 당시로 보면 드물게 세 차례에 걸쳐 서양을 방문했던 경험이 그가 대표적인 서양통으로 성공할 수 있는 발판이 되었음을 알 수 있다.

명륙사의 회원들 중에는 후쿠자와 이외에도 막말기에 서양 유학을 경험했던 인물들이 다수를 차지했다. 미쓰쿠리 슈헤이(箕作秋坪)는 1861년 후쿠자와와 함께 견구사절단으로 유럽을 방문했으며 1866년에는 국경 교섭을 위해 러시아에 파견된 바 있다. 1862년에는 니시 아마네(西

周)와 쓰다 마미치(津田眞道)가 네덜란드에 유학생으로 파견되어 법학·
철학 등의 학문을 배웠다. 모리 아리노리(森有礼)는 1865년에서 1868년
사이에 영국·미국 유학을 했으며, 1866년에서 1867년 사이에는 마카
무라 마사나오(中村正直)가 막부가 보낸 영국 유학생 감독을 위해 영국에
파견되었다. 또한 미쓰쿠리 린쇼(箕作麟祥)는 1867년부터 다음해까지 프
랑스에 유학했다. 다양한 서양 경험을 지닌 회원들로 구성된 명륙사가
서양사상과 문물의 수용을 주도하는 대표적 지식인 단체가 된 것은 지
극히 자연스런 일이었다. 더불어, 개국에 따른 서양에 대한 사회적 관
심의 확산 속에 이를 주도할 서양통이 등장한 사실은 메이지유신 이후
의 문명개화를 가능하게 한 원동력이었다.

<표 I-1> 명륙사 회원들의 해외유학 경험

이름	시기	유학 대상국
森有礼	1865~1868	영국, 미국
福澤諭吉	1860	견미 사절단에 동행하여 샌프란시스코 견문
	1861	견구 사절단으로 유럽 방문
	1867	미국 뉴욕, 필라델피아, 워싱턴 방문
加藤弘之	-	경험 없음
中村正直	1866~1867	막부 파견 영국 유학생의 감독으로 영국 방문
西周	1862~1865	네덜란드 유학. 법학, 칸트 철학, 경제학, 국제법 등을 배움
西村茂樹	-	경험 없음
津田眞道	1862~1865	네덜란드 유학. 법학 공부
箕作秋坪	1861~1862	견구 사절단으로 유럽 방문
	1866~1867	국경 교섭 위해 러시아 파견
杉亨二	-	경험 없음
箕作麟祥	1867~1868	프랑스 만국박람회 견문

(나) 서적출판의 근대화와 서양물의 유행

개국 이후 일본사회의 서양에 대한 관심은 여러 방식으로 나타났는데, 그 중에서 사회 전반에 가장 폭 넓은 파급력을 지닌 것은 서양관련 서적출판이었다. 일본의 출판계는 일본사회의 서구관련 지식 수요에 대응하였고, 서양의 신식 인쇄술을 도입하여 출판업의 근대화를 진행했다. 그 결과, 근대적 출판업의 발달은 문명개화 과정에 각종 출판물들을 통해 새로운 지식과 정보의 확산에 깊은 자취를 남겼다. 무엇보다도 근대 초기 서적출판의 발달은 서양관련 지식이 도쿠가와 시대의 난학처럼 제한된 계층의 전유물에 그치지 않고 사회 전반에 영향을 미치게 되는데 중요한 매개체가 되어갔다.

메이지 초기의 출판업은 도쿠가와 시대의 영향이 여전히 남아 있었다. 도쿠가와 시대의 출판업은 도시의 서민인 조닌(町人) 문화가 발달하면서 출판의 규모와 종류가 다양화되면서 발달했다. 다양한 읽을거리는 조닌들에게 큰 인기를 끌었다. 대표적인 출판물로는 우키요에와 같은 색채 판화와 그림이 들어간 서민 소설들(草双紙)이었다.13) 서민층 대상의 출판이 확대되면서 민간의 출판업이 성립했다. 이들 출판업자들은 동업 조합인 혼야나카마(本屋仲間)를 결성하여 서적의 출판과 유통을 지배했다. 교토에는 1609년 개업한 혼야신시키(本屋新七)에 의해 상업출판이 시작되었고, 겐나(元和, 1615~1624)・간에이(寬永, 1624~1645) 연간에 서사업자의 개업이 증가하면서 교토의 출판업이 발전했다. 에도에는 니혼바시를 중심으로 수십 개의 서사가 영업을 하였다. 이들이 도오리초구미(通町組)를 결성했으며, 간분 연간(寬文, 1661~1673)에 나카토오리구미(中通組)를, 1727년에 니마미쿠미(南組)가 생겨났다. 이들 조합을 에도혼야산쿠미

나카마(江戶本屋三組仲間)라고 불렀다. 오사카에서는 게이안 연간(慶安, 1648~1651)에 서점이 출현하여 엔포(延宝, 1673~1681) 연간에서 겐로쿠 15년(元禄, 18688~1703)까지, 즉 1673~1702년의 사이에 크게 증가했다.14)

개국 이후 서양문물의 수입은 출판기술 부문에서 변화를 가져왔다. 먼저, 서양의 기술 도입으로 활자 인쇄술이 발달했다. 근대 이전 일본의 출판업은 목판 인쇄술이 대부분이었으며, 생산 방식도 수공업적 형태였다. 또한 제판 · 인쇄의 기술적 진전도 이루어졌다. 그러나 대부분의 출판은 활자 인쇄보다는 나무판에 인쇄 내용을 직접 새겨 넣는 정판(整版) 방식이 막말까지 지속되었다.15)

서양식 금속활자의 발달을 이끈 인물은 나가사키 출신의 모토기 쇼조(本木昌造)였다. 나가사키의 네덜란드어 통역이었던 모토기는 서양인쇄술의 정교함에 관심을 갖게 되면서 활자제조를 시작했다. 그는 1869년 나가사키에 활판전습소(活版伝習所)를 설립하고, 중국 상해의 미화서관(美華書館)에서 근무하던 미국인 인쇄기술자 윌리엄 갬블(William Gamble)을 초빙하여 활자 제조술을 습득하였다. 이를 통해 최초로 일본어 활자 자모의 제작에 성공했다. 1870년에는 나가사키에 신마치 활판소(新町活版所)를 설립하여 인쇄사업을 시작하였다. 1872년 동료인 히라노 도미지(平野富二)가 간다에 도쿄 출장소를 열었으며, 1873년에 이를 쓰키지로 이전하여 쓰키지 활판소를 세웠다. 이 회사는 1885년에는 도쿄쓰키치 활판제조소가 되었다.16) 모토기 활자는 1871년 12월 창간된 일본 최초의 일간지인 요코하마 마이니치신문(横濱每日新聞)에 사용되는 등 근대적 인쇄술의 발달에 지대한 영향을 미쳤다.17)

한편, 서양에서 인쇄기계가 수입되면서 대량 출판이 시작되었다. 최초의 서양식 인쇄소는 1870년 요코하마에 설립된 일취사(日就社)라는 활판 인쇄소였다. 그 설립에 주도적 역할을 한 고야스 다카시(子安峻)는 일취사를 모태로 하여 1874년 요미우리신문을 창간했다. 고야스는 1873년에 최초로 사전인 『부음삽도 영화자휘(附音挿圖 英和字彙)』를 간행했는데, 여기에도 모토기의 활자가 사용되었다. 1871년에는 정부 기관에서도 인쇄소를 설치했다. 문부성은 대학동교(大學東校) 내에 직할 활판소를 설치하여 소학교 교과서를 비롯하여 학술서와 계몽서들을 인쇄했다. 그해 7월에는 대장성이 지폐 발행을 목적으로 지폐국(紙幣局)을 설치했는데, 이것은 대장성 인쇄국의 모태였다.18)

서양식 인쇄술이 도입되면서 인쇄 용지도 전통적인 화지(和紙)와 함께 서양식 양지(洋紙) 생산도 시작되었다. 1873년 시부사와 에이이치(澁澤榮一)가 초지회사(抄紙會社, 王子製紙의 모태)를 설립했고, 1875년에는 영국에서 신식 제기기계를 수입하여 조업을 시작했다. 이보다 앞서, 1874년에 유항사(有恒社)가 서양에서 기계를 수입하여 일본 최초로 기계에 의한 양지의 생산을 시작했다. 이 회사는 1872년에 히로시마의 번주였던 아사노(淺野) 가문이 휘하의 사족들 취업을 위해 출자하여 니혼바시에 세운 것이었다.19) 이상과 같이, 활자·인쇄기계·양지와 같은 서양식 인쇄기술의 도입에 따라 기존의 목판 인쇄술은 차츰 사라졌고, 기계에 의한 대량 생산의 시대로 접어들었다.20)

출판 기술의 발전과 더불어 새로운 출판업자들이 속속 등장하였다. 오쿠라서점(大倉書店)21)처럼 에도 시대의 출판 전통에 따라 소설류나 에조시(繪草紙), 우키요에 등을 취급하는 경우가 여전히 많았지만 서양 관련 서적의 수입이나 출판도 늘어갔다. 민간의 서적 수요의 증대하면서 출판사들이 연이어 설립되었다.

<표 I-2> 메이지 초기 주요 출판사의 설립상황

설립연도	출판사명	설립자
1869	丸善	早矢仕有的
1873	川流堂	小林又七
1875	大倉書店	大倉
	金原商店	金原寅作
	金港堂	
1877	有斐閣	江草斧太郎
1879	春陽堂	和田篤太郎
	南江堂	小立鉦四郎
1880	內田老鶴圃	內田芳兵衛
1881	三省堂	龜井忠一
1885	大川屋	大川錠吉
1886	富山房	坂本嘉治馬
1887	民友社	德富蘇峰
	六合館	林平次郎
	博文館	大橋佐平
1888	政教社	三宅雪嶺
	河出書房	河出靜一郎
1889	光風館	上原才一郎
	目黒書店	日黒甚七
1890	大日本図書株式會社	佐久間貞一

출처: 『日本出版販賣史』, 23-44쪽, 59-72쪽; 『日本出版文化史』, 53쪽, 55쪽을 바탕으로 작성함.

새로 설립된 출판사 중에서 마루젠(丸善)은 1869년에 후쿠자와 유키치의 문하에 있던 하야시 유테키(早矢仕有的)가 설립하였다. 마루젠은 서양 물품 수입상으로서 메이지 초기 서양문물의 도입에 앞장섰으며, 그 중에서 서양서적이 주요 품목이었다. 마루젠이 서양서적의 수입상으로 성공하면서 출판사로 성장했다는 사실은 메이지 초기 일본사회에 그만큼 서양 서적에 대한 수요가 크게 존재했음을 보여준다.22) 근대 초기

출판업계가 서양의 출판 기술 도입에 적극적으로 임했던 이유가 새로운
출판물에 대한 수요에 있었음을 알 수 있다.

이러한 메이지 초기의 양상은 도쿠가와 시대의 서양문물 수용이 제
한적이었던 점과 대비된다. 앞서 언급했듯이 도쿠가와 시대에도 서양서
적의 수입이 허용되었고 난학자들을 중심으로 서양관련 서적출판이 드
물지 않게 이루어졌다. 18세기 후반이 되면 서양의 지리서나 세계지도
가 소개되었고, 19세기가 되면 여러 권의 세계지리서와 함께 서양의 역
사서도 집필되었다.[23] 그러나 여전히 막부의 통제에 의해 수용된 서양
서적과 지식은 제한적일 수밖에 없었다.

이에 비해 개국은 서양관련 서적의 종류와 규모에 획기적 변화를 가
져왔다. 소개된 서적들은 자연과학·군사기술에서 어학·지리·정치·
역사에까지 이르렀다. 개국에서 메이지유신에 이르기까지 간행된 서양
관련 서적을 보면 먼저 개국에서 1860년까지는 서양 각국의 지리지,
역사, 정치 관련 서적들이 번역·소개되었다.[24] 1860년대가 되면 서양
관련 서적 출판이 더욱 확대되었으며, 특히 네덜란드 서적의 번각, 자
연과학이나 군사기술 관련 서적의 출판 등이 두드러졌다.

이 시기의 서양관련 서적출판에 있어 가장 중요한 역할을 한 것은
막부의 개성소(開成所)였다. 원래 1857년에 외국서적의 번역·출판을
위해 설치된 번서조소(蕃書調所)가 1862년 양서조소(洋書調所)를 거쳐
1863년부터 개성소로 개편되었다. 개성소는 막부의 공식적 서양지식
수용 통로의 역할을 하였으며 어학에서 의학, 천문학 등의 지식과 각
종 해외정보 등을 번역, 소개하였다.[25]

서양관련 서적 출판은 메이지유신을 계기로 그 규모와 종류가 크게
확충되었고, 그 중심도 민간 출판업자들에게도 이전했다. 메이지유신

직후의 출판 상황을 볼 수 있는 자료로 대학에서 출간된 『신각서목일람(新刻書目一覽)』26)이 있다. 이 목록은 1869년 출판조례의 공포에 따라 신간서적의 검인 신청 상황을 정리한 것이었다.27) 내용별로 분류하자면 전체 233종의 서적들 중에 제목에 서양 관련이 명시된 경우가 68종이었다. 또한 군사 · 자연과학 · 의학 · 정치 관련 서적으로 서양서적을 번역한 것으로 볼 수 있는 것이 29종, 일본인 저술의 서양관련 서적이 12종이었다. 전체 233종의 서적 중에서 109종, 즉 45% 가량이 서양과 관련된 것으로, 막말에서 메이지 초에 이르는 시기에 서양서적 출판이 급속히 증가했음을 보여준다.

서양관련 서적의 출판은 대개 번역 · 편역의 형태로 진행된 것이다. 야마오카 요이치(山岡洋一)의 연구에 따르면 메이지 초기 출판물 중에서 번역서가 적어도 10% 이상을 차지했다고 한다. 특히 1872년도의 경우, 출판서적 중에서 20%(410점 중 84점)이 번역서였으며, 이후 계속 증가하였다.28)

<표 I-3> 메이지 초기 출판물 중 번역서 비율

간행년도	총점수	번역서 점수	번역서 순점수
1868	290	25	19
1869	279	37	32
1870	275	35	22
1871	356	76	53
1872	410	108	84
1873	668	132	106
1874	757	155	116
1875	781	168	130
1876	780	172	124

1877	793	155	114
1878	789	182	128
1879	818	188	159
1880	805	117	88
1881	934	138	89
1882	978	181	146
합계	9713	1869	1410

출처: 山岡洋一, 「翻譯についての斷章」, 『翻譯通信』, 第2期 第22호(2004年3月号).

젊은 시절 후쿠자와가 보인 행보는 서양문물의 수용과 서양서적 출판의 관계를 이해하는데 중요한 단서를 제공한다. 그는 일찍부터 서양 관련 서적의 번역 및 편찬을 시작하였다. 1860년에 처음 미국에 갔을 때 일본 최초로 웹스터 사전을 구입해서 『화영통어(華英通語)』를 간행한 이후 『서양사정 초편(西洋事情初編)』(1866)을 비롯하여 『서양여안내(西洋旅案內)』(1867), 『서양의식주(西洋衣食住)』(1867), 『조약십일국기(條約十一國記)』(1867)를 출간했다.

그 중에서도 『서양사정』의 출간은 문명개화의 전개에 지대한 영향을 끼친 것으로 평가되고 있다. 후쿠자와는 『서양사정』 집필의 차별성으로 종전의 양학이 서양의 기술을 습득하는 것만을 목표로 한데 반해, 자신은 서양의 학문을 사회의 인사(人事)에 적용하고자 했다고 하였다. 자신은 서양의 기술뿐이 아니라 그 나라들의 역사는 물론 정치, 경제의 학문에도 관심을 가져 각종 서적을 구하여 읽었고, 그 결과 『서양사정』을 간행했다고 하였다.29) 1866년에 『서양사정초편(西洋事情初編)』이 출간되어 큰 성공을 거둔 후, 1867년에 『외편(外編)』, 1869년에 『이편(二編)』이 출간되었으며, 1873년에는 이를 합친 완성본이 간행되었다.

『서양사정』은 후쿠자와 자신이 서양 각국을 견문하면서 얻은 지식과
정보를 소개한 것이다. 『서양사정』은 상업적으로도 크게 성공했다. 발
행부수가 15만부, 위판(僞版)까지 합하면 20만에서 25만부에 이를 것으
로 추정된다.30) 『서양사정』이 당시 출판계의 성공 사례가 될 수 있었던
이유는 여러 가지가 있다. 먼저 『서양사정』은 읽기 쉬운 언어로 쓰인 장
점이 있다. 가토 슈이치(加藤周一)에 따르면 후쿠자와가 낯선 서양의 문
물·사상들을 이해하기 쉬운 번역어로 설명하여 폭넓은 호응을 얻을 수
있었다고 한다.31) 사회적으로는 개국 이후부터 일본사회에 서양에 대한
호기심이 증가해 온 점도 들 수 있다. 서양과의 교류와 접촉이 늘어가면
서 서양을 제대로 알아야 할 필요가 증가한 것이다. 메이지 정부의 개화
정책에 따라 서양 각국의 정치, 사회 전반에 대한 지식이 절실히 필요해
진 시기에 서구의 '국풍민속(國風民俗)'에 대한 정보를 편리하게 제공했다
는 장점 때문에 한 때 도쿄의 종이 가격을 급등시킬 만큼 크게 성공했다
고 한다.32)

이 책이 후쿠자와 자신의 서양 견문을 바탕으로 써졌다는 점도 주목
을 끌만한 이유였다. 그동안 서양정보의 창구였던 막말의 양학자들은
대개 서양을 직접 견문이 아닌 서적을 통해 접했다. 이에 반해 후쿠자
와는 미국·유럽을 세 차례에 걸쳐 직접 방문해서 서양에 관련 최신 정
보를 입수한 후, 자기 나름의 견문과 해석을 덧붙여서 집필하였기 때문
에 일본의 입장에서 필요한 정보들을 보다 생생하게 전할 수 있었다.

후쿠자와는 『서양사정』의 성공을 바탕으로 1869년에 후쿠자와야 유
키치(福澤屋諭吉)라는 이름으로 출판업을 시작하여 다수의 서적을 출판하
면서 대표적인 서양통으로 자리 잡았다.33) 이전까지 간다의 상고당(尙
古堂)에서 출판을 했지만 1869년에 서적도매조합(書物問屋組合)에 가입하

면서 출판업을 직접 경영했으며, 1872년에 게이오 의숙 출판국(慶應義塾
出版局)을 개설하여 출판판매에 착수했다. 처음에는 자신의 기존 저서들
을 재간행했으며, 1871년에 여름에 『계몽수습문(啓蒙手習の文)』을 필두로
자체 출판을 시작했다. 후쿠자와는 이후 다수의 저서들이 간행했는데,
그 중에서도 『학문의 권장(學問のすすめ)』은 대대적 성공을 거뒀다. 그
는 이 책을 여러 편으로 나누어 출간했는데, 매편이 20만부 이상의 발
행 부수에 달했고 17편 모두를 합하면 간행부수가 340만이라는 설도
있다.34)

　문명개화기 일본에는 후쿠자와 이외에도 많은 서양관련 서적들이 출
간되었다. 그 중에서도 우치다 마사오(內田正雄)의 『여지지략(輿地誌略)』,
나카무라 마사나오(中村正直)의 『서국입지편(西國立志編)』은 『서양사정』과
더불어 '메이지 삼서'로 불릴 만큼 큰 인기를 얻었다. 나카무라는 1867
년 2월에서 다음해 6월까지의 영국 유학에서 돌아오는 길에 선물 받은
영국의 새뮤얼 스마일스(Samuel Smiles)의 Self-Help를 『서국입지편』이
라는 제목으로 번역하여 1870년 말에 출간했다.35) 원저인 Self-Help,
즉 '자조론'은 1840년대 영국에서 노동자 계급의 학습 서클에서의 강의
를 바탕으로 보완하여 1859년에 출판한 것이다. 나카무라의 『서국입지
편』은 판매부수가 100만부에 달했고 메이지 연간에 26종이 출간되었다
는 연구가 있을 정도로 큰 인기를 얻었다. 이러한 인기는 메이지 초기
신분제가 해체되면서 개인의 노력으로 계층 상승이 가능해진 당시의 사
회 분위기와 맞물린 것이었다.36)

　『여지지략』(1870~1877)은 서양의 세계지리서들을 편역하여 출간한 지
리교과서이다.37) 모두 4편 12권(전13책)으로 출간되었다. 1870년에 제1
편(大學南校), 1871년의 제2편(文部省)이 관판으로 출판되었고, 1875년의

3편과 1877년의 4편은 민간의 수정관(修靜館)에서 출판되었다.[38] 그 중에서 1편에서 3편까지는 우치다 마사오(內田正雄)[39]가 담당했지만 1876년에 그가 병사함에 따라 4편은 니시무라 시게키(西村茂樹)가 편역했다. 내용은 권 1~3은 아세아주, 권 4~7은 구라파주, 권 8~9는 아프리카주, 권 10~11은 아메리카주, 권 12는 오세아니아주로 구성되었다. 이 책은 메이지 초기 문부성에 소학교와 사범학교의 교과서로 사용되기도 하는 등, 널리 보급되었다. 문부성 자료에 따르면 발행부수가 15만부에까지 이르렀다.[40]

'메이지 삼서'는 베스트셀러로서 두드러진 상업적 성공을 거두면서 출판계에 서양관련 서적출판이 활발해지는 자극제가 되었다. 그러나 이러한 양적 성공 못지않게 중요한 것은 일본사회에 미친 영향이다. '메이지 삼서'와 같은 서양관련 출판물의 상업적 성공은 서양에 대한 정치·사회·지리에 대한 정보가 일본사회에 폭넓게 수용되는 계기가 되었다. 『서양사정』이 가장 먼저 서양사회 전반을 이해할 수 있는 지식들을 제공하였다면, 『서국입지편』은 서양의 근대적 인간관을 제시했으며 『여지지략』은 세계지리에 대한 이해를 통해 근대일본이 직면하게 된 새로운 세계질서의 면면에 대한 기초적인 지식을 제공하였다. 서양서적의 출판이 메이지 초기 일본사회가 빠르게 서구화되어 가는데 그만큼 커다란 역할을 하였음을 보여준다.

(2) 메이지 초기의 서양사 수용

문명개화기는 번역의 시대였다. 문명개화의 풍조 속에서 서양에 관한 지식과 정보에 대한 수요가 급증하였고, 서양의 각종 서적들의 번역과

출판이 활발해졌다. 다양한 분야와 내용의 서양서적이 번역이나 편찬의
방식으로 소개되었다. 서양역사서도 그 중의 하나였다. 후쿠자와가 『서
양사정』에서 서양각국의 역사를 소개한 것에서 볼 수 있듯이, 서양사회
에 대한 이해가 깊어지면서 그 역사에 대한 관심과 필요성이 증가하였다.
1870년대에 접어들면서 서양사 서적의 번역과 출판이 크게 늘어났다. 서
양사 서적들의 보급은 일본인들에게 새로운 세계인식의 통로가 되었다.

(가) 문명개화와 서양사 서적 출판

후쿠자와의 『서양사정』을 읽어 보면, 서양의 '역사'에 대해 큰 비중을
두고 소개한 점이 눈에 띈다. 『서양사정 초편』의 모두에 다음과 같은
부분이 있다.

> 서양서적이 우리나라에 들어온 지 이미 오래되어서 번역이 된 것
> 도 적지 않다. 그리하여 궁리, 지리, 병법, 항해술 등의 학들은 날로
> 발전하여서 우리 문명의 진전과 무비의 보완에 도움이 많이 되었다.
> 그렇지만 나는 서양 외국의 문학·기예를 강구하는 것만 하고 그 각
> 국의 정치·풍속을 상세하게 하지 않으면 가령 그 학예를 얻는다고
> 해도 그 경국(經國)의 근본을 반영하지 않음에 따라 단지 실용의 이
> 익이 없을 뿐 아니라 반대로 손해를 초래할 지도 모른다. 대저 각국
> 의 정치·풍속을 관찰하는 데는 그 역사를 읽는 것과 같은 것이 없
> 다. 그런데도 세인(世人)은 지리 이하의 학문들은 빨리 이루고자 하
> 기 때문에 혹은 그것을 읽는 경우가 매우 드물다. 실로 학자의 흠전
> (欠典)이라고 할 것이다.41)

여기서 후쿠자와는 개국 이후 서양에 대한 지식이 크게 확대되었지

만 주로 기술·과학·군사 등에 집중되고 있는 한계점을 지적하면서 역사지식의 중요성을 말하고 있다. 후쿠자와는 서양 열강의 본질을 이해하기 위해서는 정치·경제·사회 전반을 알아야 하기 때문에 서양의 역사를 이해하는 것이 그만큼 중요하다고 본 것이다.

일본에 처음 서양사 지식이나 정보가 소개된 것은 도쿠가와 시대였다. 18세기 들어 난학이 발달하면서 서양에 대한 각종 정보가 소개되었다. 세계지도 도입을 시작으로 서양의 지리지·역사·풍속 등에 관한 저술이 다수 등장했다. 19세기에 접어들면서 서양사만을 소개한 서적도 등장하였다. 1808년에 사토 노부히로(佐藤信淵)가 『서양열국사략(西洋列國史略)』 상·하권을 저술했다. 그 내용은 상권에서는 서양사의 대략적 흐름을, 하권에서는 서양인의 항해·통상의 시말을 다뤘다. 이 책은 필사본의 형태로 상당히 널리 유포되었다고 한다. 또한 난학자인 다카노 쵸에이(高野長英)의 『화란사략(和蘭史略)』, 시부카와 로쿠조(澁川六藏)의 『화란기략(和蘭記略)』, 미쓰구리 겐포(箕作阮甫)의 『호사다랄리역설(豪斯多辣利譯說)』, 그리고 페리 내항 직전인 1848년에는 편년체 서양통사인 무제코시(無是公子)의 『양외통람(洋外通覽)』 3권이 간행되었다. 더불어 난학자인 야마무라 사이스케(山村才助)의 『서양잡기(西洋雜記)』도 간행되었다.42) 개국 이후에는 개성소에서 서양사 서적의 번역이 진행되었다. 대표적으로, 데쓰카 리쓰조(手塚律藏)의 『태서사략(泰西史略)』, 미쓰구리 겐포의 『서사외전(西史外伝)』이 있다.43)

메이지유신은 서양사 서적 및 지식 수용이 보다 폭넓게 진행되는 전환점이 되었다. 특히 이 무렵부터 서양사 서적의 상업적 출판이 시작되었다. 문명개화의 풍조가 확산되면서 민간 출판업자들에 의한 서양사 서적의 출판이 양적으로나 종류면에서나 크게 증가하였다. 메이지유신 직후부터 서양사 서적 출판이 눈에 띄게 증가하였음은 앞서 보았던 1869년도의 출판목록 『신각서목일람(新刻書目一覽)』을 통해 알 수 있다. 이 목록에는 메이지유신 직후에 이미 『만국역사(萬國歷史)』, 『만국사략(萬國史略)』, 『태서사감(泰西史鑑)』, 『외국연표(外國年表)』, 『영국사(英國史)』, 『서사감요(西史鑑要)』와 같이 여러 권의 서양사 서적이 출간된 것으로 나타나 있다.[44] 일본인들의 관심이 강대국과 일본과 관계가 많은 나라에 집중된 것을 알 수 있다.

메이지 초기 10년간 출간된 서양사 서적 목록은 아래와 같다. 1870년대 초부터 서양사 서적의 번역·편역이 활발해지면서 매년 여러 종의 서적이 출간되었음을 알 수 있다.

<표 I-4> 메이지 초기 10년간 서양사 출판 목록

구분	간행연도	제목	원저자	편역자	원저명 등 관련 정보
만국사	1869	萬國歷史	Samuel Goodrich		복제본
		萬國史略	Alexander Fraser Tytler	西村茂樹譯	Elements of General History, Ancient and Modern
		泰西史鑑	Theodor Bernhad Welter	珀爾佩譯 (西村茂樹重譯)	
		外國年表	-		
		西史攬要	Charles Curtis	福地源一郎譯	開成學校官版 영국사 중심
	1870	西洋史記	-	村上英俊	
		西洋易知錄	William Francis Collier	河津孫四郎譯	The Events of History의 摘譯
	1871	近世西史綱紀	Marcius Wilson	堀越愛國譯	Outline of History 영국·프랑스·스페인·미국사 중심
		西史年表	Alexander Fraser Tytler	西村茂樹譯	
		萬國通史	以馬維拉多	西村茂樹譯	별명:以馬維拉多萬國通史
		萬國新史	-	箕作麟祥編	上·中·下 各6卷
	1872	校正万國史略	-	西村茂樹譯	萬國史略 보완함

	史略	-	木村正辭, 那珂通高, 內田正雄編	文部省 官版 1권: 일본, 2권: 중국, 3·4권: 서양
	近世史略	山口謙	-	
	近世史談	-	吉田賢輔·須藤時一郎共編	初編: 合衆國之部만 간행
	訓蒙海外各國史略	谷井元次郎, 田中耕造	-	
	萬國百物語	-	瓜生政和編	각국 역사의 통속적 일화들의 서술
1873	万國通史	Henry White	作樂戶痴鵞等譯編	Outlines of Universal History 上古史, 中古史, 近代史 구분 주로 유럽의 역사를 다룸
	萬國史略	-	師範學校編	卷一: 亞細亞洲
	萬國綱鑑錄和解	John Robert Morrison	大槻誠之, 渡辺約郎譯.	
1874	外國史略	-	西村兼文編	
	傑氏万邦史略	傑爾寧(Martin Joseph Kerney)	松山棟菴 譯.	A compendium of ancient and modern history
	万國史略	-	師範學校編	卷二: 유럽·아메리카
	西洋古史略	-	本木笑三(昌造譯.	
	泰西開化史	Francois Guizot	荒木卓爾,·白井政夫 譯	
	歐羅巴文明史	Francois Guizot	永峯秀樹	미국 헨리에 의한 프랑스어 원본의 영역본을 번역
1875	万國史略	-	田中義廉編	1권: 고대사, 2~4권: 유럽 각국사, 5권: 러시아·터키·아메리카사
	西洋開化史	-	太政官反譯局	
1876	萬國史	-	田中義廉編	
	巴來萬國史	Samuel Goodrich	牧山耕平	Peter Parley's Universal History the Basis of Geography
1877	萬國略史	-	石川彝	
1878	低洛爾氏萬國史	W. C. Taylor	木村一步譯	A Manual of Ancient and Modern History
1879	西洋史略	-	永井謙藏譯	
	萬國史記	-	岡本監輔編	
	續西史綱紀	Wilson Marcius	保田久成	近世西史綱紀의 속편

	1869	英國史	-		
영국사		英國戰略	-	山口繁藏譯	
	1870	英國史略	-	河津孫四郎等譯	
		英國史略	National Society	渡部一郎	English History (1870)의 복사본
	1872	英史	-	大島貞益編譯	Markham, Goodrich 등의 저서에서 초역
	1873	英吉利史略	-	和田義郎譯	
		英智史略	-	關吉孝	
		英史紀略	-	澁谷啓藏역	
		英史沿革表論	-	法貴發	
	1874	英國開化史	Henry Buckle	大島貞益	History of Civilization in England
		改正英史	-	大島貞益譯	
미국사	1872	合衆國史略	George P. Quackenbos	高橋基一譯	Primary History of the United States
		亞米利加沿革史略	-	青木輔清譯	
		米國史	-	澁江保譯	
	1873	米利堅志	George P. Quackenbos	岡千仞等譯	
		合衆國史	-	林正明譯	
		米國史略	George P. Quackenbos	高橋基一譯	초역
		合衆國史記	-	林正明譯	
	1874	合衆國小史(4책)	Samuel Goodrich	桑田親五譯	Pictorial History of United States
프랑스사	1874	佛國古今通史	-	秋山政篤譯	
	1875	佛國略史	-	辻本一貫	
	1876	佛國革命史	-	阿津祐之譯	Histoire de la Revolution Francaise
	1878	法蘭西志	-	高橋二郎	Histoire de France
		具氏佛國史	Samuel Goodrich	蘭加斯底爾和	文部省版
독일사	1871	日耳曼史略 (10책)	Corner, Julia	後藤遠三・橫瀨文彦	History of Germany 大學南校官版
	1873	獨逸國開化戰史	-	東條一郎	
	1877	馬爾加摩氏日耳曼國史	Markham (Elizabeth Penrose)	小林雄七郎譯	History of Germany 文部省版
러시아사	1873	魯國事情	-	塚原靖譯	
	1875	魯國新史	-	三小野寺魯一譯	피터 대제 이후를 다룸
	1879	露西亞國勢論	-	原敬譯	

| 그리스사 | 1872 | 希臘史略 (~1880) | Elizabeth M. Sewell | 楢岡良知譯 | 文部省版 |
| 로마사 | 1874 | 羅馬史略 | Elizabeth M. Sewell | 大槻文彦 | 文部省版 (10책) |

출처: 『明治文化全集: 外國文化編』, 『明治史論集 II』, 國立國會図書館檢索・申込オンラインサービ
　　스를 토대로 작성함.

메이지 초기에 소개된 서양의 역사서는 크게 통사(통칭 만국사・서사),
각국사, 문명사로 구분할 수 있다. 처음에는 '만국사'나 '서사(西史)'와 같
이 서양의 고대에서 근세를 포괄하는 개설적인 통사가 주류였으나,
1870년대가 되면 서양 주요국의 개별 국가사가 번역・소개되었다. 가
장 많이 소개된 것은 영국사, 미국사, 프랑스사였다.

그렇다면, 이들 서적들 중에서 가장 널리 읽히고 영향을 미친 것
은 어느 것일까? 야노 후미오(矢野文雄)의 『역서독법(譯書讀法)』45)은
1883년에 저술되기는 했지만 1870년대에 출간된 번역서들이 다수
포함되어 있기 때문에 당시 가장 영향력 있는 서적을 판단하는데 좋은
참고자료가 된다. 야노의 목록에 포함된 역사서는 모두 14종이다.

야노는 이들 번역서를 크게 '역사서'와 '잡서'로 구분하였다. 이 중 역
사서는 다시 만국사・각국사・만국근세사로 세분했다. 야노가 소개한
역사서는 주로 1870년대 전반기에 출간된 것으로, 개설서의 성격을 띤
것이 대부분이었다. 이 서적들은 원서 자체가 아동용으로 집필되었고,
저자들도 대부분 전문적인 역사가나 역사서 저술가보다는 교과서 집필
자나 소설가였다. 예컨대, 새뮤얼 굿리치(Samuel G. Goodirch, 1793~ 1860)
와 조지 콰켄보스(George Payn Quackenbos, 1726~1881)는 미국의 대표적

아동용 교과서 저술가였으며, 엘리자베스 펜로즈(Elizabeth Penrose, 필명
Mrs. Markham, 1780~1837)는 영국의 아동용 역사서 및 소설 작가였고, 엘
리자베스 스웰(Elizabeth Missing Sewell, 1815~1906)은 영국의 여류소설가
였다.

<표 I-5> 『역서독법』에 소개된 역사서 목록

ㅇ 역사서 　1. 만국사 　　1) Alexander Fraser Tytler (西村茂樹역), 『校訂萬國史略』(1872) 　　2) Samuel G. Goodrich (牧山耕平역), 『巴來萬國史』(1876) 　2. 각국사 　　1) Elizabeth Missing Sewell (楯岡良知역), 『希臘史略』(1872) 　　2) Elizabeth Missing Sewell (大槻文彦역), 『羅馬史略』(1874) 　　3) Markham(Elizabeth Penrose) (小林雄七郎역), 『日耳曼國史』(1877) 　　4) Samuel G. Goodrich (漢加斯底爾 Th. J. van Kasteel역), 『具氏佛國史』(1878) 　　5) 大島貞益편역, 『英史』(1872) 　　6) George Payn Quackenbos (高橋基一역), 『米國史略』(1873) 　　7) 千葉文爾편역, 『露國沿革史』(1880) 　3. 만국근세사 　　1) 箕作麟祥(편역), 『萬國新史』(1871) 　　2) Thomas H. Dyer (島田三郎等譯), 『近世泰西通鑑』(1883) ㅇ 잡서 　1. 문명사 　　1) Francis Guizot (永峯秀樹역), 『歐羅巴文明史』(1874~77) 　　2) Henry Buckle (土居光華・萱生奉三 역), 『英國文明史』(1879) 　2. 난세사 　　1) F. Mignet (河津祐之역), 『佛國革命史』(1876) 　　2) 久松義典편역, 『革命史鑑』(1882) 　　3) 曾根種虎편, 『淸國近世難史』(1879)

출처: 矢野文雄, 『譯書讀法』, 報知社(1883)를 토대로 작성함.

야노의 목록은 1870년대 전반기의 일본사회가 필요로 한 역사서가
전문적 학술서보다는 기초적 역사지식을 쉽게 서술한 개설서임을 보여

준다. 그리고 1870년대 중반을 지나면서 문명사, 혁명사와 같이 특정한 역사인식을 담은 서적들이 소개되기 시작하였음을 알 수 있다. 근대일본의 서양사 수용이 단계적으로 성숙해 가는 과정을 엿볼 수 있다.

(나) 메이지 초기의 대표적 서양사 서적

1) 『서양사정』

개국 이후 간행된 서적들 중에서 『서양사정(西洋事情)』은 가장 먼저 상업적 성공을 거둔 베스트셀러[46]였다. 단순히 출판 부수가 많았을 뿐 아니라 일본 사회의 서양인식에도 커다란 영향을 미쳤다. 1872년에 학제가 실시되면서 한동안 『서양사정』은 소학교의 교과서로도 널리 사용될 만큼 당대의 대표적 서적이었다. 그런데 『서양사정』은 서양의 역사에 대해 기초적인 지식을 제공하는 점에서도 선구적인 역할을 하였다.

『서양사정』은 모두 3편으로 출간되었다. 1866년에 『초편(初編)』이 3권으로 출간되어 큰 성공을 거둔 후, 1867년에 『외편(外編)』 3권, 1869년에 『이편(二編)』 4권이 각각 출간되었다.[47] 『서양사정』 각 편의 내용과 구성은 다음과 같다. 『초편』은 1권에서 서양의 전반적인 제도와 문물을 소개[48]하였고, 2권은 미국・네덜란드, 3권은 영국에 대해 다뤘다. 『외편』은 서양의 사회・정치・법・교육・경제 등에 대해 소개했다. 『초편』에서 서양 문물이나 제도를 단편적으로 소개한데 비해 『외편』은 사상적・제도적 원리를 소개하여 서양사회에 대해 보다 심층적으로 기술했다. 이를 이어서 『이편』의 1권도 인간의 권리・세금징수의 항목을 다루었다. 다음으로 2권에서는 러시아, 3・4권은 프랑스에 대해 소개했다. 이와 같이, 『서양사정』은 서양의 각종 문물・제도・사상을 다룬 부분과 주요 국가들을 소개한 부분으로 구성되었다.

앞에서 보이듯이 후쿠자와는 『서양사정』에서 역사관련 서술에 많은
비중을 할애하였다. 그는 "대저 각국의 정치풍속을 관찰하는 데는 그 역
사를 읽는 것과 같은 것이 없다."[49]라고 하면서 서양 열강의 본질을 이
해하는 데에 그 역사에 대한 이해가 불가결한 요소라고 보았다. 이에
따라 후쿠자와는 서양 주요국들을 소개하면서 각각 그 앞부분에 역사에
대한 설명을 배치하였다. 서양 주요국의 이해를 위한 첫 단계로 그 나
라의 사기(史記), 즉 역사를 소개한 것이다.

역사는 전체 내용에서 차지하는 분량도 가장 컸다. 후쿠자와가 역사
지식에 얼마나 큰 무게를 두었는지를 알 수 있다. 『서양사정』에서 역사
관련 서술의 분량은 아래의 표와 같다.

<표 I-6> 『서양사정』의 국가별 주요 항목 분량

	해당편·권	역사	정치	해육군	경제	부록
미국	초편 2권	13페이지	21페이지	2페이지	3페이지	
네덜란드	초편 2권	3페이지	3페이지	1/4페이지	2페이지	
영국	초편 3권	27페이지	5페이지	4페이지	4페이지	5페이지
러시아	이편 2권	23페이지	13페이지	9페이지	3페이지	
프랑스	이편 3·4권	61페이지	6페이지	7페이지	3페이지	

출처: 福澤諭吉, 『福澤全集』(卷2), 時事新報社(1898)을 참조하여 작성함.

『서양사정』의 초편과 이편에 소개된 각국의 역사 관련 내용은 다음
과 같다. 제일 먼저 소개된 미국에 대한 서술을 보자. 후쿠자와는 미국
의 역사에 대해 콜럼버스의 아메리카 대륙 발견에서 시작하여 1853년
14대 비들 대통령의 취임까지 소개하였다. 그가 중점을 둔 미국 역사의

흐름은 크게 두 가지였다. 첫째는 독립전쟁의 원인과 과정을 설명한 것인데, 모두 9쪽에 걸쳐 상세하게 다뤘다. 그는 기본적으로 미국 독립전쟁의 원인을 영국 국왕의 가혹한 조세정책과 억압정책에 있다고 보았다. 독립선언서의 전문을 실음으로써 미국사회가 인민의 권리와 부당한 정부에 대한 저항권을 바탕으로 성립되었음을 보여주었다. 두 번째는 워싱턴을 비롯한 재임 대통령의 순서에 따라 주요 사건들을 소개하였으며, 그 주요 내용으로 동부 13개 주에서 태평양 연안으로의 영토 확장 과정을 빠짐없이 기술했다.

그 다음으로 일본과 오랜 교류를 맺어온 네덜란드를 소개했는데, 그 내용은 상대적으로 간략했다. 바타비아족의 등장과 로마의 지배 이후 당대의 윌리암 3세에 이르는 역사적 전개 과정을 기술하였고 16~17세기 아시아 무역에 대해 언급한 점이 눈에 띈다. 가장 적은 분량으로 연대기적 기술에 그친 점은 개국 이후 네덜란드에 대한 일본사회의 관심이 급격히 낮아진 점을 대변한다.

세 번째로 소개된 영국은 그 국가적 위상에 걸맞게 자세히 다루어졌다. 처음 부분은 고대 켈트족의 등장에서 시작하여 로마에 의한 정복을 거쳐 게르만계의 앵글로색슨족 시대와 노르만족 시대, 그리고 백년전쟁과 같은 왕위계승을 둘러싼 갈등까지를 간략히 다루었다. 그에 이어 왕권의 강화와 이에 대한 저항에 대해 소개했다. 마그나카르타의 성립으로 귀족에 의해 왕권을 견제하게 된 사실, 장미전쟁, 튜더왕조 시대의 왕권 강화 과정에 대해 기술하였다. 또한 찰스 1세에 대한 저항과 크롬웰시대('청교도혁명')와 왕정복고 후 제임스 2세의 실정과 퇴위로 윌리엄 3세가 즉위('명예혁명')하는 과정을 그렸다. 세 번째는 영국이 세계적 강대국으로 성장하는 내용이었다. 하노버가의 조지 1세가 즉위한 이후 영국이 강력한 군사력을 바탕으로 세력을 확장했으며, 1750년 무렵부터 기계발명과 산업발달을 성취했으며, 나폴레옹의 침략도 웰링턴 제독의 활약으로 막아냈다고 기술하였다. 마지막에는 아편전쟁과 그에 따른 중국의 개항 사실을 말미에 언급하여 아시아로의 세력 확대라는 당시의 동아시아 현실과 관련된 내용을 서술하였다.

한편, 『서양사정 이편』은 러시아와 프랑스에 대해 다루고 있다. 목차를 보면 원래는 포르투갈, 독일, 그 중에서도 프러시아도 포함될 예정이었지만 실제 집필은 러시아와 프랑스를 다루는 것으로 마무리되었다. 먼저, 러시아는 몽고침략을 거쳐 최근의 영토 확대까지를 다루었다. 그 중에서 피터대제에 대한 기술이 전체 23쪽에서 11쪽, 즉 전체의 반에 가까운 비중을 차지할 정도였다. 그 내용을 보면, 야만 상태인 러시아에 서양문명을 들여와 개화를 이룬 공적을 강조하였다. 두 번째로 중시된 내용은 러시아의 영토 확장 과정이었다. 1800년대 이후 러시아가 사방에 영토를 차지하여 경계를 넓히는 것을 국정의 목표로 하고 있다고 경계하면서 영토 확장 현황을 표로 소개하기까지 했다.[50]

프랑스는 마지막으로 다루어졌지만 매우 상세하게 다루어졌다. 『서양사정 이편』의 전체 4권 중에서 프랑스 부분이 2권에 걸쳐 서술했는데, 그 대부분이 역사에 대한 것이었다. 이렇게 프랑스의 역사를 상세하게 소개한 것은 후쿠자와가 견문했던 시기의 유럽에 프랑스 혁명에 따른 여파가 여전히 남아 있었기 때문일 것이다. 그는 프랑스의 역사가 복잡한 내용이 많을 뿐 아니라 프랑스가 유럽의 중앙에 위치하여 주변 국들과 깊은 관계를 갖고 있기 때문에 그 역사를 알게 되면 타국의 역사도 쉽게 이해할 수 있다고 했다.[51] 후쿠자와가 근대유럽의 역사에서 프랑스가 차지하는 위치를 매우 중요하게 보았음을 알 수 있다.

프랑스 역사에 대한 기술의 첫 부분은 프랑스 왕국의 성립과정이다. 프랑크족의 등장과 메로빙거 왕조에 의한 프랑크왕국 건설에서 시작하였으며, 프랑크 왕국의 분열 이후 카롤링거 왕조의 성립과 샤를마뉴 대제의 위업, 그 뒤를 잇는 왕국의 분열과 노르만 족의 침략을 소개했다. 한편 위그 카페에 의한 카페 왕조의 성립과 발전을 거쳐 잔 다르크가 활약한 영국과의 백년전쟁에 대해 기술하였다. 두 번째로 백년 전쟁 이후의 왕권 강화를 소개했다. 샤를 7세 이후 왕권 강화 과정과 함께 종교개혁에 의한 신구 세력의 갈등을 소개한 후 루이 14세와 루이 15세 시기의 팽창정책을 자세히 소개했다.[52] 세 번째의 내용은 프랑스 혁명에 관한 것이었다. 프랑스 혁명의 전개양상은 루이 16세 즉위에서 나폴레옹 즉위까지의 내용으로 11쪽에 걸쳐 상세하게 소개하였다.[53] 그리고 나폴레옹 동맹의 결성에서 나폴레옹 3세의 즉위까지를 4권에서 담았다.[54] 프랑스 혁명에 대해 많은 분량을 할당하며 자세하게 다룬 것이다.

이상에서 보았듯이, 『서양사정』은 각국의 역사적 전개과정을 개략적으로 소개했다. 후쿠자와 자신이 서양역사에 대해 깊이 있는 지식을 가진 것이 아니라 서양에서 구입한 몇몇 서적을 읽고 편집한 것에 불과했기 때문에 『서양사정』도 서양의 역사에 대한 기초 지식을 제공하는데 머물렀다. 그렇지만 자세히 보면 국가에 따라 강조점에 차이가 드러난다. 먼저, 미국은 독립전쟁과 영토 확장, 영국은 시민혁명과 강대국으로의 성장, 러시아는 팽창정책, 프랑스는 프랑스혁명에 대한 비교적 상세하게 서술하고 있다. 후쿠자와가 서양의 역사를 단순히 소개하는 것에 그치지 않고 당시 서양의 현실에 미친 중요성을 고려하여 기술하였음을 알 수 있다.

2) 파래만국사

메이지유신 직후부터 '만국사'라는 제목의 서양사 서적이 번역이나 편역의 방식으로 매년 수권씩 출판되기 시작하였다. 만국사는 원래 universal history의 번역어로서, 18세기 중반에서 19세기에 걸쳐 서양에서 universal history를 표방하며 인기를 끌었던 서적들을 지칭한다. 그런데 universal history에는 두 가지의 흐름이 있다. 첫째는 '보편사', 즉 인류 역사의 보편적 원리를 찾고자 하는 흐름이다. 대표적인 예로, 헤겔의 역사철학이나 마르크스의 유물사관은 구체적 역사적 사건·인물에 대한 관심보다는 역사 전반을 관통하는 근본적 원리나 법칙을 제시하고자 한 것을 들 수 있다. 두 번째는 개별 사회나 지역의 역사들을 종합·망라하는 방식의 역사서술이다. 최초의 universal history로 평가받는 An Universal history, from the earliest account of time(1747~1768)(전체 65권, 저자는 George Sale, George Psalmanazar, Archibald Bower, George Shelvocke, John Campbell and John Swinton)은 서유럽과 다른 제지역의 역사를 통합적·포괄적으로 서술하고자 했다. 이러한 방식의 역사서술은 서양 세력이 확장되면서 유럽 이외의 지역에 대한 역사적 지식이 필요하게 되면서 등장했다. 메이지 초기의 '만국사'는 후자에 해당한다.

일본에 소개된 만국사 서적들은 대체로 서양에서 출간된 교과서나 개설서를 번역·편역한 것으로서, 가장 기초적인 서양사 지식을 담고 있었다. 이러한 부류의 만국사 중에서 가장 널리 사용된 것으로『파래만국사』를 들 수 있다.『파래만국사(巴來萬國史)』는 미국의 유명한 출판업자인 새뮤엘 굿리치가 출간한 Peter Parley's Universal History the Basis of Geography(1837)[55]를 번역한 것이다. 저자인 굿리치는 뉴잉글랜드 지역을 근거지로 활동한 인물로서, 초등학교 졸업 후 출판업에 투

신하였다. 그는 아동용 서적을 직접 저술 및 출판을 하여 큰 성공을 거
뒀다. 지리, 전기, 역사, 과학, 그 외의 다양한 얘깃거리까지를 포함한
백 권 이상의 책들을 출간했다고 한다. 아동용 서적들 중에서도, '피터
팔리'라는 가공의 인물을 화자로 내세운 Peter Parley Series가 유명했
다. Peter Parley's Universal History는 그 시리즈 중의 하나로서, 출판
당시 보다 어린 학생들을 대상으로 하였기 때문에 다른 책들보다 큰 판
형에 그림을 곁들여 인쇄했으며 평이한 문장과 단어를 사용했다.[56] 다
시 말해, 『파래만국사』는 미국의 초등학교 교과서를 번역한 것으로, 서
양사를 처음 접한 일본인들도 쉽게 이해할 수 있는 수준의 내용을 담고
있었다. 이 점이 메이지 초기 일본사회의 필요에 부합하였기 때문에 커
다란 호응을 얻을 수 있었던 것이다.

　『파래만국사』를 일본에 처음 들여온 것은 후쿠자와였다. 그는 1862
년 유럽에 사절단의 일원으로 방문했을 때 다량의 원서를 구입했는데,
그 중에 미국판 교과서들이 다수 포함되어 있었다. 그 중에 당시 미국
에서 교과서로 많이 사용되고 있던 굿리치의 저서들이 있었으며, 『파래
만국사』도 그 중의 하나였다.[57]

　『파래만국사』는 상·하권으로 구성되었으며, 상권은 1장에서 103장까
지, 하권이 104장에서 186장까지였다. 원제목에서 볼 수 있듯이 세계지리
에 대한 지식을 토대로 하여, 아시아·아프리카·유럽·아메리카 대륙의
순서로 지도와 함께 주요한 역사적 사실을 기술했다. 구체적 내용을 보면,
아시아(6장~37장, 총 32장), 아프리카(38장~47장, 총9장), 유럽(48장~ 159장, 총
112장), 아메리카(160장~186장, 총27장)의 순서로 전개되었다. 전 세계의 역사
를 개괄했다는 점에서 만국사라는 제목에 걸맞는 체제를 갖추고 있다.

　전체적 특징은 다음과 같다. 첫째로 각 대륙별 역사를 빠짐없이 담고

있다는 점에서 포괄적 세계사를 지향했다. 원저의 부제에서 알 수 있듯이 굿리치는 지리적 구분에 따라 역사를 서술하였고, 각 지역에 대한 설명에 앞서 그 지역의 지도를 먼저 보여주었다.58) 19세기 중반 미국 초등학교 학생들의 세계지리 지식과 역사지식을 결합시키는 방식으로, 미지의 지역과 사회에 대한 흥미와 이해를 고취한 것이다. 이러한 서술 방식은 문명개화 초기의 일본사회에 필요한 세계의 지리와 역사 지식을 동시에 제공하는 것이기도 했다.

그렇지만 『파래만국사』는 서양의 역사가 중심이며, 서양적 세계관과 인식이 그대로 반영된, 서양인이 쓴 역사서이기도 하다. universal history, 즉 인류 전체의 보편적 역사를 표방했지만 실제로는 서양사가 중심이었다. 대륙별 서술 분량의 차이가 심하고, 특히 서양 부분이 압도적으로 많았다. 전체 186장중에서 유럽이 112장, 미국 관련이 20장(160장~179장)으로 압도적인 부분을 차지했다.

서양적 가치관은 성서에 바탕을 둔 기독교적 역사관에서도 나타난다. 굿리치는 아시아의 역사를 가장 먼저 서술하고 있는데, 그 내용을 보면 구약 성서에서 차용한 것이다. 즉, 아시아 부분이 첫 장인 6장에서 지리적 특징을 개략한 다음 역사 관련 내용을 시작한 7, 8장은 창조와 노아의 방주에 대한 것이었다. 창세기의 아담과 이브를 다루면서 에덴동산의 위치를 아시아에 두었으며, 대홍수가 끝난 후 노아의 방주가 도착한 곳은 유프라테스 강이라고 하였다. 24장에서 예수의 십장가 처형을 다루는 등, 구약성서에 따른 기독적 세계관을 반영하고 있다.

한편, 각 지역별 발전 정도에 대해서는 문명론적 차별의식을 드러냈다. 그는 제5장 서언, '세계의 각종 인민'에서 각 인종·사회의 발전 단계를 야만, 미개, 개화, 최상개화로 구분하였다. 야만은 흙·나무기둥으

로 집을 짓고 화살로 사냥을 하여 살아가는 인민으로, 아메리카의 인디
안, 아프리카 흑인, 아시아인, 오세아니아의 인종 중에 일부가 여기에
속한다고 하였다. 개화는 돌과 흙으로 겨우 집을 짓고 살며 우상을 숭배
하는 인민으로, 아프리카의 흑인과 아시아인 중에 많으며 풍습이 잔인하
고 몽매하다고 했다. 다음 개화는 화려한 건물에서 살며 기술도 발달하
고 학교나 독서·작문도 갖추어진 경우로, 중국, 힌두스탄, 터키, 그리고
아시아, 아프리카 및 유럽의 일부 인종이 여기에 해당한다. 유럽과 합중
국 각 지역의 인민 다수는 커다란 집에 살며 생계도 풍부하고 서적, 사
원, 의사원, 학교 및 각종 기술들도 갖추어져 있는 최상개화에 속했다.[59]

끝으로, 아시아 부분의 기술에는 중국(28장~30장)과 일본(31장)이 포함
된 것도 일본에서 환영 받은 이유였을 것이다. 그런데 영어 원본의 판
본에 따라 일본에 대한 기술은 차이를 보인다. 1854년도 판본[60]에는 30
장~32장에서 중국의 역사를 소개하였고, 일본은 36장에서 기타 국가의
일부로 기술되었다. 이에 반해, 1869년도 판본[61]에서는 일본의 역사를
31장에 따로 기술하였다. 번역본 『파래만국사』의 일본사 부분은 1869
년도 판본과 일치한다.

『파래만국사』는 메이지 중반까지도 큰 인기를 얻어서 여러 차례 번역
되었다. 최초의 번역번은 데라우치 쇼메이(寺內章明)가 편역하여 출간한 『오
주기사(五洲紀事)』[62]였다. 이 책은 1872년 학제가 실시된 후 소학교 교재
로 사용되기도 했다.[63] 가장 널리 읽힌 번역본은 1876년에 마키야마 고
헤이(牧山耕平)의 번역으로 출간된 『파래만국사』[64]였다. 마키야마의 번
역본은 야노 후미오의 추천 번역서에 포함된 것에서도 알 수 있듯이
1880년대 중반까지도 대표적인 서양사 서적으로 사용되었다. 또한 『파
래만국사』의 원서는 영어수업의 교재로도 널리 사용되었다.[65] 그 이

외에도 원문에 충실한 직역본·해설서 등이 1880년대 말까지 출판되
었다.66)

출처: Peter Parley, Peter Parley's Universal history, on the basis of geography(1854).
원문출처: http://books.ebooklibrary.org/members.7/oca/p/peterparleysuni02hawtgoog.pdf

3) 기조와 버클의 문명사

1870년대 중반에 접어들면서 일본의 서양사 수용에 중요한 변화가 나타났다. 1870년대 초에 들어온 '만국사'는 미국 초등학교 교과서나 개설서의 번역·편역으로 서양사에 대한 기초 지식을 담고 있었던 데 비해, 19세기 중반 서양사회의 문명론적 세계관에 입각한 '문명사'가 각광을 받았다. 문명사란 문명 발달의 역사라는 의미에서 사용되는 명칭으로서, 실제로는 서양근대문명의 발달을 기준으로 한 역사관 내지는 역사서를 가리킨다. 인류의 문명에서 서양이 최고의 발달 수준에 도달하였다는 입장에서 역사를 서술한 것이다.

일본에 소개된 대표적인 서양의 문명사는 프랑수아 기조(François Pierre Guillaume Guizot, 1787~1874)와 헨리 버클(Henry Thomas Buckle, 1821~1862)의 저서들이었다. 프랑스인인 기조는 1828년에 유럽의 문명사를 표방한 Histories de la civilisation en Europe을 처음 출간하였고, 영국인 버클이 1856년에서 1861년 사이에 History of Civiliation in England을 출간하였다. 이들이 활동한 19세기 전반기가 서양 문명사의 전성기였던 것이다.

기조와 버클의 문명사는 서양문명의 연원에 관심을 가진 문명개화기 일본 지식인들에게 큰 인기를 끌면서 여러 차례에 걸쳐서 번역이 되었다. 그 번역본들을 소개하면 다음과 같다. 먼저 기조의 Histories de la civilisation en Europe(1828)은 프랑스어 직역과 영어번역본의 중역 두 가지가 있었다. 프랑스 직역은 1875년에 무로타 미쓰요시(室田充美) 번역으로 상하 2책으로 간행된 『서양개화사(西洋開化史)』이었다.[67] 한편 미국인 케일럽 헨리(Caleb. S. Henry)와 영국인 윌리엄 해즐릿(William Hazlitt)의 영역본이 중역되었다.[68] 이 중에서 헨리의 영역본 1873년도 판을 번역한 나가미네 히데키(永峯秀樹)의 『구라파 문명사(歐羅巴文明史)』가 1874

년에서 1877년 사이에 모두 14권으로 간행되어 가장 대중으로 읽혔다. 또한 아라키 노부요시(荒木卓爾), 시라이 마사오(白井正夫)가 헨리 영역본 3판을 중역한 『태서개화사(泰西開化史)』(1874)가 출간되었지만, 상권 1책으로 중단되었다.69)

헨리 버클의 History of Civiliation in England(1856~1861)은 처음 잡지에 초역으로 소개되었다. 1874년에 『신문잡지(新聞雜誌)』에 게이오 의숙의 후쿠자와 제자들이 일부를 번역하여 실었으며, 같은데 5월, 『명륙잡지(明六雜誌)』 7호에 미쓰쿠리 린쇼의 초역이 실렸다. 본격적인 번역본은 1875년 8월, 오시마 사다마스(大島貞益)가 『버클리씨 영국개화사총론 권일(伯克爾氏 英國開化史總論 卷一)』이라는 제목으로 인서국에서 간행했다. 다만 번역된 것은 원본 1권 중에 권일상(卷一上)뿐이었다. 다음으로, 1879년에 도이 고카(土居光華)와 가요 도모조(萓生奉三)의 번역으로 『영국문명사(英國文明史)』로 1책에서 8책까지 출간되었다.70) 그 외에도 기조와 버클의 저서는 여러 경로로 소개되었는데, 한 예로 『구미대가소견집(歐米大家所見集)』(土居光華 編)에 두 책의 초역이 수록되기도 하였다.71)

『구라파문명사』와 『영국문명사』가 일본에 소개된 것은 1870년대 중반에 비슷한 시기였지만, 원저는 1828년과 1856년으로 40년 가까운 시간 차이를 두고 출판되었다. 같은 '문명사'라고 해도 양자 사이에는 꽤 큰 차이가 있었음을 짐작할 수 있다.

먼저, 기조의 『구라파문명사』는 1828년 파리대학에서의 연속강의 내용을 출간한 것으로, 로마 멸망에서부터 현대에 이르는 유럽문명의 발전과정을 담고 있다. 뒤이어 출간된 『불란서문명사』에서는 프랑스를 유럽문명의 중심으로 놓고 그 역사적 발전과정을 기술했다. 특히, 기조의 『구라파문명사』는 "문명의 완성을 향한 보편적 발전이라는 계몽적 진보사관에 입각하여, 고대문명의 획일성에 대한 근대문명의 다양성을 강조"했다.[72] 기본적인 내용은 문명사적 역사론을 다룬 후, 로마 멸망에서부터 프랑스혁명에 이르는 유럽문명의 발전과정을 담고 있다. 체제는 14장의 강의로 구성되었다.[73]

기조가 활발한 정치가의 길을 걸었던 데 비해 버클은 부유한 상인의 집안에서 태어나 풍족한 삶은 누린 부유한 부르주아 지식인이었다. 몸이 약해서 정규 교육을 받지 못하고 독학을 한 그는 저술가가 될 결심을 하고 오랜 연구를 통해 『영국문명사』 1권을 1857년에 출판하여 호평을 받았으며, 1861년에 2권을 간행했다. 그러나 1862년 이집트와 예루살렘 지역을 여행하면서 장티푸스에 걸려서 사망하면서 책은 미완으로 남게 되었다. 『영국문명사』의 전체 구상 중에 집필된 1·2권은 방법론과 역사인식을 담은 서론에 해당하기 때문에 그 전체 내용을 알 수는 없다. 다만, 서론적인 1·2권은 영국뿐 아니라 프랑스, 스페인 등 유럽 전체의 문명발달에 대해서도 기술한 점을 볼 때 기조와 저서와 마찬가지로 서양 전체의 문명사로 볼 수 있다.[74] 현실정치에 관심이 많았던 기조와 달리 버클은 콩트의 실증주의에 입각하여 역사의 법칙을 수립하고자 하는 방법론적 관심이 두드러졌다. 버클은 영국이 역사적 발전을 중심으로 서양문명의 발전과정을 서술했다. 그는 "19세기 중기의 최신 학문이었던 통계학의 방법을 수용하여 인간·사회현상 속에서 법칙성을 찾아내고, 역사서술을 하나의 과학으로 확립하고자 했다"[75]라고 하여 역사법칙을 중시했다.

『구라파문명사』와 『영국문명사』는 역사인식과 서술대상에서 일정한 차이가 있다. 그렇지만, 두 책 모두 '문명사'로서의 공통점을 갖고 있다. 그 첫째는 서양 중심의 문명관이다. 기조와 버클은 서양의 역사를 문명의 진보라는 체계적 관점에서 파악하면서 모든 문명은 진보과정에 있으며 그 차이에 따라 문명과 야만, 개화와 미개의 차이가 있다고 하였다. 예컨대 기조는 "문명은 각각 독립하여 법제가 없는 야만의 상태에서 개화 하여 교제의 정법(政法)을 얻은 것이다. 따라서 문명 중에도 또한 계급이 있다. 또한 문명은 일월(日月)로 진보하여 멈추지 않는 것이다.76)라고 하 였다. 버클은 영국·프랑스를 '개명국', 러시아·투르크를 '야만의 풍습을 벗어나지 못한' 곳77)으로 평가하여 문명사적 기준을 적용하고 있다.

두 사람 모두 문명개화기 일본지식인들의 열렬한 환영을 받았는 데,78) 그 이유는 서양의 역사를 문명의 진보라는 체계적 관점에서 파 악하려 했기 때문이다. 도이 고카는 이 책들이 "고상절륜(高尙絶倫)하고 그 주장이 모두 사람의 의표를 찌르며, 사람의 눈과 마음을 열리게" 하 였다고 감탄했다.79) 가토 히로유키는 시게노 야스쓰구(重野安繹)의 글 을 논평하면서 "최근 개화사라고 하는 것이 있다. 그 체재는 크게 보통 의 역사와 같지 않으며 중요하지 않은 기사(紀事)는 일체 생략하고, 특 히 인간세상 고금의 개명진보의 원인을 탐구하여 그 성과를 강구하는 것은 목적으로 한다."라고 하였다.80) 즉, 모든 문명은 진보과정에 있는 데, 그 차이에 따라 문명과 야만, 개화와 미개의 차이가 있다는 것이 다. 서양의 문명사가 일본 지식인들에게 서양의 발전이 문명의 단계적 발전 과정에 따른 것이며, 일본도 그러한 단계를 밟으면서 발전을 이 루어야 한다는 서구화의 당위성을 확인해 주는 역할을 하였던 것이다.

(3) 신식 일본사의 등장

1870년대의 일본사회는 메이지유신으로 정치적 격변을, 이어서 문명개

화정책에 의한 사회적, 문화적 변혁을 경험해 갔다. 일본정부와 지식인들
이 이끄는 서구문물의 수용은 일본인들에게 처음으로 서양의 면면을 엿
보게 해주었다. 그 중에서 각종 서양 서적들의 번역과 편찬은 미지의 세
계에 대한 이해를 넓혔으며, 전통적인 지식체계와 세계관을 동요시켰다.

　문명개화기의 문화적 충격들 중에서 서양사 지식의 소개로 인한 세
계관의 동요도 빼놓을 수 없이 중요하다. 문명개화기에 소개된 서양사
는 대부분 일본과 중국의 역사에 한정되어 있던 전통적 역사지식과는
전혀 다른 세계를 알려주었다. 따라서 메이지 초기는 전통적 역사지식
과 새로운 역사지식이 교차되는 시기였다. 그렇다면, 문명개화의 풍조
속에서 서양사 서적들이 급속히 확대되는 상황은 일본사의 저술과 출판
에 어떠한 영향을 미쳤을까?

(가) 1870년대 초의 일본사 출판

　메이지유신 직후부터 '만국사'라는 제목의 서양사 서적들이 잇달아 출
판되면서 인기를 얻고 있었지만, 일본사 서적의 출판이나 저술에는 큰
변화가 없었다. 1870년대 전반기에 출판된 일본사 서적들을 보면 기존
사서를 재간행하거나 전통적 방식으로 집필된 것들이 대부분이었다.

　메이지 초기의 서적출판 상황은 1874년에 도쿄, 교토, 오사카에서 발
행된 신간 서적 목록들을 통해 엿 볼 수 있다.81) 이 목록은 도쿄를 시
작으로 교토, 오사카의 순서로 발행되었으며, 메이지유신 이후 간행된
서적들을 대상으로 하였다.82) 목록의 내용을 검토해 보면 당시 메이지
유신 이후 서양의 신지식을 담은 서적들이 급속히 늘어났지만, 전통적
인 유형의 서적들도 여전히 다수 출간되고 있음을 알 수 있다. 1870년

대 초의 일본사회는 여전히 신·구 지식이 혼재된 문화적 과도기에 있
었던 것이다.

　그렇다면 일본사 서적은 어떤 상황이었을까? 위의 목록들에서 일본
사에 해당하는 서적들을 정리하면 아래의 표와 같다.

<표 I-7> 1870년대 초 간행된 일본사 서적

신간·재간행 ＼ 출판지	도쿄	교토	오사카
재간행의 경우	假名古事記 大日本史之內刑志·兵志 訓蒙國史略 校刻日本外史 啓蒙國史略 國史紀事本末 續國史略 訓蒙日本外史 古事記編要 古事記略注	國史略 大日本史贊藪 皇朝史略 古訓古事記 日本外史稱呼訓 讀史訓蒙:初編日本政記抄解 國史略名稱訓	日本外史 日本政記 皇朝史略 續皇朝史略
새로 집필된 경우	訓蒙皇國史略 日本略史 國史擥要 小學國史 國史訓蒙 國史初步 史學初步 皇國部 歷朝史略 近世史略 近世史情 大東史略:訓蒙繪入 續大東史略:自嘉永至明治	近世野史 近史記略	近古史談

출처: 太田勘右衛門 編, 『戊辰以來新刻書目便覽』, 梅嚴堂(1874). 上勘兵衛編, 『御維新以來京 都新
　　刻書目便覽』, 平樂寺等(1874). 松田正助編, 『戊辰以來新刻書目一覽』, 赤志忠七等(1874).

이를 보면 1870년대 초 일본사 서적의 출판은 크게 재간행 서적과 새로 집필된 서적 두 가지로 구분된다.

먼저, 에도시대에 많이 읽혀졌던 사서들의 재간행이나 그와 관련된 서적들의 간행을 볼 수 있다. 위의 신간 서적 목록에 보이는 재간행 사서로는 『고사기』, 『대일본사』,83) 『황조사략』,84) 『국사략』,85) 『일본정기』,86) 『일본외사』87)가 있다. 이 중에서 『고사기』를 제외하고는 대부분 에도시대에 저술된 것으로, 근세일본의 역사의식을 담고 있다. 이들 서적은 메이지 초기에도 여전히 널리 읽혔는데,88) 그 중에도 라이 산요(賴山陽)의 『일본외사』가 가장 큰 인기를 지속했다.

에도 후기의 사서인 『일본외사』는 라이 산요가 1827년 완성한 것으로, 그 후 1836~1837년 사이에 인쇄본으로 간행되었다. 위에 언급된 사서들 대부분이 천황의 연대기를 중심으로 서술된데 비해 『일본외사』는 무가 세력의 흥망성쇠를 다룬, 무가의 역사였다. 헤이안 말기의 미나모토 · 다이라씨에서 시작하여 도쿠가와씨에 이르기까지 무가의 흥망을 가문과 인물 중심으로 한문체로 기술하였는데, 엄격한 고증보다는 이야기체로 쓰여져서 널리 읽혔다고 한다. 그러나 그 역사인식은 유교적 대의명분론에 입각한 근왕론으로, 막말기의 존왕양이파 무사들에게 큰 인기를 얻으면서 메이지 초기까지의 근왕론에 깊은 영향을 끼쳤다.89) 메이지 초기에도 『일본외사』는 지속적으로 재간행되었으며, 관련 서적들도 다양하게 출판되었다. 『일본외사』 관련 기타 서적들은 다음의 표와 같다.

<표 Ⅰ-8> 메이지기 간행『일본외사』관련 서적목록

(가) 전후의 내용을 보전한 사서
近世日本外史, 關機編 ; 關長雄標記, 稻田佐兵衛 1876.5
續近世日本外史, 關機編 ; 關長雄標記, 1877.1
續日本外史, 馬杉繫著 ; 賴復閣, 坂上半七 1876.9
江戶將軍外史, 靑木可笑著, 靑木可笑 1878.9
日本外史前記, 近藤甁城著 ; 賴復,岡千仞閣, 阪上半七 1879.7
日本外史前編, 保岡正太郎編, 保岡正太郎 1881.11
(나) 摘要
外史箚記, 淸宮秀堅著, 玉山堂 1874.3
外史攬要, 岩崎恒義, 1880
日本外史摘解, 三田称平編 ; 邦上光雄訂, 三田豫一 1881.4
日本外史要領示的, 富本長洲, 1898
(다) 주석
日本外史訓蒙, 松嵐, 泉石著, 小川九平 1872.1
便蒙日本外史纂語講義, 雨森精翁口授 ; 黒田龍二筆記,
佐佐木慶助 : 大谷仁兵衛 : 杉本甚助 1881.5
日本外史論文講義, 深井鑑一郎, 1893

출처: 小野壽人,「日本開化小史とその時代」,『本邦史學史論叢: 史學會創立50年記念』(下卷), 史學會編, 富山房(1939), 1296-1297쪽 참조.

이외에도 <표 Ⅰ-7>에 포함된『교각일본외사(校刻日本外史)』,『훈몽일본외사(訓蒙日本外史)』,『일본외사칭호훈(日本外史稱呼訓)』이 여기에 해당한다.『일본외사』와 관련 서적들은 1890년대까지도 간행될 정도로 메이지 전반기의 애독서로서 계속 자리 잡고 있었다.[90]

메이지유신 이후 새로 집필된 사서들도 전통적인 체제나 내용 중심으로, 별다른 변화가 없었다. 다만 이들 서적들은 막말에서 메이지 정부의 수립에 이르는 시기를 다루었다는 점에서 차이를 지녔다. 이 책들은 크게 전체의 시기를 다룬 통사와 메이지유신 전후 시기만을 다룬 당대사로 구분된다.

통사의 사례로『국사감요』를 들 수 있다. 이 책은 1874년에 기존 사서들의 편집본으로 간행되었다.[91] 저자는 기존의 사서들의 내용을 간략히 하였다고 적고 있지만 전체 분량이 16권에 이를 만큼 결코 적지 않았다. 서술 내용을 보면 신대에서부터 시작해서 천황의 즉위 순서에 따라서 차례로 서술하였으며, 대상 시기는 1권에서의 신대와 진무천황을 시작으로 하여 16권에서 금상황제(今上皇帝), 즉 메이지천황 대까지를 다루었다. 천황 중심의 근세 역사서를 그대로 답습한 것으로, 저자도 책의 내용이『고사기』이래의 전통 사서들에 의거했다고 밝히고 있다. 구체적으로 인용되었다고 언급된 사서들을 보면, 신대사는『금구사기(今舊事記)』『고사기(古事記)』『고금습유(古今拾遺)』, 진무천황 이후의 내용은『국사략(國史略)』,『황조사략(皇朝史略)』,『통어(通語)』,『일사(逸史)』,『일본외사(日本外史)』,『일본정기(日本政記)』였다. 특히 중세 이후는『일본외사』를 많이 반영했다고 한 점에서,『일본외사』의 영향력을 다시 확인할 수 있다.[92]

당대사로 메이지 초기에 집필된 사서의 예로『근세사략』을 살펴보면 다음과 같다.『근세사략』은 1872년에 전체 3권으로 간행되었으며, 페리 내항(癸丑年)에서 하코다테 전쟁, 즉 보신전쟁의 종결(己巳年)까지를 다루었다. 저자는 읽기 어려운 글들을 간략하게 요약하여 독자들이 지루하지 않게 하였다고 「예언」에서 밝혔다. 인용된 자료들을 보면, 일기나 문집, 편지, 연표, 정부 기록물, 그리고 신문들이었다.[93]『국사감요』와 달리 기존 사서들을 인용하지 않은 것은 대상 시기의 특수성에 따른 것으로, 신문이나 일기와 같은 자료를 많이 인용하여 기존 사서들의 요약·반복이 아닌 새로운 내용들로 구성되었다. 1권에서는 페리 내항부터에서 존왕양이운동의 발생, 2권은 존왕양이파 축출에서 보신전쟁 발발, 3권은 보신내란의 과정을 다루고 있다. 이처럼 내용적으로는 새롭지만 『근세사략』의 서술 체제나 성격은 전통사서와 별반 다르지 않았다. 서술은 시간적 순서에 따라 사건들의 전개 과정을 연대기적으로 서술하고 있다.

근대적 학교 교육이 시작되면서 문부성에서 정식 교과서를 편찬하여 사용하였는데, 이때 간행된 일본사 교과서도 당시의 일본사 서술을 보여주는 좋은 사례가 된다. 제일 처음 간행된 일본사 교과서는 1872년에 편찬된 대표적인 소학교 교과서인 『사략(史略)』으로, 황국·중국·서양의 3부로 구성되었으며, 황국 부분이 일본에 해당된다. 황국은 크게 신대와 인황(人皇)의 통치기로 구분되어 있다. 신대는 고사기 이래의 신화를 요약한 것으로, 아메노미나카누시노카미(天御中主神)라고 하는 만물의 주재자에서부터 시작하여 天地의 생성, 일본의 탄생, 천손강림으로 이어지고 있다. 이른바 일본과 일본의 천황이 天神의 자손이라고 하는 관념을 담고 있는 것이다. 진무천황에서 시작되는 인황(人皇) 부분이 본격적인 역사서술에 해당하는데 서술 체제는 엄격히 천황의 역대 재위 순서에 따르고 있다. 즉, 역사적 중요성이나 평가와 관계없이 재위 순서와 천황의 이름, 부친의 이름을 모두 적고 있다. 그리고 역사적으로 의미 있는 사건이나 업적이 있는 경우는 해당 천황의 부분에서 내용을 추가하여 서술하고 있다.[94]

이상을 종합해 보면 메이지 초기의 일본사 서적들은 전통적 체계 안에 머물러 있었다. 특히 『일본외사』의 인기에서 볼 수 있듯이 근왕론적 역사인식이 큰 영향을 미치고 있었다.[95] 1870년대 초반부터 서양사의 수용이 활발하게 이루어졌지만, 일본사의 서술과 출판에는 아직 별다른 변화가 없었던 것이다.

메이지 초기 일본사 서술이 여전히 전통적 역사인식에 지배되었음을
보여주는 사례로 메이지 정부의 수사 사업의 시도를 볼 수 있다. 천황
을 정당한 군주로 보는 근왕론은 개국에 따른 혼란 속에서 존왕양이론
의 이론적 기반이 되었다. 반막부 세력은 근왕론을 명분으로 막부를 비
판하였고, 천황의 정치적 위상은 더욱 강화되었다. 메이지유신의 '왕정
복고' 선언은 근왕론적 명분론을 이용하여 정당성을 주장하였다.

메이지유신 이후에도 일본정부는 국가 이념으로 여전히 '왕정복고'를
표방하였고, 천황가의 만세일계 관념을 중심으로 하는 근왕론적 역사관
을 정통 사관으로 규정하였다. 그러한 역사관을 실천에 옮기고자 한 것
이 바로 국가주도의 수사사업이었다. 메이지 정부는 『육국사(六國史)』
이래도 중단된 관찬 사서 편찬을 추진하였다. 1869년 4월 천황의 명령
에 따라 정부는 사료편집국사교정국을 개설하였고, 여기서 공식적 수사
사업을 담당하게 되었다. 이는 그 해 5월에 창평학교(昌平學校) 하에 국
사편집국의 이름으로 이전되었다. 1872년 태정관정원에 역사과(歷史課)
를 설치한 후, 이것이 1875년 수사국(修史局)을 거쳐 1877년 수사관(修史
館)이 되었고, 이 과정에서 『복고기(復古記)』, 『명치사요(明治史要)』가 편
찬되었고, 사료수집 및 편찬사업의 결과로 『사징묵보급기고증(史徵墨寶及
其考證)』이 간행되었다. 1883년에는 수사관에서 『대일본편년사(大日本編年
史)』(미간)의 편찬을 시작하였다.

그러나 메이지 정부의 수사 사업은 실패로 끝이 났다. 정부의 의도와
달리 수사사업은 계속 난항을 거치다가 1880년대가 되면 사실상 중단
되었고 그 기능은 사료수집 및 편찬에 국한되었다. 수사관은 1886년에
다시 임시수사국으로 개편되었다가, 1888년 제국대학으로 이관되어 임
시편년사편집괘(臨時編年史編纂掛)로 개편되었고 수사사업을 담당해 왔던

시게노 야스쓰구, 구메 구니타케(久米邦武)가 문학부 교수로 임명되었다. 이들에 의해 1890년에는 『고본국사안(稿本國史眼)』이 출판되었다. 이것은 기전체와 기사본말체를 혼합한 전통적 서술방식을 취하였으며, 기사의 분류도 황통계승을 우선으로 하였다. 1891년 임시편년사료편찬괘와 지리편찬괘(地理編纂掛)를 통합하여 사지편집괘(史誌編纂掛)가 설치되었다. 이는 1893년 폐지되었고 1895년 제국대학 문과대학에 사료편찬괘(史料編纂掛)가 설치되었다. 이 무렵 구메 사건의 영향으로 『대일본편년사』의 중단이 결정되고 사료편찬을 전담하여 『대일본사료(大日本史料)』 『대일본고문서(大日本古文書)』 등의 사료출판 사업이 진행되었다. 그 후, 1929년 사료편찬소(史料編纂所)로 개칭되었고 1950년 도쿄대학 부설연구소가 되고 교수, 조교수 등이 배치되기에 이르렀다.96)

이처럼 메이지 정부의 수사사업은 난항 끝에 사료편찬사업으로 전환되었고 수사사업 자체는 중단되었다. 이 과정에서 드러난 정부와 학자, 기타 사회세력 사이의 다양한 입장 차이와 복잡한 갈등 관계는 '메이지'라는 시대가 이미 전통적 근왕론에 따른 '정사' 편찬을 성사시킬 수 없을 만큼 변화했음을 보여준다.

(나) 후쿠자와의 『문명론지개략』

1870년대 초의 일본은 서양사 수용을 통해 새로운 역사 지식에 접하게 되었지만 곧바로 일본사 서술이나 인식에 영향을 미친 것은 아니었다. 일본사의 변화는 1870년대 중반이 되면서 시작되었으며, 그 변화를 이끈 것이 바로 문명사였다. 기조와 버클의 문명사가 번역되고, 그 뒤를 이어서 문명사의 논리에 입각한 일본사 서술이 시작되었다. 후쿠자와 유키치의 『문명론지개략』(1875)과 다구치 우키치(田口卯吉)의 『일본개화소사(日本開化小史)』(1877)가 바로 그것이었다. 그 중에서 후쿠자와의 『문명론지개략』은 9장의 「일본문명의 유래」 부분에서 일본의 역사를 문명사의 시점에서 재해석하고 있다.

후쿠자와는 『서양사정』에서 이미 서양의 역사에 큰 관심을 왔지만 본격적인 역사서를 집필하거나 뜻을 가진 인물은 아니었다. 그런 그가 『문명론지개략』에서 부분적으로나마 일본사 서술을 시도한 것은 서양의 문명론을 적극 옹호하며 이를 일본인들에게 설득하고자 하는 책의 집필 목적에 따른 것이었다. 그는 『문명론지개략』을 통해 일본인들에게 서양식 문명의 당위성을 알리고 이를 일본사회에 수용하도록 설득하였다. 이에 따라 「일본문명의 유래」는 19세기 서양사회의 문명관과 역사관에 입각하여 일본의 역사를 재해석하였다.

그렇다면 왜 1875년의 시점일까? 후쿠자와는 자신이 운영하는 게이오 의숙 교재로 각종 서양 서적들을 직접 구입하여 사용하고 있었으며, 여기에 『Quackenbos 합중국사』, 『파래만국사』와 같은 역사교과서가 포함되어 있었다.97) 게이오 출신인 하야시 유테키가 후쿠자와의 권유에 따라 양서수입을 다룬 마루젠을 창업한 점에서도 후쿠자와가 서양서적 수입에 깊은 관심을 가진 것을 짐작할 수 있다.98)

게이오 의숙에서 수입하여 교재로 활용한 서양의 최신 서적들은 중에 기조와 버클의 문명사도 있었다. 오자와 에이치(小澤榮一)의 연구에 따르면, 후쿠자와가 기조와 버클의 문명사를 읽은 것은 게이오 의숙이 미타로 이전한 후인 1872~1874년 사이였다. 후쿠자와는 기조의 문명사는 불어로 쓰여진 원저가 아니라 미국에서 출판된 영역본을 구입하여 읽었다고 한다. 그는 헨리 영역본 1870년 판을 구입하였으며, 이를

1872년에서 1873년 사이에 읽은 후 1873년부터 기조의 문명사를 게이오 의숙의 정식 과목으로 개설하였다.[99] 한편, 버클의 문명사는 게이오 의숙에 소장된 후쿠자와 소유의 장서 중에 1권이 뉴욕 1873년 판, 2권이 뉴욕 1872년 판이었는데, 1873년과 1874년 사이에 직접 읽고 강의에 사용하였다.[100] 이처럼 후쿠자와는 본인이 직접 서양의 문명사를 읽고, 이를 일본의 문명개화에 필요한 논리로서 채택하기로 하고 강의 교재로 사용하면서 『문명론지개략』을 집필한 것이다.

후쿠자와는 『문명론지개략』을 통해 서양문명의 우수성과 일본이 이를 본받아야 하는 당위성을 역설하였다. 문명 발달의 기준을 서양문명에 두고, 이와의 거리에 따라 발전단계를 구분하는 문명발전 단계론을 명시하였다. 그는 서양식 진보관에 따라 문명이 야만·반개·문명의 3단계로 발전하였으며, 터키·중국·일본 등의 아시아 제국은 반개, 유럽 여러 나라와 미합중국은 최상의 문명국이라고 규정하였다. 일본이 전통 문화에서 탈피하여 서구 문명을 전면 수용할 당위성을 제시하고자 한 것이다.

『문명론지개략』에서 구체적인 역사서술에 해당하는 부분은 8장과 9장이었다. 각각 「서양문명의 유래」와 「일본문명의 유래」라는 제목으로 이루어졌다. 이런 순서로 쓰여진 것은 서양과 일본의 역사는 별개의 것으로 본 것이 아니라, 서양문명의 역사가 일본의 역사를 평가하는 준거가 되었기 때문이었다.[101]

먼저, 8장은 「서양문명의 유래」에서 후쿠자와는 기조의 문명사를 중심으로 하고 다른 저서들을 참고하여 간략히 소개한다는 점을 밝히고 있다. 먼저 서양문명의 특징을 상이한 주장들이 서로를 용인하고 공존하면서 전체를 이루고 여기에서 '자주자유'가 탄생했다고 규정한 후, 이를 서양의 역사적 발전 과정을 통해 보여 주고 있다. 구체적으로, 기조의 문명사에서처럼 로마 멸망에서 프랑스혁명까지를 소개하고 있으며, 단순한 사실 나열이 아니라 군주에의 권력 집중에서 인민의 자유가 확대되는 과정으로 서술하였다.102)

구체적으로, 영국에 대해서는 "1625년 찰스 1세가 즉위한 후로는 민권의 주장과 아울러 종교에 관한 쟁론도 비등했다."라면서 의회의 개회와 폐회가 이어지면서 각지에서 봉기가 일어나면서 1649년에 국왕의 자리를 폐지하고 한동안 공화정치의 체제를 이루었다고 하였다. 그러나 오래 지속되지 못하고 갖가지 국란을 거쳐 "1688년 윌리엄 3세가 즉위하자 비로소 정부의 방향을 크게 고쳐서 자유와 관용의 정신에 따라 군민동치(君民同治)의 정체를 정하였다."고 소개했다.103) 프랑스에 관해서는 "왕실의 정치는 흐르지 않는 물처럼 부패했지만 국민의 지력을 활기 있게 전진하여 생기를 더했는데, 왕실과 국민 사이에 어떤 격동이 일어나고야말 추세"였으며 결국 1700년대 말의 프랑스 대혁명이 발생했다고 하였다.104)

후쿠자와는 이러한 서양문명에 대한 인식을 제9장 「일본문명의 유래」에 그대로 적용하면서 일본의 역사를 평가하였다. 그는 다음과 같은 입장을 밝히면서 글을 시작하였다.

앞장에서 말한 바와 같이 서양의 문명은 사회에서 여러 가지 설들이 병립하다가 점차로 가까와져 마침내 하나로 합쳐지고, 그 사이에 자유가 존재했던 문명이다. 비유적으로 말하면 금, 은, 동, 철 등의 여러 원소를 녹여서 한 덩어리로 만들어 금도 아니고 은도 아닌 또 동이나 철도 아닌 일종의 합금을 만들어, 그것들이 고루 섞이고 서로 의지하면서 전체를 이루게 된 것과도 같다.

한편 일본의 모습을 돌이켜 보면 그런 양상과는 전혀 다르다. 일본
의 문명 역시 사회적으로 그런 원소들이 없었던 것은 물론 아니다.
군주, 귀족, 국민 등이 일본에도 옛날부터 존재해 왔으며 그것들은
각각 한 종족을 형성하고 자신의 설을 가지고 있었다. 그러나 그런
여러 가지 설들이 병립할 수도 없었고 서로 접근할 수도 없었고 또
합하여 하나가 될 수도 없었다.105)

그렇다면 서양과 일본의 차이는 구체적으로 어떻게 나타났을까? 후
쿠자와는 '권력의 편중'에서 그 이유를 찾았다. 즉, "사회에서 정부, 국
민, 학자, 관리 등 그 지위 여하를 불문하고 권력을 가진 자가 있다면,
그것이 지력이건 폭력이건 모든 힘에는 제한이 가해져야 하는 것이다.
인간이 가지고 있는 모든 힘은 결코 순수한 것이 아니다. 거기에는 필
연적으로 폐단이 깃들어 있다. 혹은 비겁하기 때문에 일을 그르치고 혹
은 과격하기 때문에 일을 해치는 것은 동서고금의 경험으로 보아서 알
수 있는 일이다. 이것을 편중의 불행이라고 부른다."고 하였다.106) 따라
서 그는 일본의 역사를 살펴보는 이유가 "월권이 자행된 과정"을 밝히면
"이에 대처하는 방편도 마련될 수 있을 것"이라는 믿음에 있다고 하였
다.107) 이에 따라 그는 일본 문명의 시작에서부터 도쿠가와 시대에 이
르기까지의 주요한 정치적, 문화적 발전 양상들을 서술하였다.

그런데 「일본문명의 유래」는 기존의 사서와는 커다란 차이를 지니고
있었다. 첫째, 후쿠자와는 기존의 연대기 또는 편년체적 서술 방식을
따르지 않았다. 물론 일본사의 시간적 순서에 따르고 있지만, 기술하는
내용이나 사건은 본인의 의도에 맞는 것들만 자유롭게 취사선택하였다.
따라서 일본역사 자체를 통사적으로 재구성하는 것도 아니었다. 둘째는
천황 중심의 서술에서 탈피하였다. 물론 천황들이 언급되기는 했지만

권력의 등장과 변화와 관련된 경우로 한정되었으며, 무가 권력의 등장
이후에는 무사들이 중심이 되었다. 셋째는 신대사의 부정 또는 생략이
다. 그는 "일본에서도 개벽 시대에는 세계의 다른 사람들과 마찬가지로
얼마만큼의 인민이 집단을 형성했고, 그 일군의 집단 내에서 완력과 지
력이 뛰어난 자가 집단을 지배했거나 혹은 다른 지방에서 온 정복자가
추장이 되었다."고 하였다.108) 기존의 천손강림 신화와 달리 일본의 역
사적 기원을 보편적인 발전의 틀 속에서 보고 있는 것이다.

이처럼 후쿠자와가 전통적인 역사서들과 다른 입장을 보인 것은 '권
력의 편중'의 역사이며 이에 따른 문제점들을 논하기 위해서였다. 그는
역사는 특정 계층의 역사여서는 안 된다고 보고, "지금까지 일본에서 기
술되어 온 역사는 다만 왕실의 계보를 따지거나, 지배계층의 공과를 논
하거나 혹은 야담가(野談家)들처럼 전쟁의 승패에 관한 이야기를 늘어놓
는 정도의 것이 대부분이었다....대체적으로 말해서 일본국의 역사는 없
고 일본 정부의 역사가 있을 뿐이다."109)라고 하였다. 즉 그의 목적은
일본의 역사 자체를 기술하려는 것보다는 서양의 문명발전과 비교한 일
본문명의 발전 수준을 역사적으로 검토하는 것이 중심이었다.

먼저 유럽 제국의 경우, "국민들 사이에 새로운 교리가 점차 퍼져나
감에 따라 정부 역시 이에 따라 방침을 변경하지 않을 수 없었다."고 하
여 프랑스 혁명을 연상시키며 이를 발전의 원인으로 설명하였다. 이에
비해 일본은 "종교, 학문, 상업, 공업 등 모든 것이 정부의 통제 하에 있
었으므로...만일 정부의 뜻에 맞지 않은 것이 있으면 금지하는 것으로
족했다."라고 하였다.110) 일본의 정치적 발전이 막힌 이유를 권력의 편
중에서 찾은 것이다.

그는 학문의 발전을 위해서도 일본의 정부 중심의 관습을 바꿔야 한

다고 하였다. 서양의 학문은 '일본 국민들 사이에서' 일어나고 일본은 '정부의 테두리에서' 일어났다고 하면서 일본의 학문이 통치자를 위한 정부의 일부분에 불과한 것에서 서양문명에 뒤처진 이유를 찾았다.111)

이상과 같이 『문명론지개략』은 문명사의 관점에서 일본사를 서술한 점에서 최초의 일본문명사라고 할 수 있다. 특히 '권력의 편중'에 대한 비판에서 서양문명사의 자유주의적 정치관을 엿보게 한다. 그러나 역사서라는 측면에서 보면 역사적 사실의 검증이나 해석과 같은 역사적 관심이 결여된 것으로, 역사는 문명론을 뒷받침하는 재료로서의 역할에 머무르고 있다. 따라서 본격적인 일본문명사라고 보기에는 한계가 있었다.

(다) 신식 일본사, 『일본개화소사』

약관 23세의 다구치 우키치(田口卯吉)가 문명개화기가 끝나가던 1877년에 그 첫 권을 출간한 『일본개화소사』는 커다란 인기를 얻으면서 최초의 본격적인 문명사이자 당대의 대표적 역사서로 자리 잡았다. 『일본개화소사』는 '신식 일본사의 원조'라는 평가를 받아왔다. 즉, "낡은 형식을 버리고 처음으로 개화사풍의 새 분야를 연 저서의 원조"이며,112) "메이지 시대의 문명사적 역사가 『일본개화소사』에서 시작된다고 해도 과언이 아니며, 더구나 그것을 넓게 보자면 서양의 학문을 기초로 하여 일본을 연구한 메이지 시대의 저술은 이 책을 효시"였다.113) 『일본개화소사』는 판을 거듭하는 큰 인기를 얻었고, 다구치는 이를 통해 일시에 부와 명예를 얻었다.

『일본개화소사』는 진무천황의 건국에서부터 도쿠가와 막부가 붕괴되고 왕정복고가 될 때까지의 중앙정권의 이동을 중심으로 일본문명의 발전과정 전체를 다루고 있다. 후쿠자와의 『문명론의 개략』 중의 일본사 관련 내용이 자신의 주장을 뒷받침하는데 적합한 사실들만 부분적으로 이용하는데 그친 것과 달리 본격적인 역사서로의 체제를 갖춘 것이다. 서술 방식을 보면, 다구치는 그때까지 일반적으로 사용되어온 문헌과 자료를 정리하여 정치권력의 이동을 원인결과의 시점에서 배열하였다. 따라서 객관적인 사실 검증이나 새로운 사실 발견과 같은 점에서는 별다른 기여를 못하였다.[114] 그렇지만, 당시 지배적이던 전통적 역사서술과 근왕론적 역사인식과는 차별화된 문명사적 관점에서 일본사를 서술한 점에서 큰 호응을 얻었다.

그렇다면 『일본개화소사』는 어떠한 특징을 지녔을까? 첫 번째는 법칙적·체계적 서술을 주장한 것이다. 그는 모든 역사서는 '하나의 정설'이 반드시 필요하다고 보고, 일본의 전통적 역사서들 대부분이 "자신의 정견이 있은 후에 붓을 잡은 것이 아니다."고 비판하였다.[115] 그는 역사서술에는 일정한 시각에 따른 '선택의 지혜'가 중요함을 강조하면서 기존의 사서들을 이 기준에 따라 평가했다. 예컨대, 그는 전통 사서들 중에서 『신황정통기(神皇正統記)』를 높이 평가했다. 그 이유는 그 이전의 역사서들이 단순한 연대기나 편년기에 머무른데 반해 "일본 고래의 연혁을 통괄하고 국가에 중요한 사실을 망라하여 거의 빠뜨린 것이 없으며, 왕가의 쇠퇴, 무사의 발흥 등에 주목하고, 그 원인을 추구한" 점에 있었다.[116] 그렇지만 그가 『신황정통기』의 역사인식을 높이 평가한 것은 아니었다. 오히려, 그는 근왕적인 사관에 비판적이었으며, 그와는 매우 다른 '정설'에 입각하고 있었다.

다음으로 그는 인간사회가 야만상태에서 문명 상태로 계속적인 발전을 한다고 하는 진보관을 주장하였다. 예컨대, 그는 종교의 탄생에 대해 "인심(人心) 진보의 모습을 생각하건데, 최초에는 전혀 상상을 하는 일 없이 금수와 다를 것 없었지만, 죽음을 싫어하는 천성에 의해 영혼이 죽지 않는다는 것과 영혼이 돌아갈 곳을 상상하고, 다음으로 죽음을 피하고자 하는 천성에 의해 자연의 괴력을 경애하는 마음이 생겨나고.....또 다음으로 진전되면 괴력이 또 성질을 바꾸어 신이 되며, 신이 영유하는 곳은 점차 고상유명(高尙幽冥)의 지위에 올랐다."117)고 하였다. 마찬가지로, 윤리의식의 성립에 대해서도 "인간이 어릴 때에는 선악사정(善惡邪正)을 식별하는 마음이 아직 생겨나지 않으며....경험이 차츰 진전됨에 따라.....매우 불쌍한 모습을 보게 되면 자기에게 손해가 되어도 돕지 않을 수 없게 되는 것"이라고 하였다.118) 다시 말해, 그는 인간의 역사는 야만상태에서 시작되어 점차적으로 발전한다고 보았다.

다구치는 '개화'를 진보·발달이라고 하는 일반적 의미에서 사용하고 있다. 그는 인간사회를 발전 정도에 따라 크게 '문(文)'과 '야(野)'로 파악한 점에서 후쿠자와 식의 문명발전 단계론을 수용했지만, 문명을 서양의 근대문명과 동일시하는 입장은 거부하고 있다. 그는 '문'과 '야'의 훈독을 각각 '나아가다'(ススメル)·'나아가지 않다'(ススマザル)로 붙임으로써, 서양문명 뿐 아니라 일본문명도 '문명'의 범주에 포함될 가능성을 열어 놓았다. 따라서, 고대에서 막말에 이르는 일본의 역사적 발전도 개화의 과정으로 이해되게 된 것이다.

그런데, 다구치가 후쿠자와와 다른 점은 진보의 원인으로 물질적 요소를 중시한데 있다. 그는 "대개 인심의 문야(文野)는 재화를 얻는 것의 쉽고 어려움에 따라서 나뉘지 않을 수 없다. 재화가 풍부한데 인심이 야만적인 곳이 없고, 인심이 문명화되었는데 재화가 부족한 나라가 없다"119)라고 하였으며, 또한 학문의 발전에 있어서도 "그 정조교졸(精粗巧

拙)은 곧 사회 재화의 진보에 따른 것"120)이라고 하여, 인간문명의 발전은 물질적 풍요와 불가분의 관계를 지닌다고 하였다. 이러한 그의 입장은 인간의 역사발전이 정신적 요소와 물질적 요소의 상호관계에 의한 것이라는 버클의 주장에서 직접적인 영향을 받은 것으로 볼 수 있다.

또한 다구치는 서양문명사의 자유주의적 정치관도 수용하였다. 그는 사회발전의 원동력을 일반 인민 속에서 찾았다. 그는 인류역사의 시작에 대해 "인간은 초창기에 있어서는 단지 의식을 얻고자 하는 생각만이 그 머리에 가득해서 조금도 그 마음을 다른 일에 쓰지 않았으며, 조상의 일을 기록할 여가도 없으며, 간접적인 재해를 두려워할 지혜도 없었다."121)라고 함으로써 역사의 시작을 인류전체의 물질적, 정신적 발전 정도에 따라 기술하였다.

일반적 인민의 물질적, 정신적 진보에 의해 역사가 전개된다는 믿음은 천황에 대한 인식에도 반영되었다. 그는 신도에서 주장하는 신대의 역사적 신빙성에 의문을 제기하였다. 그는 신대사의 기록이 결코 사실에 근거한 것이 아니라 "수많은 상상이 누적된 것이 의한 것"으로 "신대의 사실들은 결코 믿을만한 것이 아니다."라는 입장을 분명히 하였다.122) 그리고, 그는 일본사의 시작에 있어서 인간은 처음 "단지 의식을 획득하고자 하는 생각이 그 머리에 가득하여 조금도 다른 것에 마음을 쓰지 않았으며, 조상의 일을 기록한 여가도 없었으며.......따라서 영혼불사의 설이 아니 생겨나지 않았다."123)고 하였다.

여기서 주목할 점은 그가 신대사에 입각한 기존의 천손강림 신화를 역사적 사실이 아니라고 본 점이다. 그는 천황가의 천손의식의 발생에 대해 다음과 같이 설명하였다. 즉, 인간의 생활이 차츰 나아지면서 자연세계의 변화 속에 의외로 발생하는 사항들에 대해 어떤 특별한 '괴력'

이 존재한다고 믿게 되는데, 이러한 믿음이 과거와 조상에 대한 관심과 겹쳐지면서 "결국에 조상은 인간이 아니라 반드시 신성한 능력을 지닌 존재라고 하는 생각을 갖게 되었다."는 것이다. 더구나 세력이 있는 가문은 신성한 존재의 자손이라는 생각을 오랜 기간 전수하면서 차츰 특별한 존재라는 상상을 하게 된다는 것이다.124) 이처럼 다구치는 일본사회에 존재하는 천황에 대한 관념을 전적으로 부정하지는 않지만 그 발생과정을 분석적인 시점에서 설명함으로써 신비주의적 요소를 제거하였다.

다구치는 일본의 역사를 인민의 시점에서 재해석함에 따라 역사적 사건의 해석에 있어서도 새로운 면을 보였다. 그는 가마쿠라 막부를 인민을 위한 정부라는 측면에서 높이 평가했다. 즉, 가마쿠라 막부는 '민사(民事)'에 모든 것을 바쳤으며, 지나치게 검약을 강조하여 학문의 발전이 미흡했다는 비판이 있지만 오히려 "헤이안 정부의 개화는 지방을 억제하여 키워진 것으로 국가를 위해 바람직한 바가 아니며, 가마쿠라 정부 하에서 퇴보한 것은 자연의 적도에 이른 것이다. 하물며 우리 민간의 저서를 본다고 하면 실로 가마쿠라 막부 때부터 시작한 것을"125)이라고 하였다.

그는 또한 여론을 중요시했다. 즉, 그는 도쿠가와 막부의 멸망 원인에 대해 "민간의 여론에 저항하였기 때문에 개항 후 겨우 9년 만에 끝내 해체"된 것이라면서,126) 여론이 정권의 유지에 중요한 위치를 차지한다는 입장을 보였다. 인민을 중시하는 그의 정치관은 봉건제에 대한 비판에서도 잘 드러난다. 그는 "도쿠가와 정부가 원래부터 봉건제로 만들어졌기 때문에 민간의 재능 있는 자가 있어도 정권에 관여할 수 없고, 그 제도의 폐습을 개량하고자 해도 그것을 입 밖에 낼 수 없으니, 그 적폐가 반드시 한번 터질 수밖에 없다."127)라고 하였다.

다구치의 주된 관심은 후쿠자와의 경우처럼 국가의 독립을 위한 국민의 창출이 아니었다. 그가 국가에 대해 보인 관심은 과연 인민의 삶에 얼마나 유용했는가 하는 공리주의적 기준에 따른 것이었다. 예컨대, 충성심이라는 문제에 대한 그의 시각은 매우 파격적이다. 그는 도쿠가와씨에 대한 가신의 충성에 대해 "이는 이에야스의 이익을 신민중서(臣民衆庶)의 이익에 일치하는데 따른 것"128)이라고 하면서, "사회에서 행해지는 여론은 항상 영웅호걸의 주도에 의한 것 같지만, 그 실제는 당시의 일반 인민의 이익이 있어서임이 다름 아니다. 충의의 교가 왜 이익이 있는가? 이것은 곧 당시의 제도는 봉건제도로서 군신의 관계를 통해 사회를 세운 시절이었기 때문에 충의의 교는 가장 그것을 유지하는데 적합하였다."129)라고 하였다. 즉, 그는 충성심을 사리에 의한 것이라고 보면서, 그 자체가 절대적인 가치를 지닌 것이 아니라고 본 것이다.

이러한 시각은 구체적인 역사적 사실의 평가에 있어서도 드러난다. 먼저, 천황에 관한 평가에 있어 그는 근왕론적 역사인식에서 높게 평가한 고다이고천황(後醍醐天皇)에 대해 비판적 태도를 취하였다. 그는 고다이고천황의 정치적 몰락을 무로마치 막부의 탓으로 돌려온 기존의 평가와 달리, "고다이고 같은 천황도 한 점의 용기도 가슴 속에 쌓여있지 않았다."라고 하면서, 그가 "유약하고 결단력이 없고 지략이 없었다."130)라고 비판하였다. 나아가 고다이고천황의 실패 원인에 대해 "인민의 위에 서기를 이와 같이 하는 정부는 오랫동안 온존될 수 없는 것을 알아야 할 것"131)이라면서 고다이고천황의 전제 정치를 몰락의 원인으로 지적하였다.

인민의 이익이라고 하는 역사적 평가 기준은 대외관계의 해석에 있어서도 나타났다. 즉, 그는 고대의 한일관계에 대해 일본의 한반도 지배를 사실로 인정하면서도 한반도와의 교류가 일본에 도움이 되었음을 인정하였으며,132) 임진왜란에 대해서도 도요토미 히데요시가 "그 말년에 이르러 실망이 극에 달해 결국 정한의 군사를 일으켜 천하를 혼란에 빠뜨렸다."133)라고 비판적으로 보고 있다.

이상과 같이, 다구치의『일본개화소사』는 기존의 연대기적 서술이나 천황가 중심의 근왕론 대신에 서양의 문명사를 바탕으로 한 새로운 일본사를 제공하였다. 그는 신화와 천황을 대신하여 물질문명의 발전과 인민의 진보에 의해 역사가 발전한다는 인민 중심의 역사인식을 제시하였다.

(라)『일본개화소사』이후의 일본 문명사

다구치의『일본개화소사』는 새로운 일본사로 환영을 받으며 크게 성공하였다. 다구치를 이어서 1880년대에 몇 권의 일본문명사가 출간되었다.『일본개화소사』이외의 일본문명사로는 1880년에 간행된 와타나베 슈지로(渡邊脩次郎)의『메이지개화사(明治開化史)』, 1886년 미야케 요네키치(三宅米吉, 1860~1929)의『일본사학제요(日本史學提要)』, 1888년 사가 쇼사쿠(嵯峨正作, 1853~1890)의『일본사강(日本史綱)』등이 있다.

『일본개화소사』이후 제일 먼저 출간된 문명사는 와카나베 슈지로의『메이지개화사』였다. 1855년 태생인 그는 도쿄영어학교와 릿쿄대학을 거쳐 영어교사생활을 하던 중에 1878년『근세명가전(近世名家傳)』134)으로 역사관련 저술활동을 시작하였다. 1880년에 간행된『메이지개화사』는 메이지유신에서부터 자유민권운동까지의 정치적 변화, 주요 외교적 사건, 군사제도와 법률의 정비과정, 재정 및 각종 산업의 발달, 나아가

문명개화에 따른 새로운 문물의 등장과 문학, 종교, 풍속에 이르는 문명의 제 측면을 기술한 문명사의 전형적인 사례이다.

『메이지개화사』의 가장 큰 특징은 『일본개화소사』보다 훨씬 분명하게 자유민권론의 입장을 취하였다. 그는 전통적인 일본의 정체를 '군주독재'로 규정하고, 그러한 정권은 "인민이 오랫동안 전제하에서 굽히어 권리, 자유가 무엇인지를 모르고 나라의 문명을 발전시키고 행복을 찾는 것 같은 것은 거의 도외시하며 돌아보지 않았다."135)고 비판하였다. 물론, 그가 일본이라고 하는 국가의 존재를 경시한 것은 아니었다. 그는 "외국과 교제하고 그들의 장점을 취하여 우리에게 옮겨와서 그들과 대치하여 독립의 권리를 보전하고 하는 것은 그 목적이 중대하다."고 하여, 국가 독립의 중요성을 당연하며 이를 위하 인민이 노력해야 한다고 보았다.136) 그런데 그는 국권의 중요성과 인권의 중요성은 결코 대립적인 것이 아니라 상호 연관된 것이라고 하였다. 즉, 그는 국권을 지키는 방법은 정부의 전제권력을 강화하는데 있는 것이 아니라 오히려 인민의 애국심을 끌어내는데 있다고 보았다. 이에 따라, "나라를 사랑하고 나라를 걱정하는 마음은 나라의 형세를 아는 데서 생겨난다."고 보았고, 『메이지개화사』를 저술하는 것도 "우리나라의 경과한 자취를 살피고, 그럼으로써 미래의 상황을 고찰하는 것"에 도움이 되기 위해서라고 밝혔다.137)

그런데, 문명사들 모두가 인민 중심의 역사상을 강조한 것은 아니었다. 예를 들어, 『일본개화소사』 이후 문명사의 최고봉으로 평가 받은 미야케 요네키치의 『일본사학제요(日本史學提要)』를 보면, 인민의 역할을 강조하는 정치적 시각보다는 체계적·합리적 역사서술에 대해 논하는 것에 집중하였다. 미야케는 문명개화기에 게이오 의숙에서 교육을 받은 인물로서 『일본사학제요』의 집필 당시 도쿄사범학교의 교원이었다. 그의 『일본사학제요』는 다구치의 문명사에 영향을 받은 것으로 평가되고 있지만, 다구치의 『일본개화소사』와는 일정한 차이점이 있는 것을 볼 수 있다.

『일본사학제요』의 가장 두드러진 특징은 버클, 콩트 등의 서구적 이론을 적극 도입한 점이었다. 그는 역사란 "역사상의 사적(事蹟)을 논구하고 그 원인과 결과를 지적하며, 사적의 상호 관계를 밝히는 학문"[138]이라는 점을 강조하였다. 그는 콩트의 사회학이 보여준 진보를 높이 평가하여 "오늘날에 있어 역사를 강구하는 자는 오직 사회학의 원리에 따라 그것을 강구하지 않으면 안 되며, 또한 이 사회학의 법칙을 발견하는 것을 목적으로 하지 않으면 안 된다."[139]라고 하였다. 그는 이처럼 과학적 방법론을 중시하는 입장에 따라 『일본사학제요』의 집필에 당시의 지리학, 기상학, 인류학, 고고학 등의 선구적 지식을 소개하는 데에 힘을 쏟았다. 그 결과 예정된 25편중에서 유일하게 간행된 1편의 총론은 일본의 지리적 특성, 일본인종론, 일본고고학 등의 이론을 주로 다루었다.

그런데, 그는 다구치의 과학적 방법론을 계승 · 발전시킨데 반해 인민 중심의 역사관에 있어서는 상대적으로 절충적인 입장을 보였다. 그는 역사에 있어서 인민의 위치에 대한 그의 입장은 미완성으로 남은 『일본사학제요』보다는 「소학역사과에 대한 일고찰」[140]이라는 논고에서 더 확실하게 드러나 있다. 그는 이 글에서 소학교 역사교육의 문제점과 개선방향을 논의하였다. 그는 일본 역사서의 문제점에 대해 사상(事象)들의 상호관계와 개화의 전개양상에 대한 기술이 결여되었다는 점과 더불어 "제왕의 기(紀)를 주로 하는 것은 좋다고 해도, 충신현자의 언행, 쟁란군사 등을 대부분을 덮고, 정치, 법률, 종교, 문학, 기예 등의 사항은 거의 싣지 않으며, 더더구나 인민 일반의 풍속과 인정 같은 것은 전적으로 도외시"하고 있다고 지적했다. 미야케는 역사서술이 사회 전체의 문화적 측면을 종합적으로 제시해야 하며, 지배층 뿐 아니라 일반 인민의 생활도 포함해야 한다는 문명사의 전형적인 입장을 주장한 것이다. 또한, 신대에 관해서도 다구치와 마찬가지로 『고사기』와 『일본서기』의 기록이 "그 기재하는 바의 사실에 이르러서는……진실이라고 믿기 어려운 것은 말할 것도 없다"라고 하는 회의적 태도를 취하였다.141)

그러나 인민의 정치적 역할에 관한 그의 입장은 다구치에 비해 크게 약화되는 것을 볼 수 있다. 그는 역사교육의 목적과 관련하여 "역사는 또한 덕성을 크게 함양하는 용도가 있다. 특히 충의애국의 심성을 환기하는데 가장 공익이 있다."142)라고 하였다. 따라서 역사교육에 있어서 '인군영주(仁君英主)의 치적', '집정(執政)의 경질 및 정치적 치적', '충신, 현자, 영웅 등의 전기(傳)'과 같은 항목을 중시하였다. 또한 다구치가 비판했던 고다이고천황을 '인군영주'에 포함시켰다.143) 비록 소학교 역사교과서의 문제라고 하는 점을 고려하더라도 미야케의 역사상이 문명사의 인민 중심적 시각과 차이를 지님을 보여 준다.

위의 서적들과 달리 사가 쇼사쿠의 『일본사강』은 일본사 전체를 문명사의 입장에서 서술한 것으로, 실제로 문부성 검정을 통과하여 심상중학교와 사범학교의 교과서로 사용되었다. 서양사학 스타일로 써진 최초의 일본역사 교과서였다.144) 저자인 사가 쇼사쿠는 다구치가 설립한 도쿄경제잡지사에 근무하면서 잡지편찬과 번역 등을 담당했던 인물로서, 『일본사강』의 문명사관에는 다구치의 직접적인 영향이 있었음을 짐작할 수 있다.

『일본사강』은 상·중·하의 세권으로 구성되었다. 상권은 일본의 지리 및 정체에 대한 개관을 시작으로 진무천황에서 소가씨(蘇我氏)에 이르는 시기, 중권은 다이카개신에서 겐페이의 난까지, 하권은 막부의 시작에서 왕정복고까지를 다루었다.

『일본사강』의 역사인식을 살펴보면 법칙의 발견을 강조한 버클의 입장을 계승하였다. 저자인 사가는 역사란 "사회에 관계되는 인위의 사적을 모으고 그 원인결과를 밝히고 이를 통해 우주 안에 인간의 일에 관하여 변하지 않는 법칙이 있는 것을 보여주는 것"이며, 역사가의 목적은 "널리 세계의 역사적 현상을 개괄하여 인간의 일에 관한 우주 법칙을 드러내고 이를 통해 전 세계의 운명을 나아가게 하는 것"이라고 주장하였다. 따라서 연대기적인 사실 기록에 그친 기존의 역사서는 "역사의 재료인 전기나 연대기에 불과하다."고 평가하였다.145) 한편 역사가의 가장 중요한 자질로서 '공평무사'함을 지목하였다. 사가는 영국의 역사가인 젤피를 인용하여 역사가는 '최고 재판관'과 같은 존재로 하면서, 역사가는 역사의 법칙에 따라서 공평하게 역사상의 현상들을 남겨야 한다고 하였다.146)

이처럼 사가는 역사의 본질이 원인·결과의 인과관계, 이에 따른 법칙의 정립, 그리고 법칙에 입각한 객관적인 서술에 있다고 보았다. 이러한 입장에 따라 『일본사강』는 천황가계 중심의 연대기적 서술을 피하고 주요한 사실 중심으로 구성하였다. 특히 정치적 전개과정과 더불어 문학, 불교, 미술, 정치, 풍속 전반에 대해 큰 비중을 두고 서술한 점이 눈에 띈다.

이상에서 1870년대 중반에서 1880년대 중반에 걸친 대표적인 문명사들을 검토하였다. 이를 통해 본 메이지 초기 문명사의 특징은 크게 두 가지로 정리할 수 있다. 첫째는 문명사는 체계적이며 법칙적인 역사서술을 주장하며 기존의 역사서에 담긴 신비주의적이며 비합리적 요소를 비판하였다. 이러한 주장은 특히 신대사의 신뢰성 문제로 연결되면서, 신대 관련 기록의 신빙성을 부정하는 입장으로 이어졌다. 둘째로, 문명사는 기존의 정치적 사건과 영웅호걸 중심의 역사서술을 비판하며, 사회의 문화적 발전 전반과 일반 인민의 삶을 중요시 하였다. 이에 따라 일본문명사는 인민 중심의 일본사 서술의 시작점이 되었다.

2. 문명개화기 역사지식의 사회문화사

(1) 서양사의 수용과 근대적 교양의 성립

메이지 초기의 출판계는 서양 관련 서적출판을 통해 양적·질적 성장을 거뒀다. 문명개화가 진행됨에 따라 서양 경험이나 외국어를 모르는 사람도 다양한 서적이나 잡지를 통해 서양관련 지식과 정보를 얻을 수 있게 되었다. 서양 관련 정보가 외국어가 능통한 일부 양학자나 서양유학생들의 독점물이었던 막말기의 상황은 과거의 일이 된 것이다. 서양에 대한 각종 정보와 지식이 더 이상 소수의 지식인들에게만 전유되지 않고 보다 넓은 계층에게 공유되었다. 특히 근대적 교육제도인 학제의 도입으로 소학교에서 서양의 근대문물에 대한 교육이 이루어지면서 서양사에 대한 지식 보급도 이루어졌다.

(가) 근대교육과 역사지식의 근대화

1) 근대적 교육제도의 정비

문명개화기의 서양서적 출판에도 불구하고 여전히 새로운 서양식의 출판물을 접하는 층과 그렇지 않은 층으로 나뉘어 있었다. 독서의 질적 차이를 결정한 요인으로 가장 먼저 기본적인 식자 능력을 들 수 있다. 일본 인구 전체 중에서 제대로 된 독서가 가능한 계층과 가능하지 않은 계층의 격차가 존재했다. 도쿠가와 시대에도 서민층이 문자 해독력을 갖고 각종 출판물들을 즐겨 읽는 등, 독서 행위가 지배층의 독점에서 벗어나 확대되었다. 그러나 지배층과 서민의 독서 행위가 동질적이었던 것은 아니다. 지배층·학자들이 어려운 한문체로 쓰여진 경사류를 읽을 수 있었던 데 비해, 서민층의 독서는 대부분 이해하기 쉽게 그림과 가나로 쓰여진 통속소설들이었다.

지배층의 지식 위주 독서와 서민층의 오락적 독서라는 전통적인 독서 생활의 양분화는 메이지 시대에도 존속하였다. 무엇보다도 독서능력의 현격한 차이가 존재하는 한 지식 습득을 위한 독서는 지배층의 전유물일 수밖에 없었다. 메이지 초기에도 서민층은 쉽게 이해할 수 있는 전통소설류나 삽화가 들어간 신문을 주로 읽었다. 야마모토 다케토시(山本武利)의 연구에 따르면 메이지 시대의 신문은 크게 상등사회를 위한 대신문과 하등사회 대상의 소신문의 두 가지 형태로 발전하였다. 그중 대신문은 정치나 사회문제 등을 다룬 것인데 비해 소신문은 삽화, 구어체, 가나를 덧붙여서 독서 능력이 낮은 계층에게 어필하였다.147)

이에 비해 메이지 초기에 들어온 서양서적의 독서는 기존의 지식인 층이나 새로이 근대적 교육을 받은 층에게 한정된 것이었다. 따라서 서양사 서적의 출판과 유통이 보다 폭넓게 영향을 미치기 위해서는 출판의 확대를 넘어서는 계기가 필요했다.

메이지 초기 일본인들의 독서습관을 바꾼 가장 큰 요인은 근대적 교육의 성립이었다. 메이지 정부는 1872년 학제를 실시하였다. 특히 초등교육기관으로 소학교를 설치하고 국민 모두가 취학하도록 의무화

했다. <표 I-9>와 <표 I-10>은 학제 도입 이후 메이지 중반까지의 소학
교 관련 주요 통계를 보여준다.

<표 I-9> 소학교 학교수, 교원수, 아동수(1873~1885)

연도	학교수	교원수(인)	아동수(인)
메이지 6년 (1873)	12,558	25,531	1,145,802
메이지 7년 (1874)	20,017	36,866	1,714,768
메이지 8년 (1875)	24,303	44,664	1,928,152
메이지 9년 (1876)	24,947	52,262	2,067,801
메이지 10년 (1877)	25,459	59,825	2,162,962
메이지 11년 (1878)	26,584	65,612	2,273,224
메이지 12년 (1879)	28,025	71,046	2,315,070
메이지 13년 (1880)	28,410	72,562	2,348,859
메이지 14년 (1881)	28,742	76,618	2,607,177
메이지 15년 (1882)	29,081	84,765	3,004,137
메이지 16년 (1883)	30,156	91,636	3,237,507
메이지 17년 (1884)	29,233	97,316	3,233,226
메이지 18년 (1885)	28,283	99,510	3,097,235

출처: 「小學校の普及と就學狀況」 『學制百年史』.
원문출처:http://www.mext.go.jp/b_menu/hakusho/html/others/detail/1317590.htm

<표 I-10> 학령아동 취학률(1873~1885)

연도	남(%)	여(%)	평균(%)
메이지 6년 (1873)	39.9	15.1	28.1
메이지 7년 (1874)	46.2	17.2	32.3
메이지 8년 (1875)	50.8	18.7	35.4
메이지 9년 (1876)	54.2	21.0	38.3
메이지 10년 (1877)	56.0	22.5	39.9
메이지 11년 (1878)	57.6	23.5	41.3
메이지 12년 (1879)	58.2	22.6	41.2
메이지 13년 (1880)	58.7	21.9	41.1

메이지 14년 (1881)	62.8	26.8	45.5
메이지 15년 (1882)	67.0	33.0	50.7
메이지 16년 (1883)	69.3	35.5	53.1
메이지 17년 (1884)	69.3	35.3	52.9
메이지 18년 (1885)	65.8	32.1	49.6

출처: 「小學校の普及と就學狀況」『學制百年史』.
원문출처: http://www.mext.go.jp/b_menu/hakusho/html/others/detail/1317590.htm

학제 발포 후 몇 년 안에 전국에 2만개 이상의 학교가 세워지고 취학률은 1877년 39.9%(남자 56.0%, 여 22.5%), 1879년 41.2%(남 58.2%, 여 22.6%)였다. 1882년이 되면 50.7%(남 67.0%, 여 33.0%)로서 취학연령의 과반수가 소학교 교육을 경험하게 되었다.[148]

소학교 교육이 자리 잡으면서 독서와 관련하여 두 가지의 중요한 변화가 나타났다. 첫째는 식자율의 증가이다. 소학교는 상등, 하등으로 나뉘었다. 하등은 6세에서 9세까지, 상등은 10세에서 13세까지의 8년간 재학하는 것으로 규정되었다. 하등소학은 8급에서 1급까지, 상등소학도 8급에서 1급까지로 구분되었다. 이 중에서 가장 초급 단계인 하등 8급의 수업 과목은 철자, 습자, 단어능력, 양법산술, 수신구수, 단어암송이었다.[149] 다시 말해, 하등 소학교 과정에서 읽기, 쓰기와 같은 문자의 기초 교육을 중점적으로 진행했다. 이 때문에 소학교 교육이 보급되면서 이른바 문맹률이 급속히 낮아졌다. 소학교 취학률이 50%를 넘어선 1880년대가 되면 민간의 문자해독 능력이 향상되었고, 서적이나 신문과 같은 출판물의 독자층도 저변이 확대되었다.

두 번째의 변화는 소학교 교육을 통해 서양의 근대지식을 보급한 것이다. 메이지 정부는 서양의 교육제도를 모델로 하여 소학교 교육을 실

시하였다. 소학교의 교육과정이 서양식이었으며, 교과목도 전통적인
독·서·산의 교과구성을 탈피하여 새로운 과목들이 도입되었다. 또한
교과서도 서양의 신지식을 담고 있는 메이지유신 이후 출간의 계몽서적
이나 새로 편찬한 것들을 사용하였다.150) 따라서 소학교는 서양의 근대
문명을 이해할 수 있는 기초적 교육을 제공했으며, 이에 따라 전통적인
한학 중심의 교양을 벗어난 새로운 세대가 등장하게 되었다.

  그렇다면 메이지 초기의 학교 교육이 제공한 근대적 지식과 교양은
구체적으로 어떤 것이었을까? 학교에서 사용된 교과서들은 그 단면을
보여주는 좋은 자료이다. 일본정부는 1872년 학제를 발포하고 「소학교
칙」을 정하고 수업 과목과 교과서명도 게재하였다. 메이지 초기의 소학
교용 교과서는 민간 출판물이 대부분이었으며, 내용도 기존의 데라코야
에서 쓰던 옛 교과서들(往來物)은 배제하고 후쿠자와 유키치와 같은 계
몽 사상가들의 저작이나 서양서적의 번역서들을 채용하였다.

<표 I-11> 『소학교칙』 교과서 목록 중 서양 번역서 및 편역서

소학교 단계	학년/ 과목명	교과서명	저자 및 개략
하등	8급~1급	童蒙教草	チャンブル著, The Moral Class-Book. 福澤諭吉譯
		世界商賣往來	橋爪貫一
		西洋衣食住	
		啓蒙智慧の環	瓜生寅譯. 과학적 지식을 중심으로 한 번역 독본
		泰西勸善訓蒙	箕作麟祥譯
		學問ノススメ	福澤諭吉
		西洋夜話	
		窮理問答	
		物理訓蒙	小幡篤次郎. 자연현상의 원리를 과학적으로 설명

		天変地異	
		世界國盡	福澤諭吉. 세계지리서
		窮理図解	福澤諭吉. 기초 물리학
		西洋新書	瓜生政和
		地學事始	
상등	讀本輪講	西洋事情	福澤諭吉
	史學輪講	萬國史略	
		五洲紀事	寺內章明譯
	地學輪講	与地誌略	세계지리서
	理學輪講	博物新編譯解	大森秀三譯, Benjamin Hobson이 중국인을 대상으로 한 문체로 저술한 「博物新編」의 일본어 번역

출처: 文部省, 『小學敎則』, 出雲寺万治郎(1873)을 바탕으로 작성함.

위의 표에서 보이듯이 계몽 사상가들의 서적이 다수 소학교 교과서로 채택되었다. 이에 따라 소학교생들은 서양의 각종 문물, 지리와 역사, 윤리, 과학과 같은 폭넓은 내용을 배우게 되었다.

한편, 문부성은 학제 공포에 따라 직접 소학교 교과서 편찬을 시작하였다. 문부성은 학제 공포 전인 1871년 9월에 편집료(編輯寮)를 설치하여 교과서 간행 준비를 시작했다. 그 후 1872년 9월에 편집료를 폐지하고 10월에 교과서 편성괘(敎科書編成掛)를 설치했다가 1873년 3월에 편집과(編書課)로 개편하였다. 한편 1872년 11월에 사범학교에 편집국(編輯局)을 설치하여 소학교 교과서 편집을 맡게 했다가 1873년 5월에 문부성 편서과(編書課)로 통합하였다. 편서과는 1874년 10월에 폐지되었다.

<표 I-12>는 하등소학교의 교과목과 학년별 교과서명을 보여준다.

<표 I-12> 『하등소학교칙』(1873년 5월 제정)

교과 / 급	읽기	산수	습자	받아쓰기	작문	문답	복독	제과복습	체조
제1급	만국지지략 권3 만국사략 권1,2	쉬운분수 (소학산술서)	초서 (편지문)		쉬운 편지문	만국지지략 만국사략 박물도		기습 교재 총복습	동일
제2급	일본사략 권2 만국지지략 권2 지도	사술합법 (소학산술서)	초서 (편지문)		쉬운 편지문	일본사략 만국지지략 암사지도			동일
제3급	일본사략 권1 일본지지략 권2 지도	나눗셈 (소학산술서)	초서		전급과 동일	일본지지략 일본사략			동일
제4급	소학독본 권5 일본지지략 권2 지도	곱셈 (소학산술서)	행서		전급과 동일	전급과 동일			동일
제5급	소학독본 권4 일본지지략 권1 지도	뺄셈 (소학산술서)	습자본 (해서)		단어 중의 한두자 또는 구절을 주제로 함	일본지지략 지도 지구의			동일
제6급	소학독본 권3 지리초보 지구의	덧셈 (소학산술서)	습자본 (해서)	소학독본 중의 구절		형체선 도도 지리초보 지구의			동일
제7급	소학독본	곱하기 구구단	습자본 (해서)	단어		인체의 부분			동일

제1,3	로마숫자				통상물 색의도		
제8급	오십음도 탁음도 단어도 연어도 소학독본 권1-1,2회	숫자도 산수용수자도 더하기구구단	습자본 (가나)	오십음 단어		단어도 (사물들의 성질 ·사용 법)	체조도

출처: 「小學校敎育の內容と方法」, 『學制百年史』.
원문출처: ttp://www.mext.go.jp/b_menu/hakusho/html/others/detail/1317589.htm

사범학교에서는 이 표에 포함된 하등소학교용 교과서를 편찬하였다. 그 중에는 각종 교육용 그림들을 수록한 『소학입문(小學入門)』, 그리고 교과서로서 편찬된 『소학독본(小學讀本)』·『지리초보(地理初步)』·『일본지지략(日本地誌略)』·『만국지지략(万國地誌略)』·『일본사략(日本史略)』·『만국사략(万國史略)』·『소학산술서(小學算術書)』 등이 있었다.151)

그러나 여전히 교과서의 종류와 수량이 부족하였기 때문에 민간인에 의한 교과서의 저술과 발행을 유도하는 한편 민간에서 발행된 서적 중에서 교과서에 적합한 것을 자주적으로 선택하여 자유롭게 사용하도록 장려하였다. 또한 1873년 5월에 문부성은 교과서의 보급을 위해 문부성 편찬의 소학교 교과서는 번각발행을 지방장관에게 허가를 해주고 그 번각 허가목록을 공시하였다. 그리고 1874년부터는 민간에서 번각한 소학교 교과서가 발행되었다.152) 당시의 소학교용 역사교과서는 대량으로 간행(번각)되어 일본의 근대적 출판업이 자리 잡는 데 큰 역할을 하였고, 나아가 일본 '국민'의 기초적 역사관을 수립하는 토대가 되었다.153)

그러나 정부는 점차로 교과서에 대한 통제를 강화하였다. 1879년 9월, 학제를 대신하여 교육령이 공포된 것을 시작으로 교과서에 대한 국

가통제가 가해져서 교과서의 자주선택, 자유사용이 불가능해졌다. 1881
년 5월에 「소학교 교칙강령(小學校教則綱領)」이 정해져서 소학교 교육과
정이 전국적으로 통일되었다. 그리고 천황 중심의 윤리를 강조하는 수
신 과목을 중시하는 한편, 역사에서도 존왕애국 정신을 강조하면서 소
학교에서의 세계사 교육을 중단하였다.154) 이로써 메이지 초기의 서양
식 계몽주의 교육의 시대가 막을 내렸다. 이후 정부는 1886년 4월에 「소
학교령(小學校令)」을 공포하여 검정제도를 도입하였다.155)

2) 1870년대 소학교의 역사교육

1870년대의 학제 공포와 소학교 교육의 확대는 새로운 역사지식의
확산에도 큰 계기가 되었다. 소학교 취학 연령의 아동들이 교과서를 통
해 서양의 근대적 지식에 자연스럽게 노출되었다. 역사교육에서는 1872
년 학제 제정에서 1881년 「소학교 교칙강령」의 공포에 이르는 10년간
소학교에서 만국사 교육이 실시되면서 일본인들의 역사지식에도 지대
한 영향을 미쳤다.

초기의 소학교에서 사용된 교과서는 민간 출판서적과 문부성 간행서
적이 섞여있었다. 학제 실시에 앞서 설립된 교토 소학교의 1871년도 교
과과정표를 보면 역사관련 과목을 보면 제1등의 구독과목은 『일본외사』,
제2등의 구독과목으로 『서양사정』, 제3등의 구독과목인 『국사략』으로
구성되었다.156) 즉, 일본사는 근왕론의 대표 사서인 『일본외사』와 『국
사략』을 교재로 사용하였으며, 『서양사정』을 통해 서양의 역사를 비롯
한 각종 문물에 대한 교육을 병행한 것이다.

1872년 학제 공포 당시의 소학교 역사교육은 상등소학교의 사학윤
강(史學輪講) 시간에 행해졌다.157) 사학윤강 수업은 1주 2시간이며, 7급

에서 1급까지의 3년 6개월 동안 진행되었다. <표 I-13>에서 알 수 있
듯이 7급에서 5급까지는 일본사로서 『왕대일람』·『국사략』을 교과서
로 사용하였으며, 4급에서 1급까지 『만국사략』·『오주기사』와 같은
만국사, 즉 서양사 교재를 사용하였다.

<표 I-13> 상등소학교 역사교과서

과목명	상등소학교 급수	교과서명
史學輪講	7급	王代一覽
	6급	國史略
	5급	
	4급	萬國史略
	3급	五洲紀事
	2급	
	1급	

출처: 文部省, 『小學敎則』을 토대로 작성함.

『왕대일람』은 1800년에 하야시 슌사이(林春齋)가 간행했던 『일본왕대
일람』을 교정하여 1873년에서 1874년 사이에 출간한 『교정왕대일람』을
가리킨다. 전체 초편 8책, 후편 6책으로 구성되어 있었으며, 신대를 제
외하고 진무천황에서 메이지천황까지의 통사를 역대 천황명을 중심으
로 개략한 것이다.[158] 『국사략』은 이와가키 마쓰나에(岩垣松苗)가 1826
년에 간행한 한문체의 일본편년사이다. 내용은 신대에서부터 1588년 고
요제이 천황(後陽成天皇)의 취락제 행행까지를 다루고 있으며, 초보적인
일본사 교재로 편찬되었다.[159] 한편, 니시무라 시게키 편역의 『만국사
략』은 유럽 중심의 서양사이며, 고대에서 근대까지를 다룬 통사이다.
시대구분은 상고(1~3책)·중고(4~6책)·근세(7~11책)로 나누었으며, 구

분의 기준은 동서로마의 분열, 신대륙의 발견에 두고 있다. 원서는 Universal history from the creation of the world to the beginning of the eighteenth century(1860)이다. 『오주기사』는 앞의 장에서 보았듯이 굿리치의 『만국사』를 편집한 것으로, 서양사의 기초적인 사실들을 소개 하였다.160)

문부성에서 직접 편찬한 교과서로는 『사략』, 『일본사략』, 『만국사략』 이 간행되었다. 먼저 『사략』은 1872년에 간행되었으며, 1877년경까지 문부성에서 13만부 이상 번각될 만큼 널리 사용되었다. 황국편, 지나편, 서양편으로 구성되었으며, 편집자는 각각 황국, 지나편은 기무라 마사 코토(木村正辭), 서양 상·하편은 우치다 마사오(內田正雄)이었다.161)

다음으로 『일본약사(日本略史)』와 『만국사략』을 출판하였다. 『일본약 사』는 기무라 마사코토가 편집을 맡았으며, 상하 2책으로 구성되었다. 서술 방식은 전형적인 천황 계보 중심의 연대기로서, 제1대 진무천황에 서부터 제122대인 메이지천황까지의 모든 천황을 빠짐없이 소개하였다. 천황명과 황통, 황위계승을 우선 명기한 후에 재위기간 동안의 주요한 역사적 사건이나 인물에 대해 기록하였다. 내용적으로 『사략』보다 많은 분량을 할애하여 상세해졌지만, 「신대」 부분을 생략하고 진무천황에서 부터 서술한 점이 눈에 띈다.162)

『만국사략』163)의 경우는 『사략』을 수정 보완한 세계사 교과서로 중 국 부분과 서양을 합친 것이다.164) 내용은 아시아, 유럽, 아메리카의 3 대륙의 구분에 의해 역사를 구성하였는데, 이 중에서 아시아는 한토, 인도, 페르시아, 아시아 터키의 4개국의 역사를 기술하였다.165) 서양 부분의 기술을 보자면, 유럽은 고대 그리스의 성립에서 로마제국의 멸 망(구라파 上. 1권), 게르만족의 이동을 간략히 기술한 후 프랑스, 영국,

독일·오스트리아·프러시아, 스위스, 네덜란드·벨기에, 덴마크·스웨덴·노르웨이, 스페인·포르투갈, 이탈리아, 터키, 러시아 (구라파 하, 2권), 아메리카는 미국 식민지 건설에서 태평양 연안으로의 확장에 이르기까지(구라파 하, 2권)를 기술하였다. 『만국사략』은 중국을 포함하는 아시아와 유럽의 역사를 다루고 있기 때문에 세계사적 체제를 갖추었다. 그러나 서술의 비중과 시각을 보면 유럽 중심적 면모가 두드러진다. 유럽의 기술은 고대의 그리스와 로마를 제외하면 유럽 각국의 역사를 개별적으로 소개하는 형식을 취하고 있다.

이상을 종합해 보면, 일본사 교과서는 천황 계보 중심의 기존 사서들을 답습했으며, 소학교용으로 내용을 간략하게 편집하였을 뿐이었다. 이에 비해 『사략』의 서양사편과 『만국사략』은 학생들에게 서양사를 처음 접하게 해준 새로운 교과서로서, 서양사에 대해 체계적인 지식을 갖게 되는 출발점이 되었다. 나아가 일본인들의 세계인식을 확장시키는 계기로서 그 의미를 높이 평가할 수 있다.

다만 전체 학교 교육에서 서양사 교육이 차지한 비중에 대해서는 신중할 필요가 있다. 1876년 도쿄의 외국어학교 입시과목이 『국사략』, 『십팔사략(十八史略)』, 『일본외사』, 『박물신편(博物新編)』의 강의 및 화한작문(和漢作文)으로 구성되었다.166) 주목할 점은 중국 사서인 『십팔사략』은 포함되고 서양사 서적은 제외된 것이다. 이는 1870년대의 학교 교육에서 서양사의 비중이 그다지 높지 않았음을 보여준다. 더불어 1881년 이후 만국사가 소학교 교육에서 제외됨으로써 서양사의 중요도는 더욱 축소되었다.167)

3) 1870년대 영학교의 역사교육

1870년대에는 각지에 서양언어나 지식을 가르치는 사립학교들이 설립되어 새로운 지식을 전수하였다. 이 중에서 영어교육을 전문으로 하는 영학교(英學校)가 가장 많았으며, 특히 1872년은 이례적이라 할 만큼 사학들의 설립이 활발하여 그 한해에만 60여개의 학교가 설립되었다.168) 이들 영학교 중에서 대표적인 학교들의 설립 연대와 설립자를 보면 다음의 표와 같다.

<표 I-14> 주요 영학교 설립연도169)

설립연도	교명	설립자
1868	慶應義塾	福澤諭吉
	三叉學舍	箕作秋坪
1870	英語塾 (1889, フェリス和英女學校로 개명)	Mary E. Kidder
	育英舍	西周
	共立學舍	尺振八
1871	共慣義塾	南部信民
1873	同人社	中村正直
1875	同志社英學校	新島襄

출처: 宮永孝,「幕末・明治の英學」,『社會志林』46(2)(1999), 38-40쪽을 바탕으로 작성함.

메이지 초기의 영학교는 영어교육을 위해 원서를 교재로 사용하는 것이 기본 방침이었다. 이 중에서 역사관련 교재를 보면 다음과 같다. 먼저, 가장 성공한 영학교라 할 수 있는 게이오 의숙에서 사용된 교재를 보면, 1969년도에는 역사 과목으로 콰켄보스의『합중국역사』강의, 팔레의『만국역사』회독 및 소독170)을 실시하였다. 1872년에는 교칙과 교과목을 한층 세분화하여 수업을 하였다. 전체 학년을 1급에서 5급,

그리고 등외의 6단계로 구분하였는데, 역사 교재는 제5등의 『만국사』
와 『로마사』, 제4등의 『영국사』, 제3등의 『합중국사』, 제2등의 『불국사』
와 『만국사』를 사용하였다.171) 1873년 3월에 다시 교칙을 수정하고, 보
다 세분화된 교과 과정표를 만들었으며, 교과과정을 전체 8년으로 조직
하였다. 등외등급은 역사과목이 없었으며, 예비등급(3년 과정) 초년에 『파
래만국사』, 『로마사』, 2년 『말컴 영국사』, 3년 『미국사』와 『불국사』,
그리고 본등급(4년 과정)에서는 2년에 『윌슨 만국사』, 4년 『기조 문명사』
를 교과서로 배정하였다.172)

게이오 의숙의 교과과정은 메이지 초기의 영어 교육에 커다란 영향
을 미쳤다. 1870년대 설립된 영학교 중에 게이오 의숙 졸업생을 교사로
채용한 경우가 많았기 때문이다.173) 따라서 상당수의 영학교들이 게이
오 의숙과 유사한 교과서를 사용하였다. 1874년 도사 지역의 민권가들
에 의해 설립된 도사입지학사(土佐立志學舍)가 그에 해당한다. 입지학사
는 1876년 1월에 영어보통학교과를 설치하고 게이오 의숙에서 영어교
사를 채용하였는데, 교과과정과 교과서에서 게이오의 영향을 찾아볼 수
있다.174)

<표 I-15>는 입지사에서 사용한 교과서들을 정리한 것이다. 등외 5
등급, 본과 6등급으로 나뉜 교과과정에서 역사교과서를 다수 사용하고
있는 것을 알 수 있다. 구체적으로, 팔레의 만국사, 굿리치 영국사와 만
국사, 콰켄보스 미국사, 스튜던트 불국사, 기조 문명사와 같은 역사서가
교과서로 사용되었다. 기조의 문명사를 제외한 대부분은 영미에서 초등
학교 아동용으로 출판된 초보적 교재인 점은 1870년대의 일반적인 서
양사 수용 과정과 일치한다.

<표 Ⅰ-15> 도사입지학사 교과과정표

제1,2등생 벤덤 법리학, 밀 자유지리
제3등생 울시 만국공법175), 밀 대의정체
제4등생 기조 문명사, 럿셀 정체서
제5등생 스튜던트 불국사, 웨일랜드 수신서
제6등생 콰켄보스 궁리학, 챔버 경제서
등외 1등생 콰켄보스 대미국사, 굿리치 만국사
등외 2등생 굿리치 영국사, 굿리치 만국사
등외 3등생 갑 팔레 만국사, 콰켄보스 문전
등외 3등생 을 챔버 제2 리더, 콰켄보스 소문전
등외 3등생 병 윌슨 제2 리더, 스펠링

출처: 山下重一, 「自由民權運動と英學-土佐立志學舍と三春正道館」, 『英學史研究』 25(1992), 64쪽.

한편, <표 Ⅰ-16>을 보면 입지사에서 사용한 서적들이 다른 지방 학교에서도 사용한 경우가 많았음을 알 수 있다.

<표 Ⅰ-16> 메이지 초기 지방 영학교의 서양사 교재

陸中盛岡藩 : 만국사
上總芝山藩 : 파레 만국사, 콰켄보스 합중국사
尾張名古屋藩 洋學校(1870) : 굿리치의 미국사, 영국사
愛知英語學校(1874) : 파레씨 만국사
加賀大聖寺藩時習舘(1854) : 파레씨 만국사
和泉岸和田藩 文學館 洋學科(1870) : 만국사(팔레 소), 만국사윤강(영 화이트)
紀伊田辺藩 修道館 洋學科 하급 : 만국역사, 상급 빌씨 영국사
出雲廣瀨藩 洋學所(1870) : 만국사, 소미국사, 영국사
薩摩赤穗藩 開成義塾(1868) : 갑클래스 파래만국사
阿波德島藩 語學傳習所(1870) : 파레의 만국사
土佐高知藩 開成舘(1866) : 굿리치 역사, 파래 만국사, 콰켄보스 미국사, 화이트 만국사
日向延岡藩 廣業館 영어과(1872) : 콰켄보스 미국사, 파래 만국사, 굿리치 미국사, 흄 로마사, 흄 영국사, 피노크 佛國史176)

출처: 宮永孝, 「幕末·明治の英學」, 6-23쪽을 바탕으로 작성함.

이상의 교재들을 살펴보면 메이지 초기에 널리 사용된 교재로는 초급 단계에서는 굿리치, 콰켄보스 저술의 리더(reader)라고 불린 영미계 기초 서적들이 주로 사용되었다. 고급과정이 되면 밀, 벤덤, 기조나 럿셀과 같은 사상가들의 저서를 이용하였다.

(나) 교육과 독서경험의 변화

1870년대의 문명개화 분위기와 근대적 교육제도의 실시는 일본인들이 서양문물과 지식을 접할 수 있는 기회를 확대했다. 독서생활도 마찬가지였다. 1870년대를 지나면서 근대교육을 받은 계층이 증가하면서 이들이 새로운 서양식 서적들의 독자층도 늘어갔다. 그렇다면, 근대교육은 개인들의 독서생활을 어떻게, 얼마나 변화시켰을까?

메이지유신 이후 본격화된 서구화는 일본인들로 하여금 급격한 문화적 변화를 경험하게 하였고, 이 과정에서 세대 간의 문화적 격차가 발생하였다. 독서경험의 영역에서도 그러한 격차는 예외가 아니었다. 마에다 아이(前田愛)는 1870년대 전반기의 일본사회를 독서경험의 차이에 따라 아버지 세대, 형 세대, 동생 세대를 구분하였다.177) 아버지 세대는 개국 이전에 청년기를 보낸 세대로, 한학 중심의 교육을 받았다. 반면에, 형 세대는 청년기에 속했으며 메이지유신 이전에 대체로 한학 교육을 받았지만 문명개화의 영향으로 서양관련 서적도 같이 읽은 세대였다. 동생 세대는 학제 실시 이후에 성장하였다. 이들은 문명개화의 분위기 속에서 소학교를 다니며 서양관련 지식을 체계적으로 배운 세대였다. 나카에 조민(中江兆民)도 비슷한 지적을 했다. 그는 1887년 출판된『삼취인경륜문답(三醉人経綸問答)』에서 30세 전후를 경계로 한 신구 세력의 대립이 있다고 하면서 그 차이의 원인으로 교육내용의 차이를 들었다. 즉, 30세 이상의 세대는 12·3세경까지 시경, 논어, 맹자, 검도, 창 등을 학습하여 그러한 내용이 정신에 각인되었던데 반해 30세 이하는 그런 각인이 없는 상태에 신문물 수용하였기 때문에 현격한 차이를 보일 수밖에 없다고 하였다.178)

새로운 서양식 서적 독서 경험이 세대에 따라 어떻게 달라지는 지를 구체적 사례를 통해 검토해 보자. 첫째로, 아버지 세대는 개국 이전에 출생하여 학제 실시 이전에 교육 과정을 마친 인물들이었다. 대표적으로 1835년생인 후쿠자와 유키치를 들 수 있다. 후쿠자와는 일반 무사의 자제들처럼 어린 시절 한학 교육을 받았으며, 19세(1854)에 나가사키에 유학하여 난학을 배웠다. 그러다가 1859년 영어의 중요성을 깨닫고 독학으로 영어 공부를 시작하면서 막말 양학의 선구자가 되었다. 문명개화를 이끈 명륙사의 회원들도 대부분 양학 교육을 받은 인물들이었다. 그러나 이들 세대에서 양학을 제대로 배우거나 이해한 것은 극히 일부였고, 대부분은 번교나 한학숙에서 유학을 비롯한 전통 교육을 받는데 머물렀다.

이 세대의 지식 세계는 1870년대 초·중반에 유행했던 개화물179) 속에 보이는 인물 묘사에 반영되어 있다. 여기서 아버지 세대의 독서는 「개화의 입구」에 등장하는 승려, 유학자, 국학자의 3인이 소학교용 교재로 그들이 어렸을 때 배웠던 서적들을 추천하였다. 먼저 유학자(古田頑山)는 『대학』·『소학』과 같은 유교 서적을, 불교 승려(安樂院鈍念)는 불교관련 내용을 담은 문자 교습서(弘法大師의 『實語教』, 『童子敎』, 『修習いろは』, 『初等山修習敎訓書』, 玄惠法印의 『庭訓往來』)를 추천하였으며, 신관(玉垣間狹)은 일본어의 읽기·쓰기 및 국학 계열의 문법책(『五十音縱橫』, 『四段活用』, 『八千

岐』, 『言靈のしるべ』)과 그 다음 단계의 독본을 추천하였는데 언급된 책들
이『국사략』, 『구사기(舊事記)』, 『고사기』와 같은 전통 사서였다.[180] 문명
개화의 영향이 미치지 않은 시골에 거주하면서 전통적인 불교, 유교,
신도적 세계관을 고수하는 모습을 보여준다. 문명개화의 풍조에도 불구
하고 이들에게 서양관련 서적은 무관한 세계의 일이었다.

둘째로, 형 세대에 속하는 인물들은 어린 시절에는 한학과 같은 전통
적 교육을 받으며 성장하였지만 문명개화의 영향으로 근대 지식에 관심
을 갖고 서양 관련 서적에 접하였다. 이들은 1870년대에 20세 전후의
연령이었다. 주로 페리 내항으로 일본사회가 급변하기 시작한 1850년대
에 출생하였다. 여기에 속하는 인물로 후쿠자와의 제자인 야노 후미오
가 있다. 그는 소년 시절까지 한학을 공부했으며 1860년대의 격변기에
서양기술에 관심을 갖고 철포소(鐵砲所)에 들어가서 신무기에 대해 배우
기도 했으며, 다시 고학파 한학자인 다구치 에무라(田口江村)의 문하에서
한학을 배웠다. 그 후 20세가 된 1871년에 게이오 의숙에 들어가서 처
음 근대적 교육을 통해 서양학문을 체계적으로 배우고 영미 계통의 헌
법을 연구하게 되었다. 야노가 폭넓게 서양서적을 접했음은 앞서 소개
한『역서독법』의 예를 통해서 엿볼 수 있다.

야노보다 몇 년 뒤에 태어난 우에키 에모리(植木枝盛)도 정식으로 서양
학문을 배우지는 못했지만 다양한 경로로 신학문을 습득하였다. 페리
내항으로 일본사회가 동요하기 시작한 1857년에 도사번에서 태어난 우
에키는 번교엔 치도관(致道館)에서 한학을 배웠다. 그러다가 1874년 도
사에서 이타가키 다이스케(板垣退助)의 연설을 듣고 정치에 관심을 갖게
되었다. 다음 해에 도쿄로 상경하여 명륙사의 연설회, 게이오 의숙의
미타 연설회, 기독교 교회의 설교 등에 참가하여 서양사상과 학문을 독

학으로 공부하였다. 마에다에 따르면 하숙집으로 돌아오면 빵에 설탕을 찍어 먹는 검소한 생활을 하면서『불구자의 딸』,『학문의 권장』,『문명론의 개략』등에 심취했다고 한다.181)

한편, 1860년대 출생한 인물들은 한학교육과 근대적 교육을 동시에 경험했다. 1863년생인 도쿠토미 소호(德富蘇峰)는 1871년부터 고향인 구마모토의 사숙과 한학숙(漢學塾)을 거쳐 1875년에 구마모토 양학교에 입학하였다. 여기서 기독교에 관심을 갖게 되어 개종을 하고 유명한 구마모토 밴드(熊本バンド)182)에 참가하였다. 그 후 상경하여 1876년 도시샤 영학교에 다니다가 1880년에 다시 귀향하였다. 그는 9세경에 후쿠자와의『세계국진』을 읽었고, 구마모토 영학교 수학 중에는 각종 미국판 reader들을 배웠다. 1876년(13세) 10월 도시샤 영학교에 입학한 후로는 파래의『만국사』(출판사 New York: Ivison, Blakeman, Taylor & Co, 1873), 윌슨의『만국사』(Marcius Wilson, New York: Ivison, Blakeman, Taylor & Co.1872) 등을 영어 텍스트로 배웠다.183)

도쿠토미 다음 해에 태어난 야마지 아이잔(山路愛山)도 비슷한 교육경험을 지녔다. 막신의 아들로 태어난 그는 어린 시절에는 한학을 배웠다. 그후 기독교 선교사에게 영어를 배운 후, 시즈오카 영어학교, 도요에이와학교(東洋英和學校)에서 수학을 하였다. 그에게 처음 영어를 가르친 것은 데라코야의 선생으로, 영어 발음과『파래만국사』를 가르쳤다.184) 이를 시작으로 그는『근사평론(近事評論)』,『명예신지(名譽新誌)』,『서국입지편』, 밀·스펜서, 가토 히로유키의『인권신설』과 같이 문명개화기의 다양한 서적을 읽었다.185)

같은 1860년대 출생이더라도 전반기와 후반기 태생 사이에는 학제에 따른 소학교 교육 유무의 차이가 있었지만 전통적 한학과 근대적 학문의 영향을 동시에 받은 것은 마찬가지였다. 1860년대 후반기 출생인 나쓰메 소세키(夏目漱石)는 7세가 되던 1874년에 도다 소학교(戶田小學校)의 하등소학교 제8급에 입학하여 학제에 규정된 소학교 교육을 첫 단계부터 밟기 시작했다. 이후 1876년 5월에 이치가야 소학교(市ヶ谷學校)로 옮겨서 상등소학 제8급을 마쳤고, 간다 사루가쿠쵸의 니시키하나 소학교(錦華小學校)를 졸업한 후 1879년 12세에 도쿄부 제1중학교 정칙과(東京府第一中學正則科)에 입학하였다. 그러나 2년 후인 1881년 한학에 뜻을 두고 한학사숙인 니쇼학사(二松學舍)에 입학하였다가 다시 대학 입학을 결심하고 1883년 영학숙인 세이리쓰학사(成立學舍)에서 영어를 배운 후 1884년 대학예비문(제일고등학교의 전신)에 입학을 거쳐 1890년 제국대학 영문과에 입학하였다.

이상과 같이 1870년대에 10대에서 20대의 연령이었던 자녀 세대가 정식 소학교 교육을 거치지 않더라도 독서를 통해 서양의 근대적 지식을 접하고 수용하였다. 이에 비해 아버지 세대는 후쿠자와와 같이 일찍 양학을 배운 예외적인 인물을 제외하고는 전통적인 독서의 범위를 벗어나지 못하였다. 1870년대의 일본인들은 서양 문물에 거의 영향을 받지 않은 기성 세대를 제외하고는 다양한 경로를 통해 서양관련 지식에 접하였던 것이다.

그렇지만 다른 한편으로 자녀 세대가 전적으로 서양관련 독서만을 한 것은 아니었다. 오히려 위에서 언급한 당대의 대표적 지식인들도 한학적 소양을 갖추었으며, 전통 서적을 읽는 습관을 유지한 것이 일반적이었다. 우에키는 당시 유행하던 서양관련 신식서적들을 접하며 자유민권 사상가로 성장하면서도 여전히 전통적인 통속소설들도 같이 즐겨 읽었다. 우에키의 『일기』나 『열독서목기(閱讀書目記)』를 보면 그의 독서세계가 계몽사상만이 아니라 기독교에서 에도의 희작문학에 이르는 다원성을 구축하고 있었음을 알 수 있다.[186]

아우 세대에 속하는 도쿠토미의 독서 이력을 보면 전통서적을 어린 시절부터 읽었다. 그는 1870년(7세)부터 약 2년간 한학숙에서 사서오경 등의 한적을 독서하였고, 8세에는 『핫켄텐(八犬傳)』, 『유미하리즈키(弓張月)』와 같은 이야기책을 읽었다. 또한 근왕론적 역사서도 읽었다. 8~9세에는 『일본외사』를 읽었고, 『산요시초(山陽詩鈔)』, 『신책정본(新策正本)』, 『순난유초(殉難遺草)』 등을 접했다.[187] 같은 아우 세대인 야마지의 경우도 마찬가지였다. 그는 1872년, 9세에 시골선생(鄕先生)이던 다나카 도큐(田中薰丘)의 사숙에서 공부하였다. 그의 회고에 따르면 "이로하를 배우면서 동시에 ABC를 배울 것을 부친께 재촉 받았다."고 한다. 또한 집에서는 외조모로부터 『무사시보 벤케 이야기(武藏坊弁慶の話)』를 듣거나 『다케토리 이야기(竹取物語)』와 『핫켄텐』 읽기를 배우거나, 숙모의 남편으로부터 『사서오경』과 『국사략』의 소독(素讀)을 배웠다.[188] 특히 그는 라이 산요의 서적들을 깊이 숙독하였는데, 이에 대해 "나는 당시 집안이 빈곤하여 학자금을 얻을 수 없었고 소년인데도 의식을 얻는 데 분주했다. 목숨이 궁하고 재물이 곤했다. 이때 홀로 나를 위로하고 나를 장하게 하여 겨우 사학과 문장에 뜻을 두게.....한 것은 실로 등잔불 아래에서의 산요선생과 나의 노조모가 있었을 뿐이다."라고 회고하였다.[189]

나쓰메 소세키도 근대적 지식에만 관심을 두지 않았다. 그도 한학과 같은 전통지식·문화에 관심을 갖고 있었음은 마찬가지였다. 메이지기의 근대적 교육 과정을 밟은 대표적 엘리트였던 소세키도 한학에 뜻을 두고 한학사숙인 니쇼학사에서 공부를 하기도 했다. 소설가 고다 로한(幸田露

伴. 1867~1947)도 어린 시절 한학숙에서 한학, 한시를 배웠다.190)

이와 같이 메이지 초기의 일본인들은 전통과 신문물의 어느 한쪽만 흡수한 것이 아니었다. 독서에서도 전통적 독서물과 새로운 번역서나 저작들을 동시에 접하였다. 메이지 전반기 일본인들의 독서는 신구서적들이 혼재되어 있었으며, 이는 이들의 세계관에도 그대로 반영되어 있었던 것이다.

이 점은 역사서의 경우도 마찬가지였다. 메이지 초기 일본인의 지식인들 사이에 서양사에 대한 관심이 고조되면서 서양사가 애독되었다. 독서를 통한 서양사 지식의 보급은 서양사에 대한 기초적 내용을 담고 있는 『서양사정 초편』이 베스트셀러가 된 것에서 출발한다고 할 수 있으며, 1875년 출간되어 크게 성공한 후쿠자와의 『문명론지개략』도 「서구문명의 유래」라는 내용을 통해 마찬가지의 역할을 하였다.

당시 가장 인기 있던 서양사 서적은 기조의 『구라파문명사』와 버클의 『영국문명사』였다. 도이 고카는 『영국문명사』를 번역하게 된 경위에 대해, 중국의 사서들과 『대일본사』『일본외사』와 같은 전통적인 역사서들에 대한 불만을 느끼던 차에 "기조, 버클의 문명사라고 하는 것이 있다는 것을 전해 듣고, 그것들을 배우고자 하여 마침내 그 책을 구입"했다고 하였다.191) 이 책들이 "고상절륜(高尙絶倫)하고 그 주장이 모두 사람의 의표를 찌르며, 사람의 마음과 눈을 열어주었다."고 감탄하였다.192) "버클의 영국문명사가 들어오자 게이오 의숙 내의 공기가 일변하여 바이블 연구 같은 것을 하는 사람이 불을 꺼버린 것처럼 없어졌다."193)고 했다. 이들에게 문명사는 열렬한 환영을 받았다.

그렇지만 새로운 서적들이 출판·유통되었다는 것과, 그러한 서적들을 독자들이 읽게 되는 것은 별개의 일이었다. 도이 고카의 회상은 게이오 의숙과 같이 서양문물에 가장 적극적인 지식인들에게 해당하는 사항이었다. 『일본개화소사』의 저자인 다구치 우키치의 말을 빌자면, "유신 이후 수년간의 우리 국사계는 막말의 근왕론의 여파로 일반적으로 애독된 것은 『대일본사』, 『일본외사』나 『일본정기』의 부류였다."194) 이들 사서들은 1870년대 일본인들에게 여전히 널리 읽히고 있었다. 나카무라 신이치로(中村眞一郎)의 회상은 좋은 사례를 보여준다.

> 메이지 초년생인 나의 외조모는 문자 그대로 무학인 시골 할머니에 불과했다. 그러나 그녀는 중학생인 내가 한문의 부독본인 『외사초(外史鈔)』를 읽느라 애쓰고 있을 때, 부엌에 선채로 내가 읽으려는 부분을 암송하여 들려주었다. 메이지 초의 지방의 소녀는 『일본외사』를 암기하는 것이 초등교육이었던 것이리라.195)

나카무라의 외조모와 비슷한 시기 출생인 소설가 다오카 레이운(田岡嶺雲, 1871~1912)도 정식 소학교를 다녔지만, 과외로 한적을 배웠다. 그중 역사서는 『국사략』부터 『일본외서』, 『십팔사략』의 순서로 읽었다.196) 이처럼 1870년대의 독서는 여전히 전통적인 요소들이 강하게 자리 잡고 있었다. 이에 비해 신식 서적들에 더 익숙한 세대가 본격적으로 등장한 것은 1880년대 이후의 일이었다.197)

(다) 문명개화, 계몽, 그리고 서양사 교양

1870년대 문명개화기의 일본은 서양 서적의 번역하거나 편찬으로 짧은 기간 동안 최신 지식들을 들여왔다. 서양사의 번역과 편찬도 활발하게 진행되어 일본인들이 손쉽게 서양의 역사에 대한 기초지식을 접할 수 있게 되었다. 그렇지만 모든 서양사의 지식이 일본인들의 관심을 얻는 것은 아니었다. 만국사나 각국사들을 통해 소개된 사실들 중에서 특히 관심을 얻거나 자주 인용되는 것들이 있었다. 여기서는 역사서 이외의 출판물에서 서양사가 서술, 언급된 사례들에 주목하고자 한다. 잡지 글이나 다른 서적들에서 언급된 사실이 중요한 것은 이들 매체가 서양사 서적을 체계적으로 읽지 않는 계층이 서양의 역사적 사실을 접할 수 있는 기회를 제공하였으며, 이를 통해 그 지식은 역사서를 넘어서 사회적 지식이 될 수 있었기 때문이다.

메이지유신 이후 일본정부가 서구문물을 수입하고 이를 통해 근대화를 이루려고 하면서 일본사회에 문명개화 풍조가 폭넓게 확산되었다. 일본정부는 서양의 최신 문물과 제도를 수입, 실시하였으며 이에 동조하는 지식인들은 전통적 지식과 문화를 비판하며 서구문물의 우수성을 역설하였다. 그리고, 문명개화의 취지와 필요성을 이해하지 못하고 저장하거나 변화를 거부하는 민중들의 '계몽'에 적극 나섰다.

1870년대에 유행했던 개화물은 서민 교화와 계몽을 위해 발간된 서적들로, 아래의 표에서 보듯이 1870년대 중반에 집중적으로 간행되었다.

<표 I-17> 메이지 초기 간행 주요 개화물

1870, 『西洋道中膝栗毛』
1871, 『安愚樂鍋』
1873, 『文明開化』・『開化の入り口』・『開化の歌』・『開化進步の目的』
1874, 『開化問答』・『開化自慢』・『寄合ばなし』・『開化の本』・『開化夜話』
1875, 『明治の光』
1878, 『文明田舍問答』
1879, 『開化のはなし』

출처: 明治文化硏究會, 『明治文化全集 : 文明開化編』, 日本評論社 (1967)를 바탕으로 작성함.

개화물은 개화의 취지와 필요성을 민중들이 이해하기 쉬운 문답체나 그림들을 이용하여 설명한 통속적 계몽서로서, 주로 개화를 지지하는 인물이 지방의 완고한 민중들에게 개화정책의 필요성과 서양문물의 우수성을 설득하는 형식으로 이루어져 있다. 등장인물들은 1870년대 문명개화기의 인물 유형을 정형화하여 대변하고 있다. 예를 들어, 『개화의 입구』에는 서양유학에서 돌아온 분메이(文明)와 친구인 에이키치(英吉), 그의 아버지, 불교의 승려, 유학자인 구장, 신도의 신관이 등장하여 서양문명의 우수성에 찬반 입장을 나누었다. 『개화문답』에는 보수파와 개화론자를 대표하는 규헤이(舊平)와 가이지로(開次郞)가 등장하였다. 『문명전사문답(文明田舍問答)』도 문명선생(文明先生)과 구폐인(舊弊人)의 문답 형식을 취했다. 분메이, 가이지로, 문명선생은 문명개화를 지지하고 서양문명의 우수성을 인정하는 입장이었으며, 승려나 구장, 신관, 규헤이, 구폐인 등은 전통적 세계관에서 벗어나지 못한 인물들이었다.

개화론자들이 주장한 것은 주로 정부의 각종 근대화 정책과 서양의 최신 문물의 수용 필요성이었다. 구체적으로 어떤 내용을 다루었는지는 가장 널리 알려졌던 개화물들인 『문명개화』·『문명문답』의 목차를 통해 엿볼 수 있다.

<표 I-18> 『문명개화』·『문명문답』의 목차

---

(1) 『文明開化』, 加藤祐一, 1873

1) 초편

상권: 산발을 해야 하는 도리/의복을 일하기 좋게 만들어야 하는 도리/모자를 반드시 써야 하는 도리/신발을 반드시 신어야 하는 도리/주택을 견고하게 지어야 하는 도리 및 가상가(家相家*)를 믿어서는 안된다는 주장/육신은 더러운 것이 아니라는 도리

하권: 신은 존경해야 하는 도리 및 믿는 자의 마음가짐에 대한 변/세상에 기괴한 일은 결코 없다는 도리/귀신은 귀신이 아니라는 도리/여우는 <u>기신</u>이 아니라는 도리/공업이 없는 사람을 근거 없이 신으로 제사지내지 말아야 하는 도리/여우요술(狐つか·ひ*)이라는 것은 없다는 도리/술(術)이라는 것은 수련이라는 것과 같다는 도리/천구(天狗)라는 것은 없다는 도리/명장·명가가 신기한 것을 보여주는 것은 신시한 것이 아니라는 도리/신에게 혜택을 받으면 벌도 반드시 있다는 도리

2) 이편

상권: 천지개벽의 시작의 이야기. 附, 난문 2개조/법칙이라는 것은 정리(正理)로부터 추출하여 정하지 않는다는 이야기. 附. 시세에 의해 왜곡하여 정하는 법칙 이야기/개화의 개와 불개화의 개의 이야기/정리도 폭행에는 이길 수 없다는 산원숭이의 이야기

하권: 구폐의 모습이지만 개화의 취지에 해당한 것의 이야기. 附. 물건의 이름은 골라서 붙여야 한다는 이야기/구폐지만 이용해야 하는 것의 이야기/구폐의 모습이지만 경신의 뜻에 해당한 것의 이야기/청결해야 하는 것은 구폐라도 허용해야 하는 것의 이야기/개화의 모습이지만 구폐에 해당하는 것의 이야기/경신(敬神)의 뜻을 오해한 어느 속인의 이야기/구습의 좋은 것과 나쁜 것의 이야기/사람의 행불행의 일, 그리고 사물에 감화된다는 것의 이야기

(2) 『開化問答』, 小川爲治, 1874

1) 초편

상권: 번을 폐하고 부현을 설치한 문답/문벌을 폐하고 사민을 혼일(混一)한 문답/전국에서 병사를 모집하는 문답/조세의문답

하권: 외국 교제의 문답/학문의 문답/의식주의 문답/철도전신기의 문답

2) 이편

상권: 정부의 성립기반의 문답/인민의 정부에 대한 직무의 문답/폴리스의 문답/태양력의 문답

하권: 지권 발행의 문답/증권 인지 발행의 문답/화폐 지폐의 문답

* 가상가(家相家): 집의 위치나 방향, 구조 등으로 집안의 길흉을 판단해 주는 사람
* 키츠네츠카이(狐つかひ): 여우를 이용해서 요술을 부리는 것, 또는 그런 사람

출처: 明治文化研究會, 『明治文化全集 : 文明開化編』, 日本評論社(1967) 참조.

위의 목차에 따르면 개화물은 폐번치현이나 징병제, 외교문제와 같은 메이지 정부의 정치적 변혁에서부터 의식주나 미신에 이르는 일상사에 이르는 폭넓은 주제를 다루었다. 『문명개화』는 개화와 구폐를 일일이 지적하면서 각각의 장단점을 구체적으로 설명하고 있는데, 저자가 거론 한 사례들을 보면 무지한 서민들의 미신적 생활관습을 문제시하고, 이 를 교화하고자 하였음을 알 수 있다.

개화물의 저자들은 무지한 서민이나 완고한 시골 사족과 같은 문명 개화에의 저항세력을 설득하기 위해 생소한 신지식뿐 아니라 이들에게 익숙한 사례나 지식들을 적극 활용하였다. 이는 개화물의 독서층들이 여전히 전통적 지식 세계에 속해 있었기 때문에 이들을 이해시키기 위 해 불가피한 방법이었던 것이다.

이 점은 역사지식의 경우에도 마찬가지였다. 이들은 문명개화를 역설 하면서 전통적 역사지식을 근거로 제시하였다. 예를 들어 『개화의 입구』 에서 분메이는 징병제의 필요성을 주장하면서 다음과 같이 일본의 역사 를 거론하였다.

> 상고의 역사를 보시오. 진무천황을 처음 섬기고, 게이코천황의 서 벌, 야마토 다케루의 동벌, 주아이천황, 진구황후의 삼한정벌, 그 외 에 중고까지는 천자가 친히 부월(斧鉞)을 지니고 만민을 인솔하여 매번 출마를 했었다. 그 기간은 일본도 소국이면서도 아세아의 강국 으로, 그 위광을 해외에 떨쳤지만, 그 후 신하가 윗분을 경모(輕侮) 하여 권위를 빼앗고 사치를 키웠다.[198]

『개화문답』의 가이지로가 폐번치현의 필요성을 논하는 중에도 마찬 가지의 방식이 나타났다. 가이지는 봉건제를 옹호하는 규헤이에 반론을 제기하면서 말하길, "봉건을 좋다고 해서 한토(漢土)의 요순 삼대나 주대의 것을 인용하는 것은 진부한 유자들의 하는 말이다. 그런데 한토도 한대 이래 지금의 청조에 이르기까지 모두 군현정치로서...지금의 봉건을 추종하는 자는 사람은 모두 한토의 과거의 것을 모두 좋다고 여기며 실지의 모습을 보지 않는다."라고 했다. 이처럼 가이지로는 자신이 지닌 해박한 전통적 역사지식을 사용하여 규헤이에게 개화의 필요성을 설득하고자 하였다.

개화물은 서양의 신문물을 소개하였지만 그 내용은 매우 소략했다. 예컨대 『개화의 입구』의 에이키치는 다음과 같은 새로운 세계지리 지식을 소개하였다. "지금 세계의 인류를 모두 감정하여 이를 5개의 종류로 나눈다. 첫째는 몽고종, 둘째는 코카서스인(高加素種), 셋째는 에디오피아인(伊日阿伯種), 넷째는 말레이족(亞來由種), 다섯째는 아메리카인(亞米利加種)이라고 부른다."라고 하면서 이중에서 서양인은 코카서스인, 일본과 중국 등 아시아대륙의 사람들은 몽고종에 속한다고 하였다.199) 에이키치는 서양식 인종 분류를 언급하고 대륙의 명칭을 별다른 부가적 설명 없이 인용하였다.

이에 비해 서양의 역사에 대한 구체적 언급은 찾아보기 어렵다. 가장 근접한 사례로 다음의 부분을 찾을 수 있을 뿐이다. 즉, "옛날 세계 만국도 태고를 살펴보면 모두 현재 에조의 모습과 같아서, 모두 야만의 풍속이었다. 그런데 그 중간에는 자연히 중인이 귀복하는 추장이 있어서 무리들의 지배를 이루고, 추장의 위에는 또한 추장이 있어서 거의 모두 일향일국(一鄕一國)을 마음대로 하는 추세였다. 이것이 곧 봉건의 시작으로서 봉건은 간단히 말하자면 야만의 풍습이다. 그 때문에 세계의 나라들은 모두 초창기는 봉건의 정체이며, 이것은 지금의 에조를 비

롯하여 아프리카의 토인 등의 풍습을 보아도 알 수 있다."라고 하였
다.[200] 다시 말해, 개화물에 담긴 서양을 포함한 세계사에 대해 지식과
정보의 수준이 극히 초보적이며 소략했다. 개화물에 서양의 역사에 대
한 언급이 별로 없는 이유 중에는 계몽의 대상인 일본인들의 지식 세계
를 고려한 점이 있을 것이다. 1870년대 전반기 일본 민중들의 역사 지
식은 여전히 전통적 틀에 머무르고 있었으며, 서양사에 대한 이해를 기
대하기 어려웠을 것이기 때문이다.

　개화물이 집중적으로 간행되던 1874년에 계몽지식인들이 주도한 명
륙사에서 계몽을 위한 잡지 발간을 결정하였다. 『명륙잡지』는 1874년 4
월 2일 창간하여 1875년 11월 14일에 43호로 정간하였다. 월 평균 2회
내지 3회 간행되었으며 서정에서 판매하는 방식이었다. 『명륙잡지』에
는 모두 156편의 논설이 게재되었다. 모든 글들이 명륙사 동인들에 의
한 것이며, 가장 많은 글을 실은 인물은 쓰라 마미치(津田眞道) 29편, 니
시 아마네(西周) 25편, 사카타니 시로시(阪谷素) 20편의 순서였다. 이처럼
『명륙잡지』는 당대의 최고 지식인들이 직접 서양의 최신 문물과 지식
을 소개하였다.

　모리 아리노리가 『명륙잡지』 30호의 글에서 밝힌 바에 따르면 매호
평균 3205책이 발행되었고, 정가는 분량에 따라 3전에서 5전까지였다.
발행부수는 모리 아리노리의 연설에서 매호 약 3,200부, 『내무성 제일
회 연보』의 숫자를 평균하면 매호 약 2,840호에 이르렀다. 당시 주요
신문의 1일 발행부수가 1만부 내외인 것을 감안하면 학술적 잡지로서는
파격적인 숫자였던 것으로 평가된다.[201] 『명륙잡지』가 문명개화의 전
파에 큰 영향을 끼쳤음을 알 수 있다. 특히 신문물에 관심이 많은 젊은
층에게서 큰 호응을 얻었다고 한다.[202]

『명륙잡지』도 개화물과 마찬가지로 서구사회를 모델로 일본의 개화 필요성을 계몽하는 형식의 글로 구성되었다. 그러나 그 내용과 대상에서는 커다란 차이가 있었다. 『명륙잡지』는 도쿄에서 활동한 대표적 계몽지식인인 명륙사 회원들이 자신의 연설회에 찾아온 청중들을 대상으로 한 강연의 내용을 담기 위해서 발간되었다. 개화물이 문명개화의 필요성에 대해 저항하는 '고루'한 민중들을 설득하기 위한 것이었다면, 『명륙잡지』는 문명개화에 대한 호의적인 이들을 대상으로 한 것이었다. 『명륙잡지』는 새로운 변화에 호의적인 젊은 계층이 주된 독자층이었다. 그리고 이들은 『명륙잡지』뿐 아니라 다른 번역서 등을 통해 서양에 대한 지식은 어느 정도 습득한 계층이기도 하였다.

『명륙잡지』는 문명개화의 필요성을 설득하는데 중점을 두었으며, 개화물과 달리 문명개화의 구체적인 대상이 되는 서양의 문물, 제도, 사상을 다루었다. 그 중에서도 『명륙잡지』에서 다룬 주제나 지식은 회원들이 번역서나 편찬서 등의 형태로 일본에 들어온 서양의 지식들 중에서도 일본인들이 숙지할 필요가 있다고 판단한 것이었다. 처첩론이나 민선의원설립과 같이 근대화 초기의 일본사회에서 이슈가 될 만한 주제들이 크게 다루어진 것에서, 『명륙잡지』가 방대한 서양의 지식과 문물 중에서 일본사회에 언급하는데 필요하고 시의적절하다는 판단에 의해 '선정'된 것임을 알 수 있다.

그렇다면, 『명륙잡지』의 필자들은 서양의 역사에 대해서는 어떻게, 어떤 내용을 '선정'하였을까?

『명륙잡지』에서 인용한 서양의 역사는 특정 주제나 인물에 집중되어 있었다. 이를 정리해 보면 크게 네 가지로 분류할 수 있다. 첫째는 국가나 사회이다. 고대의 그리스와 로마 및 게르만족이 여러 차례 언급되었

으며, 그 외에는 프랑스, 영국, 미국, 러시아가 거론되었다. 둘째는 유
명한 인물이다. 여기에는 고대의 알렉산더대왕을 비롯하여 러시아의 피
터대제, 프랑스의 루이 14세와 루이 16세, 영국의 찰스 1세와 엘리자베
스 여왕과 같은 국왕이 가장 많았으며, 근대의 정치가로는 워싱턴, 나
폴레옹이 수차례 언급되었다. 사상가로서는 종교개혁가인 루터가 가장
많이 등장하였다. 셋째는 역사적 사건으로, 미국의 독립전쟁과 프랑스
혁명에 대한 관심이 가장 높았다.

이러한 역사적 사실을 다루는 방식은 크게 두 가지로 나뉜다. 첫째는
필자에 의해 역사적 사실 자체가 서술, 설명된 경우이며, 둘째는 필자
의 논지에 필요한 사례나 근거로서 인용된 것이다. 『명륙잡지』의 논설
들 중에서 서양의 역사 자체를 다룬 글은 두 편이다. 첫 번째는 스기 코
지(杉亨二)의 「북아메리카합중국의 자립」203)으로서 미국 식민지 건설에
서 영국으로부터의 독립에 이르는 역사를 서술하였다. 두 번째는 미쓰
쿠리 린쇼의 「리버티의 설」204)로서 서양에서 정치적 자유가 자리 잡게
되는 역사적 과정을 고대 그리스에서 프랑스혁명, 미국독립과 같은 사
례를 들면서 설명하였다. 이 두개의 글은 전체글이 초보적인 역사적 지
식을 소개하는 것이지만, 단순한 사실 전달에 그치지 않고 공통적으로
서양의 역사 발전을 자유와 자립의 관점에서 바라본다는 특징을 지니고
있다.

둘째로, 서양의 역사는 자신의 주장을 설득하고 계몽하는 근거로 인
용되었다. 국가의 흥망이나 사회적 관습과 사상에 이르는 다양한 주제
에 대한 논설들이 그 주장을 뒷받침할 사례를 서양의 역사 속에서 예시
한 것이다. 예컨대 니시무라 시게키는 「진언일즉(陳言一則)」에서 일본인
들이 과거의 강직한 기풍을 잃어가는 점을 경계하기 위해 다음과 같이

서양 고대의 그리스와 로마의 사례를 인용하였다.

> 내가 서국(西國)의 역사를 읽고 깊은 감동과 두려움을 느끼는 바가
> 있다. 옛날 희랍이 처음 일어날 때, 그 인민은 강건강의(強健剛毅)하
> 여 애국하는 마음이 깊었다. 그 때문에 능히 파사(페르시아)의 대적
> 을 무너뜨리고 위명을 사방에 빛냈다. 이로부터 그 나라는 부강함을
> 다하고 인민의 지술(智術)을 날로 진보하고 기예는 그 정교함을 다
> 했다. 그러나 인민의 풍습이 이때부터 파괴되어. 교사음질하고 경박
> 교활한 풍조가 크게 행해졌다. 국초의 강건강의한 기운은 모두 사라
> 지고, 결국 로마의 인민에게 그 나라를 빼앗겼다.205)

이 글에서 니시무라는 그리스와 로마의 흥망이 국민들의 강건하고
애국하는 기풍에 따라 결정되었다고 하는 해석을 근거로, 일본의 앞날
도 일본국민의 자세에 달렸다고 주장하였다. 이 논설 외에도 서양사의
사례는 국가 정책이나 제도에 대한 논설, 종교나 학문, 정치적 자유나
입헌제, 관습이나 일상생활 등에 이르는 다양한 주제의 논설에서 근거
로 사용되었다.

(2) 자유민권사상과 서양사지식

1874년 1월, 이타가키 다이스케를 대표로 한 8명이 연명하여 유사전
제 비판과 민선의원 설립을 요구하는 「민선의원설립건백서」를 당시의
입법의정기관이던 좌원에 제출하였다. 이를 도화선으로 일본사회는 자
유민권의 시대에 접어들었다. 일본 전역에 각종 결사가 등장하였고, 정
부에 비판적인 지식층이나 지방의 상층 농민들이 적극 참여하면서 일본

사회 전체에 깊은 영향을 남겼다.

자유민권운동은 '자유'와 '민권'이라는 용어에서 보이듯이 서양 근대정치사상의 영향을 받아 등장하였다. 계몽 사상가들은 루소, 벤덤, 밀과 같은 서양의 자유주의 사상가들과 그들의 사상을 적극 소개하였다. 이에 따라 인민의 자유와 인권의 보호와 같은 자유주의 사상은 서양과 같은 문명국이 되기 위해 반드시 필요한 것이라는 인식이 자리 잡았다.

그런데 서양 자유주의가 일본에 소개되는 통로는 서양 사상가들의 저서를 직접 소개하는 것만은 아니었다. 실제로 처음 서양의 문물을 접하는 초보자들이 서양 사상가들의 저서를 쉽게 이해하기는 어려웠다. 예컨대 영국의 자유주의자 밀의 저서는 영학교에서도 가장 고학년의 교재로 사용되었다.206) 이 때문에 자유주의 사상이 파급력을 가지기 위해서는 쉽게 접근할 수 있는 매체나 수단이 필요했다. 서양의 학문과 사상, 문물을 일본인들에게 설명하고 알리기 위해 명륙사의 계몽 사상가들이 연설회를 갖고 『명륙잡지』를 발간하였던 것이다. 마찬가지로 서양사 서적들이 자유주의를 전파하는데 일익을 담당하였다.

(가) 서양 문명사와 혁명사, 그리고 서양자유주의

1) 문명사의 진보관념과 자유주의

메이지 일본에 소개된 대표적 문명사인 기조와 버클의 책들은 서양의 문명발달을 다룬 역사서이며 동시에 자유주의 사상을 담고 있는 정치적 성격도 지녔다.

먼저, 기조의 『구라파문명사』는 1828년에 처음 출판되었다. 당시의 프랑스는 나폴레옹 이후 왕정복고와 이에 대한 반발로 정치적 혼란이 이어지고 있었다. 기조는 샤를 10세의 보수정책에 반대하며 1830년 7월 혁명으로 권력을 잡은 루이 필립의 입헌군주제를 지지한 인물이었다. 『구라파문명사』는 7월 혁명 이전인 1828년에 파리 대학에서 큰 인기를 얻으며 했던 연속강의 내용을 출간한 것으로, 왕정복고로 프랑스 정치가 보수화되는 상황에서 자유주의를 옹호하고자 하는 정치적 목적을 강하게 띠고 있었다.

이에 반해 버클의 『영국문명사』는 영국이 역사적 발전을 중심으로 서양문명의 발전과정을 서술했다. 그런데 기조의 문명사가 왕정복고로 프랑스 정치가 보수화되는 상황에서 자유주의를 옹호하기 위한 정치적 목적에 따라 저술된데 반해, 버클은 콩트의 실증주의에 입각하여 역사의 법칙을 수립하고자 하는 방법론적 관심이 두드러졌다. 그는 "19세기 중기의 최신 학문이었던 통계학의 방법을 수용하여 인간·사회현상 속에서 법칙성을 찾아내고, 역사서술을 하나의 과학으로 확립하고자 했다."[207]라고 하면서 역사법칙을 탐구하는 것을 중시했다.

기조와 버클은 정치적 성향에 차이가 있었지만, 양자 모두 근대유럽의 역사를 자유주의적 정치관에 입각해서 서술했다. 기조의 경우 역사의 진보가 성직자에서 귀족, 그리고 중간계급(부르주아)으로의 권력 이동의 과정이라고 확신하였으며,[208] 버클은 프랑스혁명의 폭력성에는 비판적이었지만 "민주주의적 여론의 급속한 진보는 그 어느 누구도 부정할 수 없는 사실"이며 "그 누구도 감히 인민을 구속하거나 그들의 통일된 소망을 거부하지 못한다."고 하였다.[209] 다시 말해, 양자는 시민 중심의 정치체제와 그 사상적 기반으로서의 자유주의를 지지하였다. 따라서 1870년대 일본지식인들에게 서양문명사는 자유주의적 정치관에 접하는 통로가 되었다.

서양문명사의 영향이 문명사라는 역사관·역사서술에 그치지 않고
정치관에도 미쳤음은 후쿠자와를 통해 확인할 수 있다. 후쿠자와는 문
명사의 수용과 보급에도 중대한 역할을 한 인물이었다. 그는 이미 1872
년 무렵부터 자신이 운영하던 게이오 의숙에서 기조와 버클의 책을 교
재로 사용하였으며, 1875년 출간된 『문명론의 개략』에 문명의 진보와
정치적 자유·권리의 신장을 동일시하는 서양문명사의 서술 내용을 포
함하였다. 그는 제4장 「서양문명의 유래」는 "프랑스의 석학 기조씨가
지은 문명사와 다른 책들"210)을 바탕으로 서양문명의 역사를 개략했다
고 밝혔다. 그 중 일부 내용을 보면 다음과 같다.

> 1400년대 말부터 유럽의 각국에서는 그 국력이 차차 한 정부로 집
> 중되었는데 초기에는 국민이 모두 왕실을 숭상할 뿐, 자신에게 정치
> 에 관여할 수 있는 권리가 있다는 것을 몰랐다...이렇듯 인민은 재산
> 과 토지를 소유하고 생업에 힘써 내외의 상업을 독점하여 나라의 경
> 제를 좌지우지하게 된 이상, 가만히 앉아서 왕실의 전제를 방관하고
> 있지만은 않게 되었다. 옛날에는 로마에 대적하여 교리를 개혁했고
> 이제는 왕실에 대적하여 정치를 개혁하려는 추세였다. 그 내용에는
> 종교적인 것과 세속적인 것이라는 구별이 있긴 했지만, 그것이 자주
> 자유의 기풍의 표현이며 문명의 징후였다는 점에서는 동일하다.211)

다시 말해, 『문명론의 개략』은 서양에서의 자유주의 성장과 문명발
전을 동일시하는 기조의 주장을 그대로 받아들여 서술한 것이다.

다구치 우키치는 『일본개화소사』에서 역사의 시작을 인류 전체의 물
질적, 정신적 발전 정도에 따라 기술하여 정치권력자 위주의 역사서술
에서 탈피했다. 그 대신에 인민의 여론을 중요시했다. 그는 도쿠가와

막부의 멸망 원인에 대해 "민간의 여론에 저항하였기 때문에 개항 후 겨우 9년 만에 끝내 해체되었다."[212]라고 하면서, 서양문명사 속에 담긴 자유주의적 요소를 다구치의 일본문명사 서술에 투영하였다.

이상과 같이, 문명사는 서양문명의 진보성을 강조하여 문명개화의 당위성을 뒷받침하는 역할에 그치지 않고, 서양의 자유주의적 정치 발전을 옹호함으로써 일본의 정치적 변혁에도 영향을 미치게 되었다.

2) 서양혁명사와 체제변혁의 구상

1880년대 서양사 출판에서 나타난 변화로는 서양정치사, 그 중에서도 서양혁명사 서적들이 다수 간행되었다는 점이다. 이러한 흐름은 서양의 역사 중에서 혁명으로 불리는 주요한 정치적 변혁에 대한 일본사회의 관심을 대변한 것이다.

야노의 번역서 목록에 『문명사』와 더불어 『난세사류』가 '잡서'로 분류되어 있으며, 여기에는 『불국혁명사』, 『태서혁명사감』, 『청국근세난사』의 3권이 선정되었다.[213] 이 중에서 가장 먼저 출판된 『불국혁명사』는 19세기초 프랑스에서 크게 각광을 받았던 미네(François-Auguste Mignet)의 Histoire de la révolution française(1824)를 가와즈 스케유키(河津祐之)가 번역한 것으로, 1876년에서 1878년에 걸쳐 4책으로 출간되었다. 한편, 『태서혁명사감』(1882~1885)은 히마마쓰 요시노리(久松義典)가 편역한 것으로, 상권은 로마시대, 중권은 영국, 하권은 미국, 속편은 프랑스의 정치적 변혁과정을 다루었다.

그런데 서양혁명사 서적은 기조와 버클의 저서만 집중 소개된 서양문명사와 달리 다양하게 출간되었다. 메이지 초기에 출간된 서양혁명사 서적은 아래의 표와 같다.

<표 I-19> 1870~1880년대 서양혁명사 목록

출판년도	저자(역자 포함), 서적명
1876	F. Mignet(河津祐之譯), 佛國革命史
1882	久松義典편역, 泰西革命史鑑 鈴木五郎편, 仏國革命原因論
1883	Christopher W. Koch, 歐羅巴革命史
1884	Adolphe Thiers, 佛國革命全史
1885	F. Guizot, 英國革命史 Roesler, 仏國革命論
1886	中江篤介, 革命前法朗西二世紀事
1887	髙木秋浦, 通俗佛國革命史
1888	Marcius Wilson(富塚玖馬譯), 佛國革命史論
1890	渡邊操편, 萬國革命史

출처: 國立國會図書館檢索・申込オンラインサービス를 토대로 작성함.

이 표를 통해 두 가지 점을 확인할 수 있다. 첫째는 출판시기가 1880 년대에 집중된 것이다. 1876년에 소개된 미네의 『불국혁명사』를 제외 하면 모두 1882년 이후에 출간되었다. 오자와 에이이치(小澤榮一)가 1880 년대에 대해 '혁명사의 유행'이라고 지칭했을 정도로 다양한 혁명사 서 적들이 소개되었다.214)

둘째, 서양의 혁명들 중에서 프랑스혁명에 관심이 집중된 점이다. 서 양사 속의 주요 혁명들을 총괄적으로 소개한 『태서혁명사감(泰西革命史 鑑)』과 『구라파혁명사(歐羅巴革命史)』, 『만국혁명사(萬國革命史)』는 로마의 제정 성립, 영국의 청교도혁명, 미국 독립혁명, 프랑스혁명에 대해 기술 하였고, 기조의 『영국혁명사』는 영국의 사례만 다루고 있다. 그 외의 책들은 모두 프랑스혁명에 대한 것이다.

메이지 초기 혁명사들은 크게 서양의 유명서적을 직접 번역한 것과 일본인이 편역·찬술한 것으로 나뉜다. 그런데 그 중에는 프랑스혁명 관련 서적이 가장 큰 비중을 차지하고 있다. 직접 번역한 서적들은 대부분 유명 저자들의 저서로서, 미네의 『불국혁명사』, 티에르의 『불국혁명전사』, 뢰슬러의 『불국혁명론』, 윌슨의 『불국혁명사론』 등이 간행되었다.

먼저, 1820년대에 출판된 미네와 티에르의 저서는 프랑스혁명을 둘러싼 보수파와 진보파의 대립 속에서 진보적 자유주의의 입장을 대변하려는 정치적 목적에서 출간되었다. 나폴레옹의 몰락 이후 복원된 부르봉왕조 하에서 프랑스혁명을 부정적으로 폄하하는 움직임이 생겨났다. 이러한 움직임은 왕당파의 보수정치와 불가분의 관계를 갖고 있었기 때문에 자유주의자들이 프랑스혁명의 정당성을 옹호하는 자유주의적 역사 해석을 내놓게 된 것이다.215) 미네의 『불국혁명사』는 1824년에, 티에르의 『불국혁명전사』는 1823년에서 1827년에 걸쳐 출간되었는데, 당시 급진적 자유주의의 역사인식을 대변한 대표적 혁명사였으며 후대의 분석적·전문적 저서와 달리 정치적 시각이 분명하고 대중적 성격을 띠고 있다. 이들은 프랑스혁명이 자유의 발전 과정에서 발생했다는 점에서 역사적 진보를 가져왔다고 보았다. 물론 공포정치가 난무했던 쟈코뱅 시기에 대해서는 비판적이었다. 그러나 프랑스혁명, 특히 그 초기 단계를 긍정적으로 평가했다.216)

이러한 원서의 성격은 일본어 번역에 참여한 가와즈 스케유키(河津祐之)에게도 영향을 주었다. 가와즈는 프랑스 유학 중에 접한 미네의 『불국혁명사』를 일찍이 1876년에 번역했으며, 1884년 티에르의 『불국혁명전사』 번역 작업에는 교열자로 참가했다. 그는 역자 서문에서 "구주개명의 인민이 가장 숭상하는 것은……자주자유의 권리"라고 하면서, 프랑스가 루이 15세 말년에 이르러 도탄이 극에 달했기 때문에 인민의 불만이 폭발하여 혁명에 이르게 되었다고 보았다. 이 혁명을 통해 프랑스 인민은 "군주와 항쟁하여 악습을 일세하고 대권을 장악"하고.......개명의 영역으로 걸음을 옮겼다."라고 하면서, "근세의 개화는 이 난에서부터 일어났다."라고 극찬했다.217) 가와즈가 프랑스혁명을 역사적 진보를 가져온 것으로 높이 평가한 것은 자유민권파에 속했던 그의 정치적 입장과 결코 무관하지 않다.

그런데 19세기 중반을 넘어서면 프랑스에서도 토크빌이나 테느로 대표되는 역사가들에 의해 프랑스혁명에 대한 비판론이 대두되었다. 이들은 프랑스혁명 과정에서 발생한 파괴와 혼란의 문제점을 강조하면서 부정적 평가를 내렸다.218) 일본에서 출간된 서적들 중에서 프랑스혁명의 문제점을 강조한 서적으로는 『불국혁명론』과 『불국혁명사론』을 들 수 있다.

일본정부의 고문으로 체류 중이던 독일인 헤르만 뢰슬러의 『불국혁명론』은 프랑스의 혁명사가들이 정치적 입장에서 혁명 과정의 잔인한 행적을 은폐하고 있다고 비판했다. 그는 프랑스 혁명이 사회적으로 "추호의 이익"도 주지 못했고, 혁명 기간 동안 "고금 미증유의 잔학함"이 극에 달했다고 단언했다.219) 한편, 미국의 교육자이자 교과서 집필자였던 윌슨이 쓴 『불국혁명사론(佛國革命史論)』도 부정적 평가를 담고 있다. 그는 영국식 온건혁명을 높이 평가하면서, 프랑스 혁명이 역사상 가장 파괴적이었기 때문에 "우리로 하여금 능히 경악진율(驚愕震慄)하기에 충분하다."220)고 하면서, 그 이유로 자유를 향유할 준비가 안 된 인민들에게 지나친 권력이 주어졌기 때문이라고 했다. 특히, 그는 혁명세력이 기독교를 부정한 것을 비판하면서 인민의 '덕교'가 결여된 것을 과격화의 원

인으로 지목했다. 그러나 동시에 혁명의 원인이 된 정부의 전제정치를
비판하면서, 영국식 온건혁명을 높이 평가했다. 뢰슬러가 보수적 체제
국인 독일 출신이며, 윌슨이 영국과 우호관계를 지닌 미국 출신이라는
점에서 프랑스혁명에 따른 급진적 공화정에 대한 비판적 평가를 내린
이유를 찾을 수 있다.

그렇다면, 일본인이 저술한 혁명사에는 프랑스혁명이 어떻게 평가되
었을까? 먼저, 다카기 슈호(高木秋浦)는 『통속불국혁명사(通俗佛國革命史)』
에서 프랑스혁명이 고금 미증유의 변란으로 프랑스 정체의 대변혁을 가
져온 후에 구주 각국에 파급되었다고 하면서 그 중요성을 지적했다. 그
러면서 이 혁명으로 "예로부터의 누습을 일세하여 오늘날의 융성함으로
나아가 개화문명의 영역으로 나아가는 기원을 열었다."221)라고 매우 긍
정적으로 평가했다. 반면에 혁명의 혼란에 대해서는 문제점을 인정하면
서도 불가피했다고 보았다. 그는 나카에 조민이 제자(題字)를 쓴 것에서
짐작할 수 있듯이 자유주의적 입장에서 프랑스혁명을 보았다.

마찬가지로, 스즈키 고로(鈴木五郎) 편역의 『불국혁명원인론(佛國革命原
因論)』은 프랑스혁명이 전제정부가 자유를 부당하게 억압하였기 때문
에 과격한 혁명이 불가피했다고 보았다. 프랑스혁명의 과정 상 혼란
보다 원인을 중요시 한 것은 시마다 사부로(島田三郎)가 쓴 이 책의 서
문에서도 나타났다. 즉, 시마다는 프랑스혁명이 커다란 참상을 낳은
사건이지만 모든 사건에는 원인이 있다면서, 가혹한 세금, 전제억압,
재정고갈 등과 같이 나라를 망하게 할 요인들이 프랑스에 있었다고
했다.222)

그 외에도 나카에 조민의 『혁명전법랑서이세기사(革命前法朗西二世紀事)』
는 루이 16세의 무능과 부패를 강조하였으며, 와타나베 미사오(渡邊操)

편역의 『만국혁명사(萬國革命史)』도 국왕의 무능과 사치 등을 비판하였다. 일본인 저서·편역서들은 대부분 프랑스 혁명의 원인에 초점을 두면서 루이 16세와 귀족들의 사치와 방탕, 인민의 고통에서 그 원인을 찾고 있다.

이상과 같이, 서양에서 프랑스혁명에 대한 평가는 진보·보수, 급진·온건의 정치적 차이를 반영하여 긍정론과 부정론으로 나뉘어 있었으며, 이러한 점은 일본에서 출판된 서양혁명사 속에도 그대로 반영되었다. 다시 말해, 메이지 초기 일본에서 프랑스혁명은 역사적 지식에 그치지 않고 일본사회의 정치담론에 직접적인 영향을 미쳤던 것이다.

(나) 프랑스혁명사와 역사지식의 사회문화사

1) 메이지 초기 정치논쟁 속의 프랑스혁명

메이지 초기의 일본에 소개된 서양사 서적들은 일본의 서양에 대한 이해를 도왔으며, 이를 통해 얻어진 서양에 대한 지식들은 정부의 서구화정책을 뒷받침했다. 그러나 새로 수용된 서양사 지식은 일본정부에게 양날의 칼과 같은 존재였다. 그 속에는 절대왕정을 거부하고 천부인권론에 근거한 자유주의적 정치체제를 구축해 간 18~19세기 유럽의 정치경험이 담겨 있었기 때문이다. 메이지 초기의 서양사 지식은 문명개화의 당위성을 뒷받침하는 것과 더불어 서양의 근대적 정치체제의 도입이라는 정치적 요구의 토대가 될 소지를 내포하고 있었다. 그에 따라 1870년대 중반부터 시작된 입헌제 논쟁에서 서양사 지식은 주요한 논거로 활발히 이용되었다.

메이지 초기 일본에서 역사지식과 정치담론의 직접적 관계를 보여주

는 가장 대표적인 사례로 프랑스혁명사의 경우를 들 수 있다. 1870~80
년대에 전개된 입헌제 수립을 둘러싼 주장들 속에서 프랑스혁명의 사례
가 빈번하게 언급되면서 각각의 정치적 입장을 뒷받침하는 논거로 사용
되었던 것이다.

프랑스혁명의 의의에 대한 평가는 정치적 입장에 따라 극명하게 대
립되었다. 먼저, 긍정론은 프랑스혁명은 서양문명의 도달점으로 평가했
다. 자유민권파인 고지마 쇼지(兒島彰二)는 특히 프랑스 혁명에 대해 극
찬에 가까운 평가를 했다. 그는 "불국의 동란은 실로 구주문명의 토대가
되었다. 당시 구주 열국은 오히려 구제도를 보수하고 민권을 신장하지
않는 경우가 있었지만, 이 변동에 의해 구주 전 지역이 큰 파도에 휩쓸
린 것처럼 모두 구래의 오폐(汚弊)를 씻어버리고 개화의 미풍을 멀리
낯선 곳에까지 미치게 하여 천하의 인류로 하여금 널리 그 자유를 완전
하게 하는데 이르렀다."[223]고 했다. 이는 전형적인 자유주의 역사인식
을 보여주는 것으로서, 자유를 문명발전의 기준으로 삼았다. 그에 따라
프랑스혁명을 통해 인민의 자유가 신장되었기 때문에 서양문명 발전의
중대한 전환점으로 평가하였다.

이처럼 자유주의적 관점에서 긍정적으로 평가된 프랑스혁명은 민권
론을 반대하는 입장에서는 강한 비판을 받을 수밖에 없었다. 프랑스혁
명이 국왕의 전제정치를 폐지하고 인민의 정치참여를 가져오는 과정에
서 극심한 무질서와 폭력사태가 야기되었다는 것이 비판의 초점이었다.
가토 히로유키가 민권론을 비판하기 위해 저술한 『인권신설』[224]에 그
러한 논리가 적용되고 있다. 즉, 그는 미국의 독립전쟁과 프랑스의 공
화정치가 모두 루소의 천부인권론의 영향을 받았지만 그 과정과 결과는
극히 대조적이었다고 하였다. 즉, 미국인들이 "천부인권주의의 이행의

방법도 적도(適度)를 지킬 수 있었기 때문에 특별히 이익이 있었으며 절대 폐해를 남기지 않았지만, 불국 인민은 완전히 그와 반대로 그 성정이 경박해서 하루 아침에 민권의 융성을 얻음으로써 결국 그것을 남용하는 것을 거의 막을 수 없게 되었다. 인민 다수의 선거를 얻는 공화정부는 내키는 대로 군주를 시해하고 귀족·승도를 죽이고, 결국 전고무비(前古無比)의 폭정을 시행하게 되었다."225)라고 하였다. 가토는 프랑스혁명이 인민에 의한 무도한 살해와 폭력으로 치달은 점에서 천부인권론의 폐해를 드러내는 증거라고 본 것이다.

프랑스혁명에 대한 대조적 평가는 혁명의 어느 부분을 강조하는가에 따른 것이었다. 자유민권파는 구체제의 모순과 같은 혁명의 원인을 중시한 반면에 그 반대파는 혁명의 과정에 발생했던 혼란상을 부각시켰다. 아래의 예는 고지마 쇼지의 민권론 해설서인 『민권문답』에 나온 예로서 혁명의 어떤 부분을 강조하는가에 따라 얼마나 평가가 달라졌는지를 보여준다.

문: 내가 서기 천칠백년 말경의 불국 변동의 일을 생각하던데, 당시 볼테르, 루소의 무리가 이학을 강설하고 앞장서서 민권을 주장하고 군권을 제한했기 때문에 그 사변을 더욱 격렬해지게 했다. 루이 16세의 경우는 조상의 폐제를 교정하고 정치에 힘썼지만 민권을 주창하는 자들이 점점 성급해져서 결국 멸망에 이르렀다....두려운 것은 사방으로 찢어지고 서로 간에 싸워서 결국 수습할 수 없는 것이 불국의 경우처럼 되는 것이다.

답: 불국의 동란은 군권이 전성(全盛)하지 않은 것에서 연유한다고 생각하지 않는다. 사실은 군권이 전성한 것에 연유한다. 당시 불국의 정체를 생각건대, 거의 우리 조정의 10년 전과 다르지 않다. 루이 14

세 당시에 방종함이 정도가 없고 가혹함이 끝이 없고, 군권이 급속히
커졌으며 집정의 위세 또한 강성해져서 결국 그 사적 권력을 드러내
고 출입용도를 사민(四民)에게 알리지 않았다. 압제 속박이 끝이 없
어서 국주인 인민은 도탄에 빠졌다.226)

위의 문답에서 질문자는 혁명의 과정에 초점을 두고 있는데, 이러한
시각은 입헌제 조기 실시를 반대하는 정부관계자나 영국식 입헌제를 지
지하는 온건파 자유민권론자의 입장과 일치한다. 전자의 예로는 오쿠보
도시미치(大久保利通)를 들 수 있다. 그는 자유민권운동이 시작되기 전인
1873년의 의견서에서 입헌군주제 모델의 필요성에 대해 적극 검토하였
다.227) 그렇지만 프랑스 혁명에 대해서는 혁명에 의해 실시된 민주정치
의 "흉폭 잔학함은 군주전제보다 심했다."228)라고 혹평했다.

프랑스혁명에 대한 비판적 평가는 정부인사에게만 국한된 것이 아니
었다. 자유민권파 내부에서도 평가가 엇갈렸는데, 특히 영국식 의회제
도를 옹호하는 온건파 자유민권론자들은 프랑스혁명의 폭력적 측면을
강조했다. 예를 들어, 온건 자유주의자였던 오노 아즈사(小野梓)는 루소
나 쟈코뱅파의 추종자들의 파괴주의에 의해 프랑스의 사회적 퇴보가 초
래되었다고 하면서, 급조되고 격앙된 과격한 변혁을 실행하려는 입장을
배격할 것을 주장했다. 그는 영국이 '순정한 수단'과 '착실한 방편'으로
정치발전을 이룩했다면서, 이와 대조적으로 프랑스는 "성급하고 과격한
변혁을 시행하여 사회의 안녕을 문란하게 하고 정치의 진행을 방해했
다."고 비판했다.229)

한편, 급진적 민권론자였던 우에키 에모리(植木枝盛)는 프랑스혁명이
불가피했으며, 가장 큰 책임은 인민의 의사를 무시한 프랑스 왕정에 있

다고 보았다.

> 구라파 중 영국, 네덜란드 등의 나라는 그 정부가 정리(政理)를 잘
> 알아서 인민 개화의 진전에 따라 항상 그 정사, 법률을 개혁하고 처
> 음부터 끝까지 인민에 따라 개혁을 실시했다 … 그런데 불란서의 경
> 우는 그것과 조금 다른 점이 있다. 정부는 대단한 권력을 손에 쥐고
> 홀로 그 정사를 전유하고, 인민의 바람에 따라 개혁을 하지 않는 일
> 이 많았다. 따라서 국내에 누누이 소란을 일으키고 급작스럽게 정부
> 를 전복하고 갑자기 정체를 변혁하는 등의 일이 생기게 했으며, 그
> 때문에 또한 안녕을 잃고 평안함을 해치는 일이 많았다.[230]

위의 글에서 드러나듯이 우에키는 프랑스혁명이 결코 평화적이지 않
았음을 인정하였다. 그렇지만 그러한 상황이 정부의 잘못된 정치로 인
해 불가피했다는 점을 인정함으로써, 혁명의 정당성을 옹호하는 입장을
취하고 있다.

나카에 조민은 1887년 출판된 『삼취인경륜문답(三醉人經綸問答)』에서
양학신사의 입을 빌려 프랑스혁명에 대한 의견을 피력하였다. 그는 프
랑스혁명을 성공한 혁명이며, 프랑스가 전제정치에서 벗어나 평등과 민
주의 가치를 얻는 계기였다고 보았다. 즉,

> 프랑스도 일찍이 루이 14세 때 이미 군대가 그 위세를 떨치고 문
> 예가 빛을 발해 당시 압도적인 명성을 휘날리긴 했지만, 결국 전제사
> 회라는 움막 안에 핀 곰팡이와 같은 사소한 것에 그치지 않고 정말
> 로 강대한 기세를 확립한 것은 1789년 혁명의 위업의 덕택이라고 말
> 하지 않을 수 없습니다.[231]

프랑스는 영국보다는 조금 늦게 자유의 길에 올랐습니다. 그러나
단숨에 민주제로 나아간 것은 진정 위대한 일이었습니다.[232]

그러나 나카에가 프랑스 혁명을 무조건 긍정적으로 본 것은 아니다.
그는 프랑스 혁명 과정에 혼란과 폭력이 휩쓸었으며, 나폴레옹의 정복
전쟁, 그리고 왕당파에 의해 민주정이 후퇴하는 등의 문제들이 이어졌
다고 하였다.

그들은 루이 16세의 머리를 자르고 그 뜨거운 피를 받아 유럽 모든
나라의 왕들의 머리 위에 부어버렸습니다. 옷과 신과 무기, 심지어
식량도 없었지만, 그들은 분연히 떨치고 일어나 마침내 모두 자신의
머리 위에 평등이라는 큰 후광을 얻었습니다...그들은 나폴레옹 깃발
의 화려함에 홀려서 민주라는 아름다운 여신을 내쫓은 결과 제국이라
는 흉악한 맹호를 길렀으며, 앞 다투어 그 먹이가 되어 맥없이 결국
백 년 전의 시대로 되돌아가 버리고 말았습니다. 이렇게 프랑스 사회
는 자신의 정연한 논리를 잃고 나아갈 길을 잃었던 것입니다.[233]

그러나 그럼에도 불구하고 프랑스가 결국 '평등'을 얻었으며, "루이 필
립을 추방하고 샤를 10세와 나폴레옹 3세를 퇴위시킴으로써, 민주정치
의 소단원을 마무리 지었다."[234]라고 하였다. 따라서 양국의 차이를 묘
사하기를, 영국이 수재적이라면 프랑스는 천재적이며, 영국이 교과서라
면 프랑스는 각본이며, 영국이 잘 짜인 액자에 들어있는 라파엘로의 그
림이라면, 프랑스는 미켈란젤로의 벽화에 해당한다고 하였다.[235]

이상과 같이 1870~80년대 일본의 프랑스혁명관은 정치적 입장에 따
라 매우 다른 모습을 보였다. 프랑스혁명의 성격을 둘러싸고 유럽 내에

서 다양한 정치적 견해가 제시되었던 것처럼, 일본에서도 프랑스혁명의
해석은 정치적 현실과 깊은 관계 속에 전개되었던 것이다.

2) 메이지 초기의 서양사 지식 보급과 프랑스혁명관

앞서 보았듯이, 1870년대 중반부터 치열해진 입헌제를 둘러싼 정치
공방에서 프랑스혁명은 중요한 논거가 되었다. 그러나 왜 프랑스혁명이
정치논쟁에서 그토록 큰 비중을 차지했는가에 대해서는 여전히 의문이
남는다. 그렇다면 입헌제 논쟁을 주도한 것이 정부관계자, 자유민권론
자 및 지식인들이었지만, 이들의 주장이 정치적으로 영향력을 지닐 수
있었던 것은 그들이 논하는 지식이 일정 범위 이상의 영향력을 지니고
공유되었기 때문이 아닐까? 프랑스혁명이 당시 일본인들 사이에서 결
코 낯선 지식이 아니었기 때문에 정치적 공방에서 그만큼 중요성을 띨
수 있었던 것으로 봐야 할 것이다.

메이지 초기 일본에서 프랑스의 역사, 그 중에서도 프랑스혁명은 높
은 관심의 대상이었다. 프랑스혁명에 대한 일본사회의 관심은 도쿠가와
말기였던 1820년대로 거슬러 올라간다. 1826년에 일본 학자에 의해 2권
의 나폴레옹 관련 저술236)이 나온 것은 프랑스역사의 중요성에 대한
이해가 어느 정도 진행되었음을 보여준다. 개국 이후 서양역사 관련 서
적의 출판이 증가하면서 프랑스혁명에 대한 내용도 많이 소개되었다.

후쿠자와의 『서양사정』에도 프랑스혁명은 비교적 상세히 소개되었
다.237) 또한 『문명론의 개략』에서도 프랑스혁명의 원인에 대해 다음과
같이 서술하였다. 즉 프랑스 왕정은 1600년대 초 루이 13세 때부터 권
력을 키우기 시작하여 루이 14세가 72년간의 재위 기간 동안 혁혁한 위
세를 떨쳐서 프랑스 왕실 번영의 최정점을 이루었으나, 그 말년에 가서

는 군대의 약화, 정강정책의 이완 등으로 왕실 몰락의 조짐이 보이기 시작했다. 반면에 문명 번성이 전대무비를 달하면서 활발한 사고를 가진 발전이 이루어졌다. 결국 왕실의 부패와 인민 지력의 진보가 어김없이 격동할 수밖에 없는 상황이었기에 혁명이 발발했다.238) 다시 말해, 프랑스혁명을 왕정의 지나친 강화와 인민의 개명이 서로 충돌하여 불가피하게 발생한 것으로 본 것이다.

1877년 창간된 학생층 대상의 투고 잡지인 『영재신지(穎才新誌)』를 보면 서양 각국의 역사서 중에서도 프랑스사 독후감이 수적으로 많았다.239) 프랑스에 대한 사회적 관심은 나폴레옹 개인의 인기에서도 엿볼 수 있다. 앞서 보았듯이, 나폴레옹은 이미 막말기부터 일본에 소개되었으며, 개인에 대한 출판물들도 다수 출간되었는데,240) 『영재신지』에도 관련 투고문에 여러 편 등장한다. 나폴레옹이라는 인물에 대한 일본사회의 관심은 프랑스혁명 자체는 아니지만, 프랑스사회에 대한 일본인들의 초보적 이해를 돕는데 큰 역할을 했음이 분명하다.

근대적 교육을 통해 접했던 서양사 서적은 만국사나 각국사와 같은 기초적 수준의 서적들이 대부분이었다. 따라서 메이지 초기 일본인들의 프랑스 혁명에 대한 이해도는 개설적인 만국사가 가장 큰 영향을 미쳤다. 그 중에서도 메이지 초기의 만국사 중에서 가장 널리 읽힌 것으로 문부성에서 출간한 『만국사략』과 『파래만국사』가 중요한 역할을 하였다.

『만국사략』은 프랑스혁명에 대해서 어떻게 소개하였을까? 먼저, 프랑스혁명의 원인에 대해 루이 16세는 '인혜로운 군주'였지만 귀족과 승려가 권력을 전단하고 무거운 세금을 거두고 서민을 학대했기 때문에 대소란이 일어날 징조가 이미 혁명 이전부터 있었다고 했다. 즉, 혁명의 원인을 군주가 아닌 귀족·승려에게 돌리고 있다. 다음으로, 혁명 발발 후 로베스피에르가 과격파의 우두머리가 되어 잔인한 행위와 파괴 행위를 한 점을 지적하였다. 한편,『만국사략』은 나폴레옹에 대해 그림을 삽입했을 뿐 아니라 내용적으로 자세히 소개하면서 나폴레옹의 등장에서 성공과 몰락을 그렸다. 또한 당대의 군주였던 나폴레옹 3세에 대해서도 매우 긍정적으로 소개했다. 나폴레옹 3세의 재위 기간 동안 국내에 다시 평화가 돌아오고 국력이 부강해지고 문물은 융성하게 되었으며, 나아가 군사력 강화를 통해 해외로 세력 확장을 이뤘다고 설명하였다. 마지막에는 1870년 보불전쟁에서의 패배로 나폴레옹 3세가 퇴위하고 공화제가 수립되었음을 언급했다. 이러한 기술은 프랑스혁명 자체에 대해 긍정·부정의 양 측면을 소개하면서, 군주나 군주제 자체에 대해서는 우호적인 입장을 취했음을 보여준다.241)

다음으로,『파래만국사』는 프랑스혁명에 관해, 혁명의 시작에서 나폴레옹, 나폴레옹 3세의 통치까지의 주요한 역사적 사실을 담고 있다. 프랑스혁명에 대한 평가를 보면, 장단점을 비교적 중립적으로 서술했다. 즉, "프랑스 인민이 조상 때부터 누세의 학정에 시달려 왔다"는 점을 거론한 후, 프랑스 인민의 성격이 흥분하기 쉬워서 일순간에 사건이 폭발했다고 보았다. 영국의 온건한 혁명과정과 프랑스혁명의 과격성을 국민성의 차이에서 찾는, 당시 영국이나 미국에서 많이 발견되는 견해를 보여준다. 한편, 저자는 바스티유 파괴와 같이 프랑스혁명의 초기에는 미거(美擧)가 많았지만 차츰 폭동사태로 비화되면서 문제가 많았다고 지적했다. 또한 나폴레옹에 대해 자세하게 소개한 후, 나폴레옹 3세의 통치까지 서술했다.242)

일반인들이 비교적 쉽게 접할 수 있던 만국사와 같은 서적들도 프랑스혁명에 대해 개설서로서 단순히 사실수준의 지식만 제공한 것이 아니었다. 이러한 서적들은 개설서로의 성격 때문에 프랑스혁명사에 대한 진보·보수의 대립적 역사인식을 지식인 이외의 층에까지 전달하는 통로가 되었다. 메이지 초기 일본사회에 프랑스혁명에 대한 지식인·정치가의 정치논쟁이 보다 폭넓은 정치적 파장을 가져올 수 있었던 사회문화적 맥락을 바로 여기에 있었던 것이다.

1. 입헌체제 수립기의 사회변화와 역사서술

(1) 입헌제의 수립과 출판의 기업화

메이지 초기의 문명개화 과정에서 서양서적의 번역 출판은 서양관련 지식의 수용과 전파에 커다란 역할을 하였다. 각종 서적과 잡지들을 통해 확산된 서양의 근대 정치사상은 자유민권운동이라는 거대한 정치운동의 밑바탕이 되었다. 그런데 1880년대 중반을 지나면서 자유민권운동이 급격히 약화되고 정부 주도의 입헌제 수립을 위한 준비가 진행되었다. 입헌제는 정부의 권력강화 기반이 되었으며, 천황을 중심으로 한 국가의 영향력이 강화되면서 출판업의 성격도 메이지 초기와 같은 사회변혁적 면모를 잃어갔다.

(가) 입헌제와 근대천황제의 수립

1889년 2월 11일 일본정부는 성대한 헌법반포식을 거행하였다. 메이지천황이 총리대신에게 직접 헌법을 하사하는 '대일본제국 헌법반포식'이 성대한 의례로 진행되면서 입헌제 수립이 공식화되었다. 다음해인 1890년 최초의 중의원 선거가 실시되고 11월에 제국회의가 개회하면서 메이지유신으로 시작된 근대적 정치체제의 수립 과정이 일단락되었다.

메이지 헌법의 제정으로 완성된 근대일본의 정치체제를 '근대천황제'라고 부른다. 메이지 정부가 입헌제를 수립하는 과정에서 천황을 국가통합의 구심점으로 설정하였고, 이를 헌법을 비롯한 각종 제도적 장치를 통해 완성하였기 때문이다. 먼저, 메이지 헌법은 천황주권론에 입각하여 천황의 신성성을 강조하고 천황에게 각종 권한을 집중시키는 조항을 배치하였다. 헌법 이외에도 천황의 지위와 권위를 보장하기 위한 여러 정책들이 도입되었다. 대표적으로, 천황가의 경제적 기반을 확보하기 위한 황실재산설정 정책을 실시하였고, 화족제도를 강화하여 천황의 권위를 뒷받침하였다. 다른 한편에서는 천황의 이념적 기반을 강화하기 위한 준비가 진행되었다. 메이지 정부는 왕정복고를 명분으로 정권을 잡은 이후 지속적으로 천황 이념을 정치적으로 이용하였다. 정부는 주요 정책을 추진하면서 칙어와 같이 천황의 이름을 적극 활용하였으며, 1870년대 후반에서 1880년대 초에 걸쳐 천황의 전국 순행을 진행하였다. 1890년에는 교육칙어를 공포하였다. 교육칙어는 천황이 직접 신민에게 선포하는 형식을 취했으며, '충군애국'이라는 유교적 윤리를 강조하였다. 정부는 교육칙어의 등사본을 천황·황후의 사진과 함께 각 급 학교에 배포하고 공식 행사에 낭독·암송하게 했다. 이에 따라 교육칙어는 학생들이 절대 신봉해야 할 도덕률로 자리 잡았다.

1890년대는 일본 민족주의가 완성되는 시기이기도 했다. 메이지 초기의 일본사회에는 구화주의 풍조가 지나치게 확산되면서 서구문화의 표면적인 모방풍조를 낳는 등 여러 가지 문제가 발생했다. 이에 대한 반발로 1887년과 1888년에 각각 활동을 시작한 민우사(民友社)와 정교사(政敎社)는 일본정부의 구화주의 정책을 비판하면서 세인의 주목을 끌게 되었다. 이들을 정부의 서양 모방 정책을 비판하며 일본의 전통과 일본 국민의 고유성을 보존해야 한다고 주장하였다. 이러한 주장은 '국민주의', '국수주의'등으로 불리며, 일본민족의 고유한 역사와 전통을 토대로 한 민족관념 형성의 토대가 되었다.

1897년의 저작에서 헌법학자인 호즈미 야쓰카(穗積八束)는 국민교육을 통한 애국심 고양을 강조하였다. 먼저 "일본 고유의 국체와 국민도덕의 기초는 조선교(祖先敎)에서 연원하며...일본민족의 고유의 체제는 혈통단체이다. 혈통단체라는 것은 민족이 그 같은 시조를 경애하는 것에 의해 공존단체를 형성한다."라고 하면서 혈통을 강조하였다. 두 번째는 천황가의 존재였다. 즉, "국가에 있어서는 천황은 천조의 성령을 대표하고 국민에 대하여 통치권을 행한다. 가장권과 통치권은 모두 군부(君父)가 그 조선의 자애하는 자손을 조선의 영령에 대신하여 보호하는 권력이다."라고 하였다.1) 이처럼 일본 민족주의는 그 고유성과 특수성의 근거로 이른바 '만세일계'의 천황에게서 찾았다. 일본인은 조상이 같은 혈족적 유연관계로 맺어진 하나의 민족이며, 황실은 이 민족의 종가로서 만세일계의 황위의 지고성과 주권설을 지닌다고 주장한 것이다.2)

민족주의의 논리는 청일전쟁 발발과 함께 배외주의적 애국주의가 급부상하면서 일반인들의 의식에 깊숙이 침투하였다. 청일전쟁의 승리로 일본민족에 대한 자부심과 청과 조선에 대한 우월감과 차별의식이 고조되면서 일본 민족주의는 한층 확고해졌다. 조선에 대한 우월의식은 1870년대에 이미 드러났지만 청에 대해서는 동양의 대국으로 존중하는 시각이 남아 있었다. 그런데 청일전쟁은 조선뿐 아니라 청까지도 일본보다 낙후된, 열등한 곳이라는 인식을 확고하게 했다. 청일전쟁이 발발하자 후쿠자와 유키치는 '문야(文野)의 전쟁'으로 평가했고, 기독교 지도

자인 우치무라 간조는 '새로운 문명'과 '낡은 문명'의 대결이라고 선언했
다. 이러한 선동적 주장들은 전쟁의 승리로 일본인들의 뇌리에 사실로
굳어졌다.

이러한 정치적, 이념적 변화는 사회 전반의 변화와 함께 진행되었다.
경제적으로 청일전쟁을 전후로 산업화가 진전되었다. 메이지 초기의 식
산흥업정책으로 시작된 일본의 산업화는 시행착오를 거쳤지만 1890년대
가 되면서 산업혁명의 단계로 진입하였다. 특히 근대적 방적업에서 공장
제 생산이 자리 잡으면서 산업화를 선도하였다. 그리고 청일전쟁을 계기
로 공업생산량과 수출입이 급증하면서 산업화의 토대가 확장되었다.

사회적으로는 전통적 신분제의 잔재가 완전히 사라지고 교육에 의해
사회적 위치와 성공이 결정되는 시대가 되었다. 새로운 시대에는 사족,
평민의 출신과 상관없이 성공은 쟁취해야 하는 것이 되었으며, 또한 쟁
취 가능한 것이었다. 입신출세를 위한 치열한 경쟁과 노력의 시대가 막
을 올린 것이다. 고등교육, 특히 제국대학의 학력은 개인의 입신출세를
결정하는데 열쇠가 되었다. 1886년에 도쿄대학을 제국대학으로 확대 개
편하면서 그 졸업생들에게 관직 입문 자격을 부여했다. 제국대학 졸업
생은 정부의 관료로서의 길이 보장된 것이다. 제국대학의 위상이 확립
되면서 관료, 고급장교, 지주, 기업가와 같이 중상류층의 자제들이 다투
어 입학하려고 했다. 고등교육기관이 입신출세의 최대 관문이 되면서
입학을 위한 경쟁이 심화되었다. 치열한 '입시의 시대'가 본격화되었다.
이에 따라 청년층의 관심사가 자유민권운동에서 엘리트 교육기관 입학
을 위한 '입시'로 전환되었다.

(나) 출판업의 상업화와 출판기업의 성장

메이지 초기의 일본출판계는 서구화의 영향 속에 서양식 출판기술을 도입하고 서양관련 서적출판이 활성화되었다. 그렇지만 출판사의 규모와 운영방식은 여전히 소규모의 가족경영에 머문 경우가 대부분이었고 목판 인쇄나 전통적인 제본의 비중도 높았다. 일본의 출판계는 1890년대로 접어들면서 기업화된 출판사에 의한 상업출판시대가 본격화되었다. 출판업의 규모와 기술 등에서 근대적 기업의 형태를 갖춘 출판기업들이 등장하기 시작하면서 본격적인 상업출판의 시대가 열렸다. 민우사와 박문관와 같이 영향력 있는 출판사들이 창업했으며 도쿄서적상 조합이 설립되는 등, 1890년을 전후하여 서적의 출판과 유통면에서 중대한 전환점이었다.3)

<표 Ⅱ-1> 1890년대 주요 출판사

설립 연도	출판사명	설립자
1886	富山房	坂本嘉治馬
1887	民友社	德富蘇峰
	六合館	林平次郎
	博文館	大橋佐平
1888	政敎社	三宅雪嶺
	河出書房	河出靜一郎
1889	光風館	上原才一郎
	目黑書店	日黑甚七
1890	大日本図書株式會社	佐久間貞一
1895	大洋堂	大塚周吉
	東洋経濟新報社	町田忠治
	裳華房	吉野兵作

1896	明治書院	三樹一平
	同文館	森山章之丞
	新潮社	佐藤義亮
1897	實業之日本社	增田義一
1899	中央公論社	麻田駒之助
1901	有朋堂	三浦里
	宝文館	大葉久吉
	東京開成館	西田虎吉

출처: 『日本出版販賣史』, 23-44쪽, 59-72쪽; 『일본출판문화사』, 53쪽, 55쪽을 바탕으로 작성함.

1890년대의 출판계가 기업화의 단계로 전환되면서 출판업의 사회적 기능과 역할에도 변화가 나타났다. 메이지 초기의 서적출판은 계몽적 역할을 띠고 있었다. 후쿠자와의 출판물들에서 보이듯이 문명개화의 전파와 계몽을 위한 서적들이 커다란 관심을 받으며 성공을 거두었다. 그러나 1890년대가 되면 출판의 계몽적 역할이 축소된 반면에 출판물의 종류가 다양해지고 개인적 필요와 기회에 맞춘 출판이 중심이 되었다. 1890년대의 대표적인 출판사인 민우사와 박문관(博文館)의 행보는 이러한 변화의 흐름을 잘 보여준다.

민우사는 1887년에 설립되었다. 창립자인 도쿠토미 소호(德富蘇峰)는 약관 23세였던 1886년에 『장래의 일본(將來之日本)』의 출간을 통해 당대의 대표적 지식인으로 부상하였고, 평민주의를 주장하면서 1890년대 초의 지식인 사회에 큰 영향을 끼쳤다. 도쿠토미는 이를 바탕으로 1887년 초에 민우사를 설립하고 2월에는 『국민지우(國民之友)』를 발간했다. 도쿠토미 소호의 영향력과 그가 설립한 오에 의숙(大江義塾)의 제자들이 민우사의 중심이 되어 활동하였다. 민우사의 경영과 편집방침은 독립성과 다면적 종합성을 표방하였으며, 또한 다면적 종합성으로 메이지 초기의 정

론 중심적 기관지들과 달리 경제, 교육, 문화, 종교 등의 모든 영역을 포
괄하였다. 이처럼 민우사는 출판사로서의 성격과 함께 지식인 집단의
면모도 동시에 갖고 있었다.4)

『국민지우』는 창간부터 폭발적 인기를 얻었다. 처음 월간에서 8개월
후인 1887년 10월에는 월 2회 간행, 2년 후인 1889년 1월부터는 월 3회,
1895년 10월부터는 주간으로 성장했다. 창간호 7500부에서 시작하여 26
호 이후에는 약 14,000부를 발행하여 당시의 잡지들 중에 발행부수 1위
를 점하였다. 이러한 숫자는 당시 발행되던 「보지신문(報知新聞)」「도쿄일
일신문(東京日日新聞)」「시사신문(時事新聞)」 등의 유력 신문을 상회하는 것
이었다. 『국민지우』의 영향력은 단순한 발행 부수만이 아니라 전국적으
로 널리 보습된 점에서 더욱 의미를 갖는다. 지방 배포가 78%에 이를 만
큼 전국적으로 인기를 얻었다.5)

<표 II-2> 「國民之友」 공표 발행부수

제1호	7,500부	제17호	12.200부	제33호	14.000부
제2호	5,000	제18호	12.200	제34호	14.000
제3호	5,500	제19호	12.500	제35호	14.000
제4호	6,000	제20호	13.500	제36호	14.000
제5호	6,000	제21호	13.500	제37호	20.000
제6호	6.800	제22호	13.500	제38호	14.000
제7호	6.800	제23호	13.500	제39호	14.000
제8호	7.800	제24호	13.500	제40호	14.000
제9호	9.300	제25호	16.000	제41호	19.000
제10호	10.000	제26호	14.000	제42호	14.500
제11호	10.800	제27호	14.000	제43호	14.500
제12호	11.000	제28호	14.000	제44호	14.500
제13호	11.500	제29호	14.000	제45호	14.800

제14호	11.500	제30호	14.000	제46호	14.800
제15호	11.800	제31호	14.000		
제16호	11.800	제32호	14.000		

출처: 「民友子の述懷」(「國民之友」第25号). 이후는, 각호 표지기재 숫자에 따라 작성함.
후출처: 有山輝雄, 「言論の商業化: 明治20年代「國民之友」」, 『コミュニケーション紀要』 4(1986), 9쪽.

<표 II-3> 「警視廳統計書」 기재 「國民之友」 발행부수

연도	동경부하	타부현	외국	총계	발행	1회평균
1887	44.311	34.321	8	78.640	13	6.049
1888	159.093	116.259	401	275.753	22	12.534
1889	296.720	149.359	648	446.727	31	14.410
1890	299.365	120.350	1.329	421.044	35	12.029
1893	362.784	129.576	2.040	494.400	35	14.125
1894	279.506	125.192	2.058	406.756	29	14.026
1895	149.097	290.449	6.708	446.254	33	13.522
1896	255.826	525.552	12.890	794.268	51	15.573
1897	185.459	364.924	10.356	560.758	35	16.021
1898	45.482	70.439	2.857	118.778	7	16.968

* 외국은, 재외일본인과 외국인으로 배포부수를 합산함. ** 1회 평균부수는, 발행횟수에서 산출함.
출처: 有山輝雄, 「言論の商業化: 明治20年代「國民之友」」, 10쪽.

『국민지우』는 도쿠토미가 주장하던 평민주의를 표방하는 진보적인 평론지로서 명성을 얻었다. 민우사가 이어서 창간한 『국민신문(國民新聞)』 『가정잡지(家庭雜誌)』·『The Far East』도 성공하였다. 이를 바탕으로 민우사는 서적 출판에도 진출하여, 1887년에는 『신일본의 청년(新日本之靑年)』, 『국민지우제일집(國民之友第一集)』, 『정치일반(政治一斑)』(전 8책, 1890~96), 『국민총서(國民叢書)』(전 37책, 1891~1913), 『십이문호(十二文豪)』(전 12책, 1893~1902)』를 성공적으로 간행하여 출판사로의 입지를 다졌다. 이처럼 민우사는 신문, 잡지뿐 아니라 단행본, 총서류에 이르는 다양한 출판물

을 간행하는 종합출판사로 성장하였다.6)

민우사와 같은 시기에 출범한 박문관은 출판업의 기업화를 대표한 출판사였다. 박문관은 1890년대 출판업의 기업화를 주도했으며, '박문관 시대'라고 불릴 만큼 당대의 대표적 출판사로 성장하며 출판계에 군림하였다.7)

박문관은 나가오카 출신의 오하시 사헤이(大橋佐平)가 1887년 상경하여 설립하였다. 그는 고향에서 서점업, 출판업, 신문발행 등의 사업을 벌이면서 명망가로서의 입지를 다진 인물이었다. 그러나 그 사업들의 성과가 지지부진했기 때문에 도쿄에 상경하여 출판업을 다시 시도하게 되었다.8) 그는 도쿄에서 올라온 직후인 6월 15일에 겨우 집세 금 3엔 80센짜리 집을 빌려서 박문관의 간판을 걸고 잡지 『일본대가논집(日本大家論集)』의 발행을 시작했다.9) 『일본대가논집』은 당대의 유명필자들의 글을 모아서 발간한 것으로, 초판 3천부가 당일 매진되면서 재판을 거듭하는 큰 성공을 거두면서 박문관 성장의 토대가 되었다. 『일본대가논집』이 얼마나 성공적이었는지는 아래의 표에서 볼 수 있듯이 당시 최대의 종합잡지로 명성을 얻고 있던 『국민지우』와 『일본대가논집』의 1회 평균 발행부수에 큰 차이가 없었던 것에서 알 수 있다.

〈표 II-4〉 『警視廳統計書』의 『국민지우』와 『일본대가논집』 발행부수

	국민지우			일본대가논집	
	총계	발행회수	1회평균	총부수	1호 평균부수
1887	78,640	13	6,069	29,955	4,279
1888	275,753	22	12,534	143,322	11,943
1889	446,727	31	14,410	117,770	9,814
1890	421,044	35	12,029	128,112	10,676

출처: 『國民之友』 자료는 有山輝雄, 10쪽에서 인용. 『일본대가논집』은 淺岡邦雄, 「明治期博文舘の主要雜誌發行部數」, 『明治の出版文化』, 臨川書店(2002), 147쪽에서 인용.

박문관은 창립 초기부터 빠른 성장세를 자랑했다. 자산규모를 보더라
도 1888년 말 1천 엔에서 1889년에 1만 엔으로 증가10)할 만큼 성장속
도가 빨랐다. 이미 1889년이 되면 발행 잡지의 수가 13종에 이르렀으
며, 사업의 정비를 위해 1890년에는 이를 7개로 통폐합하였다. 서적출
판도 활발히 진행하여, 1893년에는 정기적으로 간행하는 전집류가 20
종에 이르렀다.11)

박문관은 민우사에 비해 상업출판사로의 성격이 설립 초반부터 뚜렷
하였고 이것이 성공의 밑바탕이 되었다. 박문관은 다양한 경영기법을 활
용하면서 출판사로서의 사업기반을 빠른 속도로 다져나갔다. 1889년 메
이지 헌법 발포에 발맞춰 『대일본제국헌법정해(大日本帝國憲法正解)』·『대
일본제국헌법주석(大日本帝國憲法註釋)』과 같은 해설서들을 출간하여 인기
를 얻었다.12) 한편, 각종 전집류 기획에도 적극적으로 임하였다. 특히
표절문제를 피하기 위해 고전작품들을 모아서 『일본문학전서(日本文學全
書)』와 같은 전집류들을 출간하였으며, 그 성공을 바탕으로 100권에 이
르는 방대한 규모의 『제국문고(帝國文庫)』를 발간하는 등 탁월한 기획능
력을 보였다.13)

박문관은 광고와 영업의 합리화에도 앞서갔다. 박문관이 경쟁사들보
다 앞서 발전하게 된 것은 적극적인 광고의 확대와 서적유통망에의 직
접 개입이 큰 도움이 되었다. 박문관은 서적의 광고에 적극적이었을 뿐
아니라 서적의 안정적 유통망을 마련하기 위해 1890년에 서적판매회사
인 도쿄당(東京堂)을 설립했다.

박문관은 청일전쟁을 계기로 민우사를 확실히 제치고 출판계의 1인자
로 자리 잡았다. 박문관은 청일전쟁이 발발하자 전쟁관련 출판에 신속
하게 임하며 상업적 성공의 기회로 이용하였다. 기존의 잡지 외에 『일청

전쟁실기(日淸戰爭實記)』를 1894년 8월 30일 처음 발행한 후 1896년 1월
까지 매월 3회 간행했다. 서적으로는 1894년 10월부터『만국전사(萬國戰
史)』 24책을 매월 1회 출간하여, 1896년 9월에 완간했으며,『평양포위
공격(平壤包圍攻擊)』 2책,『일청전사(日淸戰史)』 7권,『황해대해전(黃海大海
戰)』 1책, 그 외에도 전쟁을 소재로 한 소설들도 간행했다.14) 그 중에서
도『일청전쟁실기』는 발간 직후부터 공전의 판매부수를 기록하면서 매
진되어 재판을 할 만큼 커다란 상업적 성공을 거뒀다.『일청전쟁실기』
의 간행 작업은 쓰보야 젠시로(坪谷善四郞)를 중심으로 한 박문관 편집부
가 전쟁 발발 직후인 8월 14일부터 시작해서 30일에 첫 편을 내놓을 만
큼 서둘러 진행되었다.15)

　『일청전쟁실기』는 박문관이 출판왕국으로서의 입지를 다지는 데 결
정적인 토대가 되었다. 예컨대,『박문관오십년사(博文館五十年史)』는『일
청전쟁실기』에 대해 "이 잡지는 메이지 29년 1월 제 50편으로 성공적으
로 완결되었다. 동 잡지의 발행은 실로 박문관의 사업상에 지대한 초석
을 놓은 것이다."16)라고 평했다. 박문관 스스로가『일청전쟁실기』가 그
성공을 강조할 만큼, 회사의 발전에 큰 역할을 한 것이다.

　『일청전쟁실기』의 출판부수에 대한 연구를 보면 성공의 규모를 짐작
할 수 있다.『박문관오십년사』에 따르면, 1편은 23판을 거듭하여 30여
만 책, 13편까지 합해서 300만부 이상이 팔렸다고 한다.17) 아사노 구니
오에 따르면『일청전쟁실기』는 1894년도 발행분이 매호 평균 적어도
10만부였던 것으로 추정된다.18)

　한편, 박문관은 전쟁 종결 이후를 대비하여 새로운 잡지들의 발간
작업을 진행하였다. 대표적으로 1895년 1월, 대대적인 광고와 체재
개편을 통해 새로운 종합잡지인『태양(太陽)』이 모습을 드러냈다. 박

문관은 청일전쟁 이전부터 발간하던 12종에 이르는 잡지들을 통폐합하고, 기존 잡지의 성격에 따라 크게『태양』,『소년세계(少年世界)』,『문예구락부(文藝俱樂部)』세 종류를 새로 간행하였다. 이 중에서 박문관이 재정적으로나 필진 구성 등에 있어서 가장 심혈을 기울인 것은『태양』이었다.

오하시 신타로는 박문관이 출판의 양이나 저렴한 가격으로 이름을 알리며 성장을 했지만 "질이 낮은 도서도 많다는 평을 받았다. 이것은 우리도 스스로 돌아볼 때 그렇다고 여기는 바이다."라고 하여 출판물의 수준과 출판사로의 위상을 제고할 필요를 언급했다. 그러면서 박문관의 발전 목표를 국가적 목표와 연결시키면서 "이제부터의 사회는 예전의 우리나라가 아니도록 해야 한다. 출판사업만이 의연히 유치한 상태에 머무를 수 있겠는가"라고 자문했다. 이에 따라 앞으로는 "가격은 예전에 비해 더욱 저렴하게 하고 발행의 다종을 추구하지 않고 결단코 저작의 질을 추구하여 중외의 대가들의 기고를 의거하고, 선택은 반드시 정밀하게 하고 취사는 반드시 엄격하게" 할 것을 다짐하면서, 이러한 원칙에 따라『태양』을 발간하고자 한다는 뜻을 밝혔다.[19]

그런데 박문관이『태양』을 발간한 이유가 질적인 고려만은 아니었다. 앞서 보았듯이, 박문관은 청일전쟁 보도잡지인『일청전쟁실기』의 간행으로 커다란 상업적 성공을 거둔 바 있다. 이러한 상황 속에서,『일청전쟁실기』의 뒤를 이으면서, 다른 잡지들을 압도할 만큼의 상업적 성공을 거둘 수 있는 새로운 잡지의 간행을 결정하게 되었고, 그 결과로 탄생한 것이『태양』이었다. 그리고 실질적 편집 책임자인 편집주간에『일청전쟁실기』의 편집 및 기사 작성에 큰 역할을 했던 쓰보야 젠시로를 임명했다. 이처럼『태양』은『일청전쟁실기』와 차별성을 지니면서도 그 출판 전략을 계승한 측면을 동시에 갖고 있다.

양자는 기사의 주제와 내용, 범위에서 가장 뚜렷한 차이를 갖고 있다. 앞서 보았듯이, 『일청전쟁실기』는 전쟁보도지로서의 기본 성격 때문에 주요 전투에 대한 상세한 기사와 관련 군인들에 대한 보도 등으로 구성되었다. 즉, 『일청전쟁실기』는 청일전쟁의 종결로 종간될 수밖에 없는 한정적 성격을 지녔다. 이에 반해, 『태양』은 기존의 잡지들 중에서 『일본대가논집』, 『일본상업잡지(日本商業雜誌)』, 『일본농업잡지(日本農業雜誌)』, 『일본지법률(日本之法律)』, 『부녀잡지(婦女雜誌)』를 계승한 것으로, 정치, 경제에서 문화까지를 포괄하는 종합잡지의 면모를 갖췄다.

그렇지만 두 잡지의 외면적 구성에서는 양자 사이에는 유사성을 갖고 있다. 박문관은 『일청전쟁실기』가 동판사진과 충분한 지면으로 독자들의 호응을 얻은 것을 충분히 알고 있었다. 따라서 『태양』에도 이러한 편집 방침을 적용했다. 즉, 첫해의 경우 『태양』은 매월 1회 5일에 발행되었고, 4·6 배판, 권두사진 8쪽, 본문 204쪽, 영문 8~12쪽, 정가 1책 금 15전으로 책정되었다.[20] 영문기사까지 포함한 것에서 박문관측의 포부를 엿볼 수 있다. 『태양』의 체제는 1896년 1월 『일청전쟁실기』가 50편으로 완간되면서 2권부터 매월 2회(5. 20일)를 간행하고 체제로 강화했다. 명예찬성원으로 각계의 명망인 234명 열거하여 영향력을 과시했다. 다만, 영문란은 폐지했다.[21] 이와 같이, 『태양』은 방대한 분량과 다양한 주제의 기사들을 제공하여, 당시로서는 유례없는 대잡지의 면모를 갖췄다.

이러한 『태양』의 등장은 『국민지우』에 커다란 타격을 가했다. 청일전쟁 발발 후 발간된 『일청전쟁실기』의 성공에 비해 『국민지우』는 정

체를 면치 못했지만, 두 잡지의 성격 자체가 달랐기 때문에『국민지
우』의 위상에 직접적 피해를 주지는 않았다. 그러나『태양』의 경우는
달랐다. 박문관은『태양』이 '동양 무비(無比)의 대잡지'라고 대대적인
선전을 하면서, "논설 등의 필자는 모두 당대 제일류의 명가로서, 기
술하는 것 또한 모두 정화하지 않은 게 없으며, 영문란을 같이 준비하
여 천하에 그것에 필적할 자가 없다"라고 단언했다.22) 박문관이『국
민지우』의 당대 대표적 종합잡지로서의 위상에 도전장을 내밀었음을
알 수 있다.

한편, 이 광고에서 박문관의『태양』출간전략이『국민지우』를 의식
하고 있었다는 것도 확인할 수 있다.23) 이 광고에서 박문관은『태양』
의 특징으로 4가지를 들었다. 그 첫째는 '공평'으로서 정치적 중립을, 둘
째 '원만'은 전 계층이 읽을 수 있는 내용으로 구성하는 것을, 셋째인
'온윤'은 기사의 문장이 읽기에 명쾌하며 즐거움을 주도록 할 것임을,
넷째인 '존귀'는 일류 명사를 필진으로 하는 높은 수준의 내용을 제공한
다는 것이다. 정리하자면,『태양』의 글들이 명망가들에 의해 집필되어
『국민지우』의 수준을 넘어설 것이지만 결코 어렵거나 지루하지도, 특정
한 정치적 입장을 대변하지도 않을 것이기 때문에 모든 국민이 독자가
될 수 있다고 한 것이다.

이러한 박문관의 광고가 성공했음은『태양』의 발행부수를 통해 확인
할 수 있다. 아래의 표에서 알 수 있듯이『태양』의 발행부수는 발행 첫
해부터『국민지우』의 세배에 이를 만큼 압도적으로 앞서갔다.

<표 II-5> 정기간행잡지의 연간 발행부수

(단위: 천)

연도	잡지명 (순서는 발행부수 순위)	발행 부수	연도	잡지명 (순서는 발행부수 순위)	발행 부수
1895	일청전쟁실기(월3회)	2,783	1896	태양(월 2회)	2,162
	소년세계	1,906		소년세계	1,582
	태양	1,182		국민지우(월 3회)	794
	국민지우(월 3회)	446		문예구락부	536
	문예구락부	217		동경상보	444
	*단단진문	136		*단단진문	165
	*풍속화보	118		*풍속화보	117
	*제국문학	47		*신소설	84
	*일본인	25		*일청전쟁실기(종간호)	33
				*제국문학	32
	합계	9,458		합계	9,821

출처: 鈴木貞美, 「明治期『太陽』の沿革と位置」, 『雜誌『太陽』と國民文化の形成』, 思文閣出版(2001), 21쪽, 38쪽에서 인용.

『태양』의 성공에 대한 민우사의 반응은 어떠했을까? 『국민지우』는 『태양』 창간호가 발간된 직후에 다음과 같은 소개글을 실었다. "우리나라에서 잡지가 나온 이래로 지면의 수와 체제의 당당함이 『태양』에 미치는 것이 없었다고 할 것이다. 책 속의 논설과 기사는 『대가논집』이 발전한 것인데, 다만 작자의 경력을 약기한 점이 정중하다. 또한 삽입화는 매우 선명하여 서양잡지의 畵色도 미치지 못할 정도이다."[24] 민우사도 『태양』 창간호에 대해 매우 높이 평가했음을 알 수 있다.

창간 초기에는 아직 『국민지우』가 『태양』을 경계하는 모습이 불분명하다. 그러나 얼마 안가서 『태양』의 성공이 예상을 웃돌면서 민우사측에서도 위기의식을 갖게 된 것으로 보인다. 민우사는 3월 들어 『국민지우』의 개편을 시도하여 3월 3일자로 발간된 246호에 '면목일신!'을 내세우며 증면을 했다. 그러나 증면 후에도 여전히 70쪽 내외를 넘지 못한 것에도 보이듯이 『국민지우』의 쇄신은 제한적이었다. 결국 『국민지우』 는 계속된 부수 감소 끝에 1898년 8월에 폐간되고 말았다.25)

이처럼 1890년대 일본의 출판계는 지식인 집단의 성격이 강한 민우 사에서 상업적 성격이 두드러진 박문관으로 주도권이 넘어가는 과정을 밟았다. 유명 필진이나 평민주의를 내세운 민우사와 달리, 박문관은 저 작권 위반을 불사하며 이윤 확대에 주력하면서 성장 기반을 마련하였 다. 이러한 박문관의 행보는 근대교육의 확대에 따라 소학교 수준의 독 서층을 대상으로 하는 서적 수요에 적절하게 대응한 것이기도 했다. 다 시 말해, 박문관의 성공은 지식인 중심에서 비지식인층으로의 확대라는 일본 출판계의 변화를 반영한 결과였다.

(2) 천황제 국민국가의 역사서술

일본은 1889년 헌법제정과 입헌체제의 수립으로 본격적인 근대국가 의 체제를 갖추었다. 자유민권운동이 퇴조하고 입헌제 수립의 주도권 을 정부가 장악한 시대적 상황에 따라, 이전과 다른 새로운 사조와 이 념이 부상하면서 이른바 '메이지 20년대'로 지칭되는 새로운 시대를 맞 이하였다.26) 1870년대의 문명과 민권을 대신하여 1890년대는 천황과 국민이 새로운 시대의 좌표가 되었다. 여기서는 '국민'과 '천황'이라는 시대적 화두를 1890년대 일본의 역사서술이 어떻게 다루었는지를 살펴 보고자 한다.

(가) 역사서술의 분화: 아카데미즘 역사학과 민간사학

1880년대 중반을 지나면서 역사서술의 방향과 방법 등에서 메이지 초기와 다른 양상이 나타났다. 메이지 초기의 서양문화 수용을 뒷받침한 문명사가 영향력을 잃어간 반면에 일본의 역사, 특히 막말유신 기에 대한 관심이 고조되면서 관련 역사서의 출간과 다양한 역사관련 활동이 늘어났다. 독일 출신의 역사가인 마가렛 멜(Margaret Mehl)도 1890년대 초 일본에 역사에 대한 관심과 저술활동이 크게 증가했다고 지적한 바 있다. 이를 'history boom'이라고 표현하며 일본사회가 시대적 전환점을 경험하고 있었기 때문에 나타난 현상이라고 하였다.27)

1890년을 전후하여 역사서술과 연구 방면에서 진행된 중대한 변화로 아카데미즘 역사학과 민간사학으로의 이분화를 들 수 있다. 전자는 도쿄제국대학의 사학과와 국사과를, 후자는 민우사를 근거로 하여 활동하였다.28) 도쿄제국대학 교수였던 쓰보이 구메조(坪井九馬三)는 각각을 순정사학과 응용사학으로 부르면서, 교훈 중심의 응용사학을 배척하며 순정사학을 옹호하였다.29) 여기서는 1890년대 일본의 역사연구가 이처럼 양분화된 과정과 각각의 특징에 대해 살펴보고 한다.

먼저, 아카데미즘 역사학은 대학의 역사학 교육과 연구체계의 확립에 따라 성립되었다. 1877년 도쿄대학이 설립되었을 때 법학·이학·문학·의학의 4학부가 세워졌으며, 문학부에는 제1과로 사학, 철학 및 정치학과, 제2과로 화한문학과가 설치되었다. 1879년 사학과가 폐지되고 이재학과로 변경되었다. 다만 서양 각국 역사 중심의 역사교육은 계속 진행되었다. 리스 부임 전까지 서양사 수업은 이학부 출신의 쓰보이 구메조, 공부대학교의 영문학 강사 제임스 딕슨이 담당하였다.30)

메이지 중반으로 접어들면서 일본정부는 서양의 근대적 교육제도와 학문체계의 도입을 진행하였다. 가장 중요한 전환점으로 1886년, 기존의 도쿄대학을 제국대학으로 개편하여 서양식 근대학문의 교육과 연구를 담당하는 최고 엘리트 기관으로 만들었다. 1887년에는 추가로 사학과가 설치되었다. 그리고 서양식 근대역사학을 위해 독일인 역사가인 루드비히 리스((Ludwig Riess)를 초대 교수로 임용하였다. 랑케의 제자인 리스는 독일의 실증주의 역사학을 기반으로 한 서양 역사학을 직접 전수하였다. 이에 따라 역사학도 서양식의 전문교육을 받은 연구자들이 배출되었고, 전통적 역사연구와 다른 근대적 학문분야로 성장하게 되었다.

사학과의 교수로 부임한 리스는 서양사 위주의 강의와 세미나를 진행했고, 일본 측은 이를 통해 서양의 근대역사학을 도입하고자 하였다. 한편, 일본이나 중국의 역사는 화한문학과나 1882년 설치된 고전강습과에서 담당하였으며 수업 내용은 국학이나 한 학적 성격을 띠고 있었다. 사학과 설치 이후, 1889년에 국사과가 설치되어 일본사 교육이 서양사 중심의 사학과와 구분되었다. 그러나 실증주의라고 하는 공통 분모를 지녔던 사학과의 리스, 국사과의 시게노 야스쓰구(重野安繹) 등은 학술활동에 서로 협력관계를 가졌다. 이들은 근대적 학술단체로 사학회를 결성하고 그해 12월 15일에는 역사학 전문 학술지인 『사학회잡지(史學會雜誌)』 창간호를 발간했다. 1892년 『사학회잡지』에서 『사학잡지(史學雜誌)』로 개명하였으며, 실증적 방법론을 토대로 일본사, 서양사, 동양사 전반에 걸친 전문적인 역사논문들을 게재하였다.

국사과의 교수직을 맡은 시게노 야스쓰구·구메 구니타케(久米邦武)·호시노 히사시(星野恒)의 3인은 한학자 계통의 인물들로서, 메이지 초기의 수사사업과 관련을 맺고 있다. 일본정부는 왕정복고의 정당성을 확보하는 차원에서 『육국사속편(六國史續篇)』의 편수 사업을 시작하였고 1872년 태정관 정원에 역사과(歷史課)를 설치하였다. 한편, 1873년에 문부성은 한학자인 가와타 다케시(川田剛)에게 역사편찬 업무를 맡겼다. 가와타는 무로마치에서 에도까지의 역사서 편찬을 기획하였다. 1874년에 가와타의 작업이 정원 역사관에 이관되어 조직이 통합되었다. 역사과는 1875년 수사국(修史局)으로 확대되었으며, 이때 시게노 야스쓰구가 역사편찬 작업에 합류하였다. 재정문제로 1877년 수사관(修史館)으로 조직개편을 한 후, 1879년에는 구메 구니타케가 참여하였다. 이 과정에서 『복고기(復古記)』『명치사요(明治史要)』가 편찬되었고, 사료수집 및 편찬 사업의 결과로 『사징묵보급기고증(史徵墨寶及其考證)』이 간행되었다.31)

가와타는 역사연구의 성과와 서술의 관계를 국민에의 교육효과의 측면에서 구하는 입장에서 영웅가화, 국사미담의 보존을 중시하였다. 이러한 가와타의 입장은 고증학적 사료 검증을 우선시한 시게노와 충돌하였다. 결국 1881년에 가와타가 타부서로 이동하게 되면서 시게노가 역사편찬의 주도권을 장악하였다.32) 이를 계기로 『대일본편년사(大日本編年史)』의 집필이 시작되었으며, 1893년에 구메의 필화사건(자세한 내용은 2장 참조)으로 중단될 때까지 전체의 70% 정도의 원고가 완성되었다.33) 수사관은 개편을 거듭하였지만 수사사업을 담당해 왔던 시게노, 구메, 호시노는 국사과가 개설되면서 교수로 임명되었다. 다시 말해, 도쿄제국대학의 국사과는 메이지 초기의 수사사업과 깊은 관련성을 지니고 설치된 것이다.

도쿄제국대학에서 처음 시작된 독립 분과로서의 '국사학'은 1907년에서 교토제국대학에 국사학 전공이 개설되면서 확대되었다. 그 후 국공사립의 각 대학에도 국사학 전공과정이 설치되었다. 한편, 도쿄제국대

학의 사학과는 동양사학과가 설치되면서 서양사학과로 개칭되었다. 그
결과 역사학은 국사학·동양사학·서양사학의 세 개 분과로 분화되었
다. 이후 '국사학'은 동양사·서양사와는 서로 다른 독자적인 학풍을 지
닌 분야로 자리 잡았다.

도쿄제국대학의 사학과와 국사과를 중심으로 발전한 근대역사학의
학풍을 흔히 '아카데미즘'으로 부른다. 사학과의 리스와 국사과의 초대
교수들은 실증주의 방법론을 공유하였다. 리스는 엄격한 사료비판을 중
시한 랑케의 독일 근대역사학을 신봉하였다. 1887년부터 1902년까지
일본에 체류하면서 랑케식 실증주의를 제국대학을 중심으로 전파하였
다. 또한 국사과는 창설 당시의 교수들이 수사사업을 담당했던 인물인
점에서 알 수 있듯이, 엄격한 사료의 고증을 중심으로 하는 실증주의를
중시하였다. 이들은 기본적으로는 고증학적 전통에 입각하면서도 서양
문명사의 체계적인 방법론에도 관심을 가졌다. 예를 들어, 시게노 야스
쓰구는 1878년에 행해진 강연에서 중국과 일본의 전통적인 역사서술의
장단점을 논하였다. 그는 서양역사서에 대해, "대개 그 서체는 연월을
따라서 편찬한다고 해도, 사건의 본말은 반드시 그 아래에 기술하고,
문장의 요지인 곳은 종종 논단(論斷)을 보태어 독자의 생각을 경계하여
깨우치게 한다."는 점과 함께, "사서편찬의 서두에 반드시 인종, 지리,
풍속 등을 싣고, 그 국토, 인정에서부터 기술하여 참조하기에 가장 충
실한 구조"[34]라고 평가하는 등, 서양의 근대역사학을 긍정적으로 평가
하며 수용적 태도를 보였다.

그러나 이러한 시게노의 입장은 많은 비판을 불러왔다. 앞서 보았듯
이 수사관 내에서는 가와타 다케시와 심각하게 대립하였다. 시게노의
동료였던 구메는 두 사람의 갈등을 수사방식의 차이와 연결하여 설명하

였다. 즉, "시게노는 기록적이고 가와타는 문학적. 상술하자면 시게노는 『대일본사』와 같이 근엄하게 수사를 하고자 했고 가와타는 『외사』처럼 문장을 아름답게 하는데 있다."[35]라고 하였다. 시게노가 사료 고증에 철저한 역사서술을 주장한 것에 비해 가와타는 감동과 교훈을 중시했다는 증언이다.

양자의 대립은 1881년 가와타가 수사관을 떠나 궁내성으로 옮겨가는 것으로 일단락되었다. 그러나 시게노 아스쓰구가 철저한 사료비판을 통해 전통적인 역사상에 도전하면서 논란은 계속되었다. 특히, 시게노는 『대일본편년사』의 시작점인 남북조 시대를 서술하는 과정에서 『태평기(太平記)』의 사료적 가치를 부정하였다. 그는 그동안 『태평기』에 근거하여 높이 평가되어 온 고지마 다카노리(兒島高德)의 실재와 구스노키 마사시게(楠木正成)의 일화를 부정하여 '말살 박사'라는 별명을 얻었다. 시게노와 구메 등의 수사관 관계자들은 국학자뿐 아니라 유학자들로부터도 비판을 받았다.

아카데미즘 역사학과 달리 민우사로 대표되는 민간사학은 실증적 객관성보다 정치적·도덕적 해석을 중시하였다. 민우사의 대표적 역사가 중의 한명인 다케코시 요사부로(竹越与三郎)는 『신일본사(新日本史)』를 통해 독자적인 역사서술의 방향과 해석을 제시하며 당시의 아카데미즘과 분명한 차이를 보였다. 먼저 그는 도쿄제국대학의 전문학자들이 중시하던 실증 위주의 방법론을 거부하고 해석의 중요성을 강조하였다. 그는 사실을 빠짐없이 망라한 기록사, 즉 고증학파의 역사와 거리를 두면서 자신은 당시 유행하던 매컬리의 역사서와 같이 "유신 이래 세변(世變)의 대강을 기술"하고, 이를 일목요연하게 보여주는 것이 목적이라고 하였다. 그와 함께 그는 역사서술이 단순한 사실의 나열에 그쳐서는 안 된다고 하였다. 그는 "학자는 역사편찬의 주의에 대해서는 다소의 견해가 있다. 그러나 사필(史筆)의 안배에 대해서는 많이 언급되는 것을 보지 못했으며, 건조무미의 필체로 별다른 생각 없이 진행하는 것 같다."[36]라고 비판하였다. 그는 단순히 사실 유무를 밝혀서 나열하는 객관주의적 태도를 벗어나, 역사의 밑바닥에 깔린 기본적 흐름을 알기 쉬운 필체로 서술하고자 하였다. 나아가 역사가 단지 과거의 것을 돌아보는 것에 불과한 것이 아니라 에머슨의 말처럼 "만민에 공통하여 하나의 마음이 있으며, 역사는 이 마음을 설명하는 것"[37]이라고 하였다. 여기서 아카데미즘 역사학의 객관주의와의 차이를 엿볼 수 있다.

이러한 다케코시의 역사관은 이후 전문적 역사가들로부터 많은 비판을 받았다. 다케코시의 역사서술에 대한 평가는 대중성과 호소력에 대해서는 긍정적이면서도 실증적 방법론에 있어서는 부정적인 것이 대부분이었다. 특히 전문적 역사가로서의 다케코시에 대한 평가는 대부분 부정적이었다. 20세기 초 국사학계의 대표적 학자였던 구로이타 가쓰미(黑板勝美)는 "다만 사론의 독단적인 것과 사료의 연구가 충분하지 않은 것은 전문가에게 받아들여지지 않는다."[38]라고 하였다. 다른 역사학자들의 평가도 이와 크게 다르지 않다. 사카모토 다로(坂本太郎)는 "전문 학자가 보자면, 사실의 인정에 잘못이 있고 사료의 음미가 확실하지 않다고 하는 비난을 피할 수 없다."라고 하였다.[39] 시라야나기 슈코(白柳秀湖)도 다케코시에 대해 "그 실질은 문장의 화려함에 비해 눈에 띄게 떨어지며, 얼마 안가 세론의 관심으로부터 멀어졌다."라고 평하였다.[40]

민우사의 또 다른 유명 역사가인 야마지 아이잔(山路愛山)도 다케코시와 비슷한 입장을 지녔다. 야마지는 1894년에 『국민신문』에 연재한 「역사의 이야기(歷史の話)」이라는 글에서 아카데미즘의 고증사학을 비판하

였다. 그는 고증을 '하등한 고증'과 '고등한 고증'의 두 종류로 나누고, 먼저 "국민의 생활은 어떠하며, 인정풍속의 변천은 어떠한 가 등의 커다란 문제에 대해 조사"하는 것은 고등한 고증이며 사실의 유무만을 확인하는 것은 하등한 고증이라고 하였다. 예컨대 일본의『겐페이 성쇠기(源平盛衰記)』등의 고전에 대해 "일본 국민의 생활, 감정, 정치, 사교 등의 모습을 기재한 것"으로 그것들을 읽으면 "당시 일본 인민의 모습이 저절로 눈앞에 나타난다."[41]고 하였다. 여기에는 아카데미즘 역사학의 객관적 사료에 대한 비판과 국민의 감정을 담은 역사에 대한 희구를 엿볼 수 있다.[42] 이와 함께 그는 지배층보다는 일반인의 역사에 관심을 가졌다. 예컨대 야마지는 1893년에 발표한 「도쿠가와 시대의 민정(德川時代の民政)」에서 "당시의 인민은 국민으로서 지켜야 할 법전이 있는 것을 모르고, 평민이 따라야 할 법률로 주어진 막부의 명령보다도 그들은 그 계급의 고유한 습관을 어기는 것을 두려워했다."[43]고 하였다. 야마지가 도쿠가와 막부의 지배자 중심의 시각을 벗어나 인민들의 생활과 입장에 깊은 관심을 지녔음을 알 수 있다.

(나) 아카데미즘 역사학과 천황주의

1889년 국사과의 설치로 본격화된 대학에서의 일본사 교육과 연구는 한학의 고증학과 실증주의의 전통과 서양의 랑케식 역사주의가 결합되면서 형성되었다. 도쿄제국대학의 사학과와 국사과를 중심으로 일본사와 서양사에 대한 전문적인 교육이 이루어지고,『사학회잡지』에는 실증적 방법론에 의거한 연구들이 발표되었다.

전후 일본에서 아카데미즘 역사학은 천황주의에 동조 또는 묵인하였

다는 이유로 비판을 받았다. 시게노 등의 1세대와 그들의 제자인 도쿄
제국대학 출신의 2세대 역사학자들은 사료 중심의 실증주의를 견지하
며, 방대한 사료의 수집과 정리 작업을 수행하여 근대적 역사 연구의
기초를 놓는데 크게 공헌하였다. 그렇지만, 이들은 사료 중심의 실증주
의에 매몰되면서 역사와 현실을 연결하는 역사서술의 역할로부터 멀어
졌다.44) 이러한 비판을 염두에 두고 여기서는 아카데미즘 역사학 1세
대, 2세대의 대표적 역사서들을 분석해 보고자 한다.

먼저 1세대 사학자들이 집필한 대표적인 역사서로『고본국사안(稿本國
史眼)』을 들 수 있다. 국사과 교수들에 의해 근대역사학의 체제가 완성된
직후인 1890년과 1891년 사이에『고본국사안』7권이 간행되었다.『고본
국사안』은 아카데미즘 역사학의 체계가 완성되고 국사과의 전문 역사
가 주도로 간행된 최초의 역사서라는 점에서 큰 의미를 지닌다.

『고본국사안』의 간행 경위에 대해서는 1권의「범례」에 다음과 같이
자세히 설명되어 있다. 즉,『고본국사안』의 집필은 프랑스 파리 만국
박람회 사무국의 위촉에 의해 시작된 것으로, 태정관 수사국에서 국사
중에서 제도·학예·민업(民業)·풍속·물산 등의 사물의 기원·연혁
표거(標擧)하고 천황 계보에 연결 하여 4책을 만들었다. 이것이 초고이
며,『일본사략』으로 명명되었다. 초고의 오류를 계속 보정하면서 1885
년 내각 수사국에서 서술 내용을 21기(紀)로 다시 분류하였다. 이것이
제2고이다. 한편, 1888년 제국대학 편년사편찬괘에서 장·항을 구분하
고,『국사안』으로 명명한 제3고가 완성되었다. 여전히 완전하게 완성된
상태는 아니었지만 국사과 설치에 따라 교재가 필요하였기 때문에 이
원고의 출간이 결정되었다.

『고본국사안』의 21기(紀)는 개국 초에서 메이지 22년, 즉 1889년 헌

법반포까지의 시기를 대상으로 하였으며, 정치변화를 기준으로 구분하였다. 『고본국사안』은 기전체와 기사본말체를 혼합한 전통적 서술방식을 취하였다. 매기의 기사는 분류에 따라 장을 정하고, 매장의 기사는 기사본말체에 따랐는데, 기술 순서는 ①황통계승 ②조정 ③지방 ④외국의 차례로 구성되었다.45) 기사의 분류가 황통계승을 우선으로 하고 있다는 점에서 근왕론의 영향을 받았다.

『고본국사안』의 역사관은 크게 아래의 두 가지 특징을 지녔다. 첫째, 신대사를 역사의 시작으로 서술하였다. 즉, 제1기의 제목은 '신인무별의 세'로서, 기원전인 신대와 진무천황에서 가이카천황(開花天皇)까지를 다루고 있다. 제1기 제1장은 다음과 같이 시작했다.

> 제1기 신인무별(神人無別)의 세
> 제1장 국사는 이자나기노미코토, 이자나미노미코토에서 시작한다. 둘이 처음 오노고로지마(磯馭慮嶋)에 내려왔다. 아와지 섬이 이것이다. 야히로도노(八尋殿)를 세워서 도읍으로 삼았다. 일본(오야시마, 大八洲)을 만들었다. 일본은 아와지, 이요, 쓰쿠시, 이키, 쓰시마, 오키, 사도, 오야마토(大倭)〔도요야마토시마 豊秋津洲〕이다. 국민의 생의(生意)는 국사(國史) 이전부터 발달하여 나무배를 만들었다. 하해 산야풍수를 이용하고 농경분배(農耕糞培)를 하였다. 벼와 뽕나무를 심었다. 말을 기르고, 술을 만들고, 제도야금(製陶冶金)을 하였다..... 이자나미 이자나기 두 신은 세 아이를 낳았다...46)

일본역사의 시작을 이자나기, 이자나미 두 신의 존재로부터 서술한 것은 다분히 신화적인 것으로, 정확한 사료에 입각한 역사서술을 주장해 온 시게노의 기존 입장과 모순된다. 신대의 서술 여부를 놓고 구메 구니타케의 반발이 있었다. 구메의 회고에 따르면 처음 계획에는 신대가 원래 없었으며, "신대와 메이지 이후는 역사 시대에 넣지 않는다."는 것으로 했다.[47] 그러나 시게노의 주장에 따라 『고본국사안』의 모두에 신대사를 서술하게 되었다.[48] 그런데 일본사의 시작이 '신대'만이 아니라 '인간'의 역사와 혼재했다고 한 점은 전통적 사서들과 다른 점이다. 신에 의해 일본이 만들어지고 있을 때 일본 국민들이 농경, 수렵, 제작 등을 하면서 생활하였다고 한 것이다. 일본의 역사를 원시인들의 경제활동에서부터 서술한 다구치의 『일본개화소사』의 영향을 엿보인다.

둘째, 역대천황의 계보를 빠짐없이 밝히면서도 각 기의 제목과 기준은 주요 정치세력의 변동과 정치적 주요 사건에 따라 정했다. 따라서 귀족, 무사정권의 수립 등이 21개 기의 제목 중에서 상당부분을 차지했다.

<표 II-6> 『고본국사안』 21기의 시대구분

기	제목
제1기	신인무별의 세
제2기	신인유별의 세
제3기	한토복속의 세
제4기	야마토의 성세
제5기	대신대련 전권
제6기	율령수정
제7기	나라의 조
제8기	헤이안 존도(尊都)
제9기	후지와라 섭관
제10기	후지와라씨 전권
제11기	원정의 세
제12기	겐페이 이씨(二氏)의 체흥(遞興)
제13기	호조씨 집권

제14기	남북조
제15기	아시카가씨의 성세
제16기	아시카가씨의 쇠세
제17기	직풍 이씨 체흥
제18기	도쿠가와씨 초세
제19기	도쿠가와씨 중세
제20기	도쿠가와씨 계세
제21기	메이지 중흥

출처: 『稿本國史眼目次』『稿本國史眼』, 目黑甚七(1891) 참조.

『고본국사안』의 구성을 둘러싼 필자들의 의견 충돌 일화에서 주목할
점은 사료고증과 실증주의를 기조로 한 아카데미즘 역사학의 이념적 성
격에 대한 것이다. 수사관은 정사편찬 사업을 위해 서양의 최신 연구방
법을 연구할 필요가 있다고 판단하여 1878년 런던에 유학 중이던 스에
마쓰 겐초(末松謙澄)에게 서양사학 연구를 명하였다. 이에 스에마쓰는 영
국에 망명 중이던 헝가리 출신의 역사학자인 젤피에게 연구를 의뢰했
다. 젤피는 1879년에 『역사의 과학』(The Science of History)의 원고를 완
성하였고, 이 원고는 일본으로 보내져서 『사학』이라는 제목으로 일본어
로 번역되었다.49) 시게노는 1879년, 「국사편찬의 방법을 논함(國史編纂
の方法を論ず)」에서 서양의 역사서를 모델로 하였다.50) 그는 사실본위의
역사서술을 추구하고 황당무계한 흥미위주의 역사서를 비판하였다. 사
실위주의 공평한 자세를 강조하며 역사연구를 도덕과 분리할 것을 주장
하였다.51) 이러한 입장이 관철된 결과, 1882년에 시작된 『大日本編年史』
는 중국식의 정사를 모델로 하였으며, 편찬 목적으로 ①조정의 역사가
아닌, 전국민·전국토의 역사 ②역사를 도덕과 도덕 모노가타리에서
해방시키는 것이었다.52)

그러나 시게노 등의 연구방법과 역사인식은 여러 세력으로부터 강한 비판을 받았다. 『대일본편년사』의 수사 방침은 비슷한 시기인 1883년에 이와쿠라 토모미 등이 주도하여 간행된 『대정기요(大政紀要)』53)와 뚜렷한 차이를 지닌 것을 알 수 있다. 『대정기요』는 편찬 목적을 "우리나라 국체가 특별히 해외 각국과 다르다. 황통일계 만세불역 군신의 명분을 확정하여 변하지 않는 것으로 드러내는 것"54)이라고 하였다. 책의 구성을 보면, 역대천황의 재위 순서에 따라 주요한 정치적 사건과 치적을 서술한 「총기」와 기사본말체식의 주제별 서술로 이루어졌다. 또한, 「총기」의 서술을 진무천황에서 시작하여 언뜻 신대사를 배제한 것으로 보이지만, 내용을 보면 진무천황 부분의 서술이 신대에서 시작하였다. 또한 주제별 서술에도 신대사의 내용을 포함한 경우가 적지 않다. 다시 말해, 『대일본편년사』가 남북조 시대부터의 역사를 실증적 사료비판을 통해 기술했다면, 『대정기요』는 전통적인 신대사를 포함하며 천황 중심의 입장에서 편찬되었다.

이처럼 『대일본편년사』와 『대정기요』에서 보이는 대조적인 역사인식 중에서 『고본국사안』은 신대사를 포함한 점에서 후자의 입장을 택하였다. 『고본국사안』은 신화부터 시작하는 역사를 채택하였고, 결국 엄격한 과학적 연구방법과 역사서술 대신에 전통적인 '황통일계 만세불역 군신명분'의 이야기(物語)의 성격을 갖게 되었다.55) 즉, 『고본국사안』은 1890년대 일본의 아카데미즘 역사학이 리스와 시게노, 구메 등의 사료비판과 실증주의에 입각하여 근대역사학의 토대를 쌓은 것은 사실이지만 대중을 향한 역사서술에서는 과학적 서술 보다는 신대사와 천황 중심의 전통적인 역사서술을 택한 결과였다. 이에 따라 아카데미즘 역사학은 그 시작부터 일본사를 도덕주의적 이야기화(物語化)로 서술하게 되

었다.56)

『고본국사안』에서 보이는 천황 중심의 역사서술은 아카데미즘 역사학계 내부에서뿐 아니라 역사교육 현장에서도 강화되었다. 1890년대의 소학교 역사교과서에는 정부에 의한 교과서 검정제도를 통해 그러한 변화가 강하게 반영되었다. 1886년에 소학교 교과서 검정제도가 결정되어 교과서에 대해 문부성의 일정한 규격, 내용, 정가를 요구하기 시작했다. 그런데 검정제도 후에 출간된 교과서를 보면 기존의 것들을 약간 손질한 것이 대부분이기 때문에 내용에 큰 변화를 가져왔다고 하기는 어렵다. 그러나 1891년에 「소학교교칙대강(小學校敎則大綱)」이 제정되면서 이에 따른 새로운 내용과 형식의 교과서들이 본격적으로 출간되었다. 이 대강에 따르면 역사교과서의 편찬 목적은 "본방 국체의 대요를 알게 하여 국민으로서의 지조를 양성하는 것을 요지로 한다."57)고 하여, '국민 양성'을 역사교육의 목적으로 설정하였다. 이러한 변화는 유명한 역사교과서 저자였던 야마가타 데이사부로(山縣悌三郎)가 1888년에 출간한 『소학교용일본역사(小學校用日本歷史)』와 「소학교교칙대강」의 적용을 받은 1893년에 출간한 『제국소사(帝國小史)』를 비교해 보면 알 수 있다.

『소학교용일본역사』는 집필 목적을 "우리나라 건국의 체재로부터 나아가 오늘날의 개화에 이르게 된 까닭을 알게 하는 것"이라고 한데 비해, 『제국소사』는 "「소학교교칙대강」의 취지에 따라 우리 국체의 대요요체를 알게 하며, 그리하여 국민으로서의 지조를 양성하는 것을 목적으로 한다."고 하였다.58) 야마가타는 1892년에 『제국소사』라는 제목으로 처음 교과서를 저술하였으며, 1893년에는 고등소학교용으로 개정본을 간행하였다. 1892년도의 『제국소사』는 인물 중심의 서술 원칙에 따라 진무천황에서부터 서술을 시작하였다. 천황 외에 정치가, 학자, 문화

인, 무사, 쇼군 등의 주요 인물도 다루었다. 천황의 경우는 업적이 두드
러진 경우 수록하였다. 이에 비해 1893년도의 『제국소사』는 신대에서
부터 시작하였으며, 천황의 업적이 내용의 중심이 되었다. 부분적으로
주제사를 추가하기도 하였는데, 소가씨의 전횡과 같이 천황에 대한 충
성, 반역 여부가 수록의 중요 기준이었다.

한편, 도쿄제국대학의 교육체계가 자리 잡으면서 시게노, 구메 등을
잇는 차세대의 학자들이 배출되었다. 특히 1896년의 졸업생 중에는 하
라 가쓰로(原勝郎, 1871~1924)·우치다 긴조(內田銀藏, 1872~1919)·세가와
히데오(瀨川秀雄, 1873~1969)·구로이타 가쓰미(黑板勝美, 1874~1946)·기타
사다키치(喜田貞吉, 1871~1939)·구와바라 지쓰로(桑原隲藏, 1871~1931)·고
다 시게토모(幸田成友, 1873~1954)와 같은 2세대의 주요 학자들이 포함되
어 있었다. 이들은 제국대학체제 하에서 근대역사학의 교육을 받고서
이후 일본역사학계의 중추로 성장하였다.59)

1900년대가 되면 전문적 역사연구의 성과들이 축적되면서 학술적 성
과가 출간되기 시작하였다. 특히 서양에서 수학한 경험을 지닌 신진 연
구자들에 의해 일본사를 근대적 이론과 체계에 따라 연구한 업적들이
등장하였다. 1900년대 이후 역사서 출판에서 주목할 점은 분야사의 발
전에 있다. 물론 막말유신 기를 다룬 서적도 출판되었지만 그 수가 현저
히 줄었다.60) 반면에 미술사(『고본일본제국미술약사(稿本日本帝國美術略史)』,
1901: 『근세회화사(近世繪畵史)』, 1903), 경제사(『명치재정사(明治財政史)』, 1904:
『일본경제사론(日本經濟史論)』, 1907), 의학사(『일본의학사(日本醫學史)』, 1904), 문
학사(『국문학전사 평안조편(國文學全史 平安朝篇)』, 1905), 법제사(『동양법제사서
론(東洋法制史序論)』, 1905) 등과 같은 분야사의 출판이 활발해졌다. 또한
사료집(『대일본사료(大日本史料)』, 1901: 『국서간행회총서(國書刊行會叢書)』,

1905), 사전류(『대일본지명사전(大日本地名辭典)』 1900: 『국사대사전(國史大事典)』, 1909)나 전집류(『대일본시대사(大日本時代史)』, 1907) 등의 출판이 본격적으로 시작되었다. 이들 서적에서 공통된 점은 막말유신 기의 평가라는 문제 의식에서 벗어나 보다 다양한 관심과 시점에서 일본사에 접근하려는 경향을 보였다.

그 중에서 하라 가쓰로의 『일본중세사』와 우치다 긴조의 『일본근세사』는 시대구분론을 비롯한 서양역사학의 영향을 반영한 대표적인 전문연구서이다. 먼저, 1902년 하라 가쓰로는 『일본중세사』를 출판하였는데, 그 집필 이유에 대해 다음과 같이 기술하였다. 즉, 기존연구는 상대(즉 고대사)중심이며 중세 이후는 간략하게 다루었다고 지적하였으며, 문헌과 사료가 매우 부족하다고 하며 실증주의적 연구 자세를 보였다. 실제로 그는 가마쿠라와 아시카가의 역사는 일본의 역사 중에 암흑시대라고 하였다. 그러나 일본인이 독립의 국민임을 자각한 점에서 큰 진전을 이루었다고 평가하였다.61) 한편, 1903년 우치다 긴조는 『일본근세사』를 출판하였다. 중세사와 달리 근세사 분야에 대해 우치다는 관련 사료들이 상당히 정리되었으며 선배들의 연구 결과에 기반하여 진전되어 있기 때문에 전문가의 지도에 따랐다고 밝히면서, 자신의 집필 기준에 대해 가장 중요하다고 판단되는 사실을 선택하여 상세하여 논구하는 것이라고 하였다. 또한 근세사의 시대구분에 대해 에도시대 초기에서 시작하는 것으로 보았다.62)

하라 가쓰로와 우치다 긴조의 저서가 특정 시대사였던데 비해 1908년 처음 출간된 구로이타 가쓰미의 『국사의 연구(國史の研究)』는 일본사 전체를 다룬 통사라는 점에서 아카데미즘 역사학의 성과로서 『고본국사안』을 계승한 아카데미즘 역사학의 대표작으로 볼 수 있다.

구로이타는 1874년 생으로, 1893년 제5고를 졸업하고 도쿄제국대학 국사과에 입학하여 1896년에 졸업하였다. 졸업 후 대학원에 진학하고, 다구치 우키치의 경제잡지사에 들어가서 『국사대계(國史大系)』 교정출판을 담당했다. 1901년에는 도쿄제국대학 사료편찬원이 되어 『대일본고문서(大日本古文書)』 편찬에 종사하였고, 1902년에는 강사, 1905년에는 조교수 및 사료편찬관 겸임과 박사학위 취득하였다. 이후 구로이타는 도쿄제국대학 국사과의 교수로 재직하면서 후진 양성과 일본사연구의 방향 설정에 지대한 영향을 남긴 인물이다.

구로이타는 1910년대에서 30년대에 걸친 아카데미즘 역사학을 주도하였지만 후세의 평가는 그다지 긍정적이지 않다. 히로키 다카시(廣木尙)는 역사학의 자기반성을 지향하는 기존의 사학사 연구에서는 구로이타의 평가는 긍정적 측면과 부정적 측면으로 이분화되고 있음을 지적하였다. 그중 긍정적 면은 고문서학을 대성, 기초사료 정비에 진력한 실증사학의 중심인물이라는 점이 있으며, 부정적 측면은 『국체신론(國体新論)』을 저술하고, 아카데미즘 역사학의 국체사관으로 이끈 이데올로그였다는 것이다. 다시 말해, 구로이타는 실증사가와 천황주의 이데올로그의 양면성을 지녔다.[63]

이처럼 20세기 전반기 일본역사학의 공과를 평가하는데 있어서 논란의 중심에 있는 구로이타가 역사학자로서의 초반기에 저술한 것이 『국사의 연구』였다. 『국사의 연구』는 대중적 역사서로도 성공적이었다. 초판은 1책본으로 간행하였지만, 이후 1913년 개보재판은 상하 2책으로, 1931년 개정 제3판은 총설 1책, 각설 2책으로 수정 보완을 계속하였다.[64] 제국대학의 전문적 근대역사학 교육을 받은 학자가 쓴 일본 통사라는 점에서 『국사의 연구』는 학문적 권위를 인정받은 것과 무관하지 않을 것이다.

　구로이타는『국사의 연구』의 「서언」에서 책의 성격을 "선배와 동료들의 연구를 이용하여 종합적 통사"를 쓴 것이라고 밝혔다. 그리고 "본서는 국사에 취미를 가지고, 조그만 연구라도 하려고 하는 사람에게 편의를 제공하기 위해 저술된 것으로, 전문가들이 보면 번간취사가 잘못되고 중복오탈이 적지 않은 것을 것이다."[65]고 하였다. 앞서 언급한『일본중세사』,『일본근세사』가 전문적인 연구서라고 한다면,『국사의 연구』는 아마추어 역사가나 역사애호가와 같은 일반 독자를 대상으로 쓰여졌음을 알 수 있다.

　구로이타는 기존의 대표적인 통사들의 장단점을 소개하며『국사의 연구』의 특징을 내세웠다. 먼저『고본국사안』에 대해서 제국대학에서 국사의 강의에 이용된 것으로 고본이라고도 부를 만한 것으로, 사실들은 잘 정리되어있지만 이미 20년 전의 저작으로 사실의 고증 등도 불충분하며 문장도 오늘날의 사람에게는 어색하다고 하였다.『고본국사안』자체의 역사서로서의 가치를 인정하면서도 그 내용과 서술을 보완하고 새롭게 바꿀 필요가 있다고 한 것이다. 또 다른 예로 다케코시 요사부로의『이천오백년사(二千五百年史)』를 거론했다. 그 장점으로 흥미롭다는 점을 인정하였다. 그러나 전문역사가의 시각에서 볼 때 "근본적 연구를 한 것이 아니다."라고 하면서 저자의 필치에 따라 종횡 논술된 것이라고 하였다. 그리고 다소 독단적인 부분들도 있어서 어디까지 신용해야 할지 초학자가 판단하기 어렵다고 하였다. 와세다 대학에서 강의용으로 출판한『대일본시대사(大日本時代史)』에 대해서도 언급하였는데, 이는 여러 필자의 글을 모았기 때문에 통사로서의 일관성이 부족하다고 평하였다.[66] 따라서『국사의 연구』는 정식 역사학자가 직접 사료를 바탕으로 연구한 결과를 체계적으로 서술한 새로운 통사로 집필하고자 하였던 것이다.

구로이타는 국사과 졸업 후 곧바로 대학원에 진학하고『국사대계』의 편찬 작업을 거쳐 제국대학 사료편찬소에서 사료수집과 정리의 업무를 담당하였다. 이를 통해 고문서연구에 매진하여 이를 주제로 한 박사논문을 완성하였다. 1896년에 같이 졸업한 동기들 중에 유럽 유학으로 서양근대사학의 직접적 영향을 받은 학자들과 달리, 일본 자체의 독자적 역사관과 연구방법에 관심을 갖고『국사의 연구』와 같은 통사 서술을 시도한 것도 이러한 개인적 배경도 작용했을 것이다.

구로이타는 일본사의 시대구분에 있어서 서양식의 중세사, 근세사와 같은 개념을 대신하여 일본의 독자적인 정치사적 흐름에 따라 시대를 구분하였다.『국사의 연구』의 시대구분을 보면 '신대-씨족제 시대-율령제 시대-가마쿠라 무가시대-교토 무가시대-에도 무가시대'로 구분하였다. 천황과 무가의 정권교체를 기준으로 한 것이다.

앞서 지적한 구로이타의 양면성, 즉 실증주의와 천황주의 이데올로기는『국사의 연구』에서도 드러난다. 구로이타는 아카데미즘 역사학의 대표적 학자답게 사료 중심의 실증주의를 역사연구의 기본 전제로 보았다. 또한 근대역사학의 이론과 방법론에 대해 자세히 소개함으로써 대일본제국의 건설을 옹호하는 통사인『국사의 연구』의 근대학문성, '과학'성을 뒷받침 하고자 하였다.[67] 그는『국사의 연구』를 통해 전문가가 아닌 이들에게 '국사의 과학적 연구'에 대해 알려주고자 한다고 하였다.[68] 그러나 천황의 계보와 정통성에 관련해서는 철저한 천황주의의 입장을 취했다. 그는 과거에 중국과 구미 양방으로부터 영향을 받아서 발달해온 일본은 특수하기 때문에 동양의 선도자가 될 수밖에 없다고

하였다. 그리고 구로이타는 이 일본 문화를 황실의 역사적 존재에서 유래하는 것이라고 주장하였다.[69]

사료에 철저한 과학적 실증주의와 천황주의 이념 사이에 내재한 모순에 대해 구로이타는 어떻게 대응했을까? 이 문제에 대한 구로이타의 주장은 『국사의 연구』 중에서의 「신대의 연구」, 「남북양조기(南北兩朝期)」의 두 장에 잘 나타나 있다.

먼저, 구로이타는 신대를 일본 역사의 출발점으로 하였다. 그는 신대에 대한 자료가 거의 사라지고 신화 전설만 남았다고 하였다. 사료의 부재로 인해 신대를 생략하거나 역사의 범위에서 배제하는 경우가 있지만 '태고의 사적'을 연구하는 것은 일본만이 아니라 세계 어디서나 어려운 것이라고 하였다.[70] 다시 말해, 신대에 대해 사료를 기반으로 한 실증적 연구를 할 수 없는 것은 신대가 전설에 불과하기 때문이 아니라 자료들이 소실되었기 때문이라고 한 것이다.

구로이타가 신대사에 대한 객관적 자료가 없음에도 불구하고 그 존재를 인정한 것은 정치적인 이념 때문이었다. 그는 신대사 연구가 일본의 건국 체제의 탁월성, 일본 황실이 일본의 발전에 기여한 역할, 일본 국민의 발전적 요소를 이해하기 위해서 필요하다고 하였다.[71] 일본이 신국이며, 천황은 천손이라는 천황 이념을 이유로 신대사 연구의 필요성을 주장한 것이다.[72] 그런데 구로이타는 마찬가지로 천황의 계보를 연구를 중시한 국학자들에 대해서는 비판적이었다. 그는 국학자들이 '소애국열'로 인해 신대와 관련하여 조금이라도 언급할 경우 그 학자의 '자유 연구'를 방해한다고 비판하였다.[73] 이와 관련하여 구메의 필화사건에서 국학자들이 무조건적으로 비판했던 사실을 언급하면서, 그럼에도 불구하여 역사학자들이 신대사 연구를 소홀히 해서는 안된다고 주장하였다. 그는 역사가들이 역사에 대해 정당하게 언급하는 것을 걱정하는 것은 역사가의 태도로 옳지 않다면서, 당시 역사가들이 신대 연구를 기피하는 것은 분위기를 비판하였다.74)

한편, 구로이타는 「남북양조기(南北兩朝期)」 부분에서 "천황은 만세일계"이며, 양통인 경우가 있어서 결국 하나의 계통으로 되돌아온다고 하면서 남북조 시대의 양통 중에서 남조 정통론을 옹호하였다.75) 남북조 시대는 아시카가 다카우지에 의해 옹립된 천황의 북조와 요시노에 피신한 고다이고천황이 세운 남조가 서로의 정통성을 주장하던 시기였다. 그는 남북조의 대립이 '반적(叛敵)' 다카우지에 의해 발생한 것76)으로 보며 다음과 같이 남조의 정통성을 인정하였다. 즉, 고다이고천황이 고묘천황에게 삼종신기를 건네고 양위를 하여 북조를 인정했지만 이것은 임시방편 같은 것으로, 북조 정통론의 근거가 될 수 없다고 보았다. 즉, 고다이고천황의 양위는 "상황 상 어쩔 수 없었고", "아시카가의 방심을 위한 계책"이었을 뿐이며, 고다이고천황이 유폐되어 있던 가잔인(花山院)을 탈출하여 요시노로 들어가서 남조를 세운 것에서 그 양위가 무효였음이 확인된 것이라고 하였다.77) 이러한 구로이타의 주장과 달리 당시 학계 주류의 입장은 사료적 근거에 따른 남북조병립론이었다. 실증적 연구를 강조한 구로이타가 학계 내에서도 천황주의의 이념성에 충실한 역사해석을 주장한 사실은 이후 도쿄제국대학 국사과의 이념적 지형도와 결코 무관하지 않을 것이다.

도쿄제국대학을 중심으로 성립된 일본의 근대역사학은 사료 수집과 고증 등의 실증적 방법론을 발달시켰다. 그러나 철저한 실증주의를 주창한 학자들이 천황주의의 이념적 역사해석을 큰 저항 없이 따르는 역사서술을 하였음을 보았다. 세밀한 실증과는 별도로 천황과 관련된 '역

사'는 그 자체로 절대시되었다. 신대는 역사의 일부로 굳어졌으며, 남북
조의 정통성 문제에 대한 해석에는 이념적 성격이 강화되었다. 이러한
아카데미즘 역사학의 전개는 근대역사학의 실증주의가 천황 이념에 입
각한 역사서술에 근대학문의 과학성이라는 외피를 제공한 것이었다.

(다) 민우사의 민간사학과 『신일본사』 : 국민의 역사

아카데미즘이 문헌실증 중심의 연구와 서술에 집중한 반면에 대중적
역사서술은 평론가나 언론인들이 주로 담당하였다. 그 중에서도 민우사
의 역사서들이 큰 인기를 얻었다. 이들은 아카데미즘 계열의 학자들과
비교하여 '민간사학' 또는 '응용사학' 등으로 구분되었다.

민우사는 앞서 보았듯이 미래 일본의 발전에 청년들이 앞장 설 것을
주장하며, 사상적으로 평민주의를 내세웠다. 민우사를 이끈 도쿠토미 소
호는 정부의 지나친 구화주의 정책을 비판하면서, 평민들을 위한 새로운
시대의 도래를 주장하였다. 1890년대를 전후한 일본에서 민우사는 국수
주의를 주창한 정교사와 함께 일본의 대표적인 지식인 집단으로 활동하
였으며, 『국민지우』, 『국민신문』을 발간하며 '국민'을 전면에 내세우는
등, 일본 민족주의의 성장에 일익을 담당했다. 이러한 민주사의 사상적
특질에 따라 역사서술에서도 '국민' 형성에 깊은 관심으로 보였다.78)

1890년을 전후하여 역사서술에 커다란 변화가 전개되었다. 고카제
히데마사(小風秀雅)는 헌법제정을 계기로 메이지 정부가 메이지유신에
대한 역사적 재평가를 시도한 점을 지적하였다. 여기에는 헌법제정을
통해 국민국가로 출범하는데 내셔널 히스토리, 즉 국민의 역사가 필요
하다는 점을 인식한 것이 작용하였다.79) 이에 따라 메이지유신을 역사

적 재평가의 대상으로 다루었고, 1889년에는 2월 12일에는 헌법반포를 기념하여 천황이 우에노에 행행하였으며, 마찬가지로 우에노 공원에서 도쿄 개부삼백년제(東京開府三百年祭) 개최80) 등을 통해 에도막부와 천황의 역사적 화해를 시도하였다.81) 막말유신 기가 '정치'에서 '역사'의 대상으로 다루어지면서 다양한 재평가가 가능해지면서 '역사 붐'으로 지칭될 만큼 역사서술이 활발하게 전개되었다.82)

메이지유신의 재평가가 허용되면서 메이지 정부의 왕정복고 사관에 대해 비판적인 작업들이 진행되었다. 고카제의 연구는 이러한 움직임이 개별 역사가와 구막부측의 두 주체에 의해 진행된 점을 보여준다.83) 그중에서 민우사나 박문관 등의 출판사들은 민간의 입장을 대변하는 역사서들을 출간하였다. 민우사에서는 다케코시 요사부로(竹越與三郎)의 『신일본사(新日本史)』(上 1891, 中 1992, 下未刊), 후쿠치 겐이치로(福地源一郎)의 『막부쇠망론(幕府衰亡論)』(1892)・『막말정치가(幕末政治家)』(1898), 도쿠토미 소호(德富蘇峰)의 『요시다 쇼인(吉田松陰)』(1893) 등이 있으며, 박문관은 마쓰이 히로마치(松井廣吉)의 『일본제국사(日本帝國史)』(1889), 하기노 요시유키(萩野由之)의 『일본역사(日本歷史)』(1891), 쓰보야 젠시로(坪谷善四郎)의 『명치역사(明治歷史)』(1893) 등을 출판하였다. 새로이 저술된 것들 외에도 『신황정통기』, 『본조통감』, 『대일본사』, 『일본외사』와 같은 전통 사서의 출간 및 유통도 활발하였다.

메이지유신 재평가를 시도한 선구적 저작으로, 1887년에 간행된 시마타 사부로(島田三郎)의 『개국시말(開國始末)』84)를 들 수 있다. 이 책은 이이 나오스케(井伊直弼)의 재평가를 통해 막부의 입장에서 메이지유신의 재평가를 시도한 것이었다.85) 저자인 시마다는 「서언」에서 저술 목적에 대해 "나는 일찍이 최근의 사전(史傳)을 읽고, 오류가 매우 많은 것

을 보았다. 특히 역사가가 편견의 눈을 갖고, 상상의 원한을 타인의 주
검 위에 미치게 하여, 후세 사람이 그것을 구분할 수 없는 데 이르니,
탄식하여 그 사실을 바로 적고 옳은 것은 옳다 하고, 틀린 것은 틀리다
고 하여 진상을 앞으로의 사람들에게 보여주고자 하는 생각을 하였다.
그 중에서도 이이 나오스케의 일에 느끼는 바가 있어서, 그 실제 자취
를 고찰"[86] 하였으며, 그 집필원칙은 "타인의 권위에 의해 곡필을 하지
않으며, 자신신 호오에 따라 보편하지 않으며, 일체의 상상을 배제하고,
모두 사실에 근거한 점에서 스스로 최근의 사서와 다른 점이 있다고 믿
는다."[87] 라고 하였다. 이처럼 『개국시말』의 저자는 메이지 정부에 의해
폄하되었던 막부, 그 중에서도 이이 나오스케에 대한 재평가를 목적으
로 하였다. 여기에는 일본이라는 국가와 일본인이라는 국민의 문제에는
큰 관심을 보이지 않고 있다. 국민이란 용어도 보이지 않고, 대신에 '아
국인(我國人)'이란 용어를 사용하였다.[88]

이에 비해 민우사에서는 평민주의를 반영한 민간의 입장의 메이지유신
사를 선보였다. 민우사의 메이지유신 관련 역사서들 중에서도 가장 성공
적인 것으로 『신일본사』가 있다. 필자인 다케코시 요사부로는 민우사에
입사하여 『국민신문』의 기자로 활동하였지만, 그가 이름을 떨치게 된
것은 저술활동에 의해서였다.[89] 그는 처음에는 서양 서적의 번역을 통
해 출판과 인연을 맺었으며,[90] 1890년에 민우사에 입사하면서 역사 관
련 저술을 시작하였다. 그는 1890년 11월에 크롬웰의 전기인 『크롬웰(格
朗除)』을 민우사에서 출간했으며, 1891년에는 『신일본사』 상권, 1892년
에는 하권을, 1893년에는 『맥컬리(マコウレー)』 등을 출간하였다.

『신일본사』는 원래 하권에서 과학, 문학, 법제의 역사와 인물론을 다
룰 예정인 것 같았지만 출간되지 않았기 때문에 상권, 중권의 두 권으

로 구성되어 있다.91) 『신일본사』는 출판 직후 커다란 반향을 일으켰는
데, 상권의 경우 1891년 7월 발매 후 곧바로 재판에 들어갔고, 8월에 3
판, 1893년 1월에 7판이 발매되면서 모두 1만부 이상 판매되었다. 중권도
1892년 8월 초판에 초판이 나오고 11월에 재판이 발매되는 좋은 반응을
얻었다.92) 그리고 1896년에는 일본의 역사 전반을 다룬 통사인 『이천오
백년사』를 출간하였다. 다케코시의 『신일본사』와 『이천오백년사』는
1890년대 일본에서 가장 널리 읽힌 역사서였다. 야마지 아이잔에 따르
면 후자는 최신 소설들보다도 여성들에게 더 큰 인기를 끌었으며 워낙
많은 부수가 인쇄됨에 따라 종이 가격까지 올랐다고 한다.93)

　다케코시는 『신일본사』에서 도쿠가와 후기에서 헌법제정에 이르는
일본의 정치, 경제, 사회, 사상, 대외관계 전반을 다루고 있다. 상권은
페리 내항 이전의 일본의 정세로부터 시작해서 1890년 11월 제1회의 소
집에 이르기까지 약 50년간의 정치사를 다룬 「정변 유신전기」, 「유신후
기」의 2장과 외교사를 다룬 「외교의 변천」까지 모두 3장으로 구성되었
다. 「정변 유신전기」는 페리 내항 이전의 도쿠가와 시대에서 왕정복고
의 시점까지, 「유신후기」는 도바·후시미 전투에서 국회개설까지를 분
석했다. 「외교의 변천」은 서양과의 조약체결을 통한 문호개방 과정과
유신 이후 조약개정 및 주변국과의 외교관계를 중심으로 하는 외교 과
정을 다루었다. 상권의 내용은 메이지유신 전후의 정치 사건이 대개 망
라되었다. 중권은 각론에 해당하여, 사상, 사회, 재정, 종교의 변천이
기술되어 있다. 『신일본사』 중에서 상권의 「유신전기」·「유신후기」 2
장과 중권의 「사회사상의 변천」을 다케코시가 가장 공을 들인 부분으
로 평가되고 있다.94)

　『신일본사』는 민우사 내에도 커다란 영향을 미쳤던 것으로 보인다.

도쿠토미 소호의 『요시다 쇼인』(1893)은 쇼인을 중심으로 하는 「유신혁
명사 전사론」으로, 쇼인을 하나의 「혁명적 급선봉」으로 다룬 것이었다.
그러나 도쿠토미의 유신사관은 다케코시의 유신사론의 재판으로, 그 착
안점과 용어가 끝까지 『신일본사』를 차용한 것이 아닐까 싶은 것이 많
다.95) 또한 히토미 이치타로(人見一太郎)는 1893년에 『제이의 유신(第二之維
新)』을 썼는데 그 내용을 보면 유신 이래의 일본사회에 대한 『신일본사』
의 평가와 많은 유사점을 지녔다. 즉, 히토미는 메이지 정부가 제1 유신
의 공의여론이라는 원칙을 사문화했다고 비판하면서, 새로운 제2유신을
통해 국시대회의(國是大會議)를 개최하여 공의여론을 수렴하고 이를 통해
국시를 정해야 한다고 하였다. 이는 유신혁명 이래로 일본이 잘못된 길
을 가고 있다는 다케코시의 주장과 일맥상통하는 것이다.96)

　『신일본사』가 당시 유행하고 있던 막말유신사의 일부이면서도 남다
른 주목을 끈 것은 메이지유신에 대한 시각의 차별성 때문이었다. 그는
메이지유신과 국회개설에 이르는 일본의 역사에 대해 다음과 같이 평가
하였다. 먼저, 그는 혁명으로서의 메이지유신은 복고적 혁명, 이상적 혁
명, 난세적 혁명이라는 혁명의 3가지 유형 중에서 난세적 혁명에 해당
한다고 보았다. 즉, 유신대혁명은 "현재 사회에 불만을 갖고 현재 겪고
있는 고통을 견디지 못해 발생한 난세적 혁명"이라는 것이다. 그렇다면
그러한 불만의 원인은 무엇인가? 그는 난세적 혁명의 동기는 사회의 결
합력이 점차로 약해져서 해체된데 있다고 하면서, 봉건 세력이 약화되
고 대신에 민권 세력이 성장한 것에서 이유를 찾았다.

　구체적으로 막말이 되면 막부의 통일 권력이 약화되었고, 무사층은
조닌이나 농민의 경제적 성장으로 약화되었으며, 제후들은 막부의 주구
(誅求)에 의해 받은 고통을 평민들에게 전가하는 악순환이 이어져 혁명

에 대한 염원을 키웠다는 것이다.97) 막말 이래로 봉건세력에 대한 혁명
적 기운이 싹트는 가운데 막부시대 민권의 성채(城塞)이며 '민주의 분자'
인 쇼야(庄屋), 나누시(名主)와 같은 민권세력이 성장하여 장차 인민에 충
실하고 공공의 이해를 위해 자신을 희생하려는 정신을 키워갔고, 이러
한 흐름 속에서 유신대혁명이 발발했다고 보았다.98) 다시 말해, 다케코
시는 메이지유신은 막부의 봉건지배에 대한 인민의 저항에 의해 탄생한
것이라고 보았다. 따라서 천황 중심의 근왕론이 혁명의 원동력으로 보
는 시각은 과대평가일 뿐으로, 근왕은 대혁명의 원인이 아니라 오히려
국민의 활력인 대혁명으로부터 유출된 결과라고 하였다.99) 『신일본사』
는 문명사의 인민 중심적 역사관을 계승하였으며, 민우사의 정부에 대
한 비판적 정신을 담았다.

다케코시는 민우사의 평민주의가 지닌 정부에 대한 비판의식을 바탕
으로 '국민'의 존재를 부각시켰다. 다케코시는 『신일본사』에서 국민을
역사의 주역으로 삼았다. 먼저, 그는 페리가 등장하기 이전의 일본에
대해 도쿠가와씨의 쇄국정책에 대해 다음과 같이 서술하였다. 즉, 쇄국
정책은 단지 국민통일(國民一統)을 위해 제후가 외국인과 교통하는 것을
매우 위험한 것으로 여기며 사적으로 수교하는 것을 허가하지 않았다.
그러한 정책에 의해 결과적으로 막부는 "국민 보호의 책임을 방기"하여
국가의 위축을 가져온데 반해 서양은 국민팽창의 힘을 키우게 되었다고
보았다.100)

메이지유신에 대해서는 일본의 역사가 3천년이라고 말하지만 "일본
이 하나의 국민으로서 부끄럽지 않게 확실하게 성립한 것은 유신의 대
혁명에 의해서이다.......유신의 대혁명은 만세동안 우리 국민이 걸어가
야 할 대도(大道)를 결정한 것이다."101)라고 평가했다. 마찬가지로, 유신

이후의 역사적 전개에 대해서 서남전쟁이 진압된 1877년을 '국민의 통일'을 이루고 '메이지 정부의 기초'를 세운 해[102]라고 평가했다. 사민평등의 제도에 대해서도 국민형성의 중요한 전환점이라고 하였다. 즉, 이 제도에 의해 "인위의 계급 전부를 없애고 인민과 정부의 2대 요소에 의해 국가를 조직할 때 비로소 국민이라고 부를 수 있다. 따라서 우리 국민이 진정으로 국민으로 불릴 수 있게 된 단계는 첫째는 유신의 변혁에 의해 각번 분봉제 제도가 파괴되고, 둘째로 메이지 13, 4년경[1880년 무렵]에 이르러 인위의 계급이 소멸된데 있다."[103]고 보았다. 이와 같이, 다케코시는 유신혁명과 그 이후의 전개과정을 국민통합의 완성이라는 시점에서 설명하였다. 『신일본사』는 국민 창출이라는 관점을 통해 '인민'을 주역으로 하는 다구치의 『일본개화소사』와 같은 문명사와 차별화된 역사상을 제시했다.

1890년대는 '국민'이라는 관념이 성립하여 성장하기 시작하는 시기였다. 역사서술에서도 '국민'이라는 관념은 아직 형성 단계에 있었다. 다케코시와 함께 민우사를 대표하는 역사가인 야마지 아이잔도 깊이 있는 사론을 펼치면서 본격적인 역사서 저술을 한 것은 청일전쟁 이후의 일이었다.[104] 1890년대 전반기에는 『아라이 하쿠세키(新井白石)』·『오규 소라이(荻生徂來)』와 같은 전기물만을 남겼는데, 그 논조는 민우사의 평민주의를 반영하였다. 예컨대 1893년에 출간한 『오규 소라이』에서는 "도쿠가와 문학은 충분히 건전한 것이 되지 못했다. 이는 이상할 것이 없으니, 귀족 제도는 만사를 귀족적으로 만들고, 계급적 제도는 학문도 계급적으로 한다."[105]라고 계급사회의 문제점을 지적하였다. "고상한 학문은 많은 대개 귀족의 장난감이 되었고, 평민은 어떤 것도 얻어들을 수 없었다." 라고 하면서 학문이 '공문(空文)'이 되었라고 하면서, 오규 소라이만은 그

문제를 벗어났다고 높이 평가하였다.106) 이처럼 야마지는 평민주의적 시각에서 역사를 서술했지만, 1890년대에는 아직 『신일본사』와 같은 '국민'이라는 개념은 달리 언급하지 않았다.

그렇다면 민우사 이외의 민간사학에서는 '국민'에 대해 어떤 입장을 보였을까? 1890년대 초의 역사서들이 부분적으로 국민이라는 용어를 사용하였지만 본격적인 '국민의 역사'를 시도한 것은 『신일본사』가 가장 대표적인 경우였다. 여기서는 『신일본사』와 비슷한 시기에 출간된 서적들 몇 가지를 예로 들어 살펴보도록 하겠다. 먼저, 일본 통사인 『대일본문명사(大日本文明史)』107)는 서론에서 '국민'이라는 용어를 사용하였다. 그러나 그 용례는 대의정체가 실시될 수 있는 나라는 인지가 발달하여 "국민 모두 권리, 의무가 무엇인지를 구별할 수 있는 곳"이며, "대의정체로 진정으로 국민의 자유를 얻는 것은 선거 때 뿐"108)이라는 등의 구절에 국한되었고, 그 외에는 '인민'이라는 용어를 대부분 사용한 것을 볼 수 있다.

같은 해에 출간된 『제국사략(帝國史略)』109)은 대부분 근왕론적 역사관에 입각하여 일본사의 전개과정을 기술하였다. 그는 "사실은 가능한 정사에 의거하여 무리하게 새로운 억설을 보태어 구전을 함부로 바꾸는 것을 피한다."110)고 밝혔다. 『신일본사』와 같이 새로운 해석을 시도하는 것을 거부했다. 그런데, 이처럼 보수적인 서술을 고수하면서도 저자는 "주로 국민 변천에 있어서의 원인 결과의 경과를 밝히는 것"이 주된 내용이라고 밝혔으며, 전체 7개로 구성된 시기구분에서도 그 첫 번째는 '국민흥기의 대', 두 번째는 '국민융성의 대'로 명명하였다. '국민흥기의 대'의 서술에 일본의 기원 부분이 포함된 것은 곧 일본이라는 국가의 탄생과 국민의 등장을 동일시하였음을 의미한다.

박문관의 대표적 저자였던 쓰보야 젠시로의 『명치역사(明治歷史)』는 메이지유신을 대혁신이라고 규정하면서 진보와 발전의 시점을 도입했지만, 그 이유를 도쿠가와 막부가 장악했던 정권이 황실로 봉환, 황실은 실권을 장악하여 직접 통치를 하게 되었고 나아가 사회전체의 대혁신이 이후 20년간 진행된 것에서 찾았다.111) 마찬가지로, 역사의 주체는 막부, 황실, 외국과 더불어 인민, 국인, 국민 등의 다양한 형태로 기술되었다. 즉, 국민이라는 용어를 사용하였지만 그 사례는 국민자산, 국민평등, 국민생산112)과 같은 형태로 제한적으로 사용되었다.

이상과 같이 1890년대 전반기는 메이지 헌법이라는 근대천황제 국가의 법제도가 완성되면서 그 구심점인 천황 이념의 역사화가 진행되는 한편으로 근대국가의 주체로서 '국민' 관념도 성립되었다. 이에 따라 『신일본사』와 같은 국민을 중심에 둔 역사서가 간행되면서 새로운 역사서술의 시작을 알렸다.

2. 천황제 국가와 역사지식의 사회문화사

(1) 천황제 국가의 수립과 역사서술의 정치화

1890년대 이후 천황제가 확립되면서 '역사'에 대한 이념적 통제가 본격화되었다. 메이지 정부에 의한 공적 역사상의 통제는 '천황'의 역사를 불가침의 성역으로 확립하는 것을 핵심으로 하였다. 이를 위해 1886년의 「소학교령」에서 교과서 검정제도가 도입되었고, 1887년에는 검정 관련 규칙을 구체화해 갔다. 교육관련 법령에는 역사 교육 목표가 '국민 양성'이 있다고 명시하였다. 그런데 여기서 지칭하는 국민은 근대 서양의 시민과 같은 주체적 국민이 아니었다. 정부가 원하는 국민상은 천황에 충성하는 '신민'과 국가적 위기에 헌신할 수 있는 애국자였다. 이러한 정부의 의도를 배경으로 역사 교육과 연구에 대한 정치적 통제가 본격화되었다.

(가) 구메 구니타케 필화사건과 아카데미즘 역사학

구메 구니타케는 1839년 사가의 무사 집안에서 태어났다. 그는 1854년에 사가 번교인 홍도관에 입학하여 한학을 수학하였으며, 1862년에는 에도의 쇼헤이자카 학문소에서 수학하였다. 메이지유신 후에는 메이지 정부의 관리가 되었다. 1871년 이와쿠라 사절단의 일원으로 참여하였으며, 귀국 후에 시찰 보고서인 『특명전권대사 미구회람실기』113)를 편찬하여 정부로부터 공로를 인정받았다. 정부의 수사 사업이 시작되면서 시게노 야스쓰구와 함께 수사관에 임명되어 정사 편찬 임무를 담당했다. 1888년에는 제국대학 교수 및 임시 편년사 편찬위원에 취임하였다. 이처럼 구메는 메이지 초기 일본사 편찬의 중심 인물로 활약한 역사가였다.

구메는 1891년 학술지 『사학회잡지』에 「신도는 제천의 고속(神道ハ祭天ノ古俗)」이라는 논문을 발표하였다. 이 논문에서 구메는 "신도는 자연숭배에 속하는 고대부터의 습속이었고, 교조적인 종교는 아니다."라고 주장하였다. 처음 『사학회잡지』에 발표했을 때는 뛰어난 연구 성과라는 평가를 받았다. 문명사와 근대역사학의 객관적, 과학적 연구방법을 지지해온 다구치 우키치는 구메의 논문이 보여준 고대 문헌에 대한 실증적 연구 결과에 크게 공감하였다. 다구치는 역사연구와 보급을 목적으로 자신이 일반인을 대상으로 발행하던 역사잡지인 『사해(史海)』의 1892년 1월 제8호에 구메의 논문을 게재하였다. 그리고 다구치는 구메의 연구에 대해 다음과 같은 평을 실었다.114)

구메 구니타케군의 사학에는 예전 사람들에게 없던 의견이 실로 많지만, 나는 이 글에 가장 경복했다. 따라서 이미 『사학회잡지』에 게재된 것이지만 군에게 청하여 아래와 같이 게재하여 독자들이 읽을 수 있게 하였다. 나는 이 글을 읽고, 나에게 우리나라 현재의 어떤 신도 광신자들이 결코 침묵하지 않을 것이라 생각한다. 본시 그들이 침묵한다면 나는 그들은 차라리 입을 다무는 것으로 간주하지 않을 수 없다.

그런데 다구치의 행보는 구메의 논문에 대한 거센 비판을 일으키는 계기가 되었다. 학술지인 『사학회잡지』와 달리 역사지식의 보급을 위해 발간된 『사해』에 실리면서 논란이 시작되었다. 좁은 역사학계 이외의 인물들에게 구메의 논문이 알려지면서 비판의 빌미를 제공한 것이다. 구메의 논문이 알려지면서 신도세력의 공격이 시작되었다. 1892년 2월 28일에는 국학 계통의 사숙인 도생관(道生館) 학생 4인이 직접 구메의 집을 방문하여 논문 철회를 요구하였다. 신도 세력은 논문의 구체적 오류를 지적한 것이 아니라 기기신화의 역사적 가치에 의문을 제기한 것 자체가 천황가를 모독하고 국체를 범한 것이라고 주장하였다. 이에 대해 다구치는 『사해』 10호에 「신도가들에게 고함(神道者諸氏に告ぐ)」이라는 글을 게재하여 신도가들의 주장에 반박하였다. 그는 신도가들은 구메의 새 주장을 사실에 근거하여 반박하는 것이 아니라, "황실의 존엄을 손상시켰다.", "국가의 질서를 문란하게 하였다." 등의 정치적 주장만 거듭한다고 비판하였다.115)

그렇지만 구메는 논란이 깊어지자 자신의 논문을 철회하였으며, 일본 정부는 신도가들의 비난을 수용하여 제국대학 교수직에서 파면하였다. 또한 논문이 실린 『사학회잡지』의 제2편 제23, 24, 25호, 『사해』 제8호에는 발행금지 처분이 내려졌다. 여파는 여기에 그치지 않았다. 다음해인 1893년에는 구메, 시게노 등의 한학계열 인물들이 주도해 온 정사편찬 사업도 공격 대상이 되었다. 결국 정부는 1893년 수사국의 후신인 사지편찬괘(史誌編纂掛)를 폐지하고 정사편찬사업으로 진행 중이던 『대일본편년사』 편찬을 중단하였다.116) 이를 계기로 천황제 신화에 대한 역사적 고증은 억압되었고, 역사연구는 천황주의적 국체론에 종속되었다. 다시 말해 구메 사건은 근대역사학과 천황 이념의 모순을 드러낸

사건이었다.117)

메이지 정부는 '왕정복고'를 명분으로 권력을 장악하였다. 메이지 헌법 직후인 1890년에 반포된 교육칙어는 천황 중심의 일본역사를 강조하며, 이를 통해 천황제를 이념적으로 뒷받침하기 위한 것이었다. 교육칙어는 국민들에게 천황의 신민으로서 충성을 다할 것을 다짐하도록 강조하였다.118) 즉, 교육칙어를 국민적 도덕교육의 기본원리로 규정하고, 이를 각종 의례와 교육을 통해 국민들에게 강요하였다. 그런데 교육칙어는 "황조황종(皇祖皇宗)이 나라를 열었다."라고 하였다. 이는 일본의 역사를 천황가에 종속시키며 국민에게 충성의 당위성을 강조한 것이다. 교육칙어를 통해 천황주의 역사관을 공식화하고자 한 것이다.

교육칙어의 반포와 확대를 위한 정부의 노력에서 보이듯이, 일본정부는 입헌제 실시를 계기로 천황주의 역사관을 강화하고자 하였다. 이에 따라 천황의 역사적 권위와 관련된 사항에 대해, 역사 관련 저서나 논문, 교과서 등의 기술 내용과 관점에 대해 정치적, 사회적 개입이 늘어나면서, 역사서술의 정치성이 크게 강화되었다.

쿠데타로 정권을 장악한 번벌세력은 막말의 근왕론적 역사관을 바탕으로 막부의 정통성을 공격하고, 이를 근거로 메이지유신을 천황의 권력회복을 위한 과정으로 정당화하였다. 따라서 메이지 정부가 『육국사』를 잇는 정사 편찬을 위한 수사 사업을 전개한 것은 정권의 역사적 정통성을 뒷받침하기 위한 필요 때문이었다.119) 그런데 정부는 수사 사업을 위한 제도적 조치를 취했을 뿐, 실제 수사 작업은 학자 출신의 관리들에게 일임하였다.

이에 따라 메이지 초기의 수사사업은 한학자 계열인 시게노, 구메 등이 주도하였다. 이들은 고증학적 전통에 입각하여 기존 사료에 대한 비판적 검증을 중시하였고, 이 과정에서 『태평기』와 『대일본사』에 대한 사료적 가치를 부정하였다. 수사사업을 주도한 시게노는 종래의 권선징악 사관에 반대하였다. 그는 『도쿄학사회원잡지』, 『사학회잡지』에 발표한 논문을 통해 '국사미담', '영웅가화'류를 비판하였다. 문제는 이러한 주장들이 아동들을 포함한 대부분의 일본인들이 친숙하게 접해 온 역사서와 군기물(軍記物)의 권위를 파괴하는 것이었다.

시게노의 연구와 주장은 역사를 교훈, 도덕의 거울로 보는 학풍에 익숙한 독서인들에게 큰 충격을 주었으며, 메이지 10년대 후반에서 20년대 전반에 걸쳐 직접적인 반대론이 등장하고 수사관 관련자들에 대한 비판도 맹렬해졌다. 국학자와 같은 학자들 뿐 아니라 정치가의 발언도 등장하였으며, 비판적 글이 1890년경의 보수적인 종교, 문학관계 잡지에 상당하게 게재되었다.120) 이러한 비판론이 사회 전반에 폭넓을 공감을 얻으면서 시게노는 '말살 박사'로 불리며 집중적인 비판을 받았다. 수사사업의 방향을 둘러싼 대립이 계속되면서 수사사업은 점차 축소되었고, 수사관의 역할은 제국대학으로 이관되었다. 그렇지만 수사관의 학자들은 1889년 국사과의 교수로 임명되어 여전히 역사가로서의 강력한 권위와 영향력을 갖고 있었다. 구메의 필화사건은 수사사업을 둘러싼 오래된 갈등과 입헌제 설립 이후 정부의 천황주의 강화 방침이 맞물려서 발생한 것이었다.

정부의 역사에의 관심이 커지면서 수사관 출신 교수들의 실증주의와 전통유학자와 국학자들 사이의 역사인식의 갈등이 표면화되었다. 1892년의 구메 사건을 수사사업의 방향을 둘러싼 갈등에서 시작되어 역사연구의 자유를 제약하는 정치적 사건으로 마무리되었다. 구메 사건의 여파로 수사사업은 중단되었으며, 이후에는 정부 차원의 역사편찬은 사료

편찬사업에 한정되어 진행되었다. 역사서술의 방향을 둘러싼 학자들 간
의 대립으로 수사사업이 난관에 봉착하자 정부는 정사 편찬을 중단하고
논란의 소지가 적은 사료 편찬으로 사업을 축소하는 것으로 마무리한
것이다.121) 이러한 일련의 사태는 메이지 정부가 천황주의를 전면에 내
세우며 역사 연구와 교육 전반에 개입하고 통제를 강화하는 것으로 이
어졌다.

구메 사건은 흔히 학문의 자유에 대한 메이지 정부의 억압을 보여주
는 대표적 사건으로 평가되지만, 그 경과를 살펴보면 근대역사학의 방
향을 둘러싼 학문적, 이념적 대립의 결과이기도 했다. 당사자인 구메는
한학자 출신으로 수사사업의 주도 인물이었으며 새로 설립된 제국대학
국사과의 초대 교수로서 일본사 연구와 교육의 핵심 인물이었다. 반면
에 공격을 주도한 인물들은 수사사업과 국사과에서 배제된 신도와 국학
계열 인물들이었다. 구메의 논문을 공격한 신도가들은 실증주의적 사료
분석에 의해 자신들의 종교적 근간이 도전받는 것에 분노했다. 이전부
터 '말살 박사'로 시중에는 시게노를 비판하는 목소리가 커져 있었다.
많은 사람들이 자신들이 오랫동안 읽고, 듣고, 얘기하며 지켜온 자신들
의 역사 내러티브를 부정하는 시게노, 구메 등에게 반감을 갖고 있었다.
이러한 반감이 구메 사건의 확대에 일정한 영향을 미쳤을 것임을 짐작
할 수 있다. 마가렛 멜은 특히 구메의 사직에 대해 시게노, 호시노 등의
동료 교수나 학생들로부터 별다른 반대가 없었다는 점을 지적하였다.
그 이유로, 서양식 교육을 받은 신진 연구자들과 전통적 한학자 출신인
구메 사이의 간극이 존재하였기 때문이라고 설명하였다.122)

기존의 연구들은 구메 사건에서 드러난 학문연구에 대한 정치적 탄
압 때문에 근대일본의 아카데미즘 역사학이 실증적 사료연구에만 집중

하게 되었다고 설명하였다. 이에 대해 이케다 도모후미(池田智文)는 실증
적 사료연구는 구메 사건 이전부터 이미 고증학 계통 학자들의 연구방
법이며, 이들에 의해 설립된 도쿄제국대학 국사과의 출발점이자 일본
국사학 자체의 사상적 한계라고 지적하였다.123)

이케다는 먼저 리스의 영향에 대해 전후 역사가들의 평가를 다음과
같이 정리했다. 시바타 미치오(柴田三千雄)는 랑케의 객관주의적 역사가
의 측면만 강조하였고, 이에나가 사부로(家永三郎)는 리스가 역사철학을
제외한 형태로 랑케 사학을 전한 것이 실증주의 사학의 무사상성을 배
양한 한 요인이라고 지적하였다. 이런 점에서 리스의 국사학에의 영향
은 사학회 설립 등의 연구기관의 설비와 사학과, 국사과의 강의과목 등
의 교육체제 근대화에는 유익했지만, 새로운 역사관의 모색과 발전이라
는 면에서는 유익했다고 하기 어렵다.124)

더구나 제국대학 국사과의 성립 자체가 천황제 교육을 위한 최고 기
관의 역할을 위한 것이었다. 성립기 국사과가 사학과의 일부가 아닌 형
태로 설치된 것도 순수한 학술연구가 목적이 아니었음을 보여준다고 하
였다.125) 예컨대 시게노가 고증학적 사료비판으로 전통적인 역사상을
파괴한다고 하여 '말살 박사'라는 비판을 받았기는 하지만 수사관 출신
의 국사과 교수들은 사상적으로 천황 중심의 국가주의에 충실했다. 시
게노는 『태평기』의 신빙성을 비판하면서도, 역사상의 군신관계를 찬미
하고 충신을 현상, 교육칙어가 주장하는 신민도덕론을 역사적으로 정당
화하였다. 구메도 문제가 된 「신도는 제천의 고속」에서 신도의 종교적
근간을 부정했지만 국가의 천황이념에 대해서는 오히려 옹호하는 입장
이었다. 구메는 자신의 연구가 신도 관련 오류를 바로잡아 결국 국체와
황실을 위하는 것이라고 주장하였다. 호시노도 교육칙어 발표 후, "온힘

을 다해 국가를 위해 일하고, 그리하여 천양무궁의 황운을 부익하는 것
이 우리들의 평생의 지론이다."고 주장하였다.126)

구메의 논문 탄압은 랑케식 서양 근대역사학을 일본사 연구에 적용
하고자 한 초기 아카데미즘 역사학의 행보에 커다란 걸림돌이 된 것은
부정할 수 없는 사실이었다. 신도와 국학 계열의 인물과의 반목에 의해
정부의 개입으로까지 비화된 구메의 시련은 '사실(史實)'의 확인을 최우
선시하는 기존의 연구방식과 이에 반대한 세력과의 갈등이 여전히 해소
되지 않았음을 보여준다. 이러한 중에 정부가 구메의 처벌 방침을 발표
함으로써, '천황'의 정치적, 종교적 절대권위는 근대역사학의 실증적 연
구가 접근할 수 없는 학문적 금기로 재확인되었다.

(나) 국정 역사교과서와 남북조정윤문제

1902년 일본 문부성은 소학교 교과서에 대한 국정제도를 도입하였
다.127) 1904년부터 먼저 수신, 독본, 국사, 지리 교과서의 국정교과서
가 사용되기 시작하였고, 국정교과서 편찬을 위한 전임편수관을 임명하
였다. 1905년에 산술과 도화, 1911년부터 이과 교과서로 국정화가 확대
되었다.

1911년에 국정교과서의 남북조 시대 서술을 둘러싸고 남북조정윤문
제(南北朝正閏問題)가 발생하였다. 국정역사교과서는 1기 『소학일본역사
(小學日本歷史)』(1903년 발행)를 거쳐 1909년 9월 2기 국정교과서인 『심상
소학일본역사(尋常小學日本歷史)』가 발행되었다. 남북조정윤문제는 『심상
소학일본역사』 중에 일본 천황가가 남조와 북조로 나뉘어 대립했던 이
른바 '남북조 시대'의 서술을 둘러싸고 발생하였다. 먼저 그 역사적 배

경인 남북조 시대의 상황을 정리하면 아래와 같다.

1333년, 가마쿠라 막부를 붕괴시키고 권력을 잡은 고다이고천황은 귀족 중심의 천황친정의 부활을 꾀했다. 신정부에서 소외된 무사들의 불만이 높아지자 1335년 아시카가 다카우지(足利尊氏)가 반란을 일으켰고, 그 다음 해인 1336년에는 교토를 장악하였다. 고다이고천황은 남쪽으로 피신하여 요시노(吉野)에 조정을 열고 '삼종신기'를 근거로 천황으로서의 정통성을 주장하였다. 이를 남조라고 부른다. 한편 교토를 장악한 아시카가측은 지묘인 계통(持明院統)의 고묘천황(光明天皇)을 옹립하여 북조를 열었다. 다카우지는 천황으로부터 쇼군의 지위를 하사받아서 무로마치 막부를 열었다. 다시 말해, 가마쿠라시대에서 무로마치시대로 넘어가는 혼란기에 천황가는 각각 다이카쿠지 계통의 고다이고천황과 지묘인 계통의 고묘천황이 남조와 북조를 열고 서로의 정통성을 주장하는 전대미문의 상황이 발생한 것이다.

그렇지만 당시의 실제 권력 상황은 무로마치 막부측이 이끄는 북조가 주도권을 장악하고 있었다. 그런 중에 1392년, 쇼군 아시카가 요시미쓰(足利義滿)는 남북조의 통일을 남조 측에 타진했다. 조건은 남조의 고카메야마천황(後龜山天皇)이 북조의 고코마쓰천황(後小松天皇)에게 양위하는 대신에 남조 측의 황자를 황태자로 삼는다는 것이었다. 이른바 '양통질립(兩統迭立)'의 원칙을 제안한 것이다. 고카메야마천황은 이를 승낙하고, 교토로 귀환하여 고코마쓰천황에게 신기(神器)를 넘기고 퇴위했다. 이리하여 60년간 계속된 남북조의 분열은 종식되었다.

남북조의 분열은 사실상 북조의 승리로 끝이 났으며 북조 측이 천황위를 차지하였다. 그렇지만 그 과정이 혈통의 정통성보다 무사세력의 지지에 의한 것이었다는 점에서 남조와 북조의 정통성을 둘러싼 평가는 후 일본 역사가들 사이에서 커다란 논쟁점으로 자리 잡았다. 이를 통칭하여 이른바 '남북조정윤론'이라고 한다.

왕정복고, 즉 천황에 의한 친정을 명분으로 수립된 메이지 정부에게 있어 남북조정윤문제는 명분과 실제의 괴리라는 숙제를 남겨주었다. 천황친정을 주장한 막말의 근왕론이 도쿠가와 후기 미토학의 명분론을 영향 하에 남조 정통론을 지지했기 때문이다. 미토학의 대표적 역사서인 『대일본사』도 남조 정통론을 주장하였다. 따라서 메이지천황이 혈통적으로 북조 계통임에도 불구하고 메이지 정부도 남조 정통론을 지지하게 되었다.

메이지 정부와 궁내성의 공식입장과 달리 역사학계에서는 대부분 남조 정통론을 채택하지 않았다. 구메 사건으로 국사과에서 한학계열 교수들의 입지가 축소되었지만 사료비판에 입각한 연구방법의 위상은 리스의 영향과 결합되면서 학문적 권위를 확고히 한 상태였다. 『태평기』의 기술들에 의문을 제기한 시게노의 연구도 여전히 계승되고 있었다. 『태평기』의 연구는 남북조 시대도 다루었다. 국사학계는 사료적 근거에 입각하여 남조 정통론에 부정적 입장을 취하고 '남북조 병립론'을 주장하였다. 사료편찬괘에서 1901년부터 간행을 시작한 『대일본사료(大日本史料)』에도 남북조 양통병립의 입장이 적용되었다.128)

남북조의 정통성에 대해 정부와 역사학계의 입장이 상이했지만, 이것이 곧바로 사회적 논란이 된 것은 아니었다. 양측이 충돌하게 된 것은 '국정교과서' 편찬이라는 정치적 행위에 남북조 시대에 대한 역사학계의 입장이 실리면서였다. 1903년 제1기 국정교과서인 『소학일본역사(小學日本歷史)』가 간행된 후, 1909년에 제2기 국정교과서인 『심상소학일본역사(尋常小學日本歷史)』가 간행되었다. 두 교과서 모두 역사학계의 연구를 반

영하여 남북조 병립론을 채택하였다. 여기에는 역사교과서 편찬 담당자
가 아카데미즘 역사학의 훈련을 받은 기타 사다키치(喜田貞吉)였다는 점
도 영향을 미쳤다. 기타는 1893년 도쿄제국대학에 입학하여 1896년 국
사과를 졸업하였으며, 대학원에 진학하여 1909년에는 문학박사를 취득
하였다. 1901년에는 문부성의 도서심사관(圖書審査官)을 거쳐 편집관(編集
官)이 되어 국정교과서의 편찬과 검정 업무를 담당하였다. 따라서 기타
는 역사가로서의 전문성을 갖추고서 교과서 편찬에 임하였다.

그런데 남북조 정윤문제는 1기 교과서에서는 별다른 문제 제기가 없
었다. 논란은 2기 국정교과서 발간을 계기로 발생했다. 그 과정을 보면
1910년의 교사용 교과서 개정에 남북조 병립론이 기재된 것에 대해 일
부 교사들이 반발하였다. 그리고『요미우리신문』은 1월 19일자의 사설
「남북조 대립문제(국정교과서의 실태)」에서 교과서 집필진의 남북조 병립
론을 비판하였다.129)『요미우리신문』의 사설은 이러한 논란을 대대적
인 정치문제로 비화시킨 기폭제가 되었다. 이후 2월 4일에는 중의원 의
원인 우지사와 겐조(藤澤元造)가 질문주의서를 제출하였으며, 여론상으
로도 큰 이슈가 되면서 연일 각지에서 보도가 되었다. 2월 말이 되면
야마가타, 가쓰라와 같은 정부권력자들도 비판에 가담하면서 2월 27일
에 각의에서 조치를 결정하였다. 이에 따라 기타 사다키치의 휴직명령,
기존의 편집방침 폐지, 남조정통주의에 입각한 교과서 개정이 결정되었
고, 교과서에는 '남북조 시대' 대신에 '요시노조 시대'라는 명칭이 채택되
었다. 3월 3일에는 천황의 결정이라는 형태로 남조 정통론을 공식화하
였다.130) 이처럼, 남북조정윤문제는 정부, 야당, 언론, 국학자, 역사학
자 등의 정치적, 학문적 입장이 복잡하게 얽히면서 전개되었다. 다양한
주장이 겹쳐졌기 때문에『역사지리』는 국정교과서의 남북조정윤문제는

'민간세론'의 승리로 끝났다고까지 하였다.131)

히로키는 남북조 정윤문제를 거치면서 '전문가'에 의한 '과학적' 역사 연구라고 하는 아카데미즘 역사학의 규범과 역사를 매개로 한 국민 통합이라고 하는 국가적 요청을 양립시킨 "국체사로서의 국민사'를 구축했다."고 평가하였다.132) 다시 말해, 남북조 정윤문제는 단순히 정부에 의한 역사 탄압이 아니었다. 남북조 정윤문제의 경과를 보면 아카데미즘 역사학은 정부의 통제를 받았을 뿐 아니라 천황 이념과 관련된 사회 전반의 비판 여론에 부딪혔던 것이다. 이는 곧 막말 이래로 확대된 근왕론의 남조 정통론이 일반인들의 역사인식에 깊숙이 자리 잡았으며, 사료 비판을 무기로 한 역사학자들의 연구는 이를 극복할 수 없었음을 보여준다. 남북조정윤문제의 전개양상은 천황제의 영향력이 커질수록 아카데미즘의 학문적 자유는 그들만의 리그로 국한되어 갔음을 보여준다.133)

(2) 학력주의와 역사지식의 사회사

메이지 초기의 역사서 저술과 출판은 문명개화와 자유민권운동으로 이어지는 사회적 · 문화적 변동에 조응하면서 전개되었다. 서양사의 수용이나 문명사의 유행은 당시의 독자층이 역사서를 전통적 방식인 방식과 다른 차원에서 접근하게 하였다. 나아가 일본인들이 문명개화의 당위성, 자유민권의 필요성과 같은 사회적 참여의식을 표출하는데 영향을 주었다.

1880년대 후반이 되면 역사의 의미와 역할도 시대적 변화를 따라 달라져 갔다. 메이지 초기의 급격한 변화와 사회적 역동성은 1889년 메이지 헌법 제정을 계기로 줄어들고 이전과 다른 사회적 규범과 가치가 등

장했다. 1890년대 이후의 일본은 각종 제도적 장치에 의해 지배되는 사
회로 자리 잡았으며, 이는 역사서의 독서와 지식에도 변화를 가져왔다.
역사서는 이전 시기와 같은 사회참여 의식으로부터 멀어져 갔고 아카데
미즘의 실증연구와 같은 전문학자들의 영역으로 수렴되어갔다.134) 그
런데 이러한 변화는 단순히 역사서의 저술가에 의해 만들어진 것은 아
니었다. 역사서가 지닌 사회적 역할 변화에는 사회적 구조 자체가 달라
졌다는 점도 작용하였다. 이를 잘 보여주는 것이 근대적 교육체계의 완
성과 학력사회의 등장이었다.

(가) 교육 피라미드의 완성과 역사교육

메이지 초기 독서의 저변확대에는 근대적 교육의 도입이 큰 역할을
하였다. 메이지 초기의 학제 제정과 소학교 교육의 확대에 따라 일반인
들의 문자해독 능력이 향상되었으며, 출판업의 발달은 다양한 읽을거리
를 제공했다. 일본인들의 독서능력이 향상되면서 서양의 근대적 지식에
대한 이해력도 빠르게 성장했다. 메이지 초기에서 중반으로 넘어가면서
각종 관립, 사립학교들이 설립되면서 교육수준도 높아졌다. 정규 교육
을 통해 배출된 교육 엘리트들이 사회적 선망의 대상이 되어갔다.

일본의 근대교육은 1880년대 중반에 중대한 전환을 맞이하였다. 당
시 일본은 자유민권운동이 약화되고 메이지 정부에 의해 헌법 제정 작
업이 진행되던 시점이다. 자유민권운동의 목표에 투신하던 시대가 종언
을 고하였다. 입헌제 도입을 목전에 두면서 미래에 대한 새로운 관심과
목표가 모색된 것은 당연한 결과였다. 이런 점에서 1880년대 중반에 등
장한 '청년'이라는 표현의 인기는 새로운 시대의 등장을 반영한다.135)

'청년'이란 표현은 기독교 신학자인 고자키 히로미치(小崎弘通)가 Young Men's Christian Association, 즉 일본 YMCA를 설립하면서 '기독교 청년회'라는 일본어 명칭을 사용한 것이 최초라고 한다. 일본 YMCA를 창립하면서 영어의 'young man'을 '청년'으로 번역한 것이다.136) 그러나 '청년'에 대한 관심과 언급이 본격화된 것은 자유민권운동이 쇠퇴하고 입헌제 도입을 목전에 두었던 1880년대 후반이었다. 입헌제 도입을 앞두고 이른바 '청년'의 등장으로 상징되는 시대적 변화가 급격히 진행되었다.

'청년' 언설의 부상은 관련 서적의 출판 추이를 통해서 확인할 수 있다. 1880년 이래로 완만히 등장하던 관련 서적 출판이 1887년부터 1890년까지의 기간 동안 급격히 증가하여 피크에 달하였다.137) 일본이 새로운 시대로 접어드는 것과 더불어 새로운 세대가 등장한 것이다.138)

청년이라는 단어의 부상에 지대한 영향을 미친 인물로 도쿠토미 소호를 들 수 있다. 그는 구마모토 양학교(熊本洋學校), 관립도쿄영어학교, 도시샤 영학교(同志社英學校)에서의 수학을 거쳐 1881년 고향인 구마모토에 귀향하여 자유민권운동에 참가하고 기관지 편집과 기고 등의 활동을 했다. 1882년에는 자택에 오에의숙을 열어 교육활동을 하였다.

그는 오에 의숙을 대상으로 한 연설 내용을 편집하여 1885년에 다구치 우키치가 간행하던 『도쿄경제잡지』에 「제19세기 일본의 청년과 그 교육(第十九世紀日本の青年及其教育)」(「신일본의 청년(新日本之青年)」으로 재간행)을 게재하면서 명성을 얻었다. 그의 주장은 "그대들 청년들은 사회의 계속자"이며 "청년은 진보의 친구"라면서 신시대의 주역으로 삼은 것이었다.139) 1886년에는 『장래의 일본(將來の日本)』을 간행하였다. 그 후 도쿄로 진출하여 1887년 2월에 민우사를 설립하고 잡지인 『국민지우』 발간을 시작하였고, 4월에는 『신일본의 청년』을 간행하였다. 『신일본의 청년』
에서 아래와 같이 메이지유신의 주역이었던 '덴포의 노인'과 '메이지 청년'
을 대비시키며, 앞으로의 주역은 메이지 청년인 자신들임을 외쳤다.

> 만약 한 사회의 연령이 문명의 주변부를 향해 회전할 때마다 나이
> 가 증가하는 것이라면, 우리 메이지 청년은 덴포 노인보다 오히려 선
> 진적이라고 평가해야 할 것이다. 그러므로 메이지 청년은 덴포 노인
> 에게 지도를 받을 것이 아니라 오히려 덴포 노인을 이끌어야 할 것이
> 다.……노인은 현 질서의 아군이고 청년은 진보의 친구인 것은 의심할
> 바 없는 명백한 사실이다.140)

이러한 주장의 바탕에는 입헌제 실시를 목전에 둔 일본사회의 변화
에 대한 인식이 깔려있었다. 그는 "이른바 정당의 시대는 갔고 교육의
시대가 왔다."고 선언하였다.141) 정당의 시대는 자유민권운동에 의한
정치활동을 지칭하는 것으로, 정치적 활동에 몰두해온 활동가를 '장사
(壯士)'라고 부르며, 이들과 대비되는 이들을 새 시대의 주역인 '청년'을
강조하였다. 기무라 나오에(木村直惠)는 장사와 달리 청년의 특징으로 청
년적 원리가 비정치적 주체를 생성하였으며, 청년적 실천도 비정치화의
방향으로 진행되었다고 하였다.142) 킨모스는 1890년대 이후 교육을 통
한 입신출세의 길이 중요해지는 현상을 지적하면서, 청년의 정치열이
국회개설 이후 급격히 식으면서 출세주의자는 부귀를 위한 학문에 복귀
했다고 하였다.143) 다시 말해, 1889년의 입헌제 도입에 따른 정치적 지
형의 변화로 자유민권파 운동가의 시대가 종언을 고하고, 그 자리에 청
년으로 대표되는 새로운 시대의 주인공이 등장한 것이다.

1890년대 전후한 청년론의 등장은 자유민권운동의 종말이라는 정치

적 변화에 따른 것만은 아니었다. 새로운 세대가 주역으로 등장하는 것
을 가능하게 한 구조적 사회변화가 진행되었다. 그 중에서도 중학교,
고등학교, 대학교로 이어지는 교육 피라미드의 완성과 이에 따른 엘리
트 교육의 성립에 주목할 필요가 있다. 다시 말해, '청년'의 등장은 정치
적 환경의 변화에 의한 것이지만, 그 성장에는 교육의 역할이 핵심적이
었다. 도쿠토미의 성공은 정치운동에 의해 입신출세를 이룬 '장사'의 시
대를 대신하여, 학문에 의한 입신출세 시대의 도래를 예언한 것이다.

근대일본의 교육제도는 1886년 모리 아리노리 문부상에 의한 대대적
인 교육제도 정비를 고비로 완성되기 시작하였다. 모리는 「소학교령」·
「중학교령」·「제국대학령」·「사범학교령」을 제정하였는데, 특히 중학
교에서 대학으로 이어지는 고등교육 체계를 확립하였다. 「중학교령」에
서는 심상중학교, 고등중학교의 2단계 편제를 제정하였으며, 제국대학
령에 따라 고등교육기관으로 제국대학(이후 도쿄제국대학)을 설립하여
본격적인 대학교육을 시작하였다. 제국대학 진학의 관문이 된 고등중학
교는 전국에 5개교가 설치되었다. 1894년에는 「고등학교령」이 공포되
어, 고등중학교를 중학교에서 분리하여 고등학교로 편제했다. 이에 따
라 소학교 → 심상중학교 → 고등학교 → 대학의 4단계 교육체계가 완
성되었다. 심상중학교는 보통교육의 최종단계로의 역할을 맡게 되었으
며, 고등학교부터 엘리트교육은 고등학교와 제국대학이 담당하였다. 고
등학교 진학의 성공 여부에 따라 입신출세가 결정되는 학력주의시대가
본격적으로 시작되었다.144)

청일전쟁 전까지 고등학교는 전국 6곳에 불과했다. 그 정점에 자리한
것이 선망의 대상인 도쿄의 제일고등학교(일고, 一高)였다. 고등학교 졸업
생은 제국대학과 같은 상급학교에 우선적으로 진학했기 때문에 고등학교

입학은 엘리트 코스로의 진입을 의미했다. 심상중학교 졸업생이 크게 증가함에 따라 고등학교 입학경쟁은 더욱 치열해졌다. 1890년대는 이미 고등학교 입시경쟁이 심각한 사회문제로 대두되기에 이르렀다. 그에 따라 고등학교 입학이 대학 입학보다 더 어려운 좁은 관문이 된 것이다.

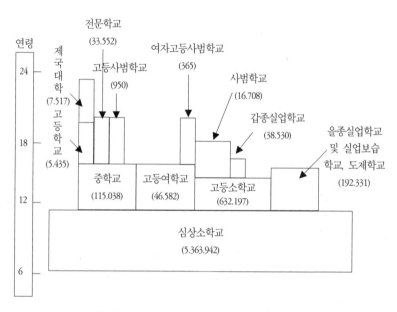

<그림 II-1> 1908년도 당시의 학제와 생도수(명)

출처: ドナルド・T・ローデン(森敦譯),『友の憂いに吾は泣く―旧制高等學校物語 (下)』, 講談社(1983), 240쪽.
후출처: 竹內洋,『立身出世主義―近代日本のロマンと欲望』, 世界思想社(2005), 47쪽.

학교제도의 정비와 교육 피라미드가 완성되면서 역사교육도 정규화되었다. 먼저, 역사과목 관련 법령과 제도적 기반이 정비되었다. 소학교는 1886년 「소학교령」에 따라 심상소학교, 고등소학교의 2등급

체제로 정해졌다. 심상소학교 4년, 고등소학교 4년으로 수업연한을 정하고, 심상소학교의 의무제를 명확하게 규정하였다. 이를 반영한 소학교의 교과과정표인 「소학교의 학과 및 그 정도(小學校ノ學科及其程度, 1886년 5월 2일 문부성령 제8호)」를 보면, 일본역사는 고등소학교 교과과정에 포함되었다.

일본역사 수업은 1890년 심상소학교의 교과목으로 편제되면서 국민 기초교육의 중심 과목이 되었다. 1890년의 「소학교령」(1890년 10월 7일 칙령 제215호)은 심상소학교에서 '토지의 상황' 따라 역사를 교수하도록 했고, 고등소학교에서는 일본역사를 필수과목으로 정했다. 1900년 개정 「소학교령」과 이에 따른 시행규칙은 일본역사를 고등소학교 과목으로 규정하고 심상소학교에서의 역사수업을 폐지하였다.145) 이상과 같이 소학교의 역사교육은 교육내용, 교육단계와 교수시간이 교육제도 개정 과정에서 수차례 변화를 거쳤다. 그러나 일본사가 소학교 교육의 필수적 과목으로 확정된 점은 분명해졌다.

한편, 정부는 역사교과서에 대한 관리를 강화했다. 1886년의 「소학교령」에서 문부대신이 교과서 검정 권한을 갖게 하였고 이에 따라 5월에 「교과서용도서검정조례」를 제정, 그 후 1887년 5월에는 교과용도서 검정규칙으로 개정하였다. 교과서 검정은 사범학교, 중학교 등의 교과서에도 적용되었다. 문부성은 검정제도를 실시하면서 교과서에 대해 일정한 규격, 내용, 정가를 요구하기 시작했다. 그런데 검정제도 직후에 출간된 교과서를 보면 기존의 것들을 약간 손질한 것이 대부분이기 때문에 내용에 중대한 변화를 가져왔다고 하기는 어렵다.

그 후 1891년에 제정된 「소학교교칙대강(小學校教則大綱)」을 계기로 새로운 내용과 형식의 교과서들이 본격적으로 출간되었다. 이 대강에 따르면 역사교과서의 편찬 목적에 대해 "일본 역사는 본방 국체의 대요(大要)를 알게 하여 국민으로서의 지조를 양성하는 것을 요지로 한다."[146) 라면서 '국민 양성'을 역사 교육의 목적으로 규정하였다.

소학교 교과서는 1902년 대규모의 교과서 뇌물사건을 계기로 국정교과서 체제로 전환되었다. 1903년 4월 「소학교령」 제24조 개정에서 "소학교의 교과용 도서는 문부성에서 저작권을 갖는 것으로 한다"고 정하여 소학교 교과서의 국정제도가 확립했다. 국정의 대상으로 가장 먼저 정해진 것은 수신, 일본역사, 지리, 국어독본이었고 같은 해에 산술, 도화 과목이 추가되었고, 1911년에는 이과도 국정이 되었다. 소학교의 주요 교과서는 문부성에서 편찬하고, 그 번각발행 및 공급을 민간에게 위임했다.(「소학교교용도서번각발행규칙」) 이처럼 소학교의 일본역사 교과서는 정부의 통제가 점차로 강화되면서 검정제도를 거쳐 국정제도로 정착이 되었다.[147)

중학교의 역사교육도 정부에 의해 정비되어갔다. 1886년 「중학교령」은 심상중학교의 교과과정과 교과서의 검정 권한을 문부대신에게 부여하였다. 이에 따라 1886년 6월에 「심상중학교 학교 및 그 정도」를 제정하였다.(《표 II-7》) 이에 따르면 심상중학교의 학과는 윤리, 국어 및 한문, 제1외국어, 제2외국어, 농업, 지리, 역사, 수학, 박물, 물리, 화학, 습자, 도화, 창가 및 체조로 구성되었다. 그 중 역사는 1학년(5급)에서 5학년(1급)까지 총 9시간의 교수 시간이 배정되었다.

<표 II-7> 심상중학교의 학과목별 주간 교수시수(1886년 제정)

	윤리	국어 및 한문	제1외 국어	제2 외국어 또는 농업	지리	역사	수학	박물	물리	화학	습자	도화	창가	체조	계
제5급 제1년	1	5	6		1	1	4	1			2	2	2	3	28
제4급 제2년	1	5	6		2	1	4		1		1	2	2	3	28
제3급 제3년	1	5	7		2	2	4	2				2		3	28
제2급 제4년	1	3	5	4	1	1	4			2		2		5	28
제1급 제5년	1	2	5	3		2	3	3	3			1		5	28

출처: 「尋常中學校の學科及其程度」『學制百年史』.
http://www.mext.go.jp/b_menu/hakusho/html/others/detail/1317630.htm

이 교과과정은 1894년 3월에 개정되었는데, 여기서 국어, 한문, 외국어, 수학, 그리고 역사와 지리의 수업 시간을 늘렸다. 영어, 수학, 국어 및 한문은 진학 예비과목으로서의 교육을 충실하게 하는 것이었다. 한편, 국어 및 한문과 역사, 지리 과목에는 국가주의적 사상의 고려가 적용되었다. 그 중에서 정부는 역사교육에 대해, '역사교육의 정신은 우리 국체의 귀중함을 알게 하는 것'이고 이것이 '중등교육의 요점'이라고 설명하였다.148)

한편, 중학교 단계부터 일본역사 이외의 세계사 교육을 실시하였다. 1886년 중학교령 제정에서 1902년까지의 세계사 교육은 당시 간행된 세계사 관계의 교과서를 사용하였다.149) 1901년에 「중학교령시행규칙(中學校令施行規則)」을 제정하였으며, 각 학과목의 교수요목과 교과내용을 정하였다.

<표 II-8> 중학교의 학과목별 주간 교수 시간수(1901년 개정)

학년＼학과목	수신	국어 및 한문	외국어	역사	지리	수학	박물	물리 및 화학	법제 및 경제	도화	창가	체조	계
제1학년	1	7	7	3	3	2	0	0	1	1	3	28
제2학년	1	7	7	3	3	2	0	0	1	1	3	28
제3학년	1	7	7	3	5	2	0	0	1	1	3	30
제4학년	1	6	7	3	5	0	4	0	1	0	3	30
제5학년	1	6	6	3	4	0	4	3	0	0	3	30

출처: 「中學校の學科目別週間教授時數」, 『學制百年史』.
http://www.mext.go.jp/b_menu/hakusho/html/others/detail/1317630.htm

이에 따라 1902년에 「중학교교수요목(中學校敎授要目)」을 정하여 「중학교령시행규칙」에 규정된 각 학과의 교수내용을 구체적으로 정비하였다. 1902년 2월 6일의 문부성훈령 「중학교 교수요목」에 의해 역사교육은 일본사, 동양사, 서양사의 '삼분과제'로 제도화되었다. 그 구체적인 교과과정은 아래와 같다.

<표 II-9> 1902년 「중학교 교수요목」의 역사 교과내용

	일본역사	동양역사	서양역사
1학년	태고, 상고, 중고		
2학년	중고, 근고, 근세		
3학년		상고, 중고 ,근고, 근세	
4학년			상고, 중고, 근고
5학년	건국의 체제		근세

출처: 文部省編, 『中學校敎授要目』, 間室親遠(1902), 21-31쪽.
원문출처: http://dl.ndl.go.jp/info:ndljp/pid/810613

이처럼 1886년 이래로 문부성은 교과목과 교과내용에 깊은 관심을 갖고 수차례에 걸쳐 개정 작업을 실시하였다. 그렇다면, 이러한 정부 측의 노력은 학교 현장에서 어떻게 실천되고 있었을까?

아래의 표는『도쿄유학안내(東京遊學案內)』에 담긴 내용을 정리한 것이다.『도쿄유학안내』는 1890년대 들면서 지방학생들의 도쿄 유학이 증가하는데 맞추어 도쿄에서의 학생생활에 대한 각종 정보가 수록한 책자로, 소년원(少年園)에 1890년부터 1905년까지 매년 간행되었다.150) 따라서 교육관련 문부성 정책의 변화가 거듭되고 있던 1890년대 초에서 1905년 러일전쟁기까지 도쿄 지역 중등학교의 교과내용 변화 과정을 살펴보는데 매우 유용한 자료이다.

『도쿄유학안내』에 실린 각 학교의 교과과정 정보 중에서 주요 심상 중학교들의 역사 교과과정을 살펴보면 다음과 같다.

<표 II-10>『도쿄유학안내』에 소개된 중학교의 역사관련 교과과정

	共立學校	東京府尋常中學校	錦城學校	日本中學校
1890	예과1, 본과3 역사 없음 역독: 희랍사, 로마사			
1891	예과1,본과3 본과3:본방급만국역사			
1892	1/5년 본방역사/본방역사, 만국역사/본방역사/ 지나역사/만국역사	일본역사/동상/지나역사/만국역사	일본역사/아세아/구라파/만국역사	
1893	본방역사/본방역사, 만국역사			일본역사/만국역사/지나역사/일본역사/만국역사

1894	고등소학역사/본방 역사/스윈튼 만국사/ 일본역사, 지나역사/ 피셔 만국사		일본역사/만국역사/ 지나역사/일본역사/ 만국역사	동일
1895	동일	사전구수/일본사구수/ 지나사구수/만국사구 수/만국사구수, 일본사 구수	동일	동일
1896		동일	동일 *금성학교심상중학 로 개명	동일
1897				
1898		본방사전/일본역사/ 동양역사/서양역사(상 고, 중세, 근세)/일본역 사, 서양역사(현세)	일본역사/만국역사/ 지나역사/일본역사/ 만국역사	
1899		동일		
1900		동일 *개명: 도쿄부중학교		
1901	자료 없음			
1902		본방역사/본방역사/ 동양역사/서양역사. 상고중고근세/일본역 사, 서양역사 현세 *도쿄부제일중학교 로 개명		
1903		동일		
1904	자료 없음			
1905		일본역사/일본역사/ 동양역사/서양역사/ 일본역사, 서양역사		

출처: 『東京遊學案內』 1890년도~1905년도(1901년, 1904년도 판 제외)를 바탕으로 작성.

위의 표를 보면, 먼저 역사과목 교과과정이 가장 앞선 연도인 1891년

도 판에 수록된 사립학교인 교리쓰학교를 보면 1890년도에는 역사과목
이 별도로 개설되지 않다가 1891년에 예과 1년, 본과 3년의 전체 4년
중에 마지막 학년인 본과 3학년에 일본사와 만국사를 다룬『본방급만
국사(本邦及萬國史)』가 배정되었다. 1892년부터 예과 1년, 본과 5년으로
수업연한을 확대하고, 역사는 1892년에는 5년간, 1893년에는 3년간 각
각 수업을 하였다. 한편, 도쿄부심상중학교[151]는 수업연한 5년으로 학
과목은 윤리, 한문, 영학, 수학, 지리, 역사, 박물, 이화, 도화, 체조였
다. 역사과목은 표에서 보이듯이 1893년도에는 1~4학년까지 배정된 것
을 제외하고 대부분 5년간 일본역사, 동양역사, 서양역사, 그리고 일본
사와 서양사의 반복 수업 순서로 배정하여 수업을 하였다. 긴죠학교와
니혼중학교는 1학년에서 5학년까지 일본역사→ 만국역사→ 지나역사
→ 일본역사→ 만국역사로 과목을 동일하게 구성하였다.

　이들 학교에서 사용한 역사교재들은 어떤 것일까?『도쿄유학안내』에
수록된 중학교 교과서로는 먼저 교리쓰학교의 1894년도 역사과목을 볼
수 있다. 이에 따르면 1학년『고등소학역사(高等小學歷史)』, 2학년『본방역
사(本邦歷史)』, 3학년『스윈톤 만국사』, 4학년『일본통사(日本通史)』와『지
나역사(支那歷史)』, 5학년『피셔 만국사』였다. 니혼중학교의 경우는 1893
년에서 1895년도까지의 교과서를 편찬자를 명시하여 기재하였다. 이에
따르면 1학년 경업사 편찬『일본소역사(日本小歷史)』, 2학년 경업사 편찬『만
국소역사(萬國小歷史)』, 3학년 시촌, 용천 양씨의『지나사(支那史)』, 4학년 사
가씨『일본사강』, 5학년 천야씨『만국역사』이다. 한편 도쿄부심상중학교
의 경우 1895년도의 3학년에 이치무라 산지로(市村瓚次郎)『지나사요』, 4
학년 이소다 료(磯田良) 편찬 세계사와『스윈톤 만국사』가 각각 참고서로
기재되었다. 와세다 중학은 1899년도에 1, 2학년 교재로 하가 야이치(芳賀

矢一)의 『제국사요』, 3학년 후지타 유타카(藤田豊)의 『동양소사(東洋小史)』,
4, 5학년의 하라 유리(原勇六)의 『서양사』를 교재로 사용하였다.

그런데 심상중학교의 역사교육은 역사과목에 국한된 것이 아니었다.
국어·한문, 영어 과목에서도 역사서를 교재로 사용하였다. 예를 들어
도쿄부심상중학교는 한문 과목에서 교재로 『일본외사』, 『사기열전(史記
列傳)』, 『좌전(左傳)』 등의 전통사서를 사용하였다. 교리쓰학교도 국어 및
한문 교과에서 『일본외사』, 『십팔사략(十八史略)』, 『일본정기』, 『사기』를
교재로 사용하였다. 또한 영어 역해 수업에서는 1학년 『파래씨 만국사』,
『챔버스씨 역사 제3독본』, 2학년 『챔버스씨 역사 제4독본』, 『스윈톤씨
만국사』, 3학년 『스윈톤씨 만국사』, 『매컬리씨 헤이스팅스』를 원서로
수업에 사용하였다.

역사교과서는 이를 정리해보면, 중학교 교과서용으로 편찬된 것들을
사용하였다. 교과서들은 일본역사와 만국사로, 또는 만국사를 중국역사
와 서양역사로 구분하여 편찬하였다. 한편, 한문을 통해 전통적인 중국
사서와 일본사서를 접했으며, 영어교재로 사용된 역사교과서는 문명개
화기에 소개되었던 초급 만국사들이었다.

교육피라미드에서 다음 단계는 고등중학교(고등학교)였다. 1886년의 「고
등중학교의 학과 및 그 정도(高等中學校ノ學科及其程度)」(1886년 7월 1일 문부
성령 제16호)에서 역사 과목은 "희랍·로마·독·불·영·미의 역사"[152]
를 교수하도록 하였다.

<표 II-11> 1886년 고등중학교의 학과 및 그 수준

	제1학년	제2학년	
			표 중 법학·의학·공학·문학·이학은 주로 분과대학을 가리키는 것이다.
국어 및 한문	3	3	공학 지망생에게는 이 과목을 과한다. 이학 지망은 제2년 과정을 수료하지 않아도 된다.
제1외국어	4	4	
제2외국어	5	5	공학 지망생은 제2년 과정을 수료하지 않아도 된다.
라틴어	2	2	공학 지망생에게는 이 과목을 과한다. 의학 지망생은 제2년의 과정을 수료하지 않아도 되며, 문학·이학 지망생은 제2년에서 제1년의 과정을 배운다. 단, 이학 지망생 중, 도서 과정을 수료하지 않은 자에게만 과한다.
지리	3	3	의학·공학·문학·이학 지망생에게는 이 과목을 과한다.
역사	3	6	의학·공학·이학 지망생에게는 이 과목을 과한다. 문학 지망생은 제2년 과정을 수료하지 않아도 된다.
수학	3	3	법학 지망생에게는 이 과목을 과한다. 의학·문학 지망생은 제2년 과정을 수료하지 않아도 된다.
동물 및 식물	2	7	법학·공학·문학·이학 지망생에게는 이 과목을 과한다.
지질 및 광물	2		법학·의학 지망생에게는 이 과목을 과한다.
물리	5	2	법학 지망생에게는 이 과목을 과한다. 문학·이학 지망생은 제2년 과정을 수료하지 않아도 된다.
화학	3	5	법학지망생에게는 이 과목을 과한다. 문학·이학 지망생에게는 제2년에서 제1년 정도의 과정을 과한다.
천문		1	법학·의학 지망생에게는 이 과목을 과한다.
이재학		2	법학·의학·공학·이학 지망생에게는 이 과목을 과한다.
철학		3	의학·공학지망생에게는 이과목을과한다.
도학	3	6	법학·의학·문학 지망생에게는 이 과목을 과한다. 이학 지망생은 제2년 과정에서는 라틴어를 수료하지 않은 자에게만 과한다.
역학	2	2	법학·의학·문학 지망생에게는 이 과목을 과한다 이학 지망생에게는 제2년에서 제1년 정도의 과정을 과한다.
측량	3	3	법학·의학·문학 지망생에게는 이 과목을 과한다.
체조	3	3	공학·이학 지망생에게는 이 과목을 과한다.

출처: 「高等中學校ノ學科及其程度」, 『學制百年史』.
http://www.mext.go.jp/b_menu/hakusho/html/others/detail/1318051.htm

고등학교 중에서 가장 선망의 대상이 되었던 제일고등학교에서의 역사 수업을 사례로 살펴보자. 『제일고등학교육십년사(第一高等學校六十年史)』에 따르면 1891년 4월을 기준으로 국사 수업은 예과 3급과 2급은 "정치의 연혁, 치란의 인과 등에 관한 사실"을, 예과 1급은 '문명사'를 구수하였다. 그리고 부연 규정으로, "국사에서는 교과서와 참고서를 사용한다. 단 생도로 하여금 『신황정통기』, 『독사여론(讀史餘論)』, 『국사요(國史要)』, 『국사안(國史眼)』 등을 적의하게 통독하게 하고 그 질문에 응한다. 또한 본교 국문학부에서는 그에 맞는 국사교과서를 편성하고자 하여 이미 착수하였다."153)라고 하였다.

1892년도 『동경유학안내』에는 제일고등중학교(제일고등학교의 전신)에 대해 수업연한 예과 3년, 본과 2년이며, 역사과목은 일본역사대의(日本歷史大意), 서양역사대의(西洋歷史大意)로 구성되었으며, 국어 및 한문 강독에서 『황조사략』, 『일본외사』 등을 교재로 사용한 것으로 소개되었다. 이것이 1898년도가 되면 『본방역사』, 『지나역사』, 『서양역사』, 즉 일본사·동양사·서양사의 체제로 세분화되었다.154)

이상의 내용을 종합해 보자면, 메이지 20년대의 교육제도 정비는 소학교, 중학교, 고등학교로의 교육 피라미드를 완성하였으며, 이에 따른 교과과정도 체제를 갖추어갔다. 그 중에서 역사교육은 고등소학교에서 일본사를, 중학교와 고등학교에서는 일본사와 만국사(동양사, 서양사)를 각각 수업과목으로 채택하였다. 한편 국어와 한문, 영어와 같은 역사 이외의 과목도 전통사서나 서양사 원서를 교재로 사용하였다.

(나) 입시와 수험지식으로서의 역사

1890년대를 전후하여 일본의 근대적 교육 피라미드와 관료임용제도가 완성되면서 교육이 사회적 계층이동의 열쇠가 되었다. 관료임용제도를 보면 1887년 관리임명의 자격기준을 정하고, 능력주의에 의한 임명원칙을 세웠다. 다만 제국대학 졸업생에게는 특권을 부여하였는데, 특히 1893년 제정된 문관임명 규칙으로 제국대 졸업생도 고등문관시험에 합격해야 했지만 법과는 예비시험을 면제받았다. 결과적으로 제국대학의 졸업은 관료로서의 성공을 보장했으며, 선망하는 직업들은 각종 전문학교들에서 교육 받은 인재들에게 주어졌다. 교육제도가 정비되면서 상급학교 진학에는 일정 수준 이상의 학력이 요구되었다. 메이지 초기만 해도 비교적 자유롭게 학교를 선택, 이동할 수 있었지만 1890년대가 되면 정규학교 졸업과 일정 수준의 학력을 지녀야만 원하는 상급학교로의 입학이 가능해졌다. 따라서 관료로 입신출세를 하기 위해서는 심상중학교-고등학교-제국대학의 단계를 통과하는 것이 가장 중요했다. 이른바 학력 엘리트의 시대가 시작된 것이다.155)

그런데 학력 엘리트에 전입하기 위한 3단계의 학교 중에서 입시 경쟁이 가장 치열한 것은 고등학교였다. 고등학교 입시가 시작된 1890년대 당시, 고등학교의 수와 전체 입학 정원이 중학교 졸업생에 비해 극히 적었으며, 대신에 고등학교 졸업생과 제국대학 입학생의 차이는 그리 크지 않았다. 따라서 고등학교에 입학하면 제국대학으로 이어지는 학력엘리트가 될 확률이 높았다. 다시 말해, 구제고등학교 혹은 넘버 스쿨로 불리는 엘리트 교육기관인 고등학교의 진학이 곧 대학진학의 관문이 되면서 고등학교 입시가 가장 중요한 입신출세의 관문이 되었다.

제국대학으로의 관문인 제일고등학교의 1890년도 신입생 모집 방침은 다음과 같다. 본과생 모집 요건으로 학력시업, 체격검사를 두고, 시험에 합격하면 '학력 상당의 급'에 편입하는 것으로 정했으며, 입학시험이 매우 까다로운 탓에 대부분의 지원자는 예과를 통해 본과에 지원하며, 이 또한 시험 합격자가 드물다고 소개하였다.156) 입학시험은 첫 번째 시험에서는 외국어와 수학 시험을 통과하면 두 번째 시험으로 윤리, 화한문, 작문, 지리, 역사에서 합격하면 세 번째로 물리, 화학, 박물, 습자, 도화, 체조 등의 나머지 시험을 치르는 것으로 학력 시험을 마친 후, 마지막으로 체격검사를 통해 모집 정원만큼의 인원을 선발하였다.157)

상급학교 진학에 '학력'이 필수 조건으로 자리 잡으면서 다케우치 요(竹內洋)의 표현대로, 1890년대는 "구체적인 학교 정보와 시험 정보를 필요로 하는 시대"가 되었다.158) 출판계에서도 교과서 뿐 아니라 진학 관련 자료나 각종 참고용 교재와 수험준비서의 간행이 활발해졌다. 그리고 시험을 통해 진학을 하게 되는 고등교육기관이나 고등학교의 준비생들을 위한 시험 정보도 출판물로 유통되었다.159) 입시과목의 하나였던 역사도 수험용 과목으로 자리 잡았고, 학생들에게 역사지식은 수험지식으로의 의미를 띠게 되었다.

상급학교 진학과 관련된 출판물들을 구분해 보면 크게 진학안내서와 수험용 교재로 나눌 수 있다. 진학안내서는 스가와라 아키요시(菅原亮芳)의 연구에 따르면 메이지기에 약 85책이 간행되었다. 최초의 사례는 『도쿄유학안내(東京留學案內)』160)이며, 1890년대에서 1900년대 초까지 가장 지속적으로 출판된 것은 『도쿄유학안내(東京遊學案內)』였다. 1890년대 후

반이 되면 입시관련 서적들은 출판사와 그 종류가 다양화되면서 출판권 수도 크게 늘어났다.161)

두 번째는 수험용 교재이다. '학력 사회'가 본격적으로 등장하면서 각종 시험을 대비한 공부, 즉 수험준비가 학생들에게 중대한 과제로 부상하였다. 이에 따라 등장한 것이 수험용 참고서와 시험문제집류의 출판물이었다. '수험문답', '수험필휴', '수험자필독', '수험응용', '수험용참고'와 같은 제목의 서적들이 등장하였다. 고등학교 입시는 메이지 30년대 후반부터 경쟁이 심화되어 수험사회가 본격화되었다.162) 입시시험이 어려워지면서 학생들을 위한 수험방법이나 문제, 답안 작성법과 같은 출판물들이 등장하였으며, 수험생을 대상으로 한 수험예비교도 설립되었다.163)

상급학교 진학안내서와 수험서적 출판의 증가는 입신출세를 위한 '지식의 도구화'라는 현실을 반영한다. 지식 습득 목적이 학력 취득을 통한 사회적 계층 상승에 두어지게 된 것이다. 역사지식의 경우도 마찬가지였다. 메이지 초기의 역사지식은 메이지유신과 자유민권운동으로 이어지는 정치적 변혁의 사상적 기반으로서 적극적 사회적 역할을 하였다. 막말유신 기의 근왕론에 영향을 받은 『일본외사』와 같은 전통사서, 문명개화를 위한 서양에 대한 지식을 얻기 위한 『파래만국사』, 『구라파문명사』와 서양역사서들이 다수 출판되고 읽혀졌다. 또한 메이지 중반까지 학교에서의 역사교육은 학교별 편차가 컸으며 교육 내용에 대한 정부의 통제도 크지 않았다. 그러나 1886년 이후 정부에 의한 교육제도의 정비와 교과과정의 통제가 강화되면서 학교에서의 역사교수 내용도 일정한 틀에 맞춰서 정형화되었다. 입시와 진학에 필요한 역사지식도 개인이나 학교별 편차가 줄어들면서 정형화, 획일화되어 갔다. 이러한 변화를 보여주는 것이 바로 수험관련 서적들이다.

　수험서적의 주요 내용은 첫째로 교과내용의 요약정리, 둘째 시험문제의 두 가지로 나뉜다. 수험서적들은 문답 형식을 많이 채용하였다. 문답 형식은 교과 내용에 관해 짧은 질문을 하고 이에 대한 답을 기술하는 방식으로 구성한 것이다. 문답형식의 교재는 1870년대부터 간행164)되고 있었으며, 주된 내용은 서양의 신지식이나 학교의 교과목들이었다. 그런데 1890년대가 되면 간행 서적수가 증가하였을 뿐 아니라『수험예비일본역사문답(受驗予備日本歷史問答)』(岩崎鐵次郎編, 良故堂等, 1889),『수험필휴일본역사문답(受驗必携日本歷史問答)』(金港堂編, 金港堂, 1898)과 같이 수험용으로서의 성격이 강해졌다. 한편으로 입시문제만을 별도로 간행하기도 하였는데, 학생들이 선망하는 상급학교들의 기출문제가 주된 내용이었다.165) 그 외에 입시문제 관련 자료들이 수험 서적이나 진학 안내서에 부록으로 수록된 경우도 적지 않았다. 예를 들어 1906년에 출간된『일본사: 참고총서(日本史 : 參考叢書)』166)를 보면, 신대에서 메이지 최근시대까지의 시대를 모두 17편으로 나누고 그에 해당하는 주요 사실을 요약 정리했다. 각 편의 말미에는 연습문제를 넣었으며 부록으로 복습문제들을 제공했다. 특히 주요 관립학교 입시문제들은 일찍부터 문제집 형태로 출판되었다.『관립학교 입학시험 문제집(官立學校入學試驗問題集)』과 같은 단행본으로 간행되거나『도쿄유학안내』와 같은 진학안내서에 부록으로 같이 실렸다. 관립학교 입학에 대한 사회적 선호도를 엿볼 수 있다.

　그렇다면, 메이지 후기의 입학시험에서 역사문제는 어떤 식으로 출제되었을까? 앞서 검토한『도쿄유학안내』에는 주요 관립학교들의 입시문제가 실려 있다.167) 그 중에서 가장 앞부분에는 입시 피라미드의 최고

봉이던 제일고등학교, 즉 일고의 입시문제가 소개되었다. 일고의 입시
문제는 수험공부의 방향에 가장 중요한 표준이었다.

『도쿄유학안내』의 일고 시험문제, 그 중에서 역사시험 문제들을 검
토하면 다음과 같다. 먼저 1890년에서 1893년까지는 일본역사와 만국
역사(서양사)로 구분하여 실시하였다. 구체적인 시험문제를 1890년도
의 예를 들어 보면 다음과 같다.168)

<표 II-12> 1890년도 제일고등중학교 입시문제: 역사

<일본역사설문>
一, 우리나라의 정권을 장악했던 제씨, 그리고 각 그 정권을 잡은 연한은 어떠한가?
二, 겐키・데이쇼(元龜天正) 무렵 할거한 군웅, 그리고 그 할거한 지방을 드시오
<만국역사설문>
一, 로마에서 제1, 제2의 삼두동맹(Triumvirate, 독불어 Triumviat)란 어떤 것인가? 더불어 그 동맹자와 연대를 드시오
二, 5세기의 인민 대이전 때에 게르만인종 중 어느 종족이 어느 나라에 이주했는가. 일일히 열거하시오
三, 1666년의 보오전쟁의 원인 및 결과는 어떠한가?

출처: 『東京遊學案內』, 1890년판.

시험범위가 일본역사와 서양역사의 두 분야였으며, 문제의 유형은 연
대와 사실들을 구체적으로 암기하여 나열할 것을 요구하고 있는 것을
알 수 있다. 역사시험은 위의 같은 방식이 유지되었다.

일고의 역사시험은 1893년부터 변형되기 시작했다. 먼저, 시험분야
의 명칭에서 만국역사 대신에 서양역사를 사용하여, 일본역사와 서양역
사로 구분하였으며 문항에도 어느 정도 변형이 있었다.

<표 II-13> 1893년도 제일고등학교 입시문제: 역사

<일본역사>

제일, 진무천황의 시기에 정치는 어떠했는가?

제이, 본지수적(本地垂迹)의 설은 무엇인가? 또한 그 설을 설파한 유명한 인물의 이름을 드시오

제삼, 헤이지의 난의 원인은 무엇인가?

제사, 정영식목(貞永式目)을 제정한 목적은 무엇인가?

<서양역사>

제일, 고대 저명한 대국(大國)으로써 멸망한 나라를 모두 열거하시오

제이, 구주에서 게르만인종 국가, 라틴인종 국가와 슬라브인종 국가를 구별하시오

제삼, 다음의 사실의 연대를 명기(明記)하시오

서로마제국 멸망. 윌리엄 영국정복. 아메리카 발견. 베를린조약. 보불전쟁의 전말(順末).

출처: 『東京遊學案內』, 1893년판.

<표 II-14> 1895년도 제일고등학교 입시문제: 역사

<본방역사>

제일, 나카토미(中臣), 모노노베(物部), 오토모(大伴), 구메(久米), 인베(忌部) 제씨의 선조명은 무엇인가?

제이, 오토모노 가나무라(大伴金村)의 공과

제삼, 간토 간레이(關東管領)의 흥망

제사, 다음의 시대연월은 무엇인가?

　　　イ, 남북조의 분립과 합일

　　　ロ, 조선정벌의 시작과 끝

　　　ハ, 시마바라 난(島原亂)의 끝과 시작

제오, 가라후토(樺太)와 류큐(琉球)에 관한 것을 서술하시오

<지나역사>

제일, 지나 통일의 조는 당우(唐虞0이래 몇대가 있는가? 순차적으로 열기하시오

제이, 지나역사에 관계된 중요한 제인종의 명을 드시오

제삼, 양한당송의 건국자의 성명, 그리고 그 원훈 두세명을 드시오

제사, 불교도교가 가장 융성한 시대는 어느 시대였는가?

제오, 한나라와 송나라 유학의 중요한 차이는 무엇인가?

<서양역사>
제일, 다음의 인물들에 관한 사적의 대략은 무엇인가?
　イ, Pisistratus
　ロ, Marcus Aurelius
　ハ, Zwingli
　二, Lorenzo di Medici
　ホ, Metternich
제이, 다음의 지역에 관계된 현저한 사적은 무엇인가?
　イ, Leuctra
　ロ, Cannae
　ハ, Canossa
　二, Hubertsburg
　ホ, Solferino
제삼, 1848년 중에 구주에서 일어난 대사건을 열거하시오.

출처: 『東京遊學案內』, 1895년판.

위의 문제 구성을 보면 1895년도 문제의 변화가 눈에 띈다.[169] 첫 번
째는 시험분야가 일본역사와 만국역사에서 본방역사, 지나역사, 서양역
사의 3분야로 나뉜 것이다. 중국역사를 시험 문제에 추가한 것이다. 두
번째로 1890년도에 비해, 역사시험의 문항수가 많아지고 세분화되었을
뿐 아니라 인물, 지명, 연도에 대한 세밀한 암기를 요구하고 있다. 다시
말해, 역사에 대한 평가나 전체적인 흐름에 대한 이해력보다 구체적인
사실에 대한 암기가 중시된 것이다. 1896년과 1897년에는 지나역사와 서
양역사를 합쳐서, 본방역사와 중국 및 서양역사의 2과목 체제로 바뀌었
다. 다만, 실제 문제의 유형과 암기 위주의 특징은 변함이 없었다.

1902년과 1903년에는 지나역사라는 용어가 동양역사로 대체되었다.
이에 따라 시험과목은 일본 및 동양역사, 서양역사로 나뉘었다. 그리고
1895년과 비교하면 역사과목의 시험 문항이 큰 폭으로 축소되었다.

<표 II-15> 1902년도 제일고등학교 입시문제: 역사

<문제> 1902년 문제 <일본 및 동양역사> (1) 후지와라씨 섭정(攝關)의 기원을 논하시오 (2) 양통갱립(兩統更立)의 시말을 논하시오 (3) 송대에서 유자(儒者)의 학풍은 무엇인가? (4) 다음의 인물 및 사항에 대하여 아는 바를 쓰시오 (イ) 덕정(德政) (ㅁ) 사이초(最澄) (ㅅ) 장건(張騫) (ㄷ) 이토 진사이(伊藤仁齋) (ホ) 다케우 치 시키부(竹內式部) (ㅅ) 네르친스크 조약 <서양역사> (1) 다음의 인물에 대하여 아는 바를 쓰시오 (イ) 데모스테네스 (ㅁ) 오도아케르 (ㅅ) 구스타브 아돌프 (ㄷ) 카보우르 (2) (イ) 사도바 전쟁의 결과를 논하시오 (ㅁ) 19세기 프랑스 정체(政體)의 변천을 약술하시오

출처: 『東京遊學案內』, 1902년판.

역사시험에서 암기에 치중하는 것은 모든 학교의 입시문제에서도 공통된 사실이었다. 도쿄고등사범의 입시 문제를 보면, 1895년도의 역사 과목의 시험명은 '본방 및 외국역사'였으며 문항은 5개, 그중에서 일본 2개, 중국 1개, 서양 2문제였다. 1898년도는 본방역사 5문항, 지나역사 및 서양역사의 10문항으로 시험시간은 총 7시간이 주어졌다. 문제들은 일본, 중국, 서양의 역사적 인물에 대해 기술하는 등, 세부적인 사실의 암기를 요구하는 것이 대부분이었다.

이상과 같이 근대적 교육피라미드의 완성은 역사교육에서 입시를 위한 지식습득 주된 목표가 되게 하였다. 그 결과, 입학시험에서 요구하는 암기 위주의 역사지식이 지배하는 시대가 되었다. 막말유신과 자유 민권기의 역사지식이 정치적 변화를 이끄는 역할을 하였던 것과 전혀 다른 시대가 도래한 것이다. 특히 일본의 지배층이 되는 학력엘리트들

의 역사인식은 암기와 주입에 몰두했던 중학교와 예비학교 시절에 의해
상당 부분 형성되었다고 해도 과언이 아니다.

그런데 학력을 통한 입신출세는 모든 청년들에게 개방된 길이 아니
었다. 치열한 입시경쟁에서 성공하기 위해서는 뛰어난 학습능력, 입시
과정에 필요한 경제적 기반과 같은 필요조건이 있었다. 다시 말해, 입
시경쟁에서 성공하여 입신출세의 기회를 얻은 학력엘리트는 소수이고
대부분의 청년층은 입학시험에서 실패하거나 사회경제적 여건 때문에
아예 입시경쟁에 참여할 기회조차 갖지 못했다. 메이지 말기인 1890년
대 후반에서 1910년대 초까지 청년층 사이에서 '번민'이라는 단어가 유
행170)한 것은 사회적 좌절을 겪는 청년층의 모습을 보여준다. 또한
1890년대에서 1900년대 초의 일본에는 청년층의 '수양'론이 유행하거나
학생들이 신경쇠약이나 자살에 빠지는 '학교병'이 문제가 되었다.171)

입신출세에의 열망이 커지면서 다양한 성공의 방법을 제공하기 위한
「성공」과 같은 잡지가 발간되었다. 학력을 통한 입신출세에서 소외된
청년들은 '고학'이나 '해외식민'과 같은 방법으로 출세할 수 있다고 격려
되었다. 한편, '독학'을 하며 입신출세의 길을 포기하지 않는 경우도 많
았다. 주로 지방의 고등소학교나 중학교까지의 학력을 지닌 10대 후반
의 학생층으로, 이들은 본격적인 입시경쟁에 참여하지 못했지만 지식
습득에 대한 열의를 유지하며 성공을 기대했다. 그러나 이미 학력 피라
미드의 계단에서 멀어진 경우 이를 극복하는 것은 불가능에 가까웠다.
메이지 말기로 갈수록 메이지 중반까지 경험했던 식의 '입신출세'의 길
은 좁아졌다. 입시세계 밖에서의 역사지식의 사회적 관심도 침체될 수
밖에 없었다.

Ⅲ부 일본의 제국주의화와 역사지식

1. 일본제국주의의 수립과 역사서술
2. 제국주의와 역사지식의 사회문화사

1. 일본제국주의의 수립과 역사서술

(1) 일본제국주의의 성립과 역사서술

(가) 청일전쟁 전후의 일본제국주의와 '제국사'의 출판

근대일본은 청일전쟁을 계기로 대만을 식민지화한 제국주의 국가로 등장하였다. 청일전쟁은 1894년 8월 1일 일본정부가 천황의 이름으로 청에 대한 '선전 조칙'을 공포하면서 시작되었다. 일본이 군사적으로 압도적 우위를 차지하게 되자 청정부는 패배를 시인하고 강화에 합의하였다. 일본군의 군사력이 전통적인 양국관계를 완전히 전복시킨 것이다. 무엇보다도, 동아시아의 최대 강국으로 인식되고 있던 청을 군사적으로 제압함으로써 일본의 군사력은 대내외에 인정받게 되었다.

청일전쟁 이후 서양에서 사용되던 '제국주의'라는 용어가 일본에서도 사회적 관심 대상으로 부상하였다. 당시의 국제사회가 서양 열강에 의한 제국주의적 질서에 의해 지배되고 있다는 주장이 전개되었다. 『국민신문』의 주필로 활약하던 도쿠토미 소호(德富蘇峰)가 1898년 9월 1일자 『국민신문』의 사설에서 "나는 대외적으로는 제국주의(임페리얼리즘)을 주장하고, 안으로는 자유 관유(리베럴리즘)의 정책을 주장한다."고 천명한 것에

대해 구가 가쓰난(陸羯南)이 『일본(日本)』에 「제국주의의 해석」이라는 제
목의 사설에서 비판을 제기하면서 제국주의에 대한 사회적 논란이 본격
화되었다. 1901년도는 '제국주의'를 제목으로 한 대표적 저작들이 출판
된 해였다.1) 와세다 대학의 교수였던 우키타 가즈타미(浮田和民)가 『제
국주의와 교육』(1901)에서 진화론에 입각하여 '윤리적 제국주의'를 주장
하면서 적극 지지의 입장을 폈고, 사회주의자인 고토쿠 슈스이(幸德秋水)
는 『20세기의 괴물 제국주의(卄世紀之怪物帝國主義)』(1901)에서 제국주의를
강하게 비판하였다.2) 그 중에 고토쿠는 제국주의가 유행하면서 그 세
력이 들불과 같으며, 세계만방이 모두 제국주의를 찬양하고 있다고 하
면서 제국주의가 세계의 평화를 어지럽히는 폐해를 끼치고 있다고 하였
다. 그리고 그는 제국주의의 위험성이 페스트와 같고, 애국심은 그 세
균이고 군국주의는 전염의 매개체라고 하였다. 즉, 고토쿠는 애국심, 군
국주의, 그리고 제국주의가 서로 얽힌 세계정세의 흐름을 지적하면서
제국주의를 비판했다.3)

이처럼 1900년을 전후로 일본에서 '제국주의'에 대한 논의가 본격화
되었는데, 이는 일본을 제국주의 열강의 일원으로 보는 현실인식을
반영한다. 실제로 일본은 1895년 청일전쟁, 1900년의 의화단사건을
거쳐 1905년 러일전쟁에서의 승리로 일본은 서양 열강에 비견되는 제
국주의 열강의 반열에 올랐다. 포츠머스 강화조약에서 일본은 러시아
로부터 사할린 남부의 할양과 조선보호의 승인, 하얼빈 이남의 철도
경영권 양도 등을 얻어냄으로써 청일전쟁 때 얻은 대만보다 훨씬 넓
은 식민지를 구축하였다. 일본은 동아시아에서 영국에 버금가는 세력
을 확보했다. 뿐만 아니라 서양 열강인 러시아를 이겼다는 사실은 개
국 이래 겪어야 했던 서양에 대한 열등감에서 벗어서 제국으로서의

자신감을 갖게 했다.

그런데 일본에서 제국주의에 대한 논의가 본격화되기 전부터 일본을 '제국'으로 호명하고 있었다. 메이지 입헌제의 수립 시점에서 '대일본제국헌법'과 '제국의회'라는 명칭을 사용한 것에서도, '제국'이라는 표현의 사용 시점은 제국주의의 성립에 선행하였음을 보여준다. 출판에서도 1890년대 이래로 '제국'을 제목으로 한 서적들이 다수 등장하였다. 일본사 서적들 중에도 '제국사'라는 제목으로 한 경우가 적지 않았다. 이들 서적을 표로 정리하면 다음과 같다.

<표 Ⅲ-1> 입헌제 수립기에서 러일전쟁까지의 기간 출간된 '제국사' 서적

松井廣吉, 日本帝國史 (万國歷史全書 ; 第1篇) 博文館, 1889
松井廣吉 編, 新撰大日本帝國史, 博文館, 1890
有賀長雄 編, 帝國史略, 牧野善兵衛, 1892-1893
山縣悌三郎著, 帝國小史, 文學社, 1897
芳賀矢一著, 新撰帝國史要, 富山房, 1896.5-1897.3
有賀長雄編, 帝國史略 : 全, 博文館, 1896 增訂 3版
松井廣吉編, 新撰大日本帝國史 博文館, 1896
山縣悌三郎著, 新撰帝國小史, 文學社, 1897.3 訂正再版 (第1・2學年用 卷1, 第1・2學年用 卷2)
小林弘貞著, 帝國史綱 : 中等敎科, 松榮堂書店, 1897.12 上卷 (中等敎科帝國史綱)
有賀長雄 編, 帝國史略, 博文館, 1898. 4 增訂版,
小林弘貞 著. 帝國史綱 : 中等敎科 下之卷, 松榮堂, 1898
學海指針社編, 新撰帝國史談, 小林八郎, 1899.2 訂正再版 (前編卷1,2,3, 後編卷 1,2,3,4)
藤井乙男編, 新撰帝國小史, 積善館, 1899.2 訂正增補 -
山縣悌三郎編, 新撰帝國小史, 文學社, 1899.11 訂正再版 (第1・2學年用卷1, 第3學年用)
大町芳衛 著, 帝國史 : 中等敎育, 阪上半七, 1899
横山達三 編, 初等 帝國史[本編], 大日本図書, 1899
松島剛, 帝國史要, 春陽堂、1899
神戸直吉 著, 新撰帝國史略, 神戸書店, 1900, 訂3版
山縣悌三郎著, 修正新撰帝國小史, 文學社, 1901.12 訂正再版 卷2,3
笹川種郎編纂, 中等帝國史, 大日本圖書, 1902.4 訂正
本多辰次郎, 野村浩一共編, 中等敎育帝國史要, 成美堂書店, 1902.12 訂正再版 (上卷,下卷)
有賀長雄編, 帝國史略 : 全,博文館, 1902 增訂, 12版

齋藤斐章 編, 帝國史綱 : 補習, 成美堂[ほか], 1902
安島思齋 著, 新帝國史, 新々堂, 1903
眞崎誠編, 帝國史綱, 田沼書店, 1904.1
木寺柳次郎編, 帝國史要, 水野書店, 1904.12 訂正再版

출처: 國立國會図書館檢索・申込オンラインサービス, CiNii Articles 검색 결과를 바탕으로 작성.

위의 표를 보면 '제국사'의 출간은 1889년으로 거슬러 올라간다. 그런데 이들 서적을 살펴보면 대부분은 고등소학교나 중학교용 교과서였다. 대표적으로 1892년 처음 간행된 야마가타 데이자부로(山縣悌三郎)의 『제국소사(帝國小史)』는 검정 교과서로 집필된 이후 수차례의 개정판을 내면서 1901년도까지 발간되었다. 그런데 교과서들은 '제국사'라는 제목을 쓰고 있지만 실제 기술된 역사적 사실과 서술 방식은 정부의 검정제도가 요구하는 틀을 준수하고 있다. 따라서 제목과 무관하게 그 본문의 내용은 필자의 독자적인 역사인식이나 새로운 연구 성과를 반영하는 것이 아니며, 제국주의를 중심으로 일본 역사를 새로 구성한 것도 아니었다. 일본 제국주의의 등장이 교과서용 제국사의 내용에 미친 영향력은 제한적이었던 것이다.

교과서를 제외하고, 마쓰이 히로키치(松井廣吉)와 아리가 나가오(有賀長雄)의 저서가 박문관에서 출간되었다. 신문기자 출신인 마쓰이 히로키치의 『일본제국사(日本帝國史)』는 1889년 친우인 오하시 신타로(大橋新太郎)가 경영하던 박문관의 『만국역사전서(萬國歷史全書)』 제1편으로 간행되었다. 이후 개정본인 『신찬대일본제국사(新撰大日本帝國史)』가 같은 박문관에서 1890년, 1896년에 간행되었다. 기본적으로 일본제국의 확장과 일본 국체의 완벽함을 강조한 면에서는 세권 모두 동일하다.[4] 또한 시대구분도 상고사, 중고사, 근세사, 금대사(上古史, 中古史, 近世史, 今代史)

로 구분하였다. 구체적인 서술에서의 차이가 있기는 하지만 역사적 관점과 내용은 대동소이하다. 다만, 1889년과 1890년 판은 헌법발포까지의 내용을 다룬데 비해, 1896년도 판에서는 금대사의 비중을 늘리고, 대상 시기도 청일전쟁의 승리와 대만 전체의 진압 시점까지를 다루었다. 청일전쟁의 승리로 "국광(國光)을 중외에 선양하고, 나아가 세계 제일등의 대열에 들었다."고 하였다.5)

보수적 법학자였던 아리가 나가오(有賀長雄)의 『제국사략』은 1892년에 처음 간행된 후, 1902년 12판이 간행될 만큼 오랜 동안 영향을 끼친 서적이었다. 아리가는 저술의 목표에 대해 "본서는 주로 국민변천에 있어서의 원인 결과의 실제를 밝히고자 하였으며, 사실은 되도록 정사에 의거하고, 헛되게 신기한 억설을 더하여 구전을 함부로 바꾸는 것(紛更)을 피하고자 했다."6) 즉, 전통적인 정전의 기록을 따르며, 시게노와 같이 과거사를 '말살'하는 입장을 거부한 것이다. 이 원칙에 따라 『제국사략』은 시대구분을 7기로 구분하였으며, '금대'는 부록으로 추가하여 제국의회 개설까지를 서술하였다. 다만 마쓰이와 달리 청일전쟁 이후 출간된 개정판에도 여전히 입헌제 수립까지를 다루었다.

청일전쟁은 일본의 국제적 위상에 대한 인식을 바꾸는 전환점이었다. 청일전쟁의 승리는 일본이 중국의 무력을 압도한 강국이라는 인식과 더불어 일본이 서양 열강과 같은 위치에 올랐다는 인식이 확대되었다. 이를 반영하여, 청일전쟁 이후 출간된 역사서들 일부에는 청일전쟁의 승리에 따른 '국위의 고양'을, 의화단의 난을 거쳐 영일동맹 이후에 출간된 서적들 중에는 일본이 '열강의 반열'에 올라섰다는 내용이 추가되었다.

예를 들어 청일전쟁의 승리 직후인 1896년에 출간된 하가 야이치(芳賀矢一)의 『신찬제국사요』는 하권의 마지막 부분에 청일전쟁 경과를 서술하며, 청의 항복으로 '국위'가 올라가고, 일본은 '세계최강국'의 하나가 되었다고 하였다.[7] 1898년 간행된 교과서용 도서인 『제국사강』(1898)은 청일전쟁의 역사적 의의를 다음과 같이 강조하였다. 즉, "종래 세계에서 우리나라의 위치는 구미와 함께하고 거의 만국사상으로 관계없는 상황이었는데, 이 대전쟁 이래 국세의 평균 상, 우리나라는 대열을 강국과 함께 하며 매우 중요한 위치를 차지하기에 이르렀다."라고 하였다. 다시 말해 청일전쟁의 승리로 일본이 세계적 강대국의 일원이 되었다고 본 것이다.[8]

한편, 1902년 영일동맹 이후 출간된 서적에서는 영일동맹의 중요성을 강조하면서, 이 동맹의 체결이 일본의 강대국으로서의 위치를 한층 강화시켰다고 높이 평가하였다. 예컨대 그해 출판된 사이토 히쇼(齋藤斐章) 편찬의 『제국사강:보습(帝國史綱 : 補習)』은 영일동맹으로 "우리나라의 외교적 지위와 세력이 열국과 서로 각축하고 그를 통해 일대 비약을 꾀할 단서"가 되었다고 하면서, "이 조약의 책임을 지기에 충분한 무력과 설비를 부담하고 더욱 발전하여, 세계의 강국다운 면목을 지키는 것을 국민에게 요청한다."[9]고 하였다. 영국에 준하는 제국주의 열강의 지위를 지키기 위한 군사력 강화에 국민들이 적극 협조해야 한다는 것이다. 1903년 출간된 아지마 시사이(安島思齋)의 『신제국사(新帝國史)』에서는 청일전쟁에서 일본이 군사적으로 압도하여 청이 화평을 요청하였고, "대만 팽도제도를 영원히 우리의 소유로 만들었다."[10]고 서술하였다. 영일동맹에 대해서는 "이 동맹의 성립으로 우리 일본제국의 동양외교에 있어서의 지위와 세력이 월등히 세계의 강국과 나란히 하고 균등한 이권을 점할 수 있게 된 것을 세계에 표명한 것"으로, "명예로운 일대 신기원"이라고 높이 평가하였다.[11]

일본의 성공과 국제적 위상의 고양에 대한 자신감은 러일전쟁을 거치면서 한층 뚜렷해졌다. 러일전쟁 직후인 1905년 말에 고치현에서『제국발전사: 청년독본(帝國發展史 : 靑年讀本)』이라는 소책자가 출판되었다. 이 책은 고치현 청년들의 보습교육 자료로 활용하기 위해 출판된 것으로, 저자는 "청년자제들이 이 책을 읽고 되새김으로써 국체의 정화를 알고 봉공의 요의를 깨달을 것"이라고 하였다.12)

그 내용을 보면 천손강림에서 시작되는 신대사에서 러일전쟁까지의 역사를 간략히 서술하였다. 그런데 기술 내용보다 중요한 점은 '천손'인 역대 천황에 대해 "신민은 충성 순종하고 황실을 부모처럼 경애"해야 한다고 일관되게 주장한 것이었다.13) 또한 기존의 역사서들과 달리 러일전쟁의 승리로 일본이 동아시아에 세력을 확장한 점에 대해 중대한 의미 부여를 하였다. 즉, 일본이 "청일전쟁, 의화단사건('북청의 변'), 러일전쟁의 3대 전쟁에서 우리의 인의용무에 의해 군자국 이래로의 감덕을 발휘"하고, '조선에 대한 종주권'을 영국, 러시아를 비롯한 세계 각국에게 인정받았다고 하였다.14) 이러한 러일전쟁 이후의 일본에 대해 "제국의 대발전에 수반하여, 제국의 지위도 높아져서 우리민족의 책임도 더 무거워졌다."라고 하면서, "황도를 몸소 실천하고 국민성을 수양함으로써 대국민다운 성격과 능력을 양성"할 것을 강조했다.15)

이상에 살펴본 것처럼, 1890년대 초부터 일본사 서적을 '제국사'라고 하는 제목으로 출간하는 경우가 증가하였다. 여전히 '일본역사'라고 하는 제목의 역사서들이 좀 더 일반적이었지만, 메이지 헌법 제정으로 일본의 국호를 공식석상에서 '대일본제국'으로 명명하는 사례가 크게 증가한 것과 '제국사'의 등장은 무관하지 않을 것이다.

그렇지만 '제국사'라고 하는 제목을 사용한 것 외에는 서술내용이나 역사인식 등에서 기존의 '일본 역사'와 별다른 차이가 없었다. 제목과 관계없이 1890년대 이후의 일본사는 천황, 국위, 애국심과 같은 서술 요소를 중심으로 기술되었다. 특히 청일전쟁과 의화단 사건, 영일동맹 과 같은 전쟁과 외교적 성과를 얻은 뒤에 출판된 역사서들은 일본의 국력 확장과 천황의 국위선양에 국민적 자신감을 표명하며 일본의 제국주의 발달을 거듭 환영하는 입장을 취하였다.

(나)『개국오십년사』의 간행과 일본제국의 역사상

1907년에 메이지 정부의 대대적 후원 하에『개국오십년사(開國五十年史)』(이하『오십년사』)가 출간되었다. 이 책은 개국에서 러일전쟁에 이르는 50년간 일본의 발전을 해외에 알리고자 하는 목적으로 오쿠마 시게노부(大隈重信)를 중심으로 편찬되었으며, 1907년과 1908년에 개국오십년사발행소를 통해 상권(1907년)과 하권(1908)으로 간행되었다.

『개국오십년사』는 상하권 각각 서론과 논문 29편, 논문 31편과 결론 및 보유로 구성되어 모두 1300여페이지16)에 이르는 방대한 분량으로 이루어져 있다. 서론에 해당하는 개국 이래의 역사관련 글들을 시작으로, 정치, 법제도, 경제, 교육, 과학 및 의학, 종교, 철학사상, 예술, 신문출판, 산업, 식민지 등, 근대일본의 면모를 망라하는 글들로 이루어져 있다. 그렇지만『오십년사』를 전문적 역사서가 아니었다. 필자 중에 역사가로 분류 가능한 인물은 시마다 사부로(島田三郞, 「開國事歷」)와 구메 구니타케(久米邦武, 「神道」)뿐이었다. 필자들 대부분은 당대의 대표적 정치가17), 법학자, 철학자, 자연과학자 등과 같이 다양한 분야의 전문가들이었다. 그런 점에서 각 분야가 개국 이후 거둔 성과를 정리한 것으로 메이지 시대의 발전상에 대한 백과사전적 성격을 지녔다.

1900년대에 접어들면서 일본의 역사서술은 정치적 입장을 분명히 한 민우사 중심의 사론사에서 실증적 방법론을 우선시하는 전문역사가 주도로 넘어가고 있었다.[18] 아카데미즘 역사학은 실증적 자료 수집과 분석에 집중했기 때문에 그들의 역사서술에서 제국형성이라는 시대적 상황을 직접 읽어내기는 어렵다. 나가하라 게이지는 청일전쟁에서 러일전쟁에 이르는 일본제국주의의 형성에도 불구하고 역사가들 중에서 제국주의를 전면에서 비판하는 목소리는 나오지 않았으며, 역사학은 자국의 역사, 특히 그 현대사를 객관화·상대화하여 비판적으로 볼 수 없는 상태에 있었다고 하였다. 아카데미즘 역사학은 지나치게 실증에 매몰되어 결과적으로 정부의 의도를 추인했다는 일종의 간접책임론을 지고 있다고 할 수 있다.[19] 이에 비해, 학술적 가치는 부족하지만『오십년사』는 제국형성의 시점에서 일본이 스스로의 역사를 어떻게 서술하였는지를 비교적 명확히 보여주는 사례라는 점에서 주목할 만하다. 이런 점에서 이글은『오십년사』가 러일전쟁으로 본격적인 제국주의 단계에 들어선 일본의 정치적 상황과 밀접한 관계를 지니면서 출간된, 정치적 기획물이었다.

『오십년사』가 출간된 1907년과 1908년은 근대일본을 일단락 짓는 시기에 해당한다. 먼저 제목에서 알 수 있듯이 1908년은 1858년 미일수호통상조약에 의한 본격적 개국으로부터 50주년이 되는 해였다. 개국 이후의 막부 붕괴, 메이지유신과 메이지 정부의 수립, 헌법제정, 그리고 청일전쟁과 러일전쟁으로 이어지는 급격한 변화와 갈등을 성공적으로 마무리한 시점이었다. 따라서 이 책의 간행은 일본의 성공적인 근대화를 자축하는 의미를 지녔다.

그런데『오십년사』가 자축하고자 한 것은 일본의 근대화뿐 아니라,

러일전쟁의 승리로 제국주의 열강으로 입지를 굳힌 것도 마찬가지였다. 『오십년사』의 출간은 '일본제국의 수립'이라고 하는 정치적 맥락을 지닌 것이다. 이는 러일전쟁에 『오십년사』의 출간에 커다란 영향을 미친 사실에서 알 수 있다. 『오십년사』 상권의 「예언」에서 알 수 있듯이 오쿠마는 러일전쟁의 승리와 그 이후의 상황까지를 고려하여 「서론」·「결론」을 집필하였다.[20] 오쿠마의 「서론」을 보면 일본을 '일본제국', '세계적 방국', '세계적 강국민' 등과 같이 호칭하였다.[21] 더 나아가, "우리국민이 대국민의 하나로서 세계 도처에서 인식되는 것"이 일본이 풀어가야 할 과제의 하나라고 하면서 "우리국민이 단지 동양의 강국에 그치지 않고 세계적 강국민으로서 그에 적합한 특별대우를 요구하는 것은 조금도 이상할 것이 없다"라고 하였다.[22] 일본이 국제사회에서 서양 열강에 준하는 대우를 받아야 하며, 이를 설득시키는 것이 『오십년사』 편찬의 이유임을 밝힌 것이다. 따라서 상권의 「예언」에서 밝힌 것처럼, 출간의 목적이 일본의 발전을 국내외에 널리 알리는데 있었고, 그 때문에 영문 출간까지도 준비하는 등[23], 정치적 홍보를 위한 출판 기획의 결과였다. 일본의 발전상을 서구사회에 널리 알려서 일본이 제국열강의 일원임을 확인받고자 하는 정치적 고려가 크게 작용하였다. 다시 말해, 『오십년사』는 일본이 서양 열강과 마찬가지로 '제국'의 반열에 올랐음을 천명하고자 하는 목표를 지니고 출간되었다.[24]

『오십년사』 출간의 정치적 맥락은 비슷한 체제를 지닌 『태양』의 「19세기특집호」(1900년 6월 15일 발행)와 비교를 통해서도 살펴볼 수 있다. 『태양』 특집호는 일본의 여론 지도층('朝野諸名家')의 의견을 바탕으로 정리한 것으로 오쿠마 시게노부를 비롯한 10명의 글들로 구성되었다. 그 중에서 서론에 해당하는 오쿠마의 논설은 20세기 세계열강의 경쟁장은 중국대륙이며, 일본은 신진세력으로서 또한 중국과 같은 한자문화, 같은 동양인종으로서 중국을 개도보전(開導保全)할 역할을 담당하면서 세계의 정치를 움직이는 주인공이 될 것을 주장하고 있다. 또한 각론을 보더라도 육군과 해군의 발전상을 기술하면서 전쟁과 문명은 불가분의 관계이며, 잡지의 독자인 국민을 병사로 가정하는 시선을 담고 있는 점을 볼 수 있다. 결론적으로 이 특집호는 동양은 19세기에는 압도적인 서양문명에 의해 침략되었지만 20세기에는 동양에서 일어난 일본이라는 제국이 서양 열강과의 경쟁에 참여하게 되었음을 알리고 있다.25)

이러한 『태양』 특집호는 『오십년사』와 어떠한 유사점과 차이점을 지니고 있는가? 먼저 『오십년사』는 분량이나 필진의 수를 볼 때 훨씬 방대한 규모를 지니고 있는 점에서 확연한 차이를 보인다. 그러나 청일전쟁의 승리와 중국분할경쟁이라는 점을 의식하고 씌어진 『태양』 특집호와 달리 『오십년사』는 러일전쟁의 승리가 확정되어 일본의 제국으로서의 위치가 공고해진 시점에서 집필되었다. 양자의 서론을 비교하자면 둘 다 오쿠마에 의해 집필되었지만 일본에 대한 평가에는 분명한 차이를 보이고 있다.

먼저 『태양』 특집호의 서론에서는 당시의 일본이 새로운 세계강국('新進의 一大勢力')이 되었지만 아직은 미흡한 점이 있음을 인정하였다('다만 걱정되는 바는 아직 교육이 충분하지 않은 것'). 그렇지만 "만약 교육제도 상에 일대 쇄신"을 하여 국가적 관념을 함양하면, "일본은 장래의 중국 문제를 사실상 결정할 주인공"이 될 것임을 강조하였다.26) 여기에는 일본이 세계열강으로서의 지위를 획득했지만 아직 그 바탕이 확고하지 않다는 우려감이 드러나 있다. 반면에 『오십년사』의 서론은 일본이 "구라파주에서 패권시하던 강국과 포화를 나누었고, 명예로운 승리는 그들로 하여금 놀라움을 거둘 바를 모르게 하고, 그리하여 세계의 이목을 뒤흔들었다."는 자신감을 바탕으로, 그러한 성공의 이유를 일본의 역사적 경험 속을 통해 설명하고 있다.[27] 다시 말해, 『오십년사』는 러일전쟁의 승리를 의식하면서 근대일본의 성공과 성취에 대한 자신감을 밝히면서 일본을 서양제국과 비견되는 존재로 설정하고 있다. 따라서 『오십년사』의 출간은 러일전쟁을 둘러싼 국제정치적 시야가 개입된 정치적 성격이 두드러진 국가적 프로젝트였으며, 『오십년사』는 일본제국의 등장을 국내외에 알리고자 하는 기획 의도를 갖고 출간되었다.

그렇다면 이러한 의도는 일본역사의 구체적 기술 속에서는 어떠한 모습으로 나타났는가? 『오십년사』는 간행 목표가 일본의 발전을 국내외에 알리는데 있는 것에서 알 수 있듯이, 메이지유신 및 메이지 정부에 대한 평가의 문제를 넘어서서, 개국 이후 일본의 근대적 성취를 밝히는 것을 목표로 하였다. 예를 들어, 외무대신을 역임했던 소에지마 다네오미(副島種臣)가 집필한 「메이지의 외교(明治之外交)」는 "최근 오십년 간 일본의 장족의 발전은 서양인들이 놀라는 바이다."[28]라고 하면서 개국에서 러일전쟁까지 일본의 외교적 성과를 기술하였다.

『오십년사』는 한 걸음 나아가 일본의 제국 건설을 강조하고 '일본 제국상'을 거듭 천명하였다. 특히 오쿠마 시게노부가 집필한 「서론」과 「결론」에 이러한 제국주의적 관점이 두드러졌다.

먼저 오쿠마는 러일전쟁에 대해 "세계인구의 과반을 차지하는 동양의 여러 민족은 침체되어 거의 국가적 멸망에 빠졌는데, 일본 제국이 홀로 우뚝 흥륭한 지 이제 거의 오십년"[29]이라고 하였다. 여기에는 '침체된 동양·열강의 일원이 된 일본 제국·일본의 발전에 놀란 서양 열강'이라는 세 개의 주체가 등장한다. 주목할 점은 각 주체들의 관계가 어떻게 규정되었는가라는 점이다.

먼저 동양과 일본의 관계는 동양의 다른 민족은 '침체'되었고, 일본 제국은 '흥륭'하였다고 대비하면서, 일본과 동양의 발전 격차를 강조하였다. 그러면서도 일본의 우월성이 동양에 대한 무조건적인 힘의 우위를 이용하여 얻어낸 것이 아니며, 일본의 제국주의적 강성함은 세계정세에 적응한 결과일 뿐이라고 하였다. 즉, "우리는 이미 세계 정책의 조류로부터 떨어져 존립할 수 없다. 그렇지만 영토 확장과 같은 것은 원래 우리 국민이 희망하는 것이 아니다."라고 하였다. 따라서 일본의 식민지 건설이 팽창욕에 의한 것이 아니라 서양에 의한 제국주의적 조류에 의해 불가피하게 이루어진 것이라고 하였다. 그리고 일본은 동양의 이웃들에 대해 제국주의적 침략이 아니라 우호적인 정책을 취해 왔다고 주장하였다. "문호개방, 기회균등의 주의는 우리 국가정책의 기초가 되므로, 조선과 중국으로 하여금 태서 문명의 이익을 향수하게 하는데 이미 노력해왔을 뿐 아니라 앞으로도 또한 그렇게 할 것이다. 따라서 비참한 지경에 빠진 동양의 두 나라를 문명으로 이끌어 발달시키는 영광스러운 인도적 사업에 있어서 앵글로 색슨족의 협력을 바탕으로 또한 우리 『오십년사』와 같은 사서를 기초하게 하는 것은 우리가 절실히 바라는 바이다."30)라고 하였다.

서양과의 관계에 대해서는 일본이 서양 제국들처럼 제국으로서의 위상에 걸맞게 발전하였다고 하였다. 즉, 앞의 인용문에서 보았듯이 일본이 러일전쟁에 승리하여 서양 세계를 놀라게 했다고 보았다. 나아가 "우리 국민은 본 사서에서 서술한 것처럼, 태서제국에게 자랑할 만한 영광스러운 역사를 지닌 국민이다."31)라면서, 일본이 군사력에서뿐 아니라 역사적 전통에서도 우수성을 지녔다고 주장하였다.

『오십년사』는 목차에서도 알 수 있듯이 개국 이후 일본의 발전상을 정치, 경제, 사회, 문화의 각 부문에 걸쳐 백과사전식으로 서술하였다. 필자에 따라 개국 이전 시기에 많은 부분을 할애하거나 사실 열거에 그치는 등의 차이가 컸다. 그렇지만 『오십년사』는 일관되게 근대일본의 발전을 강조하였다. "일본은 오늘날 이미 열강과 나란히" 걸음을 같이하여 웅명(雄名)을 떨칠 수 있게 되었고,[32] 일본의 발전이 "각종 사물에 걸쳐 모두 두드러지지 않은 것이 없다."[33]는 믿음을 공유하였다.

오쿠마는 일본이 개국 50년간 이처럼 눈부신 발전을 이룰 수 있었던 원동력을 그 역사적 특수성에서 찾았다. 일본이 아세아 민족과 다른 전설과 역사를 지녔기 때문에 발전할 수 있었다고 하여, 일본과 동양의 역사를 구분하고 있다. 오쿠마는 아래와 같이 주장하였다.

> 일본은 개벽의 처음부터 일계의 주권자를 모시고, 극동의 군도에 완벽한 국가(一國)를 이루고, 일찍이 남을 침략하지 않고 또한 남에게 침략 받지 않으며, 완전히 독립된 역사를 지닌다. 천오백년 간 면면히 오늘날에 이르는 유래를 설명하고자 하면, 그 단서는 매우 복잡하지 않을 수 없겠지만, 여기에 먼저 그 요점을 제시하자면, 천지인(天地人)의 3대 원칙으로 나눌 수 있다. 즉, 첫째인 '천'이란 일본 민족이 신국을 지켜나가며 건재하게 하는 것, 둘째로 '지'는 지리적으로 내려 받은 민족의 특질을 발휘하는 것, 셋째로 '인'이란 봉건할거의 경쟁 중에서 민족의 지능을 연마한 것을 이른다. 일본 민족의 발전에 관한 모든 제목은 이 세 가지로 포괄된다는 것을 본인은 믿어 의심치 않는다.[34]

오쿠마가 일본의 역사적 특수성을 언급한 것은 일본의 제국주의적 발전을 설명하기 위한 것이기도 하였다. 위에 언급한 일본 역사의 세 가지 특징적 요소는 '일본 제국'의 성립과 다음과 같은 관계를 지녔다고 본 것이다. 먼저, 일본이 신국이라는 관념은 천황제 국가의 토대였다.

일본이 신국이라는 관념은 학문적 연구를 넘어선 국가 이념이었고, 오쿠마 또한 이를 재확인한 것이다. 더구나 대외관계에 있어서 일본이 외국의 침략을 거의 받지 않았을 뿐 아니라 몽고의 침략도 기상의 변화로 막아냈는데, 항해술이 발달된 "최근의 대해전에서도 기후가 우리에게 유리했다는 점"에서 신국 관념이 다시금 되살아났다고 하였다.[35]

다음으로 대륙으로부터 분리된 섬나라라는 지리적 위치는 일본이 다양한 인종과 문화를 흡수, 융합하여 발전할 수 있는 토대가 된 것으로 해석되었다. 섬나라인 영국이 "여러 종류의 인종을 모아서 동화한 결과, 앵글로 색슨인으로서 세계에 웅비하는 민족이 되었다."라고 하면서 일본도 그와 같다고 하였다. 즉, "일본 민족은 영국보다도 다수의 인종이 집합하여 조직하고, 그 잡다한 성질을 버리고 좋은 성분만을 정련하였기 때문에 일단 세계경쟁의 기회에 접하면 곧바로 크게 일어나는 것은 이러한 섬나라(시마쿠니)의 특징"[36]이라는 것이다. 섬나라라는 지리적 위치에 따른 인종적, 문화적 다양성으로 인해 일본이 영국과 같은 강국으로 발전할 것이라는 논리를 펼친 것이다.

세 번째는 일본의 역사적 전개 속에서 발전의 요인을 찾고 있다. 오쿠마는 일본의 역사를 봉건제를 중심으로 고봉건시대·과도시대·신봉건시대의 세 단계로 나누는 매우 특이한 구분법을 사용하였다. 이러한 구분의 이유는 무엇일까? 이는 무사도에 대한 그의 설명에서 찾을 수 있다. 그는 "고대에 발생하고 전국에 성장하고, 도쿠가와 시대에 유지된 이러한 일종의 정신은 소위 무사도로서, 유신 이후 무사는 직분에서 벗어나 그 특권을 잃었지만, 그 정신은 의연히 사라지지 않고, 확산되어 무사 이외의 인민을 훈화(薰化)하고, 구미의 학술지식이 우리나라에 동점하자, 이것과 합쳐져서 오늘날 제국의 문명에 공헌하기에 이르렀다."[37]

라면서 무사도를 높이 평가하였다. 이러한 무사도에 대한 평가는 청일
전쟁과 러일전쟁에서의 군사적 승리와의 관련성, 서양의 봉건사회와 기
사계급에 대한 고려 등에 따른 것이었다. 오쿠마의 무사도에 대한 관심
은 1900년 니토베 이나조의 Bushido, 1905년 『무사도총서』(3권)(井上哲次
郎編) 등의 간행과도 관련지어 볼 수 있을 것이다.

오쿠마는 일본 발전의 장기적 요인으로 이상의 주장을 펼치는 한편,
단기적 발전 요인으로 개국을 통한 서양과의 교제를 강조하였다. 『개국
오십년사』라는 제목에서 알 수 있듯이 근대일본의 출발점을 서양과의
외교가 성립된 페리 제독에 의한 '개국'에 두면서, 그것을 계기로 일본
사회가 급격히 변했다는 인식을 보여준다. 따라서 오쿠마는 「결론」에서
"봉건제도 때문에 지방적으로 할거하였던 우리 국민이 일본이라고 하는
국가적 관념을 발휘하고 세계적 방국으로 존립할 수 있게 된 것은 외교
의 덕택"이라면서 그 때문에 "우리 국민이 외부의 문명에 접촉하고 그
자극을 받아서 이에 일대 발전을 이룰 수 있었다."[38]라고 하였다. 이와
같이 『오십년사』는 일본근대의 기점을 개국에 두고, 일본이 서구문명의
수용을 통해 서양 열강의 대열에 합류할 수 있었다는 자신감을 대내외
에 분명히 알리고 있다.

(2) 일본제국의 확장과 조선사의 전유

(가) 일본제국의 확장과 동양사의 독립

근대일본은 메이지 정부의 수립 후 20년 남짓 지난 1889년에 헌법을
제정하였고, 뒤이어 청일전쟁과 러일전쟁을 거치면서 제국주의로의 길

을 걸었다. 이러한 제국주의적 행보에는 다양한 요소들이 복합적으로 작용하였는데, 그 중의 하나가 동아시아 지역에 대한 역사적 기억의 문제였다. 일본사 뿐 아니라 주변의 동아시아 세계에 대해, 일본의 제국 건설에 필요한 방식으로 역사상을 구축하였다. 그 결과 중의 하나가 '동양사' 분야의 탄생이었다.

'동양사'의 독립은 역사 교육에서부터 시작되었다. 게이오 의숙 출신으로 일본사 외에도 조선사와 중국사 연구자로 활동하던 나카 미치요가 1894년 서양의 예를 따라 서양사와 동양사의 분리를 주장하였고, 이를 계기로 '동양사'가 중등학교의 교과목으로 설정되었다. 나카는 기존의 세계사 교육이 서양식 만국사와 전통적인 중국식 역사가 섞여 있는 점에 주목하여, 유럽 중심의 역사연구와 동양 각국의 역사연구를 각각 별개의 영역으로 분리, 독립할 필요가 있다고 주장한 것이다.[39]

근대일본의 동양사학 연구는 도쿄제국대학에 설치한 한문학과의 한학 계통과 도쿄제국대학의 국사과 출신의 인물들에 의해 주도되었다. 대학 차원에서는 사학과 출신인 시라토리 구라키치(白鳥庫吉) 주도로 1904년 도쿄제국대학에 지나사학과(支那史學科)가 설치되고, 사학과는 서양사학과가 되었다. 도쿄제국대학 동양사학의 거두인 시라토리는 1886년 도쿄대학을 졸업하였으며, 1886년 가쿠슈인 교수를 거쳐 1904년부터 도쿄제국대학 교수로 임명이 되어 연구와 교육에 커다란 영향을 끼쳤다. 특히, 시라토리는 사학과가 서양사와 동양사로 분리되는 과정에서 동양사학을 이끄는 핵심 인물로서, 일본의 근대 동양사학을 만드는 데 결정적인 역할을 하였다.[40] 1911년 지나사학과가 동양사학과로 이름을 바꾸고, 국사, 동양사, 서양사의 체제가 세워졌다. 교토제국대학은 1906년 문과대학에 동양사학 강좌명을 사용하고, 1907년 동양사학 제1

강좌 개설하고 나이토 고난(內藤湖南)이 담당교수로 부임하였다.

중학교에 동양사 과목이 정식으로 채택되면서 중학교용 동양사 교과
서와 참고서들이 출판되었으며, 고등학교 입시에 필요한 동양사 문제집
들이 간행되었다. 초기 중학교 동양사의 대표적 교과서로 구와바라 지
쓰조(桑原隲藏)의 『중등동양사(中等東洋史)(上·下)』가 있다.[41] 구와바라는
1896년 도쿄제국대학 문과대학의 한문과를 졸업하고 대학원에 진학하
여 동양사를 전공하였고 후에 교토제국대학의 교수에 임명되어 동양사
발전에 큰 역할을 한 학자였다. 그의 『중등동양사』는 1898년에 출판되
었으며, 목차 구성은 다음과 같다.

<표 III-2> 『중등동양사』(上·下) 목차

中等東洋史 上卷	中等東洋史 下卷
標題紙	標題紙
目次	目次
總論	近古期　蒙古族最盛時代
上古期　漢族膨張時代	第一篇　契丹及北宋
第一篇　周以前	第二篇　女眞及南宋
第二篇　周	第三篇　蒙古
中古期　漢族優勢時代	第四篇　元及明初
第一篇　秦及西漢の初世	第五篇　元末明初の塞外の形勢
第二篇　西漢の外國経略	第六篇　明の中世及末世
第三篇　西漢の末世及東漢の初世	近世期　歐人東漸時代
第四篇　仏教の東漸	第一篇　清の初世
第五篇　東漢の末世、三國及西晋	第二篇　清の塞外経略
第六篇　五胡十六國及南北朝	第三篇　英人の東漸
第七篇　隋及唐の初世	第四篇　中央亞細亞の形勢
第八篇　唐の外國経略	第五篇　太平洋沿岸の形勢
第九篇　唐の中世及末世	附錄
附錄	中等東洋史年表略
中等東洋史年表略	

출처: 桑原隲藏, 『中等東洋史 (上·下)』, 大日本図書(1898).

원문출처:http://dl.ndl.go.jp/info:ndljp/pid/775946, http://dl.ndl.go.jp/info:ndljp/pid/775947

구와바라가 '동양사'라는 과목을 중국의 역사를 중심으로 구성하면서, 중국에게 영향을 미친 주변민족과 외래문화에 특히 많은 관심을 두었음을 알 수 있다.

구와바라는 『중등동양사』에서 동양의 범위를 동방아시아, 남방아시아, 중앙아시아, 서방아시아, 북방아시아의 5개 지역으로 구분하였다. 교과서의 내용은 중국사 중심이었지만, 동양사의 범위는 중국의 북방, 서방, 남방 전체로 확장된 아시아상을 지녔던 것이다.[42] 시라토리의 경우는 1890년대 초에 『사학회잡지』에 조선 관련 논문을 싣는 등, 조선고대사 연구를 시작으로 만주의 이민족, 서역사 연구, 만선사 연구 등으로 범위를 확장해 갔다. 동양사 분야가 본격적으로 성립, 발전하는 속에서 그 중심은 중국사에 있었으며, 범위는 멀리 서남아시아 지역을 확장되었다.

동양사의 독립과 함께 일본의 중국사 연구도 시작되었다. 나카 미치요는 전통적인 중국 사서를 근대적인 방식으로 재서술하고자 하였다. 이를 위해 일본의 문명개화기에 유행했던 문명사적 중국사를 쓰고자 하였으며, 서양인들의 중국사 연구도 참조하면서 방대한 규모의 신식 중국사를 저술하였다. 그 결과 1888년 『지나통사(支那通史)』의 제1권이 간행되었고 1890년에는 제4권까지 완성하였다.[43]

<표 III-3> 『지나통사』의 목차

卷之1	卷之2	卷之3 第1-3編	卷之3 第4-9編	卷之4
首篇　總論 上世史 第一篇　唐虞 第二篇　三代 第三篇　諸侯本末	中世史上 第一篇　秦 第二篇　楚漢 第三篇　前漢上 第四篇　前漢中	中世史中 第一篇　西晉 第二篇　東晉 第三篇　南北朝	第四篇　隋 第五篇　唐上 第六篇　唐下 第七篇　外國事略 第八篇　文學宗教	中世史下 第一篇　五代 第二篇　宋上 第三篇　宋中 第四篇　宋下

				第五篇 學芸
第四篇 春秋	第五篇 前漢下			第六篇 制度
第五篇 戰國上	第六篇 後漢上			附錄
第六篇 戰國下	第七篇 後漢下			五代列國世系
第七篇 世態及文事	第八篇 三國			宋遼金夏世系
第八篇 先秦諸子	第九篇 制度略		第九篇　制度之沿革	諸帝在位年數及年号
附錄 歷朝興亡禪代	附錄 秦漢三國世			宋儒伝授図
図, 三代世系, 齊晋	系, 諸帝在位年數			文廟從配沿革表
及七國世系, 周秦列	及年号, 兩漢后家			宋遼金職官沿革表
王在位年數	多破滅			宋百官品秩表

출처: 那珂通世編, 『支那通史』, 中央堂(1888-1890). 원문출처:
http://dl.ndl.go.jp/api/openurl?rft.title=%E6%94%AF%E9%82%A3%E9%80%9A%E5%8F%B2

『지나통사』 이후 중국사 연구가 활발해 지고, 중국사는 동양사의 중심이 되었다. 나아가 동양사는 곧 중국사로 인식될 만큼 절대적인 비중을 차지하였다. 이에 비해 조선사는 사학회 설립 직후부터 아카데미즘 학자들의 연구가 진행되고 국사과 내에 조선사 강좌가 설치되었지만, 독립학과로 성장하지 못하였다.44) 동양사가 독립 분야로 성장해 갈수록 조선사 연구는 동양사의 주변부로 굳어져 갔으며, 조선사에 대한 관심은 일본의 식민지배와의 관련으로 한정되어 갔다.

(나) 아카데미즘 역사학의 조선 연구

근대일본이 조선의 역사에 관심을 갖기 시작한 것은 1890년에 들어서였다. 그 이전까지 일본의 조선사에 대한 관심은 진구황후와 도요토미 히데요시의 '조선정벌'이라는 특정한 기억을 반복하는 것에 머물렀다.45) 그렇지만 근대의 일본인들은 조선 자체에 대해 결코 무관심하거나 무지했던 것은 아니다. 1870년대와 1880년대에는 조선과 관계된 정한론, 강화도 사건, 임오군란, 갑신정변 등의 사건들이 일본 국내에도 큰 반향을 일으키면서 일본인들의 조선에 대한 관심을 불러일으켰다. 이 사건들은 주요 신문에 집중적으로 보도되었으며,46) 서적으로도 출판되었기 때문에 조선에 대한 정보는 풍부하게 제공되었다. 그런데 이러한 조선 관련 서적들은 대부분은 일본과 관련된 특정 사건47)이나 조선의 지리나 풍물을 포괄하는 지지(地誌) 등이 중심이었다.48) 반면에 조선의 역사 자체에 대한 서적은 『계몽조선사략(啓蒙朝鮮史略)』이 거의 유일했다.49)

일본의 조선사에 대한 관심은 1890년대가 되면서 커다란 변화를 보였다. 도쿄제국대학 사학과의 설치와 사학회의 설립으로 일본의 아카데미즘 역사학의 체제가 갖추어지면서 1890년대 초부터 조선사에 대한 여러 편의 논문이 발표되었다. 조선사에 대한 관심 증가는 당시가 청일전쟁을 전후한 시기라는 점에서 설명의 실마리를 찾을 수 있을 것이다. 갑신정변의 실패로 일본의 영향력이 위축되면서 급격히 줄어들었던 일본 사회의 조선에 대한 관심은 1890년대가 되면서 다시 증대되었다. 일본의 조선에 대한 정책적 관심이 조선에 대한 역사연구의 바탕이 되었음을 알 수 있다.

1889년에 창간된 「사학회잡지(史學會雜誌)」(이후 「사학잡지(史學雜誌)」로 변경)를 보면 여러 편의 조선사 관련 논문들을 발견할 수 있다. 예컨대 1890년 4호의 구메 구니타케(久米邦武)의 「호타이코의 웅략(豊太閤の雄略)」, 1891년에는 스가 마사토모(管政友)의 「삼한문학의 원시와 역사고(三韓文學の原始及歷史考)」, 「고려 호태왕비명고(高麗好太王碑銘考)」, 요시다 도고(吉田東伍)의 「고대 반도제국 흥폐 개고(古代半島諸國興廢槪考)」, 하야시 다이스케(林泰輔)의 「가라의 기원(加羅の起源)」, 1892년에는 쓰보이 구메조(坪井九馬三)의 「고조선 삼국 정립 형세고(古朝鮮三國鼎立形勢考)」 등이 발표되었다. 동양사 분야의 개척자로 중국 연구에 많은 업적을 남긴 시라토리 구라키치(白鳥庫吉)도 도쿄제국대학 사학과 졸업 이후 조선과 관련된 논문들을 여러 편 발표하였다.50) 이전까지 별다른 관심을 끌지 못했던 조선사 연구가 일본의 아카데미즘 역사학의 성립 시점에 주요 연구 대상으로 부상했던 것이다.

조선 관련 연구들은 대부분 삼국시대를 중심으로 하는 고대사에 집중되어 있었다. 앞서 언급한 「사학회잡지」의 논문들도 대부분 고대사 관련이었으며, 이 시기에 출간된 단행본들도 마찬가지였다. 1892년의 『조선사』는 고대에서 고려시대까지, 1893년의 『일한고사단(日韓古史斷)』은 건국에서 삼국통일까지를 다루었다.

『조선사』의 필자인 하야시 다이스케는 1890년 전후한 초기 조선사 연구 초기의 중심 인물이었으며, 제국대학 조교수로서 강사 나카 미치요(那珂通世)와 함께 처음 중국사 교육을 시작한 인물이기도 했다.51) 그는 1887년에 도쿄대학 고전강습과를 졸업하였다. 하야시는 제일고등중학교 촉탁, 야마구치고등중학교 조교수를 거쳐, 1896년에서 1897년에 제국대학 문과대학 조교수로 중국사를 강의하였으며, 1901년에서 1902년 도쿄고등사범학교 강사, 1908년 도쿄고등사범학교 교수(한문)가 되었다. 하야시는 도쿄제국대학 국사학과와 사학과가 주도한 「사학회잡지」에 논문을 발표하면서 아카데미즘 역사학의 일원으로 활동하였다. 비록 전문적인 근대역사학의 훈련을 받지는 못했지만 해박한 고전에 대한 지식을 바탕으로 조선 관련 서적들 전반을 검토하여 조선사 연구자가 되었다.

하야시의『조선사』는 최초의 근대적 조선사 통사였다. 하야시는 식민사관의 모태가 되는 주장들을 펼친 인물로서 그동안 많이 언급되어 왔다. 특히『조선근세사』는 조선의 외세 의존성을 강조하여 조선을 둘러싼 청일간의 갈등과 외세의 조선 지배를 당연시하였다. 여기서는『조선사』와『조선근세사』를 비롯한 일본의 조선사 서술 내용과 조선사상을 분석해 보고자 한다.

먼저『조선사』에서 하야시는 조선의 중국에의 종속성과 함께 일본과의 관계에서는 진구황후와 도요토미 히데요시의 조선정벌을 강조하였다. 그는 조선의 역사를 개관하면서, 조선의 중국과의 관계에서 대해 "조선은 거의 중국의 속국과 같았다."[52]라고 규정하고, 조선의 역사적 전개과정을 중국과 같은 외세의 영향을 중심으로 기술하였다. 조선왕조에 대해서는 조선왕조가 명에 복사(服事)하였으며, 선조 때 도요토미 히데요시의 침략을 받았을 때 명의 구원으로 겨우 사직을 회복했을 뿐 아니라 만청의 공격에 항복하여 조공의 예를 바쳤으며, 이후 당파 시대를 지나 서양세력과 일본, 러시아의 갈등의 대상이 된 것으로 설명하고 있다.[53]

『조선사』제7장은「지나 및 일본의 관계」라는 제목으로 고대 조선의 대외관계를 다루었다. 하야시는 백제에 대해서 "근초고왕 때 우리의 진구황후가 신라를 정복함에 따라 처음으로 일본에 복속"하고 "방물(方物)을 바치고 조공이 끊이지 않았다."[54]라고 하였다. 신라에 대해서는 "진구황후가 크게 병사를 일으켜 공격하였다. 왕의 힘이 대적할 수 없어서 복속하였다."[55]라고 하였다. 다시 말해,『조선사』는 조선이 고대부터 일본의 군사적 정복에 굴하여 복속하였다는 대외의존성을 주장하였다.

한편,『일한고사단』[56]의 저자인 요시다 도고(吉田東伍)는 중등과정에서 퇴학을 한 후 독학으로 소학교 교원을 거쳐 역사학자로 성장한 인물이었다. 그는 1890년부터 『사학잡지』, 『사해』와 같은 역사잡지에 투고하여 학문적으로 인정을 받았다. 그의 초기 논문이 「고대반도 흥폐 개고(古代半島興廢槪考)」인 것에서 알 수 있듯이 조선의 고대사에 집중하였고, 그 일환으로 『일한고사단』를 출간하였다. 『일한고사단』으로 호평을 받은 이후 계속 연구를 지속하여 와세다 대학의 전신인 도쿄전문학교 문학부 사학과의 강사를 거쳐 일본사, 일본지리 과목의 담당교수가 되었다.

『일한고사단』의 핵심 주장은 '일선동조론'이다. '일선동조론'은 태고에 일본의 신이나 천황이 한국을 지배했으며, 근대일본이 조선을 지배하는 것은 역사의 본래의 모습으로 되돌아가는 것일 뿐이라는 논리이다. 이러한 주장은 『고사기』, 『일본서기』가 저작된 시대부터 고대, 중세를 통하여 존속했으며, 18세기에 들면서 국학자들에 의해 강하게 주장되었다.57) 근대에는 1890년의 『고본국사안』이 『일본서기』을 근거로 다음과 같이 일선동조론을 주장하였다. 즉, '신인무별의 시대(神人無別の世)'였던 신대에 오쿠니누시노미시코토(大國主の命)의 명령에 따라 스사노오노미코토(素戔嗚尊)가 조선과 통교를 시작하였고, 이나히노미코토(稻飯命)가 신라의 왕이 되며, 이 아들 아메노히보코(天日槍)가 일본에 귀복하였다는 것이다.58)

『일한고사단』은 신라 통일의 시점까지만 기술하면서 고대 한일관계를 동조론의 입장에서 해석한 전문서의 성격을 지니고 있다. 요시다는 조선인의 조상이 남방계통(嶋種)과 북방계통(陸種)으로 이루어졌으며, 이 중에서 남방계통이 차츰 우위를 차지해 가면서 삼국통일을 성취했다고 보았다. 남방계에 해당하는 신라와 가라국은 일본의 쓰키지, 이즈모와 교통하였으며, 언어, 생김새, 풍습 등이 일본과 유사한 점이 많은 '일본과 동종(本邦同種)'59)이라고 주장하였다. 그는 이처럼 근본을 같이하는 두 나라가 분리되어 가는 자초지종을 밝히는 것이 저술 목적이라고 밝히면서, 신라의 태종, 문무왕 때에 일본과의 분리가 완결되면서 '반도국민(牛島國民)'로서의 성격이 정해졌다고 하였다.60)

이상과 같이 1890년대 일본에는 고대사를 중심으로 하는 조선사에 대한 연구가 본격화되고 연구서들이 출간되기 시작했다. 그런데 그 과정에서 제시된 조선사상은 일본인들의 역사적 기억 속에 있던 '조선정벌' 기사나 '일선동조론'을 근대적으로 재해석하며, 조선이 주변 강대국으로부터 끊임없는 억압을 받으면서 외세의존성을 갖게 되었다고 함으로써 일본의 식민사관의 원형을 만들어 갔다.

1900년대가 되면 조선사 관련 서적이 증가하면서 내용적으로 다양해졌다.61) 특히 중요한 점은 조선사 서술의 변화에 있다. 조선시대를 중심으로 하는 조선사상의 성립에서 가장 큰 전환점이 된 것은 하야시의 『조선근세사(朝鮮近世史)』62)이었다. 하야시는 1901년에『조선사』에서 다루지 않은 조선시대 이후를 대상으로 한『조선근세사』를 출간하였다. 그 구성을 보면 상하 2권, 전체 10개의 장으로 이루어져 있다. 권상(卷上)은 조선건국에서 임진왜란까지의 6장, 권하(卷下)는 병자호란에서 청일전쟁까지의 4장으로 기술되었다.

『조선근세사』가 전통적인 조선 역사서와 가장 큰 차별성을 보이는 것은 권하의 8장「문화와 당쟁」과 9장「외척과 왕족의 전자(專恣)」에 있다. 제목에서도 알 수 있듯이, 하야시는『조선근세사』의 7장에서 병자호란에 대해 기술하면서 조선이 외세의 침략에 시달려왔다고 강조하였다.

외세의 침략과 함께 조선 국내정치의 구조적 모순점에도 큰 강조점을 두었다. 그는 조선후기의 가장 기본적 특징은 양반 관료층의 당쟁에

의한 권력 다툼과 조선왕실의 부패와 무능력에 있으며, 이러한 조선사
회 지배층의 구조적 문제점이 조선사회 쇠퇴의 근본 원인이라는 것이
다. 당파 싸움은 선조 이래 끊임이 없었고 그에 따라 대신의 경질이 빈
번하였기 때문에 정치의 실권은 항상 이서(吏胥)의 손에서 조정되고 그
손에 의해 뇌물과 절도의 폐해가 매우 컸지만, 외척의 세도 정치가 성
립되면서 더 큰 폐해가 발생하였다고 하였다.[63] 조선 후기의 문제점들
중에서 하야시는 특히 당파의 연원과 분화과정, 당쟁으로 인한 정치적
사건들을 자세히 기술하였다. 1901년의 시점에서 조선의 역사에 대한
시선을 고대사에서 당대와 직접적 관련성을 지니고 있는 조선시대로,
그것도 조선 지배층의 문제에서 쇠퇴 원인을 찾는 해석 틀을 제공한 점
은 큰 의의를 지닌다.

『조선근세사』의 조선사상은 1900년대에 출간된 조선관련 역사서 대
부분에서 반복되면서 통념으로 굳어갔다. 『조선근세사』에서 제시한 조
선시대의 역사상은 조선후기의 정치적 부패와 혼란을 강조한 식민사관
의 원형으로 자리 잡았다. 그 첫 번째로 『조선근세사』와 같은 해인
1901년에 출간된 『조선개화사(朝鮮開化史)』[64]를 들 수 있다. 『조선개화
사』는 먼저 조선이 자주정신을 결핍했다고 주장했다. 그는 조선이 외세
의존성을 지니게 된 것은 고대 이래의 역사적 경험에 의한 것이라고 하
였다. 잦은 외침에 의해 조선의 인종 구성을 보면 가장 큰 부분을 차지
하는 부여족 외에도 말갈, 한족, 출운족, 예맥종, 전마한종, 천손족, 옥
저족, 몽고종, 거란종 등으로 이루어졌고, 이처럼 "반도 혈맥이 매우 어
지러운 것이 반도인이 자주자립 정신이 결여된 하나의 원인"[65]이라고
하였다. 이를 통해 조선이 고대부터 현재까지 외세의 침입을 받으면서
외세의존성을 지니게 되었다는 시각이 이미 일반화되었음을 알 수 있다.

다음으로 조선시대에 대한 서술을 보면 정치, 사회, 문화적 발전에
대해 매우 상세한 서술을 하였다. 그 중에 주목할 점은 당쟁에 의한 언
급이다. 그는 3편 문화 제10장 세조에서 선조 대에 이르는 부분에 '붕당'
이라는 항목을 제시하고 그 형성과 전개과정을 소개하였다. 그 내용은
『조선근세사』보다는 간단하지만 붕당의 주된 목적이 정권의 쟁탈에 있
었으며, "이조 중세 3백여 년의 역사는 완전히 이 당쟁에 의해 채워져서
한 점의 광휘도 내지 못하기에 이르렀다."[66]라고 그 성격을 규정하고
있다. 다시 말해 청일전쟁의 승리를 경험한 이후인 1900년대가 되면 단
순히 고대사를 통해 조선의 외세의존성을 강조하는 데 그치지 않고, 조
선사회 자체의 내부적 문제점을 밝혀서 그 쇠퇴와 붕괴의 불가피성을
정당화한 것이다.

이와 같이 1900년대가 시작되면서 간행된 『조선근세사』·『조선개화사』
는 일본의 조선사에 대한 시선이 고대사에서 근세의 조선시대로, 대외
관계 중심에서 조선사회 내부문제로 옮겨가는 전환점으로 일본의 조선
사회에 대한 정형화된 역사인식의 성립을 보여주고 있다.

(다) 조선의 식민지배와 조선 식민사관의 반복

1890년대에서 1900년대 초 사이에 일본의 조선 식민사관은 기본적인
요소를 완성하였다. 조선이 대외의존적이며, 조선사회가 당쟁과 외척에
의해 돌이킬 수 없을 만큼 쇠퇴했다는 주장은 그 이후 조선시대를 다룬
대부분의 책에서 반복되었다. 더구나 1905년 러일전쟁의 결과 조선의
식민지화가 가속화되면서 일본 학계의 조선사 저술들을 통해 식민사관
에 따른 부정적 역사관이 당연한 것으로 굳어져갔다.

하야시의『조선근세사』를 이어 1905년에 구보 덴즈이(久保天隨)가 박문관의『제국백과전서(帝國百科全書)』시리즈의 하나로『조선사(朝鮮史)』67)를 출간하였다. 구보는 아카데미즘의 학문적 훈련을 받기는 했지만, 역사 전공자가 아니었다. 그는 1899년 도쿄제국대학 한문학과를 졸업한 후, 한시와 한문학의 연구자로 활동하였다. 1928년 타이페이제국대학이 설립되자 교수로 임명되어 중국문학을 강의하였다. 따라서 구보의『조선사』는 자신만의 독자적 연구 성과나 해석을 담고 있다고 보기 힘들다. 그렇지만 하야시 등에 의해 형성된 식민사관을 반복, 강화함으로써 근대 일본의 조선사 인식의 고착화에 중요한 역할을 하였다.68)

구보의『조선사』는 먼저「서문」에서 '반도의 형세, 고금동규(古今同揆)'라고 하며, 7왕조의 흥망을 거쳐 순식간에 3천년이 흘렀는데 그 역사를 일관한 것은 도의의 퇴폐와 외교의 굴욕뿐이라고 규정하였다.69) 반도사 연구가 학계의 필요뿐 아니라 정치상의 의의도 지니고 있지만 관련 사료가 불완전하다고 하며, 전적들을 정리하여 사료가 사라지기 전에 연구하는 것이 동양의 선진국인 일본학자의 임무라고 하였다.70) 시대 구분은 태고기, 상고기, 중고기, 근고기, 현대기의 5시대로 구분하였다.

구체적인 서술 내용 중에서 식민사관을 반영한 사례를 보자면 다음과 같다. 먼저, 조선의 정체성을 주장하였다. 그는 조선의 역사는 정체 그 자체로서 건국 이래로 군주전제정치가 계속되고 있으며, 중국의 번병 속국이나 마찬가지라면서,71) '고금동규'로서 국세가 일어나지 못하는 것은 이상할 게 없다고 하였다.72)

두 번째는 대외의존성과 당쟁의 폐해를 강조하였다. 조선시대에 대해, 조선 전기는 건국과 제도정비와 같은 긍정적 내용을 기술한데 비해 조선 후기에 대해서는 병자호란, 당쟁의 폐해(黨禍), 사회적 쇠퇴가 이어졌다고 하였다. "만청이 굴기하여 병사를 보내어 공격하였다. 결국 그들에게 항복하여 조공의 예를 갖추었고……현종, 영종의 무렵에 이르러서는 당화가 특히 심하여 국력이 안으로부터 피폐하여 거의 구제할 수 없기에 이르렀다."73)는 것이 그의 기본적 시각이었다. 또한 고종에 대해 청에 의존하며 속국의 상태를 감내하고 있다고 하였다.74)

마지막으로, 구보는 일본의 조선 지배 정책을 적극 옹호하였다. 그는 청일전쟁 중의 조선 내정간섭에 대해 일본이 조선의 '독립의 부식, 개혁의 조력'을 위한 대의에서 양국 간에 맹약을 체결한 것이라고 하였다.75) 러일전쟁 기간의 간섭 정책에 대해서는 러시아의 압박을 받아오던 한국 전부가 전력을 다해 일본에 호의를 보였다고 하면서, 조선의정서 체결은 한국이 "우리의 지도하에 장래 국운의 발전을 이루기로 약속"한 것이라고 하였다.76) 다시 말해, 근대일본의 조선 식민지배 과정을 독립과 개화, 자발적 동의에 의한 것으로 본 것이다.

한편, 조선에 대한 통감부 정치가 한창이던 1907년에 시데하라 다이라(幣原坦)의 『한국정쟁지(韓國政爭志)』가 출간되었다. 제목에서 짐작할 수 있듯이, 이 책은 조선시대의 당쟁사를 다룬 것이다. 필자인 시데하라는 1893년 도쿄제국대학 국사학과를 졸업하고 조선사를 전공한 역사학자로 활동한 인물이었다. 졸업 후 도쿄고등사범학교(東京高等師範學校) 교수 등을 거쳐, 1900년 한국정부 신설의 중학교 교사로 고용되어 조선에서의 생활을 시작하였다. 그는 1904년 문학박사학위를 취득했는데, 박사논문은 「동인서인분당의 연구 노론소론분당의 연구」, 즉 조선시대 당쟁사였다. 그 후 1905년 학부참사관 등을 역임한 후 본국으로 돌아가서 도쿄제국대학 국사학과 제3강좌 담당으로 국사학과에서 조선사를 강의하였다.77) 『한국정쟁지』는 박사논문을 바탕으로 한 저서로, 당시로서는 드물게 전문적 역사교육을 받은 조선사 연구자가 저술한 학술서였다.

시데하라의 기본 주장은 조선사회가 당쟁으로 인해 내부적으로 붕괴될 수밖에 없었다는 것이다. 구체적인 내용은 당쟁의 연원에서부터 분화 과정, 그에 따른 권력 갈등으로 이루어진 점에서『조선근세사』와 큰 차이가 없다. 그는 "한인의 오늘날 상태를 이해하고자 한다면, 그 원인을 과거의 역사에서 찾지 않을 수 없다. 그 사실(史實)의 근원이자 고질은 당쟁이라고 단언할 것이다. 그런데 이 나라의 당쟁은 음험하여 비밀을 숨기고 외관은 봄바람이 얼굴에 불어오는 것 같지만 뼈를 베고 시체를 매질을 하는 참화를 연출한다."78)고 하였다. 조선의 멸망이 일본 때문이 아니라 당쟁에 몰두한 조선 지배층의 책임이라는 것이다. 이러한 역사관은 조선 지배층의 부패와 무능으로 인한 지배층 교체의 불가피성과 일본의 조선 지배를 정당성의 논리적 근거가 되었다.

호소이 하지메(細井肇)의『현대한성의 풍운과 명사(現代漢城の風雲と名士)』79)는 조선에서의 직접 경험이 조선사 서술에 어떤 역할을 하는지를 보여주는 좋은 사례이다. 호소이는 1886년생으로, 1907년에 조선으로 건너가 대륙낭인인 우치다 료헤이(內田良平)의 한일합방운동을 지원한 경력의 소지자였다. 그는 일본에 돌아온 후 기자생활을 하면서 조선과 관련된 여러 저서(『조선문화사론(朝鮮文化史論)』1911,『조선문학걸작집(朝鮮文學傑作集)』1924,『여왕민비(女王閔妃)』1931,『일본의 결의(日本の決意)』1932 등)를 출간하였다.

호소이는『현대한성의 풍운과 명사』에서 자신의 직접 경험을 바탕으로 조선사회의 현실에 대해 기술했는데, 그 서론 부분을 조선사에 대한 기술로 채우고 있다. 여기서 그는 조선의 3천년 역사가 그 대부분 사대주의, 당쟁, 양반의 부패 등으로 점철된 것이라고 하였다. 먼저 그는 조선이 "위로는 제왕으로부터 아래로는 서민에 이르기까지 예부터 아무런 일관된 국시도 없고 이상도 없이, 이웃나라의 모욕적인 간섭을 거친 것이 수십 회에 이르렀는데 누구도 국가적 굴욕에 대해 어쩔 줄 모른다. 단지 대국에 아부하고 그 비호에 의지하며 당장의 작은 평안에 만족하여 스스로 즐거워한다."라고 하면서 사대주의가 고질화된 것으로 그렸다. 또한, 조선 정치가 당쟁의 폐해에 대해서도 강하게 비판했다. 즉, "그들의 이른바 정쟁이라는 것은 모두 사람들이 서로를 먹는 욕심의 다툼으로, 국가 백년의 대계에 관계되는 것은 하나도 없다. 붕당을 만들어 눈을 흘기고 이빨로 으르렁거리며, 눈앞 촌척의 일을 쫓는데 바쁘다. 따라서 그 국민은 권세와 허영을 사랑하는 것이 색식(色食)을 좋아하는 것보다 심하다."고 혹평하였다. 또한, 양반에 대해서도 "유식타면(遊食惰眠)의 계급"이라면서 "권위를 맘대로 하면서 가렴주구"에 몰두하여 백성들은 갈수록 피폐해지며 국운도 더욱 더 쇠잔해 지고 있다고 하였다. 이러한 논의의 결론으로, 그는 조선의 "연면한 3천년의 역사는 이 무기력하고 무절제하며 또한 무정견한 국민에 의해 만들어진 국욕의 기록"이라고 단언하였다. 따라서 조선의 식민지화는 조선의 "상하가 초래한 운명일 뿐"이며 그 역사의 자연적 귀결이라고 결론지었다.[80]

근대일본의 조선사 연구와 역사서술은 1890년대 초부터 시작되어 한동안 아카데미즘 역사학의 주요한 관심 대상이었다. 그러나 조선에 대한 연구는 식민사관의 성립으로 이어졌다. 식민사관에 바탕을 둔 부정적 조선사관의 성립과 반복을 통해 일본은 조선의 식민지화를 당연한 역사적 결과이라고 하였다. 근대일본의 조선사 연구에 의해 축적된 '지식'이 일본이 조선의 식민지화를 정당화하는 도구로 확립된 것이다.

2. 제국주의와 역사지식의 사회문화사

(1) 일본제국의 식민정책과 역사지식

(가) 식민지배와 식민정책 연구

청일전쟁에서 승리를 거둔 일본은 시모노세키 조약으로 대만을 할양 받아 식민지로 지배하게 되었다. 일본은 1895년 5월 10일 대만총독부를 설치하고 해군대장인 가바야마 스케노리(樺山資紀)를 초대 총독으로 임 명하였다. 그리고 대만의 군사적 점령을 위한 일본군이 대만에 상륙 (1895.5.29.)하면서 점령과 지배가 시작되었다. 그 결과 대만은 일본 최초 의 공식 식민지가 되었다.

서양 열강의 무력에 의한 영토 확장, 즉 제국주의의 식민지 확장에 대한 논의는 이미 1880년대 중반부터 빈번하게 제기되고 있었다. 1884 년 청불전쟁으로 프랑스가 인도차이나의 지배권을 장악한 것은 서양의 무력에 의한 비서양국가의 국권상실에 대한 우려를 한층 고조시켰다. 일본의 조야에서는 국제질서가 약육강식의 원리에 의해 지배되며, 일본 도 강력한 국력을 갖추지 않을 경우, 서양 열강의 희생양이 될 것이라 는 우려가 팽배해졌다. 여기에는 1880년대 초에 활발히 소개된 스펜서

의 사회진화론이 지대한 영향을 끼쳤다. 다윈의 진화론에서 주장한 적
자생존·자연도태의 원칙을 국가 간 관계에 확대·적용한 스펜서의 이
론은 국제관계에서 강국이 약국을 병탄하는 현실을 자연의 법칙으로 해
석하였다.

스펜서의 이론은 1877년 외국인 초빙교사였던 에드워드 모스(Edward
S. Morse)의 강의에서 처음 일본에 소개된 이래로, 다수의 번역본과 저
술로 활발히 소개되었다. 그 대표적인 인물이 가토 히로유키이다. 메이
지 초기의 대표적 계몽 사상가였던 가토는 사회진화론을 수용하여 『인
권신설(人權新說)』을 저술하였으며, 자유민권운동을 비판하는 등, 보수적
주장을 펼쳤다. 사회계약론은 서양 열강의 세력팽창을 설명하는 이론으
로 폭넓게 수용되었다. 사회계약론은 자유민권운동가들에게도 영향을
미쳤다. 자유당의 기관지였던 『자유신문』에 실린 「국권팽창론(國權膨脹
論)」이라는 논설은 전형적인 사회계약론의 사례이다.

우리들은 결코 서양 국가들이 하는 바를 모방하여 쓸데없이 병탄
잠식을 하는 것을 주로 하지 않을 뿐만이 아니다. 진실로 아시아를
홍기하는 정신으로 그 사업을 추진하는 것이 필요하다. 지금 아시아
모두 걱정하는 바는 서양인의 발호와 병탄잠식이다. 따라서 스스로
그것을 막을 능력이 없는 곳들은 몽매하고 고루하여 19세기의 문화
를 전혀 받아들이지 않은 곳일 뿐이다. 그리고 19세기의 문화를 받
아들여 이미 서양에 부끄러울 것이 없는 곳은 아시아 대륙에서 우리
일본뿐이다. 따라서 아시아의 선진인 우리 나라는 도덕상, 또한 필요
상, 이 아시아 대륙의 쇠운을 구원하지 않을 수 없다. 그것을 구하는
길은 원래 하나만 있는 것은 아니지만, 우리가 그 주권을 장악하여
정치를 개혁하고 민심을 일으키거나, 혹은 우리가 그 국사를 감호하
고 문화의 진보를 꾀하며, 또한 한편으로는 그들과 우리와의 무역을

장려하고, 우리 문화적 국민으로 하여금 그들의 후진적 국민과 접촉
하게 함으로써 그 감화를 촉진하는 것 등은 아마도 가장 효력이 빠
른 것일 것이다. 우리나라가 해외에 손을 대는 움직임이 이와 같이
결과적으로 아시아 대륙의 쇠운을 구할 수 있는 방법이라고 한다면,
그 결과가 병탄잠식의 경우와 비슷하다고는 해도 어느 것을 택하는
것이 옳겠는가.[81]

일본이 세력팽창을 통해 서양의 침략으로부터 아시아 대륙을 지켜야
한다는 주장은 나카에 조민의 『삼취인경륜문답』의 핵심적 논쟁점이기
도 했다. 이 책에서 자유와 도의를 신봉하는 이상주의자인 양학신사와
현실적 침략주의자인 호걸군은 대조적인 주장을 펼쳤다. 그러나 당시의
국제 정세에 대한 현실 인식에 있어서는 일치하고 있다.

양학신사: "유럽 각국의 경제 양상을 보십시오. 영국은 먼 인도를
자신의 것으로 삼아 기반을 확립하고, 아시아, 아프리카, 아메리카
등 닥치는 대로 토지를 침략하여 이민을 보냄으로써, 자국의 세력을
넓히려는 계획을 한 치의 빈틈없이 세우고 있습니다. 프랑스는 아프
리카에서 알제를 빼앗고, 인도차이나반도에서는 사이공을, 중국에서
는 안남을 빼앗았습니다. 기타 다른 나라들도 점령한 토지의 크고 작
음과 영향력을 행사하는 권력의 경중은 있지만, 모든 나라가 침략하
고 점령한 토지를 지니고 있으며, 이미 자국의 생산물을 팔기 위한
판로를 개척하는 정책을 세워놓고 있습니다.[82]"

호걸군: "현재 세계의 모든 나라는 경쟁하듯 군사를 장려하고 있습
니다. 모든 학문에서의 여러 가지 훌륭한 발견과 성과는 모두 전쟁
준비에 이용되어 군비는 더욱 첨예해지고 있습니다.......이처럼 수많
은 호랑이와 이리가 호시탐탐 기회를 엿보고 있는 상황에서 나라를

다스리는 자는 군비 이외에 무엇에 의지하여 나라를 보전할 수 있겠
습니까?"83)

두 사람 모두 서양 열강의 군사력에 의한 세력 확장과 식민지배 경쟁
의 심각성을 인정한 것이다.

서양 열강에 의한 식민지 경쟁이 심해지면서 일본도 '식민'에 대한 관
심이 높아갔다. 그러나 청일전쟁 이전까지의 '식민'은 주로 해외로의 이
주를 의미하는 것으로, 1893년 설립된 식민협회(殖民協會)도 '이주식민'의
활성화를 목표로 하였다.84) 그러나 청일전쟁 이후 일본은 약육강식에
의한 타국의 침탈과 병탄으로 이해되던 서양의 세력 확장을 제국주의와
식민이라는 관점으로 규정하고, 일본의 대외 확장 정책을 주장하는 것
으로 급속히 변해갔다. 이에 따라 일본의 식민지배 방법과 정책 등에
대한 다양한 논의가 진행되었다.

일본의 식민지 정책론은 열강에 의한 식민 사업이 빠르게 확대되면서
각국의 생존에 결정적인 요소가 되었다고 강조하였다. 예를 들어, 1903
년 출판된 하나타 데루타케(日向輝武)의 『식민사론(殖民史論)』은 "19세기
말에서 20세기 시작에 걸쳐 식민 사업은 놀랄 만큼 부흥을 보였다."85)고
단언하고, "식민 사업이 근세의 국가적 생활에 필수가 된 결과로서, 일
국민이 식민에 성공하는가 여부에 따라서 그 실력을 시험할 수 있다. 따
라서 구주열강은 다투어 신영토를 얻느라 바쁘고 혹은 국가에 있어서는
식민문제는 거의 사활의 문제가 되고 있다."86)라고 하였다. 식민지 획득
이 국가의 운명을 결정한다는 강한 팽창주의를 주장한 것이다.

일본의 제국주의로의 행보에는 정치적, 외교적, 군사적 요소들이 복
잡하게 얽혀 있었으며, 그로 인해 두 차례에 걸쳐 강대국과의 대규모

전쟁을 치러야 했다. 그런데 지배권을 획득한 이후의 문제도 결코 간단하지 않았다. 일본은 새로이 획득한 지역에 빠른 시간 내에 안정적인 '식민' 지배체제를 수립해야 했다. 일본이 이러한 문제에 처음 직면한 것이 대만 영유를 통해서였다. 이러한 필요성에 따라 식민지배에 대한 체계적 조사와 연구가 시작되었고, '식민정책학'이 학문으로 성립하였다.

일본의 식민정책 연구의 기원은 홋카이도 개척에 있었다. 농업이민과 농업의 정착을 핵심으로 하는 홋카이도 개발정책의 일환으로 삿포로 농업학교(札幌農學校)에 식민정책학 강좌가 설치되었다. 삿포로 농학교는 일본정부의 홋카이도 개척정책에 필요한 인재양성을 위해 1872년 도쿄에 설립된 개척사가학교(開拓使仮學校)에서 출발한 근대적 교육기관이다. 개척사가학교는 1875년 삿포로로 이전한 후 삿포로 학교(札幌學校)로 개칭을 하였으며, 1876년에 다시 삿포로 농학교로 이름을 바꾸었다. 당시 홋카이도 개척정책이 농업이민에 중점을 두었던 것을 반영한 것이었다. 그리고 학교의 설립 목적에 따라 본토로부터의 농업이민을 성공시키기 위한 홋카이도 식민정책 연구와 교육을 실시한 것이다. 정식 식민정책학 강좌인 「농정학식민학」 강좌가 개설된 것은 1907년이지만, 그 이전부터 '식민' 관련 과목이 개설되고 강의가 열렸다. 학교의 교칙을 살펴보면, 1887년 3월 농정학급식민책, 1889년 농정학급식민사, 1896년 농정학급식민론이 설치되었다. 수업과목으로는 1887년 식민책, 1889년 식민사, 1896년 식민론이 기록되어있다.[87] 그러나 실제로 강의가 처음 열린 것은 1891년 1월에 시작된 1890년도 4학급 2학기 수업과목인 식민사(殖民史) 수업으로, 사토 쇼스케(佐藤昌介)[88]가 담당한 최초의 식민학 강의였다. 강의의 특징은 농정학, 즉 농업개발 문제가 중심이었던 것으로, 1891년도 강의노트 자료에 따르면 강의 내용으로 식민지 노동력 공

급, 토지불하 원칙과 방법 등을 다뤘다.[89]

대만은 일본 최초의 본격적 식민지로서 식민지배의 실험장과 같은 역할을 하였다. 일본은 대만 시민지화 과정에서 이전의 홋카이도, 오키나와 편입과는 차원이 다른 어려움을 겪었다. 일본정부는 홋카이도에서 소수의 기존 주민들을 소외시키고 이주식민지로 개발했으며 오키나와에는 일본문화의 강제적 이식을 통한 통합 흡수 정책을 시행하였다. 그러나 대만은 기존의 문화적 전통과 기반을 쉽게 제거할 수 없었으며, 일본 내에서도 문화적 통합 가능성에 대해 견해가 엇갈렸다. 따라서 대만의 식민지화를 기점으로 일본은 기존의 방식과는 다른 본격적인 식민지배체제를 구상하고 실천에 옮겨야 할 숙제를 안게 되었다.

본격적인 식민정책 연구는 대만의 식민지화를 계기로 시작되었다. 홋카이도에 대한 식민정책학은 농업개발에 집중된 것으로, 해외식민지 획득에 따른 정치, 군사, 경제적 지배라고 하는 새로운 과제에 적합한 것이 아니었다. 해외식민지배를 위해 일본은 서양의 사례에 의거하여 방법을 모색할 수밖에 없었다. 따라서 본격적인 의미의 식민정책연구는 대만영유 이후에 성립되었다.

대만 통치의 방향을 정한 후 일본에서는 구체적인 식민지배 정책을 위해 서양의 지식을 수용하는 노력이 진행되었다. 이에 따라 서양의 식민지배에 대한 이론, 역사, 정책방안 등을 다룬 서적들이 번역되었다. 대표적인 것으로『영국식민지(英國殖民誌)』[90]가 있는데 대만총독부 민정부에서 출간한 것에서 알 수 있듯이 대만의 식민지배에 도움을 얻기 위해 번역한 것이었다.

1900년대에 들어서면서 식민지배에 대한 서구의 이론들이 소개되고 일본이 취할 식민정책에 대한 의견들이 제시되었다. 먼저 '식민론'·'식민사' 등의 이름하에 관련 서적들이 다수 출간되면서 식민지의 형태와 지배방식에 대한 연구가 진행되었다.[91] 이러한 흐름은 일본의 식민지 확대에 따라 식민지에 대한 효율적 지배정책 수립과 운용을 위해 성립된 식민정책학의 교육에서 찾아볼 수 있다. 대표적으로 1903년과 1909년에 교토와 도쿄의 제국대학에 식민학 강좌가 개설되었다. 이 강좌를 담당한 인물인 니토베 이나조(新渡戸稲造)는 대만지배와 깊은 관련을 지닌 인물이었다. 그는 대만총독부의 민정장관이던 고토 신페이(後藤新平)의 권유로 1901년 대만총독부의 민정국식산과장 등을 역임하였으며, 「당업개량의견서(糖業改良意見書)」를 제출하여 대만의 설탕산업 발전에 기여하였다. 그는 대만총독부를 사직한 후 귀국하여 학자의 길을 걸었다. 1903년에 교토제국대학 법학과 교수로서 식민론을, 1906년부터 도쿄제국대학 농과대학 교수로서 척식정책을, 1909년 도쿄제국대학 법과대학에서 식민정책강좌를 강의했다. 러일전쟁 전후부터는 기타 관립대학, 사립대학 등에서도 일제히 식민정책, 식민사의 강좌가 개설되면서 식민정책학의 교육적 기반이 확립되었다.[92]

(나) 식민정책 연구와 서양사 지식의 전용

일본의 식민정책연구는 서양의 식민지배 관련 지식을 수용하는 것에서 시작되었다. 그 중에서 일본은 서양의 식민지 관련 역사적 경험을 중요하게 다루었으며, 식민정책 관련 논의에서도 서양의 역사적 선례를 수시로 언급하였다.

서양의 선례 언급은 대만의 지배체제 수립을 검토하는 단계에서부터 등장한다. 프랑스인 미셸 르봉은 대만지배 관련 의견서에서 서양의 식

민지배를 선례로 제시하였다. 르봉은 '신영지'에 적용할 사법행정사무
계획에 대해 논하면서 일본은 도서 방면으로의 용이한 판도 확장이 가
능하며 대륙으로서의 세력 확장은 "일본의 안녕, 재정 및 생존의 위험을
걸지 않으면 시도조차 할 수 없다."라는 부정적으로 평했다. 그러면서
자신의 견해가 "역사에 비추어 그 사실이 정확함을 믿는 바이다."[93]라
고 주장하며, 자신의 구상을 뒷받침하기 위해 서양의 역사적 사례를 이
용하였다.

　구체적으로 르봉은 요동반도와 대만 및 팽호도의 두 부분으로 나누
어서 각기 다른 통치방식을 제안하면서 서양의 과거 역사를 근거로 인
용하였다.[94] 먼저 요동반도에 대해서 그는 일본 본토와 구별하여 번속
지처럼 조직할 것을 건의하였다. 본국과 구분된 식민지로 조직하고 행
정상 그 중에서도 사법상 커다란 자치를 부여하면서 동시에 매우 강력
한 병권에 복종시키고, 점령지 고유의 자유, 습속, 관례를 유지 보존하
고 이로써 인심을 얻게 될 것이라고 하였다. 그 역사적 근거로 서양의
고대사를 언급했다.

　먼저 르봉은 서양의 역사에서 과거 로마의 원로원이 취했던 정략이
번속지의 인심을 얻는데 노력한 것이라고 하였다. 그리고 이 방법에 따
라 로마제국의 지배가 용이했으며 반란이 일어나도 로마의 군대는 늘
용이하게 진압하였다고 하였다. 로마의 사례와 반대로 경쟁국이던 카르
타고는 지나친 억압통치로 인해 속지 통제에 실패한 것과 대조된다고
하였다. 로마는 법률을 강행하지 않았는데도 속지들이 스스로 이를 시
행하길 원하게 만들었으며, 야만족이 침입하였을 때 로마의 속국들이
무기를 들고 지원했다고 하였다. 또한 중앙전제정치에 대해 부조리한
제도라고 반대하면서, 그 근거로 프랑스와 영국을 비교하였다. 프랑스

는 식민지에 대해 전제정치를 채택했는데, 이 때문에 18세기 이후 식민지배에서 프랑스가 영국에게 뒤쳐지게 된 이유였다고 보았다. 그는 영국의 예에 따라 식민지에 자유를 부여할 것을 권하면서 구체적인 근거로 캐나다인에게 파리의 습관을 사용하는 것[퀘벡의 사례]을 허용한 것을 들었다.

한편, 르봉의 대만과 팽호도에 대해서는 동화정책을 추천하였다. 그는 현재는 아니더라도 장래에 제국의 현으로 만들 것을 제안하였다. 법제도에 대해서는 형법은 일본 것을 시행하고, 사적 권리와 관련한 법은 먼저 그곳의 습관에 따르며 차츰 일본 민법을 점진적으로 시행할 것을 권하였다. 이 주장에도 근거를 서양의 역사적 경험을 들었다. 대표적인 동화정책 사례로 알려진 프랑스의 알제리 정책이 식민지가 아니라 주(州)로 취급하는 것이라고 하면서, 회교도에 대한 법률적용은 형법과 민법을 구분한다고 하였다. 그는 대만에 대해 처음에는 총독 및 그 부하에게 광범위한 권한을 위탁하고, 영국의 식민지에 유사한 지방 입법회의를 설치하며, 이후 점진적 동화정책을 취할 것을 권하였다.95)

이처럼 서양의 역사적 선례를 중요시하는 방식은 일본 학자들도 마찬가지였다. 이는 식민정책학 성립 초기부터 본격적인 식민사 서적인 『세계식민사(世界殖民史)』(山內正瞭, 1904)와 『식민사(殖民史)』(三輪德三, 1905)가 출판된 것에서도 엿볼 수 있다. 이 두 서적은 서양사를 '식민'의 경험으로 재구성한 것이다. 먼저 『세계식민사』는 모두 5편으로 구성되었다. 1편은 총론으로 식민의 의의, 종류, 이해, 요건, 성쇠, 중상주의, 노동문제를 다루었다. 2편은 고대사로서, 애급(이집트), 동방제국, 페니키아, 카르타고, 희랍(그리스), 로마가 대상이다. 3편은 중세사로서 아말피와

피사, 플로렌스, 제노아, 베니스의 순서로 중세 이탈리아 상업도시의 활동을 다루었다. 4편은 근세사로 서론에 이어 포르투갈, 스페인, 네덜란드, 프랑스, 영국을 다루었다. 마지막 5편은 결론이다. 『식민사』는 서론과 본론 13장으로 구성되었다. 서론에서 식민의 정의, 종류, 목적과 동기, 필요조건, 적합한 국민, 식민정책 등에 대해 간략하게 서술하였다. 각장의 주제는 페니키아의 식민, 카르타고의 식민, 희랍의 식민, 로마의 식민, 아말피·피사·플로렌스 및 제노아의 식민, 베니스의 식민, 포르투갈의 동방식민, 서방의 포르투갈 식민지 브라질, 네덜란드의 식민, 프랑스의 식민, 영국의 식민 일반, 독일의 식민이다. 서술 대상인 국가와 도시가 거의 일치하며, 서술 순서도 대동소이하다.

서양사의 사례는 식민사 서술에서만 언급된 것이 아니었다. 식민정책 관련 논의들은 수시로 서양의 역사를 이용하여 주장의 근거로 사용하였다. 『식민사론』은 "식민사업은 자연의 대세이며 역사를 통해 증명되는 바"이며, "고금 성쇠흥망은 있어도 사적(史蹟)에 비추어 보면 '자연필지의 추세'에서 나온 것"이라고 하였다.96) 다음과 같이 인류의 역사를 식민의 역사와 동일시하기까지 하는 주장도 나왔다.

식민의 기원은 멀리 태고에 있으며 인류의 발생과 함께 시작하였다. 그런데 그 생명은 인류가 지속하는 한 다할 리가 없다. 기원이 태고에 있다고 해서 오래된 것으로 간주해서는 안된다. 현재 식민은 새로 단장하여 활기를 띠게 되었다. 실로 식민은 과거의 것이면서 동시에 현재의 것이며 현재의 것인 동시에 또한 장래의 것으로, 우리 인류와 함께 활동 진화할 것이다.97)

그런데 위에서 언급한 '자연의 대세', '자연 필지의 추세'는 문명의 우

열에 따른 약육강식의 원리였다. 문명국이 미개국을, 약육강식의 원리
에 따라 식민지를 획득한다는 논리와 연결된다. 일본의 식민정책학이
서양 열강의 문명론과 사회진화론을 그대로 받아들인 것이다. 앞서 본
『식민사론』은 "식민은 고도의 문명을 가진 자가 저도의 자를 감화시키
는 작용을 포함한다. 즉 미개의 땅에 문명생활을 신설하는 것"[98]이라면
서, 문명국과 미개국이라는 문명의 격차 때문에 식민지배가 성립된다고
주장하였다. 경제학자인 야마우치 마사아키(山內正瞭)는 1904년의『세계
식민사』에서 문명발전의 격차로 식민지배의 근거라고 하였다. 즉, 식민
의 요건으로 식민을 보내는 곳의 문명개화가 본국보다 낮아야 한다고
하면서, 그 이유는 이주한 곳이 본국 수준으로 발전되어 있다면 식민자
들이 그곳 인민에게 동화될 것이기 때문이라고 하였다. 구미열강이 다
투어 아시아, 아프리카 지역에 식민지를 세우려는 것은 이 요건에 부합
하기 때문이라고 하였다.[99]

  야마우치는 1905년에『식민론』에서도 문명의 격차로 인해 약육강식
에 의한 국제사회의 현실이 생겨났다고 하였다. 그는 인류의 역사는 약
육강식, 팽창정책의 과정이며, 이러한 현실은 고대에서부터 현재에 이
르기까지 변함이 없다고 하였다. 즉, "태고의 인지(人智)가 몽매하여 아
직 국가의 형성이 미성숙한 때에도 이미 민족 단체의 자각이 있어서 다
른 민족에 대하여 승패를 다투고 팽창을 꾀한 것"을 상상하기 어렵지
않은 당연한 것이라고 하였다. 더구나 국가가 형성된 이후에는 국가로
서의 생존경쟁이 치열해져서 강국은 약국을, 선진국은 후진국을, 강력
한 민족은 열약(劣弱)한 민족을 압복하고 있다고 하였다.[100]

  식민의 동기와 원인도 주요하게 다루어진 주제였다.『세계식민사』는
역사적 전개에 따라 식민의 원인이 변화했다는 입장에서 다음과 같이

주장하였다. 먼저, 고대는 종족의 확장, 즉 인구의 증가에 따라 새로운 토지가 필요한 것이 원인이었다. 중세에는 토지의 필요성에 더하여 상업상의 이익을 키우려는 생각이 만연했다. 또한 수 백 년에 걸친 십자군 때문에 구주인과 이교도 즉 아시아인과의 관계가 밀접하게 되면서 전자가 후자의 지방과 실력을 숙지하고 그 사이에 침입하여 우승자가 되려는 의지를 키웠고, 더불어 원정을 두려워하지 않는 기풍을 키웠다. 근세에는 종교상의 박해를 피하기 위해, 또는 종교를 전도하기 위해, 혹은 정치상의 필요를 위해, 혹은 인종경쟁 등의 복잡한 이유들이 증가하였다.101)

『식민론』는 제국주의, 즉 영토확장주의의 실행은 인구의 증가와 자본의 충실에서 배태된 것이라면서, 영토의 확장과 시장의 획득을 식민주의의 원인으로 보았다.102) 구체적인 식민의 동기로 크게 5개를 들었는데, 이는 인구의 이동, 포교사업, 모험사업, 상업 및 교통, 자본적 팽창이다. 관련 역사적 사례로는 영국 퓨리탄 교도들의 뉴잉글랜드 이주, 독일 루터교도들의 대대적 이주, 아일랜드인들의 이주 등이 제도적, 경제적 사정에 의한 것으로 예시되었다. 강제 또는 강제적 권유에 의한 이주로는 퀘벡, 루이지아나, 서인도 이주를 위해 프랑스의 리슐리에가 1627년 신프랑스회사(Compagnie de la Nouvelle-France)를 설립하여 하층민들의 이민을 추진한 경우가 있다.103)

포교사업에 의한 식민의 사례도 다양하게 언급되었다. 스페인의 식민지 사업에서 회교도를 카스틸 지역에서 축출한 여세를 몰아 해외 포교사업을 하였으며, 이를 통해 스페인의 모험적 선원은 포교를 보조할 것을 서약한 사례가 있다. 프랑스는 1664년 루이 14세가 서프랑스회사104) 에 특허명령권을 부여하면서 신의 권위를 훼손하지 않은 것을 주요한 요건으로 하였고, 회사는 소유지에 다수의 선교사를 배치하여 기독교 교의의 보급에 힘썼다. 또한 프랑스의 코친차이나, 서부 아프리카, 태평양의 프랑스 보호령 등의 건설에 선교사들이 중심이 되는 등, 선교사가 서양 식민지화에 중요한 역할을 하였다.105) 식민의 영국의 모험가이자 식민지 개척자였던 험프리 길버트 경도 해외식민지에서 기독교 포교를 제일 중요시했으며, 크러쇼(Willian Crashaw)는 버지니아 회사(The Virginia Company) 창립식에서 북미 원주민을 기독교에 귀의시키는 것을 이주자 각자의 의무라고 연설하였다고 기술하였다.106)

『일본식민론』에서는 식민의 동기들을 제시하면서 각각의 역사적 사례를 제시하며 서술하였다. 첫째로 모험 및 기업정신에 따른 식민의 사례로 15, 16, 17세기에 있었던 신대륙 발견과 항해술 발전을 들었다. 콜럼부스와 바스코다 가마의 발견이 여기에 해당한다. 둘째는 부의 획득을 희망하는 정신으로서, 대개 북미에서의 귀금속 발견, 남아시아의 귀금속 산출, 동방제국과의 귀금속 무역을 들 수 있다. 셋째는 사회상의 관계로서, 고대 페니키아, 그리스, 로마의 식민 같은 것도 여기에 속한다. 넷째는 정치상의 관계이며, 고대 카르타고의 식민, 소아시아에서의 희랍인의 식민, 로마의 둔전 식민, 크롬웰 시대 왕정당의 바베이도스섬 식민, 스튜어트 왕정 하에서 공화당의 자메이카 건설 등이 있다. 다섯째로 종교상의 관계로, 북미에서의 영국식민 창립자인 험프리 길버트 경의 활동, 청교도의 뉴잉글랜드 식민, 구교도의 메릴랜드 개발, 프랑스 신교도의 캐롤라이나 식민, 아일랜드 구교도의 미국 이주, 프랑스 구교도의 캐나다 이주가 있다. 그 이전에는 십자군의 소아시아 원정, 스페인 예수회의 남미, 중앙아메리카, 동양제국에 전도사 파견 등이 있다. 여섯째로 작업 및 상업상의 필요는 근대경제상의 발전에 의해 떠오른 유력한 동기라고 하였다. 일곱 번째는 식미국간의 권력균형 유지로서, 근세 초에 네덜란드와 스페인의 경쟁이 동양에서 생긴 것, 영국이 북미에서 프랑스와 경쟁하여 이긴 것, 최근 아프리카에서의 식민지 건설, 독일 제국의 식민지 경쟁 참여 등의 사례를 들었다.107)

　이상에서 1900년대 초 일본의 식민정책 관련 논의에서 서양의 역사적 선례가 어떻게 논의되고 이해되었는지를 살펴보았다. 물론 서양 식민(식민지)의 역사로 언급된 사례나 평가들이 모두 엄밀한 의미의 근대 식민(식민지)에 해당하는 것은 아니다. 그렇지만 서양의 역사적 선례에 대한 잦은 언급들은 일본이 제국주의로서 식민지배의 당위성을 주장하는 근거를 서양의 역사 속에서 찾고자 하였음을 보여준다. 제국주의적 국제질서를 이끌고 있던 서양 열강의 역사적 선례는 일본인들에게는 그만큼 강한 의미를 지녔던 것이다.

(다) 제국주의 일본의 역사 만들기

　일본의 제국주의화가 본격화되면서 식민지배, 식민정책 관련 서적들을 출간한 기본적 입장은 서양의 제국주의적 발전에 일본도 적극 동참하여야 한다는 것이다. 히나타 데루타는 『식민사론』에서 국가적 신발전을 위해 "상업과 식민에 의해 세계를 무대로 하는 제국을 건설"하려 하고 있으며, "식민 사업이 근세의 국가적 생활에 필수"가 되었기 때문에 "구주열국은 다투어 신영토를 얻는데 바쁘거나 국가적으로 식민문제는 거의 사활문제로 여겨지고 있다."108)고 하였다. 마찬가지로 야마우치 겐(山內顯)은 "당금 국제 경쟁이 격심함에 따라 식민적 활동의 절실한 필요성을 감지하는 것은 각국 모두 그러하다. 따라서 식민정책의 성패는 국가의 장래를 점치는 귀갑(龜甲)과 같다."109)라고 하였다.

당시 일본의 식민정책론은 러일전쟁의 승리로 동아시아에서의 세력 확장에 성공한 일본을 '대일본제국', '동양의 신흥국 일본'110) 등으로 표현하며 자신감을 드러냈다. 나아가 일본이 '신흥의 제국'으로서 전장의 비참함과 고난을 견뎌내고 발전을 도모해야 한다고 하였다. 따라서 만한의 옥야(沃野)는 일본인들이 식민 사업을 펼칠 토지라고 하면서, 이를 개발하는 것이 제국이 하늘로부터 받은 사명이라고 주장하였다.111)

그런데 일본의 제국주의적 발전은 앞으로 일본이 선택해야 할 국가의 장래이기도 하지만, 일본의 역사와도 불가분의 관련을 지녔다는 주장들이 제기되었다. 예를 들어, 나카우치 미쓰노리(中內光則)가 『식민지통치론(殖民地統治論)』에서 일본의 지배범위에 대해 고래의 식민지로 홋카이도, 신영토로 대만과 사할린 남부, 보호국으로 한국, 조차지로 여순과 대련, 헌장회사인 만철의 활동범위로서 각종 이권획득을 한 남만주를 지배하게 되었다고 서술한 바 있다. 이 중 홋카이도를 고래의 식민지로 표현한 것은 고대 일본의 에미시 정벌 기억을 근대적 식민지 정복과 동일시하는 논리가 담겨 있다.112)

『식민론』에서는 일본이 청일전쟁으로 '강제국(强帝國)'으로 성장하여, "극동의 섬 제국으로서 사실상 구미열강의 대오에 섰다."면서 제국으로서의 자부심을 밝혔다.113) 그런데 필자는 이러한 일본의 발전은 곧 일본의 역사가 팽창의 역사이기 때문이라고 주장하였다. 일본은 "국력의 신장과 민족의 팽창을 국시"로 했으며, "아시아 전역에 국기를 펼친 살아있는 역사"를 가졌으며,114) 장래 세계문명의 지도자로서 우수하게 목적을 달성할 수 있는 국민은 황인종 중에는 오직 야마토 민족뿐이라고 하였다.115) 구체적으로 일본은 고대에 외국과 빈번한 교류하면서 팽창의 역사를 가졌다고 하였다. 그 중에 황실의 위엄을 드러낸 것으로 진구황후, 오진천황(応神天皇) 시대에 임나를 속국으로 정벌하고 신라와 고려는 부속국 혹은 조공국으로 만들었다고 하였다. 또한 도요토미의 한국 정벌은 야마토 민족 팽창의 좋은 사례라고 하였다.116)

식민정책학자인 도고 미노루(東鄕實)는 『일본식민론(日本植民論)』에서도 일본의 역사가 해외팽창의 역사라고 하였다. 역사는 일본인종의 식민적 천재성을 증명한다면서, 진구황후의 삼한 위업, 왜구의 약탈선(八幡船)이 지나해를 유린한 것, 도요토미의 원정, 야마다 나가마사(山田長政)의 샴(星羅)에서의 활약 등의 과거는 일본민족의 식민적 활력과 해외발전의 기백을 보여주는 것이라고 하였다. 그는 도쿠가와 시대의 쇄국은 일시적으로 일본의 팽창 활동이 은폐된 것일 뿐으로, 일본인들의 팽창적 기질의 근원은 잃지 않았다고 하면서, "이제야 그 특성을 발휘"하게 되었다고 하였다.117) 그는 이러한 팽창적 역사 경험은 일본이 앞으로 제국주의적 발전을 이끌어갈 민족임을 보여준다고 하였다.

문명은 돌고 돌면서 그 활력은 무궁하다. 고대문명의 선풍은 중앙아시아의 고원에서 발원하여 서아시아를 지나 동유럽으로 불고, 서유럽을 지나서 다시 대서양을 건너 신대륙 북미에 도래하여 이제 장차 동아시아를 향하려 한다. 선풍의 중심은 북미 합중국에서 강하게 선회하고 있다. 따라서 유럽의 옛 나라는 선풍이 이미 지나갔고 도리어 적막한 감이 있지만, 일본과 중국은 그 전면에 서서 활기가 가득하다. 유럽제국의 활동은 장차 느려지려고 하고 일본의 진보가 급속한 것은 자연의 추세라고 할 것이다. 따라서 문명 활동의 옮겨오는

방향은 아시아 대륙으로, 장래 중국이 대제국의 중심이 되는 것은 의
심할 바가 없다. 그렇다면 중국의 대활동을 지배할 나라는 세계를 제
패할 것이다. 아시아 대륙은 동서양 문명이 융합 동화하여 더욱 진보
한 대문명의 발현지일 것이니, 이것의 지배자는 역사적, 지리적 관계
에 따라 우리 일본이 아니면 어디겠는가.118)

　다시 말해, 과거의 중국제국, 현재 식민을 주도하는 백인들의 시대를
거쳐서 최종적으로 일본이 제국주의 발전의 선도적 위치를 얻게 될 것
이라는 것이다.

　이처럼 일본의 제국주의로서의 기반이 성장하면서 그에 대한 정책적,
학술적 관심이 높아졌다. 일본인들은 제국주의와 식민지배를 이해하고
실현해 가기 위해 서양의 역사적 경험뿐 아니라 일본인들의 과거를 식
민적 지배의 역사로 규정함으로써 20세기 일본의 식민지배를 역사적 필
연으로 주장하였다.

(2) 일본제국주의와 식민지 조선사상의 확장

　근대일본의 조선사상이 처음 모습을 갖추기 시작한 1890년대 초반에
만 해도 일본사회의 조선 역사에 대한 관심이나 지식은 매우 낮았다.
1870년대부터 소학교 일본사 교육에서 반복되어 온 진구황후와 도요토
미 히데요시의 '조선정벌' 기억이 일본인들의 조선사에 대한 이미지를
독점하다시피 했다. 그런데 1890년대 들어 조선에 대한 연구나 저술이
활발해 지면서 '조선사'는 역사서 속에만 머물지 않고 차츰 조선사에 특
별한 관심이나 지식을 지닌 사람들뿐 아니라 일반인들의 상식화하면서

일본의 조선 정책론에 주요한 요소로 자리 잡게 되었다.

그렇다면 일본인들에게 수용된 조선사상은 어떤 모습과 내용을 지니고 있었는가? 여기서는 조선사에 전문적 지식이나 업적을 지니지 않았지만 조선에 대한 나름대로의 지식과 견해를 지닌 인물들이 남긴 기록, 그 중에서도 출판매체를 통한 대중화를 염두에 둔 기록인 여행기나 잡지의 글들을 분석하면서, 그들이 조선을 바라보는데 있어서 조선의 역사관련 지식이 어떤 모습으로, 어떤 역할을 했는지를 보도록 하겠다.

(가) 일본인의 조선여행과 식민주의적 역사 경험

사적 체험으로 인식되어온 여행이 사실은 사회적 체험의 한 형태임은 연구자들에 의해 지적되어 온 바가 있다. 여행기는 그 여행자가 속한 사회의 투영물인 것이다. 그렇다면, 조선에 여행을 왔던 일본인들은 어떻게 조선사회를 기록했으며, 그 기록 속에서 그들을 규정하였던 일본적 맥락은 어떤 특징을 지녔는가? 이와 관련하여 주목되는 점은 구한말 조선에 왔던 서구인들의 여행기 속에 담긴 내용들은 자신들이 서구사회에서 경험하고 구축해 온 인식틀에 의해 걸러진 것으로, 주로 문명 대 야만이라는 서구적 잣대에 의한 이분법에 의거한 데 비해[119] 일본인들은 일본과의 관계를 끊임없이 의식하면서 이를 조선사회의 역사에 대한 설명을 통해 파악하려고 하였다. 일본인들의 조선여행기는 일반인들이 조선을 바라보는데 있어서 조선사상이 어떠한 내용과 역할을 했는지를 잘 보여준다.

일본인의 조선여행 기록은 조선의 개항 이후 일본의 조선 진출이 활

발해진 1880년대부터 시작되었지만 본격적으로 등장한 것은 1890년대
가 되어서였다.120) 근대일본의 국내여행은 메이지 중반 이후 철도 부설
확대에 따른 피서여행, 온천여행이 일반화되었지만 해외여행은 20세기
에 들어서도 일반화되지는 못했다. 1902년 일본의 해외여권 발부 상황
을 보면, 32,900명 중에서 '개인여행(遊歷)'은 120명(0.4%)에 불과했
다.121) 이는 1900년대 초까지 만해도 해외여행이 공적 성격을 띨 수밖
에 없었으며 그 여행기록도 공적 성격을 일정 정도 포함하고 있었음을
의미한다. 일본인들의 조선여행기를 보면 처음에는 조선의 실태 조사나
시찰 보고서가 대부분이었으며,122) 1900년대 초에도 가장 큰 비중을
차지하는 것은 조선의 경제 상황에 대한 조사 보고서였다.123)

그런데 러일전쟁을 계기로 '만한(滿韓)' 지역 여행이 인기를 끌면서 일
반 대중의 해외여행이 시작되는 계기가 되었고,124) 일반인들의 조선 여
행을 위한 책자도 출간되었다.125) 한일합방 이후가 되면 조선여행은 일
본 국내여행의 연장선에서 한층 활발해졌다. 이러한 사실은 1910년대
들면서 일본의 여행 안내책자에 조선 부분이 추가된 점에서 확인할 수
있다. 그 예로, 부산에서 경성, 신의주 및 연해주 지역의 일본인 여관을
소개한『여관여록(旅館要錄)』(東京人事興信所, 1911), 일본의 주요 철도 주변
의 관광지 소개와 더불어 조선, 만주, 대만 등지의 주요 철도 주변의 관
광지를 소개한『유람지안내(遊覽地案內)』(鐵道院, 1912)와 같은 안내서가
출판되었다.

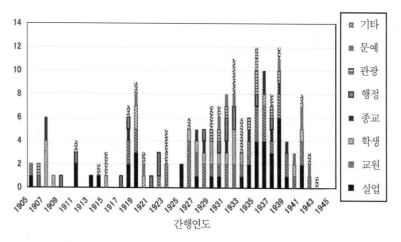

<그림 Ⅲ-1> 조선 만주여행기 출판수

출처: 米家泰作. "近代日本における植民地旅行記の基礎的研究 : 鮮滿旅行
記にみるツーリズム空間." 京都大學文學部研究紀要 53(2014), 323쪽.

개인적 차원의 여행이 증가하면서 조선 여행기에도 공적 기록만이
아니라 개인적 감상을 기술한 부분이 증가하였다. 그렇지만, 대부분의
여행기는 일본사회가 갖고 있던 조선에 대해 정형화된 시각을 되풀이하
고 있다. 1890년대, 특히 청일전쟁을 전후하여 일본에서 출간된 조선여
행기에서는 아직 대부분 조선사 관련 기술이 진구황후와 도요토미의
'조선 정벌'에 국한되었다는 점이다. 이 점은 1890년대의 대표적 조선여
행기의 하나인 야즈 마사나가(矢津昌永)의 『조선서백리기행(朝鮮西伯利紀
行)』126)에서 엿볼 수 있다. 저명한 지리학자였던 야즈의 경우도 1890년
대 대부분의 조선여행자들과 마찬가지로 뚜렷한 공적 의식을 지니고 조
선을 관찰하였다. 그에게 "동양 각국을 유람하며 그 실황을 목격하면서
점차로 서쪽에까지 가려는 것은 오랜 계획이었다." 이에 따라 그는 "먼

저 조선에 건너가서 그 인정풍물(人情風物)을 탐색하고 그 다음으로 러시
아령 블라디보스톡으로 항해한 후에 시베리아에 가는"127) 여행 일정으
로 정했다. 이 일정에 따라 쓰여진 그의 여행기는 두드러진 지리학적
관찰력을 바탕으로 각 지방의 지형과 풍물에 대한 세심한 내용을 담고
있다.

  그런데 야즈의 조선여행기를 보면 조선의 '인정풍물'을 있는 그대로
기록한 것이 아니었다. 그는 조선에 도착하기 전부터 조선과 일본의 역
사적 관련성에 대해 강하게 의식하는 모습을 보였다. 그는 부산으로 출
발하는 정기선을 타기 위해 바칸(馬關)으로 가는 도중에 진구황후가 제
신(祭神)인 가시이궁(香椎宮)에 참배하면서 자신의 여정을 진구황후의 조
선정벌 출항에 비유하고 있다. 즉, 그는 가시이궁이 진구황후가 정한을
하러가면서 갑옷 소매에 끼워놓았던 삼나무를 심었고 검과 창, 몽둥이
(劍鉾杖)의 세 가지 무기를 묻어둔 곳으로, 그 이후로 외국 정벌의 전초
지 역할을 했다고 하였다. 도요토미 히데요시도 임진왜란을 앞두고 이
삼나무의 잎에 '마모리후다(守札)'라고 적힌 부적을 장수들에게 나누어
주었다는 일화를 소개하면서, 이곳은 '이국정벌의 출발점'이었으며, 지
금은 '도한의 출발점'이라고 하였다.128) 다시 말해, 그는 조선을 단순한
호기심으로 바라본 것이 아니라 정벌과 지배라는 특정의 시각에서 바라
보고, 그 시각을 '조선 정벌' 사관으로 뒷받침하였던 것이다. 이에 따라
그는 조선 각지를 여행하면서 '조선 정벌'과 관련된 부분에 세심한 주의
를 기울였다. 그는 경상도의 부산과 울산, 함경도 등에서 임진왜란 때
의 가토 기요마사(加藤淸正)와 관련된 자취를 부산, 울산, 함경도 등지에
서 발견하고, 그에 대한 감상을 빼놓지 않고 기록하였다.129)

  한편 그는 조선의 쇠퇴 원인에 대해서도 자신의 의견을 기술하였다.

그는 조선시대가 급격히 기운 것은 임진왜란의 후유증과 더불어 조선의 관리나 양반의 문제점 때문이라고 보았다. 그의 조선 지배층에 대한 인식은 극히 부정적이었다. 그는 구체적인 역사적 사실을 적시하지는 않았지만 조선의 쇠퇴 원인이 지배층인 양반의 착취에 있다는 생각을 명시하였다. 즉, 조선의 관리가 탐람(貪婪)하여 백성(下民)을 압제하고 양반들이 아래 백성들을 심하게 억압하였기 때문에 조선인들 사이에 진취적 풍조가 사라졌다는 것이다.130)

1900년대가 되면 여행기록의 조선사에 대한 언급이 더 다양해지고, 역사와 현실정치와의 관련에 대한 적극적 논의가 나타난다. 당시 일본의 가장 유명한 역사가였던 야마지 아이잔(山路愛山)이 1904년 5월에 조선을 여행하며 남긴 기록인 「한산기행(韓山紀行)」131)은 일본인의 여행기 중에서도 역사 관련 내용을 많이 담고 있는 경우이다. 이는 그가 민우사의 대표적 역사가였다는 점을 생각하면 쉽게 이해가 되는 대목이다. 그는 인천을 시작으로 조선의 여러 곳을 여행했는데, 가는 곳마다 역사적 기억을 떠올리며 자신의 단상을 적었다. 경성에서는 『동몽선습(童蒙先習)』을 구입하여 읽었는데, 단군에서 조선시대에 이르는 역사 부분을 기행문에 그대로 소개한 점에서도 그의 역사에 대한 관심 정도를 알 수 있다.132)

야마지의 여정을 보면 일본을 출발한 처음 부산에 도착하여 머문 후에 다시 배를 타고 인천으로 향했다. 인천에 도착한 후에 부산에서의 인상을 글로 남겼는데, 그는 조선인들의 생활상이 일본에 비해 전혀 발전이 없이 낙후되었다는 '정체성론'을 떠올리는 주장을 하였다. 그는 "본인의 눈에 미친 한인은 우리의 나라조(奈良朝)의 부활이다. 한인의 생활은 정신이 빠진 나라조의 생활이고, 나라조의 생활은 정신이 있는 한인

생활"133)이라고 기술하였다. 그는 경우에 따라 현재의 조선이 헤이안시대, 아시카가 시대 말기를 떠올린다고 적기도 했다. 예컨대 조선의 여권, 특히 상류층 여성의 정치적 역할이 의외로 강하다고 하면서, 일본의 헤이안 시대나 아시카가 말기에 일본에도 여성들이 활발한 활동을 했던 것을 생각하면 쇠퇴기의 일반적 현상이라고 하였다.134) 조선의 역사적 발전이 나라시대, 헤이안시대, 아시카가시대와 같이 일본의 고대나 중세에 머물고 있다는 인식을 보여주고 있다. 더불어 조선의 여권에 대한 평가는 조선사회에 대한 제대로 이해하지 못한 채 자신이 보고 느낀 점을 일방적으로 기술하는 기행문의 속성을 잘 보여준다.

다음으로, 한일 양국의 고대사와 관련해서 '일선동조론'에 입각한 주장을 하였다. 예컨대 하늘에 제사를 지내는 장소인 강화도의 마니산에 대해 일본 『고사기』의 이자나기노미코토 관련 기록에 나오는 후토마니(太占)라고 하는 점술과 어원이 같을 수 있다고 하면서, 단군과 일본 신화와의 연관성을 추측하기도 했다.135) 한편, 야마지는 진구황후와 임나일본부도 언급하였다. 고대 조선에서 삼국의 성장하면서 삼한이 멸망해갔다고 하면서, 진구황후의 '정한의 역'이 일본의 속지인 낙동강 남쪽 임나의 추장들을 신라의 압박에서 구하기 위한 것이었다고 하였다. 진구황후가 삼한정벌을 하여 임나일본부를 세웠다는 교과서적 주장과는 일정한 차이가 있었지만, 진구황후와 임나일본부 문제를 제기함으로써 일본의 조선지배를 고대의 역사를 반복 또는 복원한 것이라는 일선동조론을 뒷받침하고 있다.136)

야마지는 일본의 식민지배를 조선의 문명화와 발전을 위한 것이라는 주장도 덧붙였다. 예컨대, 러일전쟁에서 일본의 돈을 가장 많이 쓴 곳이 한국이라면서 한국 개척에 일조를 했다면 다행이라고 하였다.137) 흡사 러일전쟁이 조선인들에게 경제적 혜택을 준 것처럼 왜곡하고 있다. 조선시대에 대해서는 과거제도와 주자학에 의해 지나치게 인재가 학문에 의해 통제되었고 '문약의 풍조를 가져와서 쇠퇴했다고 하였다.[138] 그는 여행을 통해 "조선을 편달하여 질서와 규율을 부여하고 문명인에 의한 경영을 견딜 수 있게 하는 것은 대일본국민의 의무라고 믿게 되었다."[139]고 하였다. 달리 말해, 일본의 조선 식민지화가 불가피한 것이었다고 본 것이다.

마지막으로, 야마지가 가장 빈번히, 일관되게 언급한 것은 조선의 사대주의였다. 예컨대 조선의 "예악법도는 모두 중화를 본뜨는 것을 자랑하고 중화인이라고 칭하고 소중화라고 말하면서 의기양양한 것은 모두 사대 근성을 드러내는 것"이라고 하였다.[140] 야마지는 조선의 사대주의가 고대 이래의 역사적 경험에서 생겨났다고 보았다. 구체적으로 그는 한사군의 설치, 삼국시대, 통일신라에 대해 기술하면서 조선이 예부터 외세의 압박을 피할 수 없었다고 하였다. 한사군의 경우, 북으로는 흉노와 중국에게 쫓기고 남은 일본에게 강요당하여 매우 절박한 상태에 있었으며, 삼국시대에는 진구황후의 정한을 겪었다고 했다.[141] 한편, 신라의 삼국통일에 대해서는 바로 사대주의의 시작이라고 보았다. 즉, 신라가 당의 힘을 빌어서 삼국을 통일하였는데, 그 과정에서 "중국의 세력이 다시 조선에 미치면서 사대주의가 비로소 확실한 근거를 한인의 뇌수에 만들기에 이르렀다."라면서 "이후의 역사는 단지 중국에게 아부하고 그 만족시키려는 정신으로 일관해 왔다."[142]라고 혹평하였다.

1905년 러일전쟁에서 조선과 만주에 세력을 확보한 일본은 학생, 교사, 지식인 등의 만주, 조선 관광을 적극 장려하였다. 그 결과로 조선관광이 크게 늘면서, 조선여행기도 그만큼 증가하였다. 유명 인사들 중에

도 만주와 조선을 여행하고 신문이나 잡지에 여행기를 게재하는 경우가 다수 등장하였다.[143]

니토베 이나조는 1906년 조선 시찰여행을 기술한 「고사국조선(枯死國朝鮮)」라는 짧은 글을 남겼다. 당시 니토베는 대만총독부 민정국장을 거쳐 도쿄제국대학에서 식민정책학을 강의하던 식민정책의 권위자였다. 따라서 그는 식민정책 수립에 있어서 여타의 작가나 언론인들과 비교가 안되는 영향력을 지닌 인물이었다. 그는 러일전쟁 직후의 조선을 '고사국'이라고 극히 부정적으로 평가하였다. 예컨대 글의 도입부에서 "조선의 쇠망의 죄를 돌릴 곳은 그 나라의 기후도 아니며, 또 그 토양도 아니다. 사람들, 혹은 스페인인들이 반복해서 하는 말을 여기에 적용하자면, 소위'하늘과 땅은 모두 선하다. 단지 악한 것은 그 둘 사이에 존재하는 것들이다'"라고 기술하였다.

니토베는 전주 지역의 모습을 묘사한 후에, 한국인들의 생활이 "나는 천년 이전의 옛날로, 신대의 과거에 돌아와 생활하는 것 같이 느꼈다....이 국민의 모습과 생활 상태를 말하자면, 매우 온화하고, 순박하며 원시적이어서, 그들은 20세기, 10세기의 인민들이 아니며, 1세기의 인민조차 아니며, 그들은 유사 전기에 속하는 이들이다."라고 평했다.[144] 그의 조선여행은 조선이 '망국'인 것을 발견한 여행이 아니라, 이미 자신이 '망국'이라고 보고 있던 (=바랬던) 조선의 '망국'인 연유를 탐구하는 여행이었음을 알 수 있다.[145]

조선여행기 속의 조선사 기술이 '조선정벌'에서 '사대주의'와 같은 조선의 내부적 문제점으로 옮아간 것은 다른 예에서도 쉽게 찾아볼 수 있다. 예컨대, 언론인이자 시인인 우에무라 사이로쿠(上村才六)의 『청한유종(淸韓游踪)』[146]은 부산, 목포, 인천, 경성을 거쳐 청의 주요 도시를 여

행한 기록이었다. 그중에서 「한국의 형세」라는 부분에서 "한국의 사대
주의는 기세이며 습관이다......한국의 현재의 사대주의는 그 유래가 매
우 오래되었다. 중국과 일본에 조공한 것도 이제 이천 여년으로, 길들
여진 바, 종래 그들이 사대를 국시로 삼았다고 해도 틀리지 않을 것이
다"라고 하였다.147)

고베고등상업학교 학생들의 시찰여행의 보고서인 『한국여행보고(韓國
旅行報告)』148)에도 한인들의 '사대주의'를 언급했다. 즉, "한국의 고래 동
서의 이웃나라의 강력함에 눌려서 항상 다른 나라에 신하로 섬기는 습
관이 있기 때문에 한인은 대개 무기력하고 독립심 없이 자신을 보기로
남에게 의지하는 것은 그들이 조금도 부끄러워하는 바가 아니다."라고
하였다.149) 『한국여행보고』는 조선의 쇠퇴가 역사적으로도 불가피했다
는 논리는 조선사회의 부패상, 특히 지배층의 문제점을 부각시켰는데,
이러한 시각은 러일전쟁 직후에 나온 여행기 속에서부터 나타났다. 『한
국여행보고』는 한국의 정치에 대해 다음과 같이 기술하였다.

> 한국의 정치계는 세인(世人)의 상상과 마찬가지로 실로 부패의 극
> 에 달한 것이다. 지방행정의 경우는 군왕이 아는 바가 아니어서 한번
> 그 파견된 각도, 각군의 관찰사, 군수 이하 부윤, 동장 그 외의 지방
> 관의 수중에 있다. 대체로 우리 봉건시대와 같아서 각도, 각군, 각부,
> 각동 각각 모두 그 정치를 달리하였다......지방관의 수렴이 심각하여
> 표면적 세력이 거대하면 거대한 만큼 이면적 원망도 심각한 것을 알
> 수 있다. 그럼에도 한인은 그것을 어떻게도 하지 못하고 누습이 오래
> 되어 결국 일국의 활동력을 상실하게 하고 저축의 정신 결핍되고 단
> 지 그 날에 쫓겨 내일의 계획을 하지 않는다. 가련히 여겨야 하겠지
> 만 지금 우리 통감부가 이미 세워져서 이들 폭리(暴吏)들을 도태시
> 키고 일천만의 빈민을 구제하는 것은 아마도 멀지 않을 것이다.150)

다시 말해, 조선사회에서 목격한 사회적 문란과 쇠퇴를 조선의 관리를 비롯한 지배층의 오랜 부패에 기인한 것으로 설명하면서 일본 통감부 지배의 당위성을 주장하였다. 관리의 부패에 의해 쇠락했다는 시각에서 조선시대의 역사를 바라보고 있는 것이다.

마지막으로, 1896년 7월에서 8월 사이에 아사히신문사가 모집하여 시행한 「만한순유여행(滿韓巡遊旅行)」의 참가자들이 남긴 기록들이 있다. 그 중에서 「웅대한 평양(雄大なる平壤)」이라는 기사에는 일행들의 평양 일정이 대부분 일본과 관련된 것임을 보여준다. 즉 만수대에 있는 청일전쟁 애도비 참배, 러일전쟁 병사자 묘지 조문, 일본군 소좌의 평양 공격 강의, 러일전쟁 초기에 기병이 충돌한 곳으로 유명한 원산 가도에 있는 칠성문 등을 돌아봤다.151) 조선 자체의 역사에 대한 관심 보다 청일전쟁, 러일전쟁 때의 일본 측의 자취를 찾아보는데 집중한 것이다.

이상에서 살펴 본 조선여행기들은 역사서 속의 지식들을 여행에서의 체험을 통해 일본의 조선 식민지화를 정당화하는 실체적인 기억으로 상기되는 역할을 하였다.152) 여행자가 된 일본인들은 여행 전에 습득한 조선 관련 지식을 자신이 목격한 조선의 현실과 접목시킴으로써 그 기억에 진실성을 부여해 갔다. 그 결과 일본인들에게 조선 여행은 학자들이 제공한 조선사상에 강한 현실성을 더해주는 역할을 하였다.

(나) 1910년대의 조선여행 안내서: 경성 안내서를 중심으로

일본인의 조선여행이 일본인들의 식민지 조선상을 강화하고 특정한 역사적 기억을 재생하는 역할을 수행한 것은 식민지배가 본격화된 1910

년대도 계속되었다. 일본인들의 조선여행이 이어지면서, 일반 여행객을 위한 '안내서'들도 출판되었다. 특히, 1910년대 중에서도 1915년에 비슷한 제목의 안내서가 여러 권 출판되었다. 이는 그해에 조선물산공진회(朝鮮物産共進會)153)가 개최된 것에 따른 것이며, 일본인 관광객들을 위해 개최 장소인 경성의 여행 정보를 소개하는 내용으로 출판되었다. 전체적인 내용은 경성의 근대화를 강조하는 점이 두드러졌다.

1913년에 출판된 아오야기 쓰나타로의 『(신선) 경성안내 ((新選) 京城案內)』는 구성이 간단하여, 크게 경성지리소지(京城地理小誌), 역사적 경성(歷史的京城), 경성의 시가(京城の市街), 경성시가의 지가(京城市街の地價)로 서술되었다. 이 중에서 「역사적 경성」에서는 임진왜란, 병자호란, 임오군란과 청의 활약, 동학란과 청일전쟁, 러일전쟁과 같이 조선의 역사를 외세의 침략 중심으로 서술하였다.

1915년에 3종류의 경성을 대상으로 한 안내서가 간행되었다.154) 『경성안내』는 16장, 『최근 경성안내기』는 총 23편, 『경성번창기』는 20단락으로 성되었다. 내용은 경성의 지리, 역사, 풍속, 기후, 시가지, 교통, 물산 등을 망라하여, 처음 경성을 방문한 여행객들에게 최대한의 정보를 제공하고자 하였다. 그 중에서 『경성안내』와 『경성번창기』에는 '역사' 항목을 두고 조선의 역사를 소개하였다.

조선의 역사에 대한 서술내용을 보자면, 『경성안내』는 조선에서 정권쟁탈, 붕당 패거리가 끊이지 않았으며, 대원군 때부터 서세동점의 세력에 의해 외우내환 계속되었다고 하였다. 이에 비해 일본은 청일전쟁과 러일전쟁으로 조선의 독립을 보장했으며, 이후 통감부 설치, 병합, 총독부 설치가 진행되면서 조선은 문명 보급과 생명재산의 안전을 보장받게 되었다고 하였다.155) 『경성번창기』는 단군 이래의 역사를 연대기

적으로 약술하며 특히 개항 이래의 '근세사' 부분을 비교적 자세히 다루
었다.

그런데 조선을 여행하는 일본인들에게 역사를 별도로 서술한 내용
보다 직접 체험하는 사적과 명승지가 더 큰 기억을 남기게 된다. 따라
서 여행지로 소개한 장소의 성격과 그에 대한 설명을 통해 일본인들의
조선인식을 엿볼 수 있다.

<표 Ⅲ-4> 1910년대 경성안내서에 소개된 경성의 사적과 명승지

(新選)京城案內 (1913)	京城案內 (1915)	(最近)京城案內記 (1915)	京城繁昌記 (1915)		
			〈성벽순례〉	〈성내〉	〈성외〉
왜성대	북한산	왜성대/남산공원	남대문	왜성대	우이동
한양공원	남한산	천연정-최초의	서소문터	남산공원	청량리
탑동공원	남산	일본공사관 터	서대문터	대공손수	동묘
장충단	한강	훈련원-호리모토	인왕산	녹천정	석타정
천연정	남대문	중위 횡사의 장소	북문(창의문)	호도원	홍지문
독립문/	파고다공원	독립문/독립관	백악	만수산	세검정
독립관	한양공원	보신각	숙정문(북성문)	노인정	탕춘대성 옛터
관제묘	화성대	석파정	타락산	장충단	북한산성 터
석파정	수표교	장충단	동소문(혜화문)	훈련원	서지/반송지
청량리	원구단	한양공원	동대문(흥인지문)	경모전	청수관 터
훈련원	보신각의 종	청량리	수구문(광희문)	함춘원	독립문
원구단	효창원	우이동	남산	안문공사	독립관
보신각	장충단		국사당	북묘	마포
우이동	남묘		남산봉수대 터	태묘	대원군 구릉
	천연정		한양공원	원각사의 터	남묘
	석파정			파고다공원	이태원
	세검정			별궁	만창리 효창원
	백불			보신각 대종	한강
	백송			창의문 터	월파정
	무악현			경희궁 터	노강서원
	독립문-			남별궁/	민절서원
	독립관			원구단 터	관악
	공덕리			황금유원	
	마포와 율도				

용암 정릉의 약수천과 냉정(冷井) 청량리 월곡리 과수원 우이동				

위의 안내서 중에 조선의 역사와 사적에 대해 가장 자세하게 소개한 『조선번창기』를 보면 다음과 같다. 먼저, 4장 「조선의 역사」는 '왕조연혁도'를 가장 앞에 제시한 후 단군에서 근세사까지를 15개의 항목으로 구분하였다. 조선의 정권 교체를 중심으로 주요 사건을 서술하였는데, 눈에 띄는 점은 일본과의 역사적 관련성을 계속 언급한 점이다. 대표적으로, '단군'의 부분에서 단군을 일본인으로 보는 설이 있다고 언급한 후, 일본 신대사의 이자나기노미코토의 아들인 스나노오코미코토가 이즈모를 평정한 후에 그 아들 이타케루노미코토(五十猛命)를 이끌고 한반도에 건너갔다가 돌아왔다는 기록을 덧붙였다. 그리고 "우리 야마토 민족은 이미 조선 개벽의 시작부터 정복자였고, 통치자였고, 제왕이었다."고 하면서 "일본과 한국의 합방은 그 4천년의 과거로 복원"되는 것이라고 주장하였다.156)

고대사에서는 '가락임나(駕洛任那)'의 부분에서 '임나'는 대가야로서, 일본부를 설치하여 일본과 교류를 했다고 하였다. 흥미로운 점은 임나일본부를 조선지배와 동일시하는 여타의 주장들과 달리 "일개 소부락의 명칭에 불과했기 때문에 조선사에서는 많이 기록되어 있지 않다."고 한 점이다. 다음으로 조선시대의 서술에서 선조대의 도요토미 히데요시에 의한 임진왜란을 서술하면서, 원인으로 선조의 실정으로 민심이 동요되

어 요동이나 일본으로 투항하는 자들이 생길 만큼 국운이 쇠퇴했다고
하였다.157) 그 외에 '근세사'의 부분에서 강화도 조약체결과 그 이후 일
본의 조선 지배 과정을 일본에 의한 조선의 '보호'라는 관점에서 서술하
며, 최종적으로 한일합방으로 일본이 조선을 '자모(慈母)'가 '갓난아기(赤
子)'를 위하듯 은덕을 베풀고 있다면서 마무리하였다.158)

일본 여행자들의 관심은 조선 자체보다는 조선에서 일본의 '문명 제
국'으로서의 지위를 확인하며 조선의 식민지화를 재확인하는데 있었다.
이러한 관심은 경성의 명승고적지 서술에도 빈번히 등장하였다. '왜성
대'는 임진왜란 때의 왜장들과 관련된 장소로, 대부분의 안내서에 포함
되어 있다. 이는 일본이 임진왜란으로 조선을 침략했던 기억을 반복함
으로써 일본의 조선 식민지화에 역사적 근거를 제공하는 역할을 하였
다. 왜성대 근처 총독관저 앞에 있는 '대공손나무'는 임진왜란 때 가토
기요마사가 말을 묶어둔 것으로 알려있다고 소개했다. 또한 '남별궁',
'원구단 터'는 임진왜란 때 일본 군대의 진지가 있던 곳이다. '남묘'는 임
진왜란 때 명의 장수가 부상을 치료받던 곳이고, '이태원'은 일본촌으로
불리는 신용산 근처로서 임진왜란 때 일본군이 진을 치고 머물렀던 곳
이다.

개항 이후 일본의 조선으로의 세력 확대와 관련된 인물 및 장소들이
여러 곳 소개되었다. 초대 통감 이토 히로부미와 관련된 곳으로 관저의
부속정원인'녹천정', 그 뒤에 있는 '호도원'을 소개했다. 청일전쟁과 관련
된 곳으로 일본 공사가 조선 왕실과 개혁을 논의한 장소인 '노인정', 그
리고 '청수관 터'는 강화도 조약 때 하나부사가 조선공사로 임명되어 조
선공사관으로 사용한 곳이었다. '훈련원'은 임오군란 때 일본 장교가 죽
음을 당한 곳이다. 청일전쟁에서 일본이 승리하면서 조선과 청의 관계

가 단절된 결과 독립문과 독립관이 세워질 수 있었다고 하였다.

'남산공원'은 일본인들이 들어와서 만든 공원이라는 점에서 '일본인에 의한 조선의 근대화'를 확인하는 장소였다. 그런데 공원 내의 시설들을 보면 다수가 일본과 관련된 것이었다. 즉, 갑오전승기념비(청일전쟁 승리 기념), 황족인 나시모토노미야(梨本宮)의 식수 소나무(1909년 식수), 일본군의 포병진지 (일본의 오시마 혼성 여단의 부대가 포열했던 기념물) 등과 같이 일본의 군사력에 의한 조선의 식민지화를 연상시키는 장소였다. '황금 유원'은 일본인이 경영하는 유원지, '우이동'은 일본의 요시노를 연상시키는 경치를 가진 곳을 일본인들에 의해 명소로 유명해졌다고 한다.159)

이와 같이 일본인들의 조선 여행을 위해 출판된 여행안내서들은 오락과 자연환경 경험 뿐 아니라 조선에서 일본의 군사력이나 근대화와 관련된 명소와 사적들을 자세히 소개했다. 일본의 조선 여행안내서가 단순한 여행정보 제공에 머물지 않고 일본의 제국주의 국가로서의 위상과 조선의 식민지로서의 당위성을 확인시켜주는 역할을 하였음을 알 수 있다.

(다) 잡지 기사 속의 조선사상

근대일본의 조선사상이 일본인들에게 폭넓게 공유되어가는 양상을 보여주는 또 다른 매체로 잡지 기사를 들 수 있다. 1890년대의 일본에는 잡지가 본격적인 대중화의 기반을 확보하기 시작한 시기로서, 1895년에 창간된 『태양(太陽)』은 종합지로서 상업화에 크게 성공하여 상업잡지 시장의 선구가 되었다.160) 그런데 1900년대 들어서서 크게 증가한 각종 잡지의 조선관련 기사들을 보면 일본의 조선 정책에 대한 것이 많

았다. 특히 러일전쟁을 전후하여 조선지배의 전망이 커가면서, 조선정
책의 방향과 내용을 둘러싼 다양한 견해가 게재되었다.

1900년대 초 일본의 조선정책론들은 다양한 관점에서 일본이 조선문
제에 개입할 것을 주장하였다. 그 중에는 조선의 역사를 언급하면서 일
본의 조선 지배를 정당화한 경우는 쉽게 찾아볼 수 있다. 통감부 하에
서 학부 관리를 지낸 미쓰치 츄조(三土忠造)는 "한국의 역사를 연구할 것
도 없이 우리들 정도의 교육을 받은 일본인이 보통 갖고 있는 한국의
역사에 관한 지식으로도 한인은 예부터 오늘날과 같은 한인은 아니었던
것, 국세상 한인이 어떠한 운명을 겪었는가를 알 수 있다"161)(「名士の韓
人觀」, 『朝鮮』 1~6, 1908.8)라고 하는 자신감을 보였는데, 이 발언 속에는
조선사에 대한 지식이 조선지배에 정당성을 부여하는 근거로 작용하고
있었음을 보여준다.

조선사에 대한 대중화된 지식이 조선정책에 어떤 역할을 하였는가를
보여주는 예로 시마다 사부로가 러일전쟁을 전후하여 쓴 일련의 조선정
책론들을 들 수 있다. 먼저, 「대한정책의 근본의(對韓政策の根本義)」(『日本
人』 216, 1904.8.5.)에서 그는 "조선은 도저히 독립을 지킬 자격이 없다"162)
라고 하였다. 그는 '조선과 일본은 동근인종이 사는 곳'이라고 하면서,
"반도 동남부는 상고는 일본에 合同했고 중세에는 일본부를 설치하고
속방의 대우를 받았으며, 북부는 기자를 조선에 봉하고 평양을 도읍으
로 했다. 문에 따르면 일찍이 중국에 속했던 것을 보게 된다. 따라서 크
게 보자면 남한인은 일본과 동종이며 북한인은 중국인의 분파이다"라고
하여, 조선이 예부터 독립국가로서의 면모를 지니지 못했다고 하였
다.163) 그런데 그는 단순히 외세의 위협만이 조선의 문제가 아니라고
했다. 「조선에 대한 일본인의 직분(朝鮮に對する日本人の職分)」,(『新人』 6~3,

1905.3)에서 그는 조선이 현재와 같이 쇠퇴한 원인은 강대국 사이에 끼어 있다는 지리적 요소도 있지만, 조선이 오늘날처럼 심하게 영락하게 한 것은 주로 내부의 원인에 의한 것이라고 하였다. 구체적으로 그는 폭군오리의 약탈에 의해 인민들이 의욕을 잃고 나태하게 되었기 때문에 조선사회가 쇠퇴했다고 보았다.164) 나아가 그는 조선은 내부적 문제로 인해 스스로 일어설 수 없다는 결론을 통해 일본이 조선을 구제해 줘야 한다는 주장을 하였다. 이러한 주장을 그는 「대한정책의 기초(對韓政策の 基礎)」(『太陽』 11~5, 1905.4.1.)에서도 반복하였다. 그는 현재의 조선은 역사적 경험에 의해 만들어진 것이라는 역사적 요인을 강조하면서, 그 근거를 분석해 보면 크게 외세에 의한 지배의 역사와 조선지배층의 부패로 나눌 수 있다고 하였다.165)

일본의 조선지배가 불가피한 근거로 외세지배와 조선 지배층의 부패를 지적한 시마다의 주장은 조선의 보호국화를 전후한 시기의 기사들에서 흔히 찾아볼 수 있다. 야즈 마사나가는 「조선의 식민적 자격(朝鮮の殖民的資格)」(『太陽』 10~4, 1904.3.1.)에서 "조선 현재의 주민은 수천 년 동안 각 방면에서 식민 이주한 혼합 종족으로, 조선흥망의 역사는 각 종족의 흥망사로 볼 수 있다."면서, 『조선개화사』의 주장을 반복하여 북쪽은 예맥족, 부여족, 한족 등의 북방 종족에 의한 식민이주로 세워졌고 남쪽의 신라는 야마토 종족이 중심이 되어 세워진 나라이며, 가라국은 이즈모파의 식민지로서 그 이민에 의해 세워진 나라라고 했다.166) 일본 및 서양각국에 대한 역사서적을 저술한 바 있는 인물인 마쓰이 히로키치(松井廣吉)는 「반드시 한국을 속방으로 해야 함(斷じて韓國を屬邦とすべし)」(『日本人』 408, 1905.4.5.)라는 글에서 조선에는 독립의 역사가 있었던 적이 없으며 '사대'의 인습을 지녔기 때문에 식민지화가 역사적으로 볼 때도

당연하다고 주장하였다. 또한 그는 신대의 스사노오노미코토 이래로 일
본이 남한을 영유했다는 일선동조론과, 진구황후의 임나일본부 설치와
도요토미의 정한 등을 근거로 일본이 조선의 식민지화를 맡는 것이 당
연하다고 하였다. 반면에, 조선의 지배층에 대해서는 "역대 한국의 왕과
그 관리는 인민의 복지를 고려한 적이 없다"면서, 지배층의 가렴주구와
수뢰에 의해 인민은 가난과 피폐에 빠져서 겨우 폐허의 자취만 남았다
고 하였다.167) 이와 같이 선사회가 식민화되는 것이 역사적 실패 때문
에 불가피하다는 주장은 1910년의 한일합방에 이르기까지 빈번하게 반
복되었다.

그런데 조선의 보호국화 이후에 나타난 잡지 기사들 중에서는 단순
히 조선 지배층의 부패를 지적하는 것이 아니라 '당쟁'에 대한 보다 적
극적인 역사해석과 연결시키는 경우가 나타났다. 지배층의 부패를 강조
하는 논리는 차츰 '당쟁'이라는 역사적 쟁점을 강조해 갔다. 당시의 대
표적 대중잡지였던 『태양』은 1907년 9월 1일자의 시사평론(時事評論)에
「양반정치(兩班政治)」(『太陽』 13~12, 1907.9.1.)라는 기사를 실었다. 이 기사
는 양반정치가 당쟁으로 점철되었다는 기본 시각을 갖고 당파의 분열
과정에 대해 자세하게 설명하고 있다. 필자는 양반정치에 대해

　　요약하자면 그들의 사활은 항상 정권과 함께한다. 따라서 그들은
　전력을 다해서 정권의 쟁탈에 경주한다. 한번 정권을 얻게 되면 모든
　음모, 간계를 동원해서 극력 권세의 유지에 부심한다. 모든 악정을
　생각해내서 민의 땀과 피를 짜내고, 자기 집안의 주머니를 채우는 것
　을 능사로 하며 자손의 뒤를 봐주는 것에 전념한다. 이 경우 대부분
　사대부, 관리의 구별이 없다.168)

라고 하였다. 이에 따라 조선의 양반들이 당쟁으로 치닫는 것은 본질적 성격에 의한 것이기 때문에 피할 수 없는 것이기 때문에 그것은 "천하 최악의 관료정치의 표본"이라고 하였다.

조선 지배층의 문제가 당쟁에 있다는 또 다른 예를 청일전쟁 이래로 조선에서 12년간 외교관으로 근무했던 가토 마스오(加藤增雄)의 글에서 찾아볼 수 있다. 그는 「내가 본 한국민의 성격(余の觀たる韓國民の性格)」(『殖民世界』 1~1 1908.5.7.)이라는 글에서 조선의 정치는 계급제도의 폐해가 심한 점에서 일본의 봉건시대와 같다고 평하였다. 그는 당쟁에 대해 자세히 언급하였다. 그는 당파의 형성과 분열과정을 설명함과 더불어 그 문제점에 대해서도 양반들이 "사당(私黨)을 만들어 정권쟁탈을 위해 누누이 생명을 걸고 상쟁"하였고, 그에 따른 갈등이 내정의 혼란을 초래했다고 지적하였다.[169]

이상에서 살펴본 기사들은 러일전쟁 이후 등장한 일본의 조선정책론들 중에서 극히 일부에 불과하다. 그렇지만 1900년대 초에 출간된 조선사 서적에서 제시된 '조선사상'이 러일전쟁에서 한일합방에 이르는 조선의 식민지화 과정에서, 일본의 조선지배를 뒷받침하는 중요한 논거로서 자리 잡아가는 모습을 찾아보는 데는 충분할 것이다.

1912년, 메이지천황이 세상을 떠나고 다이쇼 천황이 즉위하였다. 메이지 시대의 종언과 다이쇼 시대의 개막은 그동안 일본이 추구해온 '서구화된 근대 제국주의 국가' 건설이라는 목표의 완성과 이를 대신할 새로운 국가적 방향 모색이라는 역사적 전환점과 일치한다. 일본이 커다란 전환점에 들어섰다는 당시인들의 감각을 나쓰메 소세키는 1914년 출간된 『마음(心)』의 화자를 통해 다음과 같이 토로하였다.

여름 더위가 한창일 때 메이지천황이 붕어하셨지. 그때 난 천황에서 시작된 메이지 시대의 정신이 이젠 그와 함께 끝났다는 생각이 들었네. 메이지의 영향을 가장 강하게 받고 자란 우리가 그 후에 살아남아 있는 것은 필경 시대 낙오라는 느낌이 뜨겁게 치밀었네.

이 글은 메이지 시대가 막을 내린 후 2년 남짓한 시점인 1914년에 발표된 것으로, 일본인들에게 메이지라는 한 시대의 기억이 얼마나 특별한 의미를 잘 보여준다.

메이지 일본은 신정부의 수립, 근대국가체제의 완성, 그리고 제국주의로의 변화에 이르는 굵직한 변화가 이어진 시기였다. 메이지유신 이후의 급격한 변화 속에서 일본인들은 서양으로부터의 신지식에 매료되기도 하고, 전통문화를 통해 일본만의 정체성을 찾는데 힘쓰기도 하였으며, 제국주의 국가로서 '제국'적 일본상을 만들어 내는데 몰두하기도 하였다. 근대일본의 특정한 '역사적 기억'은 서적, 교육, 경험 등을 통해 형성되고 공고화되었다. 메이지 초기 일본인들의 역사지식은 새로운 서양사 지식과 인식을 적극 도입하고, 이를 토대로 저술과 연구가 진행되었다. 메이지 후반기가 되면 일본의 역사적 기억은 '천황' '국가' '제국'과 같은 관념과 현실에 의해 규정되었다.

메이지 일본의 변화는 새로운 세계관과 지식의 도입과 발전을 동반하였다. 그 중에서 본서는 새로운 역사지식의 수립이라는 점에 주목하여 살펴보았다. 메이지 초기부터 서양의 역사지식이 수입되면서 전통적 역사지식 체계에 균열과 변화가 불가피해졌다. 역사지식은 근대역사학의 체계를 도입하면서 근대학문의 중요한 축으로 발전해 갔다. 근대적 출판업이 발전하면서 역사서적의 출판이 양적, 질적 모든 면에서 크게 성장하였고, 근대적 교육제도에 의해 역사서적의 수용 인구도 확대되었다. 메이지 시대는 다양한 역사지식이 문자 매체를 통해 지식인뿐 아니라 일반인에게까지 공유되는 것이 가능해진 시대였던 것이다.

그렇다면 메이지 일본의 근대적 경험 속에서 '역사'는 어떤 존재였을까? 역사를 연구하고, 역사서를 서술하고, 역사지식을 학습하는 행위의 의미는 개인의 지적 호기심을 채우는 것에서 한 국가의 정치적 행보를 규정하는 것까지의 광범위한 스펙트럼을 지닌다. 이 책에서는 메이지 일본에서 근왕론이라는 특정한 역사인식이 왕정복고라는 정치적 격변을 이끄는 근거가 되기도 하였으며 개인의 입신출세를 위한 수험용 지식이기도 하는 등, 그 역할과 의미가 다양하게 분포하며 변화하였음을 살펴보았다.

다시 강조하자면, 메이지 일본에서 사회적 변화는 역사지식과 깊은 상호관계를 가지면서 전개되었다. 그런데 사회변화와 역사지식의 관계는 고정된 틀에 의해 움직인 것이 아니었다. 예컨대 메이지유신 이후 문명개화 정책은 역사지식의 변화를 규정하는 절대적인 요인이었다. 다시 말해, 사회변화가 역사지식의 발전에 영향을 주며, 역사지식은 사회를 반영한다는 것이다.

반대로 역사연구와 지식의 변화가 사회현실에 영향을 주기도 하였다. 자유유민권운동의 변혁적 에너지가 서양혁명의 역사지식과 깊은 관련이 있었던 것에서 알 수 있다. 동시에 정치적 목적으로 역사지식이 이용되는 경우도 쉽게 찾아볼 수 있다. 근대천황제의 이념인 천황주의가 천황 중심의 역사상에 근대역사학의 외피를 입힘으로써 더 강력한 영향력을 확보했던 것이 바로 그런 경우이다. 다시 말해, 메이지 시대의 역사지식은 사회변혁을 위한 지식과 기존체제의 보수를 위한 지식이라는 이중성을 지녔다.

근대일본의 역사지식이 지닌 변혁과 보수의 이중성은 1930년대 일본 역사학계에서 극단적 양극화된 형태로 나타났다. 마르크스주의 역사학의 사회변혁론과 황국사관의 국체보존론이 바로 그것이다.

일본 자본주의 성립의 역사를 돌이켜 그 모순으로 가득 찬 발전의 제반 특성을 연구하는 것은 따라서 일본 자본주의가 당면한 여러 문제의 근본적 해결의 길을 찾을 열쇠이다. 본 강좌는 이 열쇠를 제공하고자 하는 것이다.

이렇게 간절한 당면 요구에 대응하여 탄생한 본 강좌는 역사적 사실의 단순한 나열, 설명을 능사로 하는 것이 아니다. 하물며 어떤 의도를 가지고 굳이 사실을 허구화하는 것은 본 강좌의 저자와는 전혀 무관하다. 우리가 기대하는 것은 역사의 해석이 아니라 그 변혁이다. 역사를 변혁하는 것은 과거의 역사적 사실을 개변하는 것이 아니라, 미래의 역사를 창조하는 것이다. 그러나 우리들은 그것을 마음대로 만들 수는 없다. 이미 주어진 일정한 조건들에 기반 해야만 역사의 변혁도 창조도 가능하게 되며, 문제의 진정한 해결은 기대할 수 있을 것이다.170)

국사는 조국(肇國)의 정신이 일관되게 전개하여 오늘에 이른 불퇴전의 역사이다. 역사에는 시대의 변화 추이와 함께 이를 일관하는 정신이 존재한다. 우리 역사에는 조국의 정신이 엄연히 존재하며, 그것이 명백해져가고 있기 때문에, 국사의 발전은 곧 나라 전체의 정신의 전개이며, 영원한 생명의 창조 발전이다. 그런데 다른 국가에서는 혁명과 멸망에 의해 국가의 명맥이 끊기고, 건국의 정신이 중단, 소멸하고, 또 다른 국가의 역사가 발생한다. 따라서 건국의 정신이 역사를 일관하여 불후불멸하게 존속하는 경우가 없다.......우리나라에서는 조국의 정신, 연면한 황통을 기반으로 하지 않고서는 역사를 이해할 수 없다.......국사에서는 유신은 볼 수 있지만 혁명은 절대 없으며, 조국의 정신은 국가를 일관하여 연면하게 오늘에 이르렀고, 또한 내일을 일으키는 힘이 되어 있다. 따라서 우리나라에서 국사는 국체와 시작과 끝은 같이하며, 국체의 자기표현이다.171)

첫 번째 인용문은 전전의 일본 마르크스주의 역사학의 대표적 성과물인 『일본자본주의발달사강좌』의 취지서이다. 1917년 러시아 혁명의 영향과 다이쇼 시대의 자유주의적 분위기 속에서 성장한 마르크스주의

는 천황제를 부정하며 프롤레타리아 혁명을 외친 체제변혁의 사상이었
다. 1920~30년대 일본의 마르크스주의 역사학은 자본주의와 제국주의
를 극복하기 위해 혁명을 통한 일본 역사의 변혁을 선도하고자 하였다.

두 번째 인용문은 마르크스주의의 혁명론을 비판하면서 천황주의 이
념을 한층 공고화하기 위해 1937년 발간된 『국체의 본의(國体の本義)』의
일부이다. 『국체의 본의』는 일본의 국체가 영속적이며 중단이 없는 국
사와 동일하다고 주장하였다. 황국사관에서 국사는 천황제 국가의 근간
이며 역사지식은 천황제국가의 영속성을 밝히는 증거였던 것이다.

1945년 일본의 패전으로 천황제 국가의 체제를 대신하여 민주주의
체제가 수립되었다. 정치적 패러다임의 전복에 따라 일본사회의 급격한
변화가 진행되었다. 일본의 새 출발에 발맞추어 황국사관의 지배에서
탈피한 새로운 역사지식이 요구되었다. 그 결과 마르크스주의 역사학에
주도하는 전후역사학이 성립되었다. 마르크스주의 역사학과 황국사관
의 위치가 역전된 것이다. 전후역사학을 주도한 것은 마르크스 역사학,
그 중에서도 강좌파 역사학이었다. 강좌파의 역사학자들은 근대천황제
를 절대주의 정권으로 규정하고 그 토대를 이루는 전근대적·반봉건적
역사를 밝혀내는고자 하였다. 전후역사학은 20세기 중·후반 일본의
역사학과 역사교육 전반에 지배적인 영향력을 미쳤다.

그러나 20세기 말이 되면 전후민주주의의 근간이던 보수와 진보의
균형이 무너지면서 일본사회 전반의 보수화가 진전되었다. 이와 함께
전후역사학의 기반이 약화되고 보수적 역사의식이 확대되었다. 이러한
흐름은 1995년 일본의 종전 전후하여 문제가 된 일본의 전쟁책임론에
대한 반발과 우익세력에 의한 역사교과서 편찬을 둘러싼 역사인식의 갈
등으로 표출되기에 이르렀다. 그리고 전후역사학의 성과를 부인하는 역

사수정주의가 목소리를 높이면서 점차로 대중의 역사의식에 파고들었다.

오늘날 일본사회와 역사지식의 관계는 보수화에 따른 변곡점에 서 있다. 일본사회가 과거를 어떤 방식으로 기억하고 역사화할 것인가의 여부에 따라 일본이 앞으로 나아갈 방향이 정해질 것이며, 일본을 포함한 동아시아의 미래도 영향을 받을 것이다. 이런 일본의 현재와 미래를 염두에 두며, 이 책은 메이지 일본에서 역사지식이 일본사회의 발전 방향에 어떤 역할을 하고, 어떤 영향을 미쳤는지를 살펴보았다. 과거를 기억하고 기술하는 행위가 그 사회의 현실에 의해 규정되는 것과 동시에 역사지식이 사회의 변화를 이끄는 원동력이라는 사실을 되새기며 이 책을 마무리하고자 한다.

■ 주석

I부 근대국가의 수립과 역사지식

1) 「王政復古の大号令」, 『復古記』, マツノ書店, 2007. 번역문은 유인선 외 10명, 『사료로 보는 아시아사』, 위더스북, 2014, 367-368쪽.

2) 「憲法發布勅語」, 『官報號外』 (1889년 2월 11일자).
http://www.archives.go.jp/ayumi/photo.html?m=47&pm=2

3) Benedict Anderson, Imagined Communities : Reflections on the origin and spread of nationalism, Verso, 1991 (윤형숙 역, 『상상의 공동체 : 민족주의의 기원과 전파에 대한 성찰』, 나남출판, 2002). ; Eric Hobsbawm, Terence Ranger (eds.), The Invention of Tradition, Cambridge University Press, 1983 (최석영 역, 『전통의 날조와 창조』, 서경문화사, 1995).

4) 西川長夫, 「日本型國民國家の形成」, 『幕末・明治期の國民國家形成と文化變容』, 新曜社, 1995; 西川長夫・渡辺公三(編), 『世紀轉換期の國際秩序と國民文化の形成』, 柏書房, 1999.

5) 나가하라 게이지, 『20세기 일본의 역사학』, 삼천리, 2011.

6) 영어의 civilization은 라틴어 civis(시민), civilis(시민의), civitas(도시)에서 유래하였으며, 18세기부터 civilization이라는 용어가 성립되어 '문명화된 상태', 즉 야만의 반의어로 사용되었다.

7) 小林善八, 『日本出版文化史』, 日本出版文化史刊行會, 1938, 764쪽.

8) 明治文化研究會 編, 「解題」, 『明治文化全集 第24卷 文明開化編』, 日本評論社, 1967, 2-3쪽.

9) 요시다는 불법 도항을 시도한 것이 발각되어 구속되었다. 밀항의 동기와 사상적 배경은 옥중에서 저술한 『幽囚錄』에 담겨있다. 일본의 개국 당시 요시다의 서양 인식 변화에 대해서는 川口雅昭, 「吉田松陰の國際感覺について」, 『藝』 1, 2003, 1-9쪽 참조.

10) 犬塚孝明, 「幕府遣外使節團と留學生」, 『近代日本の軌跡 1 明治維新』, 吉川弘文館, 1994.

11) 福澤諭吉(허호 역), 『후쿠자와 유키치 자서전』, 이산, 2006, 129-144쪽.

12) 福澤諭吉, 『후쿠자와 유키치 자서전』, 155쪽.

13) 有山輝雄・竹山昭子 編, 『メディア史を學ぶ人のために』, 世界思想社, 2004, 26-33쪽.

14) 蔡星慧, 『出版産業の変遷と書籍出版流通』, 出版メディアパル, 2006, 52쪽.

15) 橋本求, 『日本出版販賣史』, 講談社, 1964, 6쪽.

16) 三谷幸吉 編, 『本木昌造平野富二詳傳』, 詳傳頒布刊行會, 1933. 최근의 연구로는 近代印刷活字文化保存會 編纂, 『日本の近代活字本木昌造とその周辺』, 朗文堂, 2003; 江越弘人, 『逃げる男 ― 活版印刷の祖・本木昌造』, 長崎新聞社, 2003.

17) 有山輝雄・竹山昭子 編, 『メディア史を學ぶ人のために』, 48쪽.

18) 小川菊松, 『日本出版界のあゆみ』, 誠文堂新光社, 1962, 2쪽.

19) 成田潔英, 『洋紙業を築いた人々』(紙業叢書第二編), 財團法人製紙記念館, 1952; 有恒社, 『淺野家の有恒社と株式會社』, 有恒社, 1924; 成田潔英, 『王子製紙社史』(全4卷(附錄)), 王子製紙社史編纂所, 1956-1959.

20) 橋本求, 『日本出版販賣史』, 13쪽.

21) 鈴木惠子, 「近代日本出版業確立期における大倉書店」, 『英學史研究』 18, 1995, 101-113쪽.

22) 司忠編, 『丸善社史』, 丸善, 1951.

23) 岡野他家夫, 『日本出版文化史』(復刻), 原書房, 1981, 20-26쪽.

24) 鶴峰戊申, 『米利堅新誌』; 大槻禎, 『仏蘭西總記』, 蕉陰書屋, 1855; 伊藤圭介, 『輿地紀略』, 花繞書屋, 1858; 手塚律藏, 『泰西史略』, 又新堂, 1858; 箕作阮甫, 『西史外傳』, 출판사미상, 1845 이후; 岡本約, 『万國綜覽』, 출판사미상, 1860. 이상은 岡野他家夫, 『日本出版文化史』, 26쪽 참조.

25) 개성소 번역서를 비롯한 막말 기 서양서적 번역 상황에 대해서는 岡野他家夫, 『日本出版文化史』, 46-52쪽 참조.

26) 小林善八, 『日本出版文化史』, 日本出版文化史刊行會, 1938, 870-875쪽.

27) 「범례」에 따르면 목록은 1869년 여름부터 12월까지 출판된 신간서적이 대부분이었지만, 전년도 출판서적도 포함되었다. 「凡例」, 『新刻書目一覽』, 大學, 1870, 870쪽.

28) 山岡洋一, 「翻譯についての斷章」, 『翻譯通信』, 第2期 第22號 (2004年3月號).

29) 焉用氏, 『學商福澤諭吉』, 大學館, 13900, 41-42쪽.

30) 瀬沼茂樹, 『本の百年史 : ベスト・セラーの今昔』, 出版ニュース社, 1965, 20쪽.

31) 加藤周一, 『翻譯の思想』, 岩波書店, 1991.

32) 明治百傑伝, 『明治百傑伝』, 青木嵩山堂, 1902, 543쪽.

33) 長尾政憲, 『福澤屋諭吉の研究』, 思文閣出版, 1988.

34) 瀬沼茂樹, 『本の百年史 : ベスト・セラーの今昔』, 出版ニュース社, 1965, 20-22쪽.

35) Samuel Smiles, 中村正直 譯, 『西國立志編』, 駿河國靜岡藩 木平謙一郎藏版. 초판은

13편 11책. 화지화철, 목판인쇄.

36) Earl H. Kinmonth, Nakamura Keiu and Samuel Smiles : A Victorian Confucian and a Confucian Victorian, The American Historical Review, Vol. 85, No. 3, 1980.6; 前田愛, 「明治立身出世主義の系譜-「西國立志編」から「歸省」まで」, 『文學』 33-4, 1965, 10-21쪽; 李榮, 「明治啓蒙思想における道德と自由 : 中村敬宇を中心に」, 『近代日本研究』 25, 2008, 151-192쪽; 高橋昌郎, 『中村敬宇』, 吉川弘文館, 1988; 荻原隆, 『村敬宇研究 : 明治啓蒙思想と理想主義』, 早稻田大學出版部, 1990; 松澤弘陽, 「「西國立志編」と「自由之理」の世界--幕末儒學・ビクトリア朝急進主義・「文明開化」」, 『年報政治學』 26, 1975, 9-53쪽.

37) 19세기 초에 아오치 린소(靑地林宗)가 네덜란드 서적을 번역한 『輿地誌略』과는 다른 서적이다.

38) 瀨沼茂樹, 『本の百年史』, 24쪽.

39) 우치다는 1862년 막부가 네덜란드에 군함건조를 의뢰하면서 파견한 15명의 유학생의 일원으로 서양학문을 접한 바 있었다. 관련 자료는 秋元信英, 「內田正雄の履歷と史料」, 『國學院短期大學紀要』 21, 2004 참조.

40) 『文部省雜誌』 22호(1874.11)에는 154,200부, 『文部省第三年報』(1875)에는 122,725부로 기록되어 있다. 中島滿洲夫, 「內田正雄著「輿地誌略」の研究」, 『地理』 13-11, 1968, 29-33쪽; 增野惠子, 「內田正雄『輿地誌略』の研究」, 『近代畫說』 18, 2009, 64-93쪽.

41) 福澤諭吉, 「小引」 『西洋事情 初編』, 出版社未詳, 1868, 7쪽.

42) 岡野他家夫, 『日本出版文化史』, 24~26쪽; 小澤榮一, 『近代日本史學史の研究 : 幕末編』, 吉川弘文館, 1966, 148-163쪽.

43) 岡野他家夫, 『日本出版文化史』, 26쪽 참조.

44) 小林善八, 『日本出版文化史』, 870-875쪽.

45) 矢野文雄, 『譯書讀法』, 報知社, 1883.

46) 瀨沼茂樹, 『本の百年史』, 20쪽.

47) 吉田忠, 「『解体新書』から『西洋事情』へ--言葉をつくり, 國をつくった蘭學・英學期の翻譯」, 『國際交流』 (特集 翻譯と日本文化) 19-1, 1996; 河北展生, 「「西洋事情」諸版本について」, 『史學』 32-3, 1959.

48) 여기에 소개된 서양의 문물들은 다음과 같다. 정치, 수세법, 축제, 지폐, 상인회사, 외국교제, 병제, 문학기술, 학교, 신문지, 문고, 병원, 빈원(貧院, 구빈원), 아원(啞院), 맹원(盲院), 전원(癲院, 정신병원), 치아원(痴兒院), 박물관, 박람회, 증기기관, 증기선, 증기차, 전신기, 와사등. 福澤諭吉, 「目次」, 『西洋事情 初編』.

49) 福澤諭吉, 「小引」 『西洋事情』, 慶應義塾出版局, 1872, 1쪽.

50) 福澤諭吉, 『西洋事情 二編』, 慶応義塾出版局, 1873, 22-23쪽.

51) 福澤諭吉, 『西洋事情 二編』, 「目次」 2쪽.

52) 福澤諭吉, 『西洋事情 二編』(卷之三), 22-33쪽.

53) 福澤諭吉, 『西洋事情 二編』(卷之三), 33쪽-44쪽.

54) 福澤諭吉, 『西洋事情 二編』(卷之四), 1-18쪽.

55) Peter Parley's Universal History on the Basis of Geography, Boston: American Stationers' Co., 1837. 2 vol. note: Prepared by Nathaniel Hawthorne & his sister, and probably rewritten by Goodrich.

56) 佐藤孝己, 「S.G.グッドリッチと「パーレーの万國史」」, 『英學史研究』 2, 1970; 倉長眞, 「パーレー「万國史」の影響」, 『論集(青山學院大學文學部英米文學科)』 8, 1967, 57-62 쪽; Helen Reeder Cross. 'Peter Parley'--Pied Piper in Print: Samuel Griswold Goodrich, 1793-1860. New-England Galaxy, 9 #2, 1967, pp.3-14; Samuel Goodrich, Recollections of a Lifetime. NY: Miller, Orton and Mulligan, 1856. 2 vols. online; Eriko Ogihara, Reconstructing the World: Peter Parley's Universal History, MA thesis. University of Tsukuba, 2000; Daniel Roselle, Samuel Griswold Goodrich, Creator of Peter Parley, Albany, NY: State University of New York Press, 1968.

57) 倉長眞, 「パーレー「万國史」の影響」, 58쪽.

58) "I have based History upon Geography, illustrating them by maps." Parley's Universal History, on the basis of geography, London: William Tegg, 1867, viii.

59) グードリッチ(牧山耕平譯), 『巴來萬國史』(上), 文部省, 1876, 18-19쪽.

60) http://archive.org/details/peterparleysuni02hawtgoog

61) http://www.archive.org/details/peterparleysuniv00gooduoft

62) グードリッチ(寺內章明譯編), 『五洲紀事』, 紀伊國屋源兵衛, 1871-1875, 6冊, 和裝.

63) 1872년 문부성은 「소학교칙(小學教則)」을 제정하여 민간에서 출판된 계몽서, 번역서를 포함한 각 교과목의 표준 교과서를 정했는데, 『오주기사(五洲紀事)』는 그 중에서 상등 사학륜강(上等 史學輪講) 교과서로 제시되었다.

64) グードリッチ(牧山耕平譯), 『巴來萬國史』, 文部省, 1876, 2冊.

65) 예를 들어, 아이치 영어학교(愛知英語學校)는 1876년도 교과과정으로 제3학년에 『파래씨만국사(パラレー氏万國史)』를 사용하였다.(加藤詔士, 「『愛知一中旧藏書解題目錄』にみられる英學教科書」, 『英學史研究』 31, 1998, 25쪽, 각주 12번). 도사에 설립되었던 영학교인 도사입지학사(土佐立志學舍)의 1877년도 자료에는 세 번째 등급인 등외3급생갑(等外3級生甲) 과정에서 『파래만국사(パーレー万國史)』의 원서를 교재로 사용하였다.(山下重一, 「自由民權運動と英學-土佐立志學舍と三春正道館」, 『英學史研究』 25, 1992, 64쪽).

66) 예를 들자면, 岡田篤治譯述, 『パアレイ万國史原書獨案內』, 岡田篤治, 1882; 彼得 ·
巴來著, 『實用万國史直譯』, 1885; 彼得 · 巴來著, 『容易獨習万國史直譯』, 中外堂,
1885; ペ―トル · パ―レ― (巴來)著, 『万國史』, 新古堂, 1886; 彼得 · 巴來著他, 『万
國史直譯』, 成文堂, 1887.

67) 小澤榮一, 「文明史の翻譯」, 『日本英學史硏究會硏究報告』 60, 1966, 1쪽.

68) M. Guizot, General history of civilization in Europe, from the fall of the Roman
empire to the French revolution. 3d American, from the 2d English ed., with
occasional notes by C.S. Henry, 1846; Francois Pierre G. Guizot (Author), William
Hazlitt (Translator), The History Of Civilization : From The Fall Of The Roman
Empire To The French Revolution, 1846.

69) 小澤榮一, 「文明史の翻譯」, 3쪽.

70) 小澤榮一, 「文明史の翻譯」, 6쪽.

71) 大久保利謙, 「明治初年の史學界と近代歷史學の成立」, 『明治文學全集 77 明治史論集』,
筑摩書房, 1965, 411쪽.

72) 加藤周一外 編, 『日本近代思想大系 15 翻譯の思想』, 岩波書店, 1991, 416쪽.

73) 장별 구성은 다음과 같다.
Lecture I.: Civilization In General.
Lecture II.: Of European Civilization In Particular: Its Distinguishing
Characteristics―.its Superiority―.its Elements.
Lecture III.: Of Political Legitimacy―.coexistence of All the Systems of
Government In the Fiftii Century―.attempts to Reorganize Society.
Lecture IV.: The Feudal System. *
Lecture V.: The Church.
Lecture VI.: The Church.
Lecture VII.: Rise of Free Cities.
Lecture VIII.: General State of Europe From the Twelfth to the Fourteenth
Century―.the Crusades. *
Lecture IX.: Of Monarchy.
Lecture X.: Unsuccessful Attempts At the Unification of Society.
Lecture XI.: The Rise of Centralized Government. *
Lecture XII.: The Reformation.
Lecture XIII.: The English Revolution.
Lecture XIV.: The French Revolution. *

74) 버클은 목차를 상세하게 세분화하였다. 실제 목차는
http://archive.org/details/historyofcivil01buckuoft (1권),

http://archive.org/details/historyciviliza27buckgoog (2권) 참조.

하마바야시 마사오는 영국문명사가 제목과는 달리 20개의 장중에서 영국은 1장 뿐이고, 프랑스 7장, 스페인 1장, 스코틀랜드 5장, 나머지 6장은 서론적 역사철학에 배정했으며, 이후의 구상에도 독일과 북아메리카가 포함되어 있었음을 지적하였다. 浜林正夫,「H.T.バックルの『イングランド文明史』」,『一橋大學社會科學古典資料センター年報』, 5号, 1985, 5쪽.

75) 加藤周一外 編,『日本近代思想大系 15 翻譯の思想』, 421쪽.

76) M. Guizot(永峯秀樹 譯),「歐羅巴文明史(抄)」,『日本近代思想大系 13 歷史認識』, 岩波書店, 1991, 126쪽.

77) Henry Buckle(土居光華・萱生奉三 譯),「英國文明史(抄)」,『日本近代思想大系 13 歷史認識』, 169쪽.

78) 예컨대, "버클의 영국문명사가 들어오자 게이오 의숙 내의 공기가 일변하여 바이블 연구 같은 것을 하는 사람이 불을 꺼버린 것처럼 없어졌다."라고 한다. 大久保利謙,「明治初年の史學界と近代歷史學の成立」,『明治文學全集 77 明治史論集』, 筑摩書房, 1965, 411쪽.

79) Henry Buckle(土居光華・萱生奉三 譯),「英國文明史(抄)」, 166-167쪽.

80) 重野安繹,「國史編纂の方法を論ず」,『日本近代思想大系 13 歷史認識』, 221쪽.

81) 太田勘右衛門 編,『戊辰以來新刻書目便覽』, 梅巖堂, 1874.4.
(원문출처: http://kindai.ndl.go.jp/info:ndljp/pid/897245); 上勘兵衛編,『御維新以來京都新刻書目便覽』, 平樂寺等, 1874.10.
(원문출처: http://kindai.ndl.go.jp/info:ndljp/pid/897245) ; 松田正助編,『戊辰以來新刻書目一覽』, 赤志忠七等, 1874.11.
(원문출처: http://dl.ndl.go.jp/info:ndljp/pid/897178)

82)『戊辰以來新刻書目便覽』은 범례에서 메이지 원년에서 갑술 3월까지의 7년간 도쿄에서 출판된 것들을 대상으로 한다고 밝혔다.『御維新以來京都新刻書目便覽』도 서언에서 유신 이래 교토도부 하에서 새로 간행된 서적들을 취합한 것임을 밝히고 있다. 또한,『戊辰以來新刻書目一覽』의 범례는 도쿄의『戊辰以來新刻書目便覽』을 본받아서 메이지 이래의 7년간 새로 간행된 서적들을 실었다고 밝혔다.

83)『大日本史』, 源光圀修 ; 德川齊昭補 ; 德川慶篤校.

84) 青山延于,『皇朝史略』12卷, 男延光校, 須原屋伊八, 1827.

85) 岩垣松苗編,『國史略』 5卷, 五車樓, 1827; 岩垣松苗,『江戶後期の歷史書』 5卷, 1826. 신대에서 1588년의 고요제이천황(後陽成天皇)의 취악제 행행에 이르기까지를 한문 편년체로 서술함.

86) 賴山陽,『日本政記』, 秋田屋太右衛門, 1876.

87) 賴山陽撰, 『日本外史』, 橋本大路校.

88) 小野壽人, 「日本開化小史とその時代」, 『本邦史學史論叢 : 史學會創立50年記念』(下卷), 史學會編, 富山房, 1939.5, 1296쪽.

89) 中村眞一郎, 『賴山陽とその時代』, 中央公論社, 1971.

90) 작가인 나카무라 신이치(1918-1997)는 중학교 시절에 교실에서 『일본외사』의 사본(鈔本)을 읽게 했다고 적었다. 즉, 1930년대 초까지도 『일본외사』가 독서물로서 읽히고 있었던 것이다. 中村眞一郎, 『賴山陽とその時代』, 10쪽.

91) 棚谷元善 編輯, 『國史擥要』, 萬蘊堂 : 魁文堂, 1874.2.

92) 棚谷元善 編, 「例言」, 『國史擥要』.

93) 椒山野史, 「例言」, 『近世史畧』(卷1), 山口, 1872.

94) 文部省, 木村正辭 編, 『史略』, 1872, 1: 皇國 2: 支那 3: 西洋上 4: 西洋下 5.

95) 유교적 명분론에서 출발한 일본의 근왕론은 '만세일계'의 천황을 주권자로 보고, 천황의 직접통치야말로 정당한 통치 형태이며 신민은 천황에게 충성을 다해야 한다는 입장이었다. 本多辰次郎, 『勤王論之發達』, 日本學術普及會, 1916. (원문출처: http://kindai.ndl.go.jp/info:ndljp/pid/953293

96) 상세한 내용은 John S. Brownlee. Japanese Historians and the National Myths, 1600-1945, University of British Columbia Press, 2007 참조.

97) 會田倉吉, 「明治時代における英學の導入」, 『英學史研究』 5, 1972, 74쪽.

98) 丸善株式會社, 『丸善百年史』, 丸善, 1980, 30-31쪽.

99) 小澤榮一, 『近代日本史學史の研究: 明治編』, 吉川弘文館, 1968, 106쪽.

100) 小澤榮一, 『近代日本史學史の研究: 明治編』, 116-117쪽.

101) 福澤諭吉(정명환 역), 『文明論의 槪略』, 홍성사, 1986.

102) 福澤諭吉, 「서양문명의 유래」, 『文明論의 槪略』, 157-168쪽.

103) 福澤諭吉, 「서양문명의 유래」, 166-167쪽.

104) 福澤諭吉, 「서양문명의 유래」, 167-168쪽.

105) 福澤諭吉, 「일본문명의 유래」, 『文明論의 槪略』, 169쪽.

106) 福澤諭吉, 「일본문명의 유래」, 『文明論의 槪略』, 170쪽.

107) 福澤諭吉, 「일본문명의 유래」, 『文明論의 槪略』, 173쪽.

108) 福澤諭吉, 「일본문명의 유래」, 『文明論의 槪略』, 173쪽.

109) 福澤諭吉, 「일본문명의 유래」, 『文明論의 槪略』, 177쪽.

110) 福澤諭吉, 「일본문명의 유래」, 『文明論의 槪略』, 177-178쪽.

111) 福澤諭吉, 「일본문명의 유래」, 『文明論의 槪略』, 187쪽.

112) 明治文化研究會 編, 「新式日本史の祖」, 『明治文化全集 別卷 明治事物起源』, 日本

評論社, 1993, 514쪽.

113) 黑板勝美, 「序言」, 『明治文學全集 14 田口鼎軒集』, 筑摩書房, 1966, 424쪽.

114) 예컨대 오쿠보 도시아키는 다구치의 역사연구를 엄밀한 학문적 기준에서 평가하는 것으로, 그의 문명사는 "사론으로서의 예리함에 반비례하여 방법론적으로는 박약하고 사학으로서 粗笨한 것은 숨길 수가 없다. 또한 서양의 순정사학의 수입이 아직 개시되지 않았으므로, 그 과도적 현상으로서 한편으로는 경제학·사회학 등의 사회과학지식을 원용하였다"고 하여, 방법론적 미숙성을 강조하였다. 大久保利謙, 「明治初年の史學界と近代歷史學の成立」, 419쪽.

115) 田口卯吉, 「日本開化小史」, 『鼎軒田口卯吉全集』 2(復刊), 吉川弘文館, 1990, 57쪽.

116) 田口卯吉, 「日本開化小史」, 65쪽.

117) 田口卯吉, 「日本開化小史」, 13쪽.

118) 田口卯吉, 「日本開化小史」, 18쪽.

119) 田口卯吉, 「日本開化小史」, 9쪽.

120) 田口卯吉, 「日本開化小史」, 56쪽.

121) 田口卯吉, 「日本開化小史」, 9쪽.

122) 田口卯吉, 「日本開化小史」, 8쪽.

123) 田口卯吉, 「日本開化小史」, 9쪽.

124) 田口卯吉, 「日本開化小史」, 10쪽.

125) 田口卯吉, 「日本開化小史」, 39쪽.

126) 田口卯吉, 「日本開化小史」, 115쪽.

127) 田口卯吉, 「日本開化小史」, 79쪽.

128) 田口卯吉, 「日本開化小史」, 73쪽.

129) 田口卯吉, 「日本開化小史」, 10쪽.

130) 田口卯吉, 「日本開化小史」, 45쪽.

131) 田口卯吉, 「日本開化小史」, 47쪽.

132) 田口卯吉, 「日本開化小史」, 11쪽.

133) 田口卯吉, 「日本開化小史」, 72쪽.

134) 渡辺修次郎, 『近世名家伝』, 靑山堂, 1878.

135) 渡邊脩次郎, 『明治開化史』, 松井順時, 1880, 1쪽.

136) 渡邊脩次郎, 『明治開化史』, 3쪽.

137) 渡邊脩次郎, 『明治開化史』, 4쪽.

138) 三宅米吉, 「日本史學提要」, 『日本近代思想大系 13 歷史認識』, 240쪽.

139) 三宅米吉,「日本史學提要」, 242쪽.

140) 三宅米吉,「小學歷史科に關する一考察」,『日本近代思想大系 13 歷史認識 』, 田中彰 ・ 宮地正人, 岩波書店, 1991.

141) 三宅米吉,「小學歷史科に關する一考察」, 324쪽.

142) 三宅米吉,「小學歷史科に關する一考察」, 327쪽.

143) 三宅米吉,「小學歷史科に關する一考察」, 329쪽.

144) 宮地正人,「幕末・明治前期における歷史認識の構造」,『日本近代思想大系 13 歷史認識』, 540쪽.

145) 嵯峨正作,「例言」,『日本史綱』, 嵩山房, 1888, 1-3쪽.

146) 嵯峨正作,「例言」,『日本史綱』, 4-5쪽.

147) 山本武利,『近代日本の新聞讀者層』, 法政大學出版局, 1981, 69-70쪽.

148) 文部省,「小學校の普及と就學狀況」,『學制百年史』, 帝國地方行政學會, 1972.
(원문출처: http://www.mext.go.jp/b_menu/hakusho/html/others/detail/1317590.htm)
그러나 실제 통학을 하지 않은 경우가 많아서 실제 취학률과 근접한 통학률은 1877년 27.9%, 1879년 28.3%로 차지를 보인다. 前田愛,「明治立身出世主義の系譜--「西國立志編」から「歸省」まで」,『文學』33(4), 1965 참조

149) 文部省,『小學敎則』, 出雲寺万治郎, 1873, 1-3쪽.

150) 文部省,「追則」,『小學敎則』, 3쪽.

151) 文部省,「小學校敎育の內容と方法」,『學制百年史』 참조.
(원문출처: http://www.mext.go.jp/b_menu/hakusho/html/others/detail/1317589.htm)

152) 矢作勝美,「近代における搖籃期の出版流通」,『出版硏究』 12, 1981, 109-110쪽.

153) 稻岡勝,「明治前期敎科書出版の實態とその位置」,『出版硏究』16호, 1985;「明治前期文部省の敎科書出版事業」,『硏究紀要(東京都立中央図書館)』18호, 1986.

154) 土田良一,「明治・大正期における小學校の地理・歷史の敎科構成に關する予察的硏究」,『新地理』26(2), 1978, 43쪽

155) 矢作勝美,「近代における搖籃期の出版流通」, 111쪽.

156) 『新聞雜誌』, 1871년 11월자 (출처: 鈴木孝一 編,『ニュースで追う明治日本發掘 1』, 河出書房新社, 1994, 119-120쪽.)

157) 메이지 초기의 수업 방식으로 素讀, 會讀, 輪講이 있다. 소독은 문자만을 음독하거나 글자의 의미를 가르치는 것, 회독은 텍스트를 번역하는 것, 윤강은 텍스트의 내용을 심도 있게 조사하여 강의하는 것으로, 윤강은 고학년의 수업에 적용되었다.

158) 海後宗臣,『歷史敎育の歷史』, 東京大學出版會, 1969, 18쪽.

159) 小山常實, 『歷史教科書の歷史』, 草思社, 2001, 19쪽.

160) 小山常實, 『歷史教科書の歷史』, 21-23쪽.

161) 海後宗臣編, 『日本敎科書大系 近代編 第18卷 歷史(1)』, 講談社, 1963, 722쪽.

162) 小山常實, 『歷史教科書の歷史』, 31-35쪽.
   (원문출처: 『日本略史 上』 http://kindai.ndl.go.jp/info:ndljp/pid/771199, 『日本略史 下』 http://kindai.ndl.go.jp/info:ndljp/pid/771200)

163) 師範學校編, 『萬國史略』(2冊), 東京:文部省, 1874.

164) 『만국사략』은 『사략』의 내용을 바탕으로 재구성한 것인데 우치다 마사오(內田正雄) 대신에 오츠키 후미히코(大槻文彦)의 이름을 적어놓았다. 秋元信英, 「內田正雄の履歷と史料」, 85쪽.

165) 秋元信英, 「內田正雄の履歷と史料」, 724-725쪽.

166) 「東京日日新聞」, 1876.7.13., 鈴木孝一 編, 『ニュースで追う明治日本發掘 1』, 123쪽

167) 1881. 小學校校則綱領: 中央統制の强化, 世界史敎育の排除

168) 구체적인 리스트는 宮永孝, 「幕末・明治の英學」, 『社會志林』 46(2), 1999, 34-38쪽 참조.

169) 宮永孝, 「幕末・明治の英學」, 38-40쪽 참조.

170) 小泉信三, 「新錢座屍臺の塾則及學課目」, 『資料日本英學史 1 下, 文明開化と英學』, 鈴木孝夫監修・川澄哲夫編, 大修館書店, 1998, 768쪽.

171) 「慶應義塾社中之約束」(1872년 8월 이후 교수규칙의 과업표), 『資料日本英學史 1 下, 文明開化と英學』, 794쪽.

172) 「慶應義塾社中之約束」(1873년 3월 과업표), 『資料日本英學史 1 下, 文明開化と英學』, 797-801쪽; 佐藤孝己, 「S.G.グッドリッチと「パーレーの万國史」(含關係邦文文獻リスト), 『英學史研究』 2, 1970, 11쪽.

173) 예를 들어, 메이지유신 이후 각 지방의 번교들이 영학교육을 시작하면서 게이오 출신을 교사로 채용한 경우가 많았다. 陸奧弘前藩의 英學寄宿寮(1871), 羽前米澤藩 洋學舍(1871) 등은 메이지유신 후에 양학교를 설치하고 게이오 의숙에서 영어교사 채용. 尾張名古屋藩 洋學校(1870)(1874년 愛知英學校로 개명)은 게이오 출신과 미국에서 귀국한 일본인, 영미와 호주 출신의 외국인 교사 채용함. 宮永孝, 「幕末・明治の英學」 참조.

174) 山下重一, 「自由民權運動と英學-土佐立志學舍と三春正道館」, 『英學史研究』 25, 1992, 64쪽.

175) Theodore Dwight Woolsey, Introduction to the Study of International Law, Low&Searle, 1860.

176) 원본은 Pinnock's Catechism: a Catechism of the History of France Containing a

Clear Outline of the Leading Events of That Country, from Its Foundation to the Present Time, Pinnock (Author), G. &W.B. Whitaker; Fourth Edition edition (1822)으로 추정됨.

177) 마에다 아이(유은경 역), 『일본근대독자의 성립』, 이룸, 2003, 119-120쪽.

178) 中江兆民, 『三醉人経綸問答』, 集成社, 1887, 174쪽.

179) 이른바 '개화물(開化物)'이라고 불리는 서적들은 문명개화의 당위성을 역설하는 계몽서들이었다. 대부분 개화된 '서양신사'와 고루한 '시골사족'이라는 대조적 인간형을 등장시켜 문명개화의 장점에 대해 논의하는 체제를 취하고 있다.

180) 横河秋濤, 「開化の入口」, 『明治文化全集 24, 文明開化』, 日本評論社, 1967, 68쪽.

181) 마에다 아이(유은경 역), 『일본근대독자의 성립』, 122쪽.

182) 1871년 설립된 구카모토 양학교에 교사로 초빙된 르로이 제인스(Leroy Lansing Janes)의 영향으로 1875년 양학교 학생 35명이 모여서 기독교 신앙을 결의한데 서 유래한 명칭.

183) 澤田次郎, 「少年期の德富蘇峰とアメリカ-1863年-1880年」, 『同志社アメリカ研究』, 39, 2003.

184) "나에게 처음 붓을 쥐는 것을 가르쳐준 소위 데라코야의 선생은 더불어 나에게 영어의 발음을 가르치고, 나로 하여금 『파래만국사』의 강석을 듣게 했다." 岡利郎, 『山路愛山』, 硏文出版, 1998, 26쪽

185) 岡利郎, 『山路愛山』, 27쪽.

186) 마에다 아이(유은경 역), 『일본근대독자의 성립』 참조.

187) 澤田次郎, 「少年期の德富蘇峰とアメリカ-1863年~1880年」, 『同志社アメリカ研究』 39, 2003, 11-35쪽.

188) 岡利郎, 『山路愛山』, 26쪽

189) 岡利郎, 『山路愛山』, 27쪽에서 인용.

190) 作家自伝, 『幸田露伴』, 日本図書センター, 1999.

191) Henry Buckle(土居光華・萱生奉三譯), 「英國文明史(抄)」, 『日本近代思想大系 13 歴史認識』, 167쪽.

192) Henry Buckle(土居光華・萱生奉三譯), 「英國文明史(抄)」, 『日本近代思想大系 13 歴史認識』, 167쪽.

193) 大久保利謙, 「明治初年の史學界と近代歴史學の成立」, 411쪽.

194) 黒板勝美, 「田口博士を想ふ」, 『田口鼎軒集 明治文學全集 14』, 筑摩書房, 1966, 419쪽.

195) 中村眞一郎, 『賴山陽とその時代』, 中央公論社, 1971.

196) 西田勝 編, 『田岡嶺雲全集・第五卷』, 法政大學出版局, 1969.

197) P. F. Kornicki, "The Survival of Tokugawa Fiction in The Meiji Period," Harvard Journal of Asiatic Studies, Vol. 41, No. 2 (Dec., 1981), 477쪽.

198) 橫河秋濤, 「開化の入口」, 『明治文化全集 24, 文明開化』, 62쪽.

199) 橫河秋濤, 「開化の入口」, 56쪽.

200) 小川爲治, 『開化問答』(初編), 和泉屋勘右衛門, 1874; 『開化問答』(二編), 丸屋善藏, 1875, 109쪽.

201) 西田長壽, 「『明六雜誌』解題」, 『明治文化全集 5 雜誌』, 10-11쪽; 中野目徹, 「解說」, 『明六雜誌 (上)』(岩波文庫), 岩波書店, 1999, 460쪽.

202) 『明六雜誌』가 학문과 사상의 계몽에 극히 유익하고 광범한 영향력을 지닌 것은 말할 것도 없지만, 그것이 특히 청년층에 큰 영향을 미친것은 근간의 『植木枝盛日記』에 의해 추론할 수 있는 바이다.(西田長壽, 「明治初期雜誌について」, 『明治文化全集 5 雜誌』, 明治文化研究會編. 日本評論社, 19682쪽).

203) 杉亨二, 「北亞米利加合衆國の自立」, 『明六雜誌』5號 (『明六雜誌』上, 184-188쪽).

204) 箕作麟祥, 「リボルチーの說(1,2)」, 『明六雜誌』9號, 14號 (『明六雜誌』上, 306-311쪽, 『明六雜誌』中, 33-39쪽).

205) 西村茂樹, 「陳言一則」, 『明六雜誌』3號(『明六雜誌』上, 102-103쪽).

206) 도사입지학사(土佐立志學舍)의 수업교재. 전체 학년이 1등생에서 6등생, 등외 1급생에서 등외 병까지의 11개로 구분되어 있었는데, 이중에서 1,2등생이 벤덤 법리학과 밀 자유지리, 3등생이 밀 대의정체였다. (山下重一, 「自由民權運動と英學-土佐立志學舍と三春正道館」, 64쪽. 1877년도 기준으로 작성함.)

207) 加藤周一外 編, 『日本近代思想大系 15 翻譯の思想』, 421쪽.

208) Ernst Breisach, Historiography, The University of Chicago Press, 1983, p.244.

209) Henry Buckle, History of Civilization in England, edited by J.M.Robertson, Routledge, p.283.

210) 福澤諭吉(정명환 역), 『文明論의 槪略』, 홍성사, 1986, 157쪽.

211) 福澤諭吉(정명환 역), 『文明論의 槪略』, 166쪽.

212) 田口卯吉, 「日本開化小史」, 『鼎軒田口卯吉全集』2(復刊), 115쪽.

213) 단, 야노는 잡서에 속한 다른 소분류 항목과 달리 난세사에 대해서는 아무런 설명을 붙이지 않고 있다. 矢野文雄, 『譯書讀法』, 469-470쪽 참조.

214) 小澤榮一, 『近代日本史學史の研究: 明治編』, 吉川弘文館, 1968, 301-330쪽 참조.

215) 前川貞次郞, 『フランス革命史研究 : 史學史的考察』, 創文社, 1956.

216) Ernst Breisach, Historiography, pp.242-243.

217) Mignet(河津祐之譯), 「佛國革命史ヲ譯スル序」, 『佛國革命史』, 1878, 1쪽.

218) 토크빌은 지나친 민주주의의 발전에 따른 사회혼란을 경계하면서 프랑스혁명의 혼란이 지나친 자유의 확대에서 발생했다고 보았다. 대표작은 L'Ancien Régime et la Révolution, 1856이다. 떼느는 프랑스혁명이 추상적인 사상에 의해 급진적 변화를 초래한 것이 문제라고 하면서 영국식의 점진적 변화를 길을 걸었어야 한다고 주장했으며, 대표작은 Origines de la France contemporaine, 1876~1894이다. Ernst Breisach, Historiography, p.247, p.357.

219) リヨ―スレル(獨逸學協會 譯), 『佛國革命論』, 獨逸學協會, 1885, 8-11쪽.

220) ウィルソン(富塚玖馬 譯), 『佛國革命史論』, 福田榮造, 1888, 1쪽.

221) 高木秋浦 編, 『通俗佛國革命史』, 磯部太郎兵衛, 1887, 1쪽.

222) 鈴木五郎 編, 『佛國革命原因論』, 秩山堂, 1882, 1-2쪽.

223) 明治文化硏究會編, 『明治文化全集 2 自由民權篇(上)』, 日本評論社, 1968, 158쪽.

224) 加藤弘之, 『人權新說』, 丸善書店, 1882.

225) 加藤弘之, 「人權新說」, 『近代日本思想大系 30 明治思想集 I』筑摩書房, 1976, 98쪽.

226) 兒島彰二, 「民權問答」, 『明治文化全集 2 自由民權編』, 日本評論社, 1968, 158쪽. 원저: 兒島彰二 編, 『民權問答』, 氷炭有花舍, 1877.

227) "우리나라의 토지, 풍속, 인정, 시세에 따라 우리의 정체를 세우고, 정률국법으로 그 목적을 정해야 한다……정률국법은 곧 군민공치의 제도로서, 위로는 군권을 정하고 아래로도 민권을 제한하여 지극히 공정하여 군민이 능히 사사롭게 해서는 안된다." 大久保利通, 「立憲政体に關する意見書」, 『近代日本思想大系 30 明治思想集 I』, 筑摩書房, 1976, 6쪽.

228) 大久保利通, 「立憲政体に關する意見書」, 5쪽.

229) 小野梓, 「余が政事上の主義」, 『近代日本思想大系 30 明治思想集 I』, 筑摩書房, 1976, 205-206쪽.

230) 植木枝盛, 「明治第二の改革を希望するの論」, 『日本近代思想大系 13 歷史認識』, 291쪽.

231) 中江兆民, 『三醉人經綸問答』, 集成社, 1887, 50쪽.

232) 中江兆民, 『三醉人經綸問答』, 70쪽.

233) 中江兆民, 『三醉人經綸問答』, 70-71쪽.

234) 中江兆民, 『三醉人經綸問答』, 71쪽.

235) 中江兆民, 『三醉人經綸問答』, 71쪽.

236) 高橋景保 저술의 「勃那把爾帝始末」, 「佛郎察國王ボロウルボン氏世系附ボナパルテ伝」; 小澤榮一, 『近代日本史學史の硏究: 幕末編』, 吉川弘文館, 1966, 335-337쪽 참조.

237) 『서양사정 이편』의 전체 4권 중에서 프랑스 부분이 2권에 걸쳐 서술했는데, 그

대부분이 역사에 대한 것이었다. 그는 프랑스의 역사가 복잡한 내용이 많을 뿐 아니라 프랑스가 유럽의 중앙에 위치하여 주변국들과 깊은 관계를 갖고 있기 때문에 그 역사를 알게 되면 타국의 역사도 쉽게 이해할 수 있다고 했다. 프랑스혁명에 관해서는 루이 16세 즉위에서 나폴레옹 즉위, 그리고 반 나폴레옹 동맹의 결성에서 나폴레옹 3세의 즉위까지의 주요사건들을 소개했다.

238) 福澤諭吉(정명환 역), 『文明論의 槪略』, 167-168쪽.

239) 『穎才新誌 : 解說・總目次・索引』, 不二出版, 1993 참조.

240) 田中耕造 譯述他, 『拿破崙政略』, 출판사미상, 1873; アメデ・ガブール 著他, 『拿破崙全伝』, 加納久宜, 1879; 英人某 著, 『拿破崙第一世伝』, 陸軍文庫, 1879; 井上勤 編, 『第一世拿破崙言行錄』, 思誠堂, 1881; 杉山藤次郎 編, 『拿破崙軍談』, 前橋書店, 1886; 杉山藤次郎 編, 『通俗那波列翁軍記』, 望月誠, 1887; 淸水市次郎 編, 『那波列翁一代記』, 淸水市次郎, 1887.

241) 海後宗臣 等編, 『日本敎科書大系 近代編 18 歷史(1)』, 講談社, 1963, 91-93쪽.

242) ペートル・パーレー(牧山耕平 譯), 『巴來万國史』, 文部省, 1876, 43-82쪽.

II부 근대천황제의 수립과 역사지식

1) 穗積八束, 『愛國心 : 國民敎育』, 八尾新助, 1897, 3-4쪽.

2) 安田浩, 「近代日本における民族觀念の形成」, 『思想と現代』, 31, 1992.

3) 岡野他家夫, 『日本出版文化史』, 原書房, 1981 참조.

4) 和田守, 「總論」, 『民友社とその時代』, ミネルヴァ書房, 2003, 7-8쪽.

5) 有山輝雄, 「言論の商業化 : 明治20年代「國民之友」」, 『コミュニケーション紀要』 4, 1986, 9-11쪽.

6) 和田守, 「總論」, 『民友社とその時代』, 7쪽.

7) 田村哲三, 『出版王國の光と影―博文館興亡六十年―』, 法學書院, 2007; 坪谷善四郎, 『博文館五十年史』, 博文館, 1937 참조.

8) 박문관 설립과정에 대한 상세한 내용은 坪谷善四郎, 『博文館五十年史』; 坪谷善四郎, 『大橋佐平翁伝』, 栗田出版會, 1974 참조.

9) 坪谷善四郎, 『博文館五十年史』, 1쪽.

10) 小川菊松, 『日本出版界のあゆみ』, 誠文堂新光社, 1962, 48쪽.

11) 小川菊松, 『日本出版界のあゆみ』, 44-45쪽에서 인용.

12) 田村哲三, 『出版王國の光と影―博文館興亡六十年―』, 22쪽.

13) 田村哲三, 『出版王國の光と影―博文館興亡六十年―』, 31-32쪽.

14) 坪谷善四郎, 『博文館五十年史』, 112쪽.

15) 淺岡邦雄, 『明治の出版文化』, 臨川書店, 2002, 152쪽.

16) 坪谷善四郎, 『博文館五十年史』, 90쪽.

17) 坪谷善四郎, 『博文館五十年史』, 88쪽.

18) 『警視廳統計書』를 보면 아래의 표와 같다.

연도	연간 총부수	1호당 평균부수
1894	1,289,899	99,223
1895	2,782,663	77,296
1896	33,223	33,223

출처: 淺岡邦雄, 『明治の出版文化』, 155쪽에서 인용.

19) 坪谷善四郎, 『博文館五十年史』, 95쪽.

20) 坪谷善四郎, 『博文館五十年史』, 93쪽.

21) 鈴木貞美, 「明治期『太陽』の沿革と位置」, 『雜誌『太陽』と國民文化の形成』, 思文閣出版, 2001, 21쪽.

22) 『國民之友』243호(1895.1.3)에 실린 『太陽』 발간 광고.

23) 『國民之友』243호.

24) 『國民之友』244호(1895.1.13), 67쪽.

25) 永嶺重敏, 『雜誌と讀者の近代』, 日本エディタースクール出版部, 1997, 110-111쪽.

26) '메이지 20년대'의 시대적 특징을 논한 최근의 연구로 木村直惠, 『<靑年>の誕生』, 新曜社, 1998; 岡利郎, 『山路愛山』, 硏文出版, 1998.

27) Margaret Mehl, "The mid meiji 'history boom': professionalization of historical scholarship and growing pains of an emerging academic discipline", Japan Forum, Volume 10, Issue 1, 2007, p.75.

28) 家永三郎, 『日本の近代史學』, 日本評論社, 1957 참조. 그 외에 이 시기의 사학사에 대해서는 岩井忠熊, 「日本近代史學の形成」, 『岩波講座·日本歷史22』, 岩波書店, 1968; ; 大久保利謙, 「明治初期の史學界と近代歷史學の成立」, 『明治史論集 I 明治文學全集 77』, 岩波書店, 1965; 大久保利謙, 『日本近代史學の成立』, 吉川弘文館, 1988; 小澤榮一, 『近代日本史學史の研究』, 吉川弘文館, 1968.

29) 關幸彦, 『國史の誕生』, 講談社, 2014, 101쪽.

30) 關幸彦, 『國史の誕生』, 114쪽.

31) Brownlee, Japanese Historians and the National Myths, 1600-1945; 秋元信英. 「川田剛の修史事業と史論」, 『國學院女子短期大學紀要』 2, 1983 참조.

32) 秋元信英.「川田剛の修史事業と史論」,『國學院女子短期大學紀要』2, 1983, 37-95쪽.

33) 松澤裕作,『重野安繹と久米邦武』, 山川出版社, 2012, 31-36쪽.

34) 重野安繹,「國史編纂の方法を論ず」,『日本近代思想大系 13 歷史認識』, 216쪽.

35) 兵藤裕己,「歷史研究における「近代」の成立 : 文學と史學のあいだ(伊藤博之敎授古稀慶賀)」,『成城國文學論集』25, 1997, 268쪽.

36) 竹越與三郎,「新日本史」,『明治文學全集77 明治史論集』, 筑摩書房, 1965, 131쪽.

37) 竹越與三郎,「新日本史」, 3쪽.

38) 黑板勝美,『國史の研究』, 文會堂, 1908년.

39) 坂本太郎,『日本の修史と史學』, 至文堂, 1958. (新川登龜男,「竹越三叉」『日本の歷史家』, 35쪽).

40) 黑板勝美,『國史の研究』, 文會堂, 1908; 坂本太郎,『日本の修史と史學』, 至文堂, 1958; 新川登龜男,「竹越三叉」,『日本の歷史家』, 日本評論社, 1976, 35쪽; 白柳秀湖,「明治の史論家」,『明治史論集 I (明治文學全集 77)』, 筑摩書房, 1965.

41)『山路愛山集 明治文學全集 35』筑摩書店, 1965, 261-262쪽.

42) 成田龍一,「總說 時間の近代」,『岩波講座 近代日本の文化史 3』, 岩波書店, 2002, 13쪽.

43)『山路愛山集 明治文學全集 35』, 264쪽.

44) 멜은 이러한 아카데미즘의 성격으로 인해 결국 근대일본의 전문적인 역사가들은 일본사의 정치적 왜곡과 이용에 대응할 능력을 상실하였다고 표현하였다. Margaret Mehl, The mid meiji 'history boom': professionalization of historical scholarship and growing pains of an emerging academic discipline, p.75.

45)「凡例」,『稿本國史眼』1卷. (원문출처: http://dl.ndl.go.jp/info:ndljp/pid/769277/1)

46)『稿本國史眼』1卷, 1쪽.

47) 小路田泰直,「國史の誕生と『大日本編年史』編纂の中止」,『近代日本における歷史學の制度化と歷史學部の不在に關する研究』, 平成13年度-平成15年度科學研究費補助金(基盤研究(C)(2))研究成果報告書; 13610384, 14쪽. (東京大學史料編纂所編,『歷史學と史料研究』, 山川出版社에 게재함).

48) 池田智文,「近代「國史學」の思想構造」,『龍谷大學大學院文學研究科紀要』25, 2003, 95쪽.

49) 松澤裕作,『重野安繹と久米邦武』, 49-50쪽.

50) 이와 관련하여, 런던에 주재하고 있던 스에마쓰는 헝가리출신의 역사학자인 젤피에게 역사이론서를 의뢰하였고, 그 결과『사학』을 집필하였다.

51) 松澤裕作,『重野安繹と久米邦武』, 51-53쪽.

52) 小路田泰直, 「日本史の誕生」, 『世紀轉換期の國際秩序と國民文化の形成』, 西川長夫・渡辺公三編, 柏書房, 1999, 129쪽.

53) 『大政紀要』는 수사사업과 다른 맥락에서 편찬되었다. 1883년 2월, 이와쿠라 도모미가 "황국역사의 요령(要領)을 편찬할 것을 천황에게 건의하였고, 이에 따라 궁내성에 편찬국을 설치하고 편찬작업을 진행하였다. 그해 12월에 상하 2편, 백여 권으로 완성되었다. (宮地正人, 「政治と歷史學」, 『現代歷史學入門』, 東京大學出版會, 1987, 100-101쪽 참조).

54) 小路田泰直, 「日本史の誕生」, 137쪽.

55) 小路田泰直, 「日本史の誕生」, 137쪽.

56) 小路田泰直, 「日本史の誕生」, 136쪽.

57) 海後宗臣, 『歷史敎育の歷史』, 86쪽.

58) 海後宗臣 編, 『日本敎科書大系 近代編』 第19卷 (歷史 第2), 講談社, 1963.

59) 宮田純, 「幸田成友(1873-1954)の基礎的研究 : 東京師範學校附屬小學校在籍時を中心として」, 『21世紀アジア學研究』 13, 2015, 37-38쪽.

60) 1900~1905년 사이에 간행된 예로는 福地源一郎, 『幕末政治家』, 民友社, 1900; 櫻木章, 『側面觀幕末史』, 啓成社, 1905.

61) 原勝郎, 『日本中世史』, 富山房, 1906.

62) 內田銀藏, 『日本近世史』, 富山房, 1903.

63) 廣木尙, 「日本近代史學史研究の現狀と黑板勝美の位置」, 『立敎大學日本學研究所年報』 14・15, 2016, 29쪽.

64) 新川登龜男, 「黑板勝美」, 『日本の歷史家』, 永原慶二・鹿野政直編著, 日本評論社, 1976, 133쪽.

65) 黑板勝美, 「序言」, 『國史の研究』, 1쪽.

66) 黑板勝美, 「序論」, 『國史の研究』, 5쪽.

67) リサヨシカワ, 「近代日本の國家形成と歷史學 : 黑板勝美を通じて」, 『立敎大學日本學研究所年報』 14・15, 2016, 17쪽.

68) 黑板勝美, 「結論」, 『國史の研究』, 967쪽.

69) リサヨシカワ, 「近代日本の國家形成と歷史學 : 黑板勝美を通じて」, 『立敎大學日本學研究所年報』 14・15, 2016, 17쪽.

70) 黑板勝美, 『國史の研究』, 224-225쪽.

71) 黑板勝美, 『國史の研究』, 225쪽.

72) 黑板勝美, 『國史の研究』, 225쪽.

73) 黑板勝美, 『國史の研究』, 225쪽.

74) 黑板勝美, 『國史の硏究』, 226쪽.

75) 黑板勝美, 『國史の硏究』, 550쪽.

76) 黑板勝美, 『國史の硏究』, 548쪽.

77) 黑板勝美, 『國史の硏究』, 552-553쪽.

78) 安田浩,「近代日本における民族觀念の形成」,『思想と現代』31, 1992; 本山幸彦, 坂田吉雄編,「明治二〇年代の政論に現れたナショナリズム」,『明治前半期のナショナリズム』, 未來社, 1958; 宮地正人,「日本的國民國家の確立と日淸戰爭─帝國主義的世界體制成立との關連において─」,『黑船と日淸戰爭』, 未來社 1996.

79) 예컨대, 가네코 긴타로는 유신사의 서술이 천황제 확립에 불가결하다고 판단했다. 小風秀雅,「憲法發布と維新史の成立」,『歷史學硏究』938, 2007, 6쪽.

80) 우에노는 보신전쟁의 주요 전투지였으며, 도쿄개부삼백년제는 1590년 도쿠가와 이에야스의 에도 입성을 기준으로 우에노공원에서 개최되었다.

81) 小風秀雅,「憲法發布と維新史の成立」, 3-4쪽.

82) Margaret Mehl, "The mid meiji 'history boom': professionalization of historical scholarship and growing pains of an emerging academic discipline" 참조.

83) 역사가 개인의 저술들은 막부의 재평가에 집중한 후쿠치 오치(福地櫻痴)의 『막부쇠망론(幕府衰亡論)』(1892),『회왕사담(懷往事談)』(1894),『막말정치가(幕末政治家)』(1900)가 있으며, 개국의 재평가는 시마다 사부로(島田三郎)의 『개국시말(開國始末)』, 기무라 가이슈(木村茶舟)의 『삼십년사(三十年史)』, 다나베 다이치(田辺太一)의『막말외교담(幕末外交談)』, 가쓰 가이슈(勝海舟)의『개국기원(開國起源)』등이 있다. 구막부측의 옹호와 재평가를 위한 것으로는『덕천경희공전(德川慶喜公伝)』(도쿠가와 막부),『경도수호직시말(京都守護職始末)』(아이즈번),『방장회천사(防長回天史)』(조슈)가 오랜 준비를 거쳐 간행되었다. 小風秀雅,「憲法發布と維新史の成立」, 5-10쪽.

84) 島田三郎,「開國始末(抄)」,『明治文學全集 I 77 明治史論集』, 筑摩書房, 1965.

85) 岡利郎,『山路愛山』, 65-66쪽.

86) 島田三郎,「開國始末(抄)」, 288-289쪽.

87) 島田三郎,「開國始末(抄)」, 289쪽.

88) 島田三郎,「開國始末(抄)」, 308쪽.

89) 中野目는 다케코시 세대에는 저술을 통한 입신출세의 경향이 있었음을 지적하면서 자유민권운동의 정치적 실천에 적극 가담한 '장사'와 비교하여 '명예결식의 청년'들 사이에서는 '저술의 유행'과 '구락부의 설립'이 행해졌다고 주장한 宮崎湖處子의 글을 소개하였다.(「壯士, 靑年, 少年」, 1889). 中野目徹,『政敎社の硏究』, 思文閣出版, 1993, 32-33쪽.

90) 1880년대에 출간된 그의 번역서는 『近代哲學宗統史』 제1권(Victor Cousin 1792-1867 원저), 1884; 『獨逸哲學英華』(H.M. Chalybaes 1786-1862 원저), 1884; 『英國憲法之眞相』(Walter Nagehot, The English Constitution, 1867), 1887.

91) 高坂盛彦, 『ある明治リベラリストの記録ー孤獨の戰鬪者 竹越与三郎伝』(中公叢書), 中央公論社, 2002, 67쪽.

92) 竹越與三郎, 「新日本史」, 『明治史論集 I (明治文學全集 77)』, 3쪽.

93) Duus, Peter, "Whig History, Japanese Style: The Minyusha Historians and the Meiji Restoration", Journal of Asian Studies 33, 1974, p.425.

94) 松島榮一, 「解題」, 『明治文學全集 I 77 明治史論集』, 筑摩書房, 1965, 443쪽.

95) 岩井忠熊, 「日本近代史學の形成」, 79쪽.

96) 人見一太郎, 『第二之維新』, 民友社, 1893, 152-153쪽.

97) 竹越與三郎, 「新日本史」, 134-135쪽.

98) 竹越與三郎, 「新日本史」, 135-136쪽.

99) 竹越與三郎, 「新日本史」, 140-141쪽.

100) 竹越與三郎, 「新日本史」, 5-6쪽.

101) 竹越與三郎, 「新日本史」, 3쪽.

102) 竹越與三郎, 「新日本史」, 59쪽.

103) 竹越與三郎, 「新日本史」, 160쪽.

104) 池田智文, 「近代日本における在野史學の研究 : 山路愛山の史學思想を中心に」, 『龍谷大學大學院文學研究科紀要』 23, 2001, 35 - 49쪽.

105) 山路愛山, 『荻生徂來』, 民友社 1893, 3쪽.

106) 山路愛山, 『荻生徂來』, 4쪽.

107) 福田久松, 『大日本文明史』, 丸善社, 1891.

108) 福田久松, 『大日本文明史』, 14쪽.

109) 有賀長雄 編輯, 『帝國史略』, 牧野書店, 1892.

110) 有賀長雄,, 「凡例」, 『帝國史略』, 1쪽.

111) 坪谷善四郎, 『明治歷史』, 民友社, 1893, 1-4쪽.

112) 坪谷善四郎, 『明治歷史』, 634-635쪽.

113) 久米邦武, 『特命全權大使 米歐回覽實記』, 1878; 정애영, 방광석, 박삼헌역, 『특명전권대사 미구회람실기』, 소명, 2011.

114) 吉野作造編, 『明治文化全集 第15卷 思想篇』, 日本評論社, 1929, 527-528쪽.

115) 田口卯吉, 「神道者諸氏に告ぐ」, 『史海』 10, 1892.

116) 구메 사건으로 인해 1893년 한문체 정사의 편집은 중단되었다. 그러나 1895년부

터 작업을 전환하여 사료집 편찬작업이 진행되었고, 1891년부터 『대일본사료』, 『대일본고문서』의 출판이 시작되었다.

117) 堀井一摩, 「神話の「抹殺」, 「抹殺」の歷史 : 『基督抹殺論』と「かのやうに」における 近代史學」, 『言語情報科學』 12, 2003, 285쪽.

118) <교육칙어 번역문>

짐이 생각건대 황조황종(皇祖皇宗)이 나라를 열어 크나큰 덕을 세움이 심후(深厚)하도다. 우리 신민이 지극한 충과 효로써 억조창생(億兆蒼生)의 마음을 하나로 만들어 대대손손 그 아름다움을 다하게 하는 것이 우리 국체(國體)의 정화(精華)인 바 교육의 연원 또한 여기에 있을 터이다.

그대들 신민은 부모에게 효도하고 형제에게 우애하며, 부부 서로 화목하고 붕우 서로 신뢰하며, 스스로 삼가 절도를 지키고 박애를 여러 사람에게 끼치며, 학문을 닦고 기능을 익힘으로써 지능을 계발하고 훌륭한 인격을 성취하며, 나아가 공익에 널리 이바지 하고 세상의 의무를 넓히며, 언제나 국헌을 무겁게 여겨 국법을 준수해야 하며, 일단 국가에 위급한 일이 생길 경우에는 의용(義勇)을 다하며 공을 위해 봉사함으로써 천지와 더불어 무궁할 황운(皇運)을 부익(扶翼)해야 한다. 이렇게 한다면 그대들은 짐의 충량한 신민이 될 뿐만 아니라 족히 그대들 선조의 유풍(遺風)을 현창(顯彰)할 수 있을 것이다.

이러한 도는 실로 우리 황조황종의 유훈(遺訓)으로 자손인 천황과 신민이 함께 준수해야 할 것들이다. 이는 고금을 통하여 잘못됨이 없으며, 이를 중외(中外)에 시행하더라도 어긋나지 않는다. 짐은 그대들 신민과 더불어 이를 항상 잊지 않고 지켜서 모두 하나가 되어 덕을 닦기를 바라는 바이다.

119) 明治2년 4월 4일(1869년 5월 3일), 明治天皇이 三條實美에게 내린 명령서 (現在는 東京大學史料編纂所所藏): "修史ハ萬世不朽ノ大典、祖宗ノ盛擧ナルニ、三代實錄以後絶ヘテ續クナキハ、豈大闕典ニ非スヤ。今ヤ鎌倉已降ノ武門專權ノ弊ヲ革除シ、政務ヲ振興セリ。故ニ史局ヲ開キ、祖宗ノ芳躅ヲ継ギ、大ニ文教ヲ天下ニ施サント欲シ、總裁ノ職ニ任ズ。須ク速ニ君臣ノ名分ノ誼ヲ正シ、華夷內外ノ弁ヲ明ニシ內外ノ命ヲ明ニシ、以テ天下ノ綱常ヲ扶植セヨ。"

120) 秋元信英, 「川田剛の修史事業と史論」, 『國學院女子短期大學紀要』 2, 1983, 37-95쪽, 68쪽.

121) John S. Brownlee. Japanese Historians and the National Myths, 1600-1945, University of British Columbia Press, 2007; Mehl, Margaret. "The Mid-Meiji 'history Boom': Professionalization of Historical Scholarship and Growing Pains of an Emerging Academic Discipline." Japan Forum 10, no. 1 (1998): 67‐83; Mehl, Margaret. "Scholarship and Ideology in Conflict: The Kume Affair , 1892." Monumenta Nipponica 48, no. 3 (1993): 337‐57.

122) Margaret Mehl, "Scholarship and Ideology in Conflict: The Kume Affair , 1892.", *Monumenta Nipponica*, pp.351-354.

123) 池田智文, 「近代「國史學」の思想構造」, 『龍谷大學大學院文學研究科紀要』 25, 2003.

124) 池田智文, 「近代「國史學」の思想構造」, 90-91쪽.

125) 池田智文, 「近代「國史學」の思想構造」, 92-93쪽.

126) 池田智文, 「近代「國史學」の思想構造」, 94쪽.

127) 1896년 귀족원에서 소학교 수신과목을 국가가 편찬할 것을 처음 건의한 것을 시작으로 논의가 진행되었다. 4년에 한번 실시되는 검정에 통과하면 막대한 이익을 얻을 수 있었던 교과서 출판사들은 정부의 움직임에 강하게 반대하였지만 1902년 이른바 '교과서 사건'으로 그동안의 뇌물 수수 등의 문제가 밝혀지면서 명분을 잃었다. 결과적으로 1903년 4월 정부는 소학교령 제24조를 개정하여 소학교 교과서의 국정제도를 도입하였다. 국정화과정에 대한 요약은 田中克佳, 「明治3・40年代の社會と敎育--天皇制の動搖と再統合をめぐって」, 『慶應義塾大學大學院社會學研究科紀要』 14, 1974, 2쪽 참조.

128) 大日方純夫, 「南北朝正閏問題の時代背景 (特集 : 南北朝正閏問題100年)」, 『歷史評論』 740, 2011, 8-9쪽.

129) 池田智文, 「南北朝正閏問題」再考 - 近代「國史學」の思想的問題として」, 『日本史研究』 528, 2006, 3-5쪽.

130) 大日方純夫, 「南北朝正閏問題の時代背景 (特集 : 南北朝正閏問題100年)」, 『歷史評論』 740, 2011, 4 - 17쪽.

131) 黑板勝美, 「歷史地理 南歐探古記 -- (六)」, 『歷史地理』 17(5), 1911.5, 20-21쪽.

132) 廣木尙, 「黑板勝美の通史叙述 -- アカデミズム史學による卓越化の技法と「國民史」」, 『日本史研究』 624, 2014 참조.

133) 池田智文, 「南北朝正閏問題」再考 - 近代「國史學」の思想的問題として」, 23쪽.

134) 永原慶二, 『20世紀日本の歷史學』, 吉川弘文館, 2003.

135) 와사키 고타로(和崎光太郎)는 청년이란 1880년대에 탄생한 근대적 관념으로, 크게 3종류로 구분된다고 하였다. 첫째는 자유민권운동 쇠퇴기인 1890년대 전후로 신시대의 건설자로서의 야심적 '청년'. 두 번째는 엘리트 계층의 남자가 중등교육에 진출하는 것이 당연시되게 된 1890년대 말에서 1900년대의 '학생청년'. 셋째는 러일전쟁 후에 창립되어 피크를 맞은 청년단의 주체로서의 '시골청년'이다. 和崎光太郎, 「近代日本における「靑年期」槪念の成立 : 「立志の靑年」から「學生靑年」へ」, 『人間・環境學』 19, 2010, 35쪽.

136) 고자키는 1880년 일본 최초로 Young Men's Christian Association (YMCA)을 설립하면서 '기독교청년회'라고 명명했다.

137) 佐竹智子,「明治期における青年教育論の全体像とその変容」, 廣島大學大學院教育學研究科紀要 第三部, 『教育人間科學關連領域』 61, 2012, 84쪽, 그림 1.

138) Kenneth Pyle, New Generation in Meiji Japan: Problems of Cultural Identity, 1885-1895, Stanford University Press, 1969.

139) 佐竹智子,「明治期における青年教育論の全体像とその変容」, 84쪽.

140) 德富猪一郎, 『新日本之青年』, 集成社, 4-5쪽.

141) 木村直惠, 『「青年」の誕生』, 新曜社, 1998, 20쪽.

142) 木村直惠, 『「青年」の誕生』 참조.

143) 和崎光太郎,「近代日本における「青年期」概念の成立 :「立志の青年」から「學生青年」へ」, 42쪽.

144) 深谷昌志,「エリートの形成と入試制度」, 『教育學研究』 42(4), 1975.

145) 먼저, 1872년 소학교칙에 따른 교과과정표(小學敎則槪表)(明治五年十一月十日文部省布達番外)에 따르면, 역사는 하등소학에서는 제외되었고, 상등소학 7급의 교과목으로 편제되었다. 상등소학 7급이 하등소학 5학년 후기에 해당하는 일정한 수준의 초급 교육을 이수한 학생들을 대상으로 한 것이다. 교과명은 '사학윤강'으로, 7급에서 1급까지 총 24시간을 교수하도록 하였다. 1873년의 소학교칙 개정(小學敎則改正)에서는 사학윤강의 수업시간을 16시간으로 줄였다.
한편 사범학교제정의 소학교칙에서는 역사는 독립과목이 아니었다. 다만 문답, 독서(讀物) 과목에서 역사교재를 배당하였고 이를 하등소학 3급(3학년 후기)부터 가르치도록 하였다. 소학교의 역사교육은 1881년의 소학교교칙 강령의 제정으로 큰 변화를 거쳤다. 외국사 교육을 폐지하고 '일본역사'를 독립과목으로 배정하고 소학중등과에 배정하였다. 그 중에서 5학년 후기부터 제6학년 전후기까지 3학기에 걸쳐서 일본사를 시대순으로 교수하게 하였다. 「小學校敎育の內容と方法」, 『學制百年史』 참조.
(원문출처: http://www.mext.go.jp/b_menu/hakusho/html/others/detail/1317589.htm)

146) 海後宗臣, 『歷史敎育の歷史』, 86쪽.

147) 海後宗臣 監修, 小池俊夫 解說, 『図說教科書の歷史』, 日本図書センター, 1996; 海後宗臣・仲新編, 『近代日本教科書總說』(解說篇, 目錄篇), 講談社, 1969 (2冊); 鳥居美和子, 『明治以降教科書總合目錄』 (1 小學校篇, 2 中等學校篇), 小宮山書店, 1967, 鳥居美和子, 『教育文獻總合目錄』 第3集, 小宮山書店, 1985; 文部省, 『檢定濟教科用図書表』 第 1-12, 18-23号, 1895.

148) 「尋常中學校の學科及其程度」, 『學制百年史』.
(원문출처: http://www.mext.go.jp/b_menu/hakusho/html/others/detail/1317630.htm)

149) 오카자키 가츠요(岡崎勝世)는 1902년 이전까지를 '만국사의 시대'로 명명하였다.

150) 森田義規, 羽生冬佳, 十代田朗,「明治以降戦前までの東京案内本の記載情報の変遷：旧東京15區6郡を對象として」,『観光研究』15, 2003, 11 - 18쪽.

151) 1878년에 도쿄부제일중학(東京府第一中學)으로 설립된 후, 1881년 도쿄부중학교(東京府中學校), 1887년 도쿄부심상중학교(東京府尋常中學校)로 개칭되었다. 1900년에 도쿄부제일중학교(東京府第一中學校), 1901년 도쿄부립제일중학교(東京府立第一中學校)으로 개칭되었는데, 이는 二中, 三中, 四中의 설립에 따른 것이었다.

152)「高等中學校ノ學科及其程度」,『學制百年史』.
   http://www.mext.go.jp/b_menu/hakusho/html/others/detail/1318051.htm

153) 第一高等學校,『第一高等學校六十年史』, 第一高等學校, 1939, 97-98쪽.
   (원문출처: http://kindai.ndl.go.jp/info:ndljp/pid/1462904)

154) 少年園,『東京遊學案內』, 少年園, 1898, 107-108쪽.
   (원문출처: http://kindai.ndl.go.jp/info:ndljp/pid/813218/70?tocOpened=1)

155) 雨田英一,「近代日本における勉學意欲と教育熱の形成と生成の歴史(2)」,『東京女子大學紀要論集』64(2), 2014.3, 403쪽.

156) 少年園,『東京留學案內』, 1890, 95쪽.

157) 少年園,『東京留學案內』, 95-96쪽.

158) 竹內洋,「立志・苦學・出世：受驗生の社會史」,『講談社』, 1991.

159) 菅原亮芳,「明治期「進學案內書」にみる進學・學生・受驗の世界〔含 資料〕」,『調査資料』168, 1992, 105-144쪽.

160) 下村泰大,『東京留學案內』, 春陽堂, 1885.

161) 菅原亮芳,「明治期「進學案內書」にみる進學・學生・受驗の世界[含 資料]」, 106-107쪽.

162) 吉野剛弘,「明治後期における旧制高等學校受驗生と予備校」,『慶應義塾大學大學院社會學研究科紀要』5, 2000, 32쪽.

163) 吉野剛弘,「明治後期における旧制高等學校受驗生と予備校」, 36쪽.

164) 渡辺元成,『改正史略問答』, 赤志忠雅堂, 1876; 谷喬,『日本略史問答 上』, 松村九兵衞等, 1876.

165) 內山正如,『受驗問答日本歷史一千題』, 博文館, 1892; 內山正如,『受驗問答支那歷史一千題』(通俗教育全書；第52編), 博文館, 1893; 村松直一郎,『諸官立學校受驗者必讀入學試驗問題答案』(通俗教育全書；第67編), 博文館, 1893; 神保長致, 鈴木敬信, 『陸軍士官候補生受驗者用數學撰題：附・解式』, 中央堂, 1893.

166) 小川銀次郎,『日本史：參考叢書』, 杉本書店, 1906.
   (원문출처: http://kindai.ndl.go.jp/info:ndljp/pid/770754/95?tocOpened=1)

167) 1901, 책없음, 1894, 1898-1900; 역사문제 없음, 1904, 1905: 문제지 없음

168) 少年園,『東京留學案內』, 1890년판, 177쪽.

169) 少年園,『東京留學案內』, 1895년도판, 171-172쪽.

170) 平石典子,「明治の「煩悶靑年」たち」,『文藝言語硏究』文藝篇 41, 2002 참조.

171) 和崎光太郞,「近代日本における「靑年期」槪念の成立 :「立志の靑年」から「學生靑年」 へ」, 42-43쪽

Ⅲ부 일본의 제국주의화와 역사지식

1) 浮田和民,『帝國主義と敎育』, 民友社, 1901.8; ポール・エス・ラインシュ (高田早苗 譯),『帝國主義論』, (早稻田小篇), 東京專門學校出版部, 博文館(發賣), 1901, (원서: World politics at the end of the nineteenth century as influenced by the oriental situation); 幸德秋水,『帝國主義 : 廿世紀之怪物』, 警醒社書店, 1901; 瀧本誠一,『經濟 的帝國論 : 全』, 元眞社, 1901; 井口和起,「幸德秋水「廿世紀之怪物帝國主義」について」, 『人文學報』27, 1968.

2) 박양신,「19・20세기 전환기 일본에서의 「제국주의」론의 제상―서양사상과의 관 련에서」,『일본역사연구』9집, 1999; 塩田庄兵衛,「中江兆民から幸德秋水へ―自由 民權の継承と帝國主義批判」,『文化評論』188, 1976; 平塚健太郞,「幸德秋水の帝國主 義論をめぐって--硏究史の整理とこれからの課題」,『初期社會主義硏究』11, 1998.

3) 幸德秋水,『帝國主義 : 廿世紀之怪物』, 131-132쪽.

4) 松井廣吉,「序文」,『日本帝國史』, 1889, 2-3쪽; 松井廣吉,「日本帝國總論」,『新撰大日 本帝國史』, 1890, 7-8쪽; 松井廣吉,「總論」,『新撰大日本帝國史』, 1896, 4-5쪽.

5) 松井廣吉,「總論」,『新撰大日本帝國史』, 1896, 7쪽.

6) 有賀長雄,「凡例」,『帝國史略』, 1892, 1쪽.

7) 芳賀矢一,『新撰帝國史要 下卷』, 富山房, 1896-1897, 108쪽.

8) 小林弘貞,『帝國史綱 : 中等敎科 下之卷』, 松榮堂, 1898, 56쪽.

9) 齋藤斐章編,『帝國史綱 : 補習』, 成美堂, 1902, 162쪽.

10) 安島思齋,『新帝國史』, 新々堂, 1903, 2쪽.

11) 安島思齋,『新帝國史』, 154쪽.

12)「序」,『帝國發展史 : 靑年讀本』, 1905, 1쪽.

13)『帝國發展史 : 靑年讀本』, 8쪽.

14)『國發展史 : 靑年讀本』, 80-81쪽.

15)『帝國發展史 : 靑年讀本』, 91쪽.

16) 국가전자도서관(http://www.dlibrary.go.kr) 원문자료(1909년도간행본)의 전체목차 참조.

17) 오쿠마 시게노부(大隈重信) 외에도, 이토 히로부미(伊藤博文), 마쓰가타 마사요시(松方正義), 야마가타 아리토모(山縣有朋), 이타가키 다이스케(板垣退助) 등이 필자로 참여함.

18) 家永三郎, 『日本の近代史學』, 日本評論社, 1957 참조. 그 외에 이 시기의 사학사에 대해서는 岩井忠熊, 「日本近代史學の形成」, 『岩波講座 日本歷史22』, 岩波書店, 1968; 大久保利謙, 「明治初期の史學界と近代歷史學の成立」, 『明治史論集 I 明治文學全集 77』, 岩波書店, 1965; 大久保利謙, 『日本近代史學の成立』, 吉川弘文館, 1988; 小澤榮一, 『近代日本史學史の硏究』, 吉川弘文館, 1968.

19) 永原慶二, 『20世紀日本の歷史學』, 53-54쪽.

20) 松島榮一, 「解題」, 『明治史論集 I (明治文學全集 77)』, 筑摩書房, 1965, 459쪽.

21) 大隈重信, 「開國五十年史(抄)」, 『明治史論集 I (明治文學全集 77)』, 312-341쪽 참조.

22) 大隈重信, 「開國五十年史(抄)」, 340쪽.

23) 松島榮一, 「解題」, 『明治史論集 I (明治文學全集 77)』, 459쪽.

24) Okuma Shigenobu(comp.), Fifty years of new Japan. 2 vols., English version ed. by Marcus B. Huish. London, Smith, Elder, 1909. 이 무렵, 서양에게 일본의 문화적 우수성을 알리기 위해 일본인 스스로 영어 저서를 출판하는 움직임이 진행되고 있었다. 오카쿠라 텐신은 서양에 일본문화의 우수성을 알리기 위해 The Ideals of the East(1901), The Book of Tea(1904)를 영문으로 출간하였으며, 니토베 이나조의 Bushido: The Soul of Japan(1901)도 출판되었다. 즉, 20세기에 접어들면서 일본의 문화적 우수성을 서양인들에게 설득함으로써 스스로의 자부심을 확인받고자 하는 일련의 노력이 서적출판을 통해 진행되었던 것이며, 『오십년사』도 그러한 영향 하에 영국에서 영문본을 출간하였다.

25) 西川祐子, 「雜誌『太陽』の「十九世紀特集号」に見る世紀轉換の意識」, 西川長夫(編), 『世紀轉換期の國際秩序と國民文化の形成』, 柏書房, 1999 참조.

26) 西川祐子, 「雜誌『太陽』の「十九世紀特集号」に見る世紀轉換の意識」, 204-205에서 재인용.

27) 大隈重信, 「開國五十年史(抄)」, 312쪽.

28) 大隈重信(編), 『開國五十年史』, 開國五十年史發行所, 1909, 107쪽 (원문출처: 국가전자도서관 http://www.dlibrary.go.kr)

29) 大隈重信, 「開國五十年史(抄)」, 312쪽.

30) 大隈重信, 「開國五十年史(抄)」, 333쪽.

31) 大隈重信, 「開國五十年史(抄)」, 340쪽.

32) 島田三郎, 「開國史歷」, 『開國五十年史』, 95쪽.
   (원문출처: http://www.dlibrary.go.kr 원문자료).

33) 西園寺公望, 「明治敎育史要」, 『開國五十年史』, 522쪽.
   (원문출처: http://www.dlibrary.go.kr 원문자료).

34) 大隈重信, 「開國五十年史(抄)」, 312쪽.

35) 大隈重信, 「開國五十年史(抄)」, 314쪽.

36) 大隈重信, 「開國五十年史(抄)」, 318쪽.

37) 大隈重信, 「開國五十年史(抄)」, 328쪽.

38) 大隈重信, 「開國五十年史(抄)」, 334쪽.

39) 窪寺紘一, 『東洋學事始 : 那珂通世とその時代』, 平凡社, 2009, 196쪽.

40) 스테판 다나카 (박영재 외역), 『일본동양학의 구조』, 문학과지성사, 2004 참조.

41) 桑原隲藏, 『中等東洋史』, 大日本圖書出版, 1898.

42) 藤田高夫. 「日本における「東洋史」の成立」, 26쪽.

43) 那珂通世 編, 『支那通史』, 中央堂, 1888-1890. 窪寺紘一, 『東洋學事始 : 那珂通世と
   その時代』, 168-172쪽.

44) 스테판 다나카, 『일본동양학의 구조』; 藤田高夫. 「日本における「東洋史」の成立」, 『東
   アジア文化交流と經典詮釋』, 2009, 19‐33쪽; 五井直弘, 『近代日本と東洋史學』, 靑
   木書店, 1976.

45) 中塚明, 『近代日本の朝鮮認識』, 硏文出版, 1993, 179-183쪽.

46) 北原マス子ほか 編, 『資料新聞社說に見る朝鮮』 전6권, 綠蔭書房, 1995 참조.

47) 특히 임오군란에 대한 다수의 서적이 출판되었다. 예컨대, 橋本眞義 畵, 『朝鮮平
   和談判圖』, 1882; 小林淸親 編, 『朝鮮異聞』, 武川淸吉, 1882; 小林淸親 畵, 『朝鮮事
   實』, 1882; 渡邊義方 編, 『朝鮮變報錄』, 稻野年恒畵, 1882; 歌川益太郎 畵, 『朝鮮暴
   動記』, 小林鐵次郎, 1882; 歌川國松 畵, 『(朝鮮)暴徒防禦圖』, 綱島龜吉, 1882; 渡邊
   文京 編, 『(繪入)朝鮮變報錄』, 辻岡文助, 1882; 橋本直義 畵, 『(朝鮮變報)激徒暴發之
   圖』, 1882; 永島虎重 畵, 宮田伊助 編, 『朝鮮變動記』, 1882; 新井周次郎 畵, 『朝鮮
   和議上告之圖』, 1882; 水谷新八 編, 『(電報)朝鮮事件 1-2』, 1882; 根村態五郎 編, 『朝
   鮮近情』, 1882; 林吉藏 編, 『朝鮮變報』, 1882; 加藤富三郎 編, 『朝鮮暴徒細目圖』,
   1882; 楊洲周延 畵, 『朝鮮變報錄』, 1882; 內田由兵エ 編, 『朝鮮報知錄』, 1882.

48) 1870년대 染崎延房 編, 『朝鮮事情』, 1874; 官原龍吉 編, 『啓蒙朝鮮史略』, 18750;
   多田直繩 輯, 『朝鮮軍記』, 1875; 佐田白茅 輯, 『朝鮮見聞錄』, 1875; シアーレル・ダ
   レー(榎本武揚重 譯), 『朝鮮事情』, 1876; 板根達郎, 『朝鮮地誌』, 1880; 關根錄三郎
   訓點, 『朝鮮國誌』, 1883.

49) 편저자는 菅原龍吉, 발행년도 1875, 발행자 千鍾房, 발행지 東京, 卷數 和裝 7卷,

356丁.

50) 시라토리의 조선사 연구 성과로는 「단군고(檀君考)」(1894), 「조선의 고전설고(朝鮮の古傳説考)」(1894), 「조선고대제국명칭고(朝鮮古代諸國名稱考)」(1895), 「조선고대지명고(朝鮮古代地名考)」(1895), 「이도(吏道)」(1897), 「언문(諺文)」(1897), 「일본서기에서 나타나는 한어의 해석(日本書記に見えたる韓語の解釋)」(1897)등이 있다. 五井直弘, 『近代日本と東洋史學』, 44쪽.

51) 權純哲, 「林泰輔の『朝鮮史』研究」, 『埼玉大學紀要(教養學部)』 44(2), 2008, 2쪽.

52) 林泰輔, 『朝鮮史』(全8卷), 第一卷 吉川半, 1892, 5쪽.

53) 林泰輔, 『朝鮮史』 第一卷, 5-7쪽.

54) 林泰輔, 『朝鮮史』 第一卷, 28쪽.

55) 林泰輔, 『朝鮮史』 第一卷, 30쪽.

56) 吉田東伍, 『日韓古史斷』, 富山房書店, 1893.

57) 矢澤康祐, 「江戸時代における日本人の朝鮮觀について」, 『朝鮮史研究會論文集』 6, 1969 참조.

58) 重野安繹等, 『國史眼』, 大成館, 1890, 7-8쪽.

59) 吉田東伍, 「緒言」, 『日韓古史斷』, 2-3쪽.

60) 吉田東伍, 『日韓古史斷』, 4쪽.

61) 1910년대 게재된 일한서방장판(日韓書房藏版)의 조선관련 서목광고 참조. 細井肇, 『現代漢城の風雲と名士』(『明治人による近代朝鮮論』(影印叢書 第17卷 政治史 I), 304-306쪽.

62) 林泰輔, 『朝鮮近世史』, 吉川半七, 1901.

63) 林泰輔, 『朝鮮近世史』 卷下, 51-52쪽.

64) 恒屋盛服, 『朝鮮開化史』, 博文館, 1901. 저자는 「自序」에서 박영효와의 친분에 따라 동학란 발발 이후 1894년 8월에 박영효 등과 같이 서울에 도착한 후, 1895년 갑오개혁 때 내각보좌관에 임명, 기록, 편찬, 관보사무를 감독하다가 아관파천 이후 퇴직을 하면서 조선에 대한 저술을 시작했다고 밝혔다.

65) 恒屋盛服, 『朝鮮開化史』, 207쪽.

66) 恒屋盛服, 『朝鮮開化史』, 297-298쪽.

67) 久保天隨, 『朝鮮史』, 博文館, 1905.

68) 그는 1904년에 동양사 개설서인 『東洋通史』를 저술하였는데, 여기서 동양은 중국을 의미했다. 조선에 관해서는 12장 조선의 쇄국에서 17장 러일전쟁까지의 최근세사 부분을 다루었다. 久保天隨, 『東洋通史』 第12卷, 博文館, 1904 참조.

69) 久保天隨, 『朝鮮史』, 1쪽.

70) 久保天隨, 『朝鮮史』, 2-3쪽.

71) 久保天隨, 『朝鮮史』, 7쪽.

72) 久保天隨, 『朝鮮史』, 11쪽.

73) 久保天隨, 『朝鮮史』, 10쪽.

74) 久保天隨, 『朝鮮史』, 10쪽.

75) 久保天隨, 『朝鮮史』, 308쪽.

76) 久保天隨, 『朝鮮史』, 326쪽.

77) 權純哲.「林泰輔の『朝鮮史』研究」, 『埼玉大學紀要 (敎養學部)』44-2, 2008, 3쪽.

78) 幣原坦, 『韓國政爭志』, 1쪽.

79) 細井肇, 『現代漢城の風雲と名士』, 日韓書房, 1910.

80) 細井肇, 『現代漢城の風雲と名士』, 1-2쪽.

81) 「國權擴張論」, 『自由新聞』, 1884년 10월 5일자.

82) 나카에 초민 (연구공간 '수유+너머' 일본근대사상팀 역), 『삼취인경륜문답』, 소명출판, 2005, 72쪽.

83) 나카에 초민, 『삼취인경륜문답』, 96쪽.

84) 「殖民協會設立趣意書」, 『植民協會報告』1, 1893.4, 1-2쪽.

85) 日向輝武, 『殖民史論』, 1903, 1쪽.

86) 日向輝武, 『殖民史論』, 7쪽.

87) 田中愼一,「植民學の成立」, 『北大百年史』, 1982.7, 581쪽.

88) 삿포로 농학교 1회 졸업생. 미국 유학을 거쳐 1886年 삿포로 농학교 교수, 1894년 교장에 취임하였다. 井上勝生,「札幌農學校と植民學-佐藤昌介を中心に」, 『北大百二十五年史』, 北海道大學, 2003, 111쪽.

89) 田中愼一,「植民學の成立」, 『北大百年史』, 1982.7, 583-596쪽.

90) 원서는 Lucas, A Historical Geography of the British Collonies, 1898, 번역서는 1898년 10월 간행.

91) 島田三郎, 『殖民新論』, 1900; 久松義典, 『殖民偉蹟』, 警醒社, 1902; 日向輝武, 『殖民史論』, 1903; 山內正瞭, 『世界殖民史』, 1904; 山內正瞭, 『殖民論』, 金刺芳流堂, 1905; 三輪德三, 『殖民史』, 早稻田大學出版部, 1905; ヘンリー・モーリス(井上雅二譯), 『殖民史』, 新聲社, 1905; 大河平隆光 他, 『日本移民論』, 文武堂, 1905; 竹越与三郎, 『比較殖民制度』(2版), 讀賣新聞社, 1906; 有賀長雄, 『保護國論』, 1906; 東鄕實, 『日本植民論』, 1906; 中內光則, 『殖民地統治論』, 宝文館, 1907; 三輪德三, 『英國植民史』, 早稻田大學出版部, 1907; 伊藤淸藏, 『韓國殖民管見:如何にして日本の中小農民を韓國に植付くべきか』, 全國農事會, 1907; 靑柳綱太郎, 『韓國殖民策 : 一名・

韓國殖民案內』, 輝文館(ほか), 1908; 山內顯, 『殖民政策汎論』, 博文館, 1908; エチ・
ヰ・エヂアトン 他, 『英國殖民發展史』, 早稻田大學出版部, 1909; 江木翼, 『殖民論策』,
聚精堂, 1910; 稻田周之助, 『殖民政策』, 有斐閣, 1912; 持地六三郞, 『台湾殖民政策』,
富山房, 1912.

92) 金子文子, 「日本の植民政策學の成立と展開」, 『季刊三千里』 41, 1985.2, 48-49쪽.

93) ルボン, 「遼東及台湾統治に關する答議」, 『秘書類纂. 〔第18卷〕』, 伊藤博文(編), 秘書
類纂刊行會, 1933-1936, 399-409쪽. 春山明哲, 「明治憲法体制と台湾統治」 『岩波講
座 近代日本と植民地』, 岩波書店, 1993 참조.

94) ルボン, 「遼東及台湾統治に關する答議」, 『秘書類纂. 〔第18卷〕』, 399-409쪽.

95) ルボン, 「遼東及台湾統治に關する答議」, 『秘書類纂. 〔第18卷〕』, 399-409쪽.

96) 日向輝武, 『殖民史論』, 1쪽.

97) 東鄕實, 『日本植民論』, 2쪽.

98) 日向輝武, 『殖民史論』, 9쪽.

99) 山內正瞭, 『世界殖民史』, 19쪽.

100) 山內正瞭, 『殖民論』, 380쪽.

101) 山內正瞭, 『世界殖民史』, 13쪽.

102) 山內正瞭, 『殖民論』, 2-3쪽.

103) 山內正瞭, 『殖民論』, 49-51쪽.

104) The French West India Company (French: Compagnie française des Indes
occidentales).

105) 山內正瞭, 『殖民論』, 56-57쪽.

106) 山內正瞭, 『殖民論』, 54-55쪽.

107) 東鄕實, 『日本植民論』, 16-23쪽.

108) 日向輝武, 『殖民史論』, 7쪽.

109) 山內顯, 『殖民政策汎論』, 31쪽.

110) 東鄕實, 『日本植民論』, 2-3쪽.

111) 東鄕實, 『日本植民論』, 386-397쪽.

112) 中內光則, 『殖民地統治論』, 12-13쪽.

113) 山內正瞭, 『殖民論』, 381쪽.

114) 山內正瞭, 『殖民論』, 383쪽.

115) 山內正瞭, 『殖民論』, 385쪽.

116) 山內正瞭, 『殖民論』, 394-395쪽.

117) 東鄕實, 『日本植民論』, 359쪽.

118) 東鄕實, 『日本植民論』, 384쪽.

119) 조현범, 『문명과 야만』, 책세상(책세상문고 우리시대 58), 2002.

120) 1890년대의 주요 조선여행기에 대한 연구는 박양신, 「19세기말 일본인의 조선 여행기에 나타난 조선상」, 『역사학보』 177집; 木村健二, 「메이지기 일본의 조사 보고서에 보이는 조선인식」, 『근대교류사와 상호인식』, 김용덕·미야지마 히로시(편), 고려대학교 아세아문제연구소, 2001 참조.

121) 有山輝雄, 『海外觀光旅行の誕生』, 吉川弘文館, 2002, 22쪽.

122) 1890년 전후의 몇 가지 예를 들자면, 釜山商法會議所(松田行藏)編, 『朝鮮國慶尙忠淸江原道旅行紀事 附：農商調査表』, 1888; 仁川商法會議所, 『朝鮮平安黃海兩道商況視察報告』, 1889; 松田行藏編, 『慶尙道全羅道旅行記事並農況調査錄』, 1891.

123) 勝田主計, 『淸韓漫遊餘瀝』, 1910(明治 43) 한국의 재정, 경제, 무역, 농업, 광업, 교통기관, 동양척식회사.

124) 有山輝雄, 『海外觀光旅行の誕生』, 33-39쪽.

125) 統監府鐵道管理局, 『韓國鐵道線路案內』, 1908.

126) 矢津昌永, 『朝鮮西伯利紀行』, 丸善株式會社書店, 1894. 관련 논문으로, 源昌久, 「矢津昌永の地理學-書誌學的 調査 1」, 『淑德大學硏究紀要』 13, 淑德大學, 1978; 최혜주, 「여행기를 통해 본 한,일 양국의 표상 : 『조선서백리기행(朝鮮西伯利紀行)』 (1894)에 보이는 야즈 쇼에이(矢津昌永)의 조선 인식」, 『동아시아 문화연구』 44, 2008.

127) 矢津昌永, 『朝鮮西伯利紀行』, 2쪽,

128) 矢津昌永, 『朝鮮西伯利紀行』, 6쪽.

129) 矢津昌永, 『朝鮮西伯利紀行』, 24쪽, 58쪽.

130) 矢津昌永, 『朝鮮西伯利紀行』, 51쪽.

131) 山路愛山, 「韓山紀行」, 『愛山文集』(內山省三編), 民友社, 1917.

132) 山路愛山, 「韓山紀行」, 605쪽.

133) 山路愛山, 「韓山紀行」, 602쪽.

134) 山路愛山, 「韓山紀行」, 611쪽.

135) 山路愛山, 「韓山紀行」, 613쪽.

136) 山路愛山, 「韓山紀行」, 614-615쪽.

137) 山路愛山, 「韓山紀行」, 605쪽.

138) 山路愛山, 「韓山紀行」, 618쪽.

139) 山路愛山, 「韓山紀行」, 623쪽.

140) 山路愛山, 「韓山紀行」, 607쪽.

141) 山路愛山, 「韓山紀行」, 614쪽.

142) 山路愛山, 「韓山紀行」, 613-614쪽.

143) 葛城天華, 『朝鮮半島豪傑的旅行』, 1905; 『滿韓旅行記念号』, 學習院輔仁會主催,, 1907; 『滿韓巡遊船』, 朝日新聞主催, 1906; 鳥居龍藏, 「南滿紀行」, 東京大學主催, 1905; 白鳥庫吉, 『朝鮮旅行談』, 1905; 山路愛山, 「韓山紀行」, 1905; 新渡戶稻造, 『枯死國朝鮮』, 1906; 德富蘇峰, 「平壤より義州」, 1906; 夏目漱石, 「滿韓ところぐ」, 1909; 高浜虛子, 『朝鮮』, 1912; 谷崎潤一郞, 「朝鮮雜感」, 1919; 大町桂月, 「朝鮮遊記」, 1919; 柳宗悅, 「彼の朝鮮行」, 1920; 喜田貞吉, 「庚鮮滿旅行日誌」, 1921; 田山花袋, 「滿鮮の行樂」, 1923. 출처: 丁貴連. 「もう一つの旅行記 : 柳宗悅の朝鮮紀行をめぐっ」, 『宇都宮大學國際學部硏究論集』 15, 2003, 1쪽.

144) 新渡戶稻造, 「枯死國朝鮮」, 『隨想錄』, 丁未出版社, 1907, 104-105쪽.

145) 權錫永. 「新渡戶稻造の朝鮮亡國論」, 『北海道大學文學硏究科紀要』 126, 2008, 50쪽.

146) 上村才六, 『淸韓游踪』, 東京堂, 1906.

147) 上村才六, 『淸韓游踪』, 1쪽.

148) 堀內奉吉, 竹中政一, 『韓國旅行報告』, 1906.

149) 神戶高等商業學校 (編), 『韓國旅行報告』, 神戶高等商業學校, 32쪽.

150) 堀內奉吉, 竹中政一, 『韓國旅行報告』, 8-9쪽.

151) 木崎好尙, 「雄大なる平壤」, 『大阪朝日新聞』(1906·8·14), 39-40쪽.

152) 이러한 현상에 대해 윤소영은 "조선명소의 식민지적 재구성"이라고 규정했다. 윤소영, 「러일전쟁 전후 일본인의 조선여행기록물에 보이는 조선인식」, 『한국민족운동사연구』 51, 2007.

153) 1915년 9월 11일부터 10월 30일까지 일제가 일부 건물을 훼손하거나 수축하여 경복궁에서 전국의 물품을 수집·전시한 대대적인 박람회. 일제는 병합의 정당성을 합리화하고 이른바 조선의 진보와 발전을 한국민에게 전시하려는 의도에서, 시정(施政) 5년을 기념한다는 명분으로 조선물산공진회를 개최하여 전국의 농민들까지 강제동원하며 관람하게 하였다. 출처: 한국민족문화대백과사전. (http://encykorea.aks.ac.kr/Contents/Index?contents_id=E0052019)

154) 石原留吉, 『京城案內』, 京城協賛會, 1915; 朝鮮硏究會 編, 『(最近)京城案內記』, 朝鮮硏究會, 1915; 岡良助, 『京城繁昌記』, 博文社, 1915.

155) 石原留吉, 『京城案內』, 1-2쪽.

156) 岡良助, 『京城繁昌記』, 30-31쪽.

157) 岡良助, 『京城繁昌記』, 55쪽.

158) 岡良助, 『京城繁昌記』, 80쪽.

159) 岡良助, 「第五齣 名所と舊蹟」, 『京城繁昌記』, 참조.

160) 鈴木貞美 編, 『雜誌『太陽』と國民文化の形成』, 思文閣出版, 2001.

161) 『資料雜誌にみる近代日本の朝鮮認識』 제2권, 琴秉洞編·解說, 綠蔭書房, 1999, 426쪽.

162) 『資料雜誌にみる近代日本の朝鮮認識』 제1권, 琴秉洞編·解說, 綠蔭書房, 183쪽.

163) 『資料雜誌にみる近代日本の朝鮮認識』 제1권, 184쪽.

164) 『資料雜誌にみる近代日本の朝鮮認識』 제1권, 311-312쪽.

165) 『資料雜誌にみる近代日本の朝鮮認識』 제1권, 323-329쪽.

166) 『資料雜誌にみる近代日本の朝鮮認識』 제1권, 111-112쪽.

167) 『資料雜誌にみる近代日本の朝鮮認識』 제1권, 346-348쪽.

168) 『資料雜誌にみる近代日本の朝鮮認識』 제2권, 272쪽.

169) 『資料雜誌にみる近代日本の朝鮮認識』 제2권, 346-348쪽.

170) 野呂榮太郎, 「『日本資本主義發達史講座』趣意書」(1932.6.), 『野呂榮太郎全集 下』, 新日本出版社, 1994.

171) 文部省, 「第二 國史に於ける國体の顯現 ; 一、國史を一貫する精神」, 『國体の本義』, 文部省, 1937.

■ 참고문헌

【자료】

Mignet(河津祐之譯), 「仏國革命史ヲ譯スル序」, 『仏國革命史』, 加納久宣, 1878.

アメデ・ガブール他, 『拿破崙全伝』, 加納久宣, 1879.

ウィルソン(富塚玖馬譯), 『仏國革命史論』, 福田榮造, 1888.

ヴヰクトル・カウシン(ヲ・ダブリュウ・ウェート 米譯,竹越与三郎重譯), 『近代哲學宗統史』 제
　　　　1권(Victor Cousin 1792~1867 원저), 丸善, 1884.

グードリッチ(牧山耕平譯), 『巴來萬國史』, 文部省, 1876.

グードリッチ(寺内章明譯編), 『五洲紀事』, 紀伊國屋源兵衛, 1871-1875.

バジョット(竹越与三郎, 岡本彦八郎譯), 『英國憲法之眞相』 (Walter Nagehot, The English
　　　　Constitution, 1867), 岡本英三郎, 1887.

ヘンリー・モーリス, 井上雅二譯, 『殖民史』, 新聲社, 1905.

リヨースレル(獨逸學協會譯), 『仏國革命論』, 獨逸學協會, 1885.

ルボン, 「遼東及台湾統治に關する答議」, 春山明哲, 「明治憲法体制と台湾統治」『岩波講座
　　　　近代日本と植民地』, 岩波書店, 1993.

加藤弘之, 「人權新說」, 『近代日本思想大系 30 明治思想集 I』筑摩書房, 1976.

岡田篤治譯述, 『バアレイ万國史原書獨案内』, 岡田篤治, 1882.

高木秋浦編, 『通俗仏國革命史』, 磯部太郎兵衛, 1887.

谷喬, 『日本略史問答 上』, 松村九兵衛等, 1876.

堀內奉吉, 竹中政一, 『韓國旅行報告』, 1906.

箕作元八. 『フランス大革命史』. 富山房, 1919.

吉田東伍, 『日韓古史斷』, 富山房書店, 1893.

內山正如, 『受驗問答日本歷史一千題』, 博文館, 1892.

內田銀藏, 『日本近世史』 第1卷 上冊 第1. 富山房, 1903.

大久保利通, 「立憲政体に關する意見書」, 『近代日本思想大 30 明治思想集I』, 筑摩書房,
　　　　1976.

大槻禎, 『仏蘭西總記』, 蕉陰書屋, 1855.

渡辺修次郎, 『近世名家伝』, 靑山堂, 1878.

渡邊脩次郎, 『明治開化史』, 松井順時, 1880.

渡辺元成, 『改正史略問答』, 赤志忠雅堂, 1876.

島田三郎, 「開國始末(抄)」, 『明治文學全集77 明治史論集』, 筑摩書房, 1965.

東鄉實, 『日本植民論』, 文武堂, 1906.

鈴木五郎編, 『仏國革命原因論』, 秩山堂, 1882.

明治文化硏究會, 『明治文化全集 第24卷 文明開化編』, 日本評論社, 1967.

明治文化硏究會, 『明治文化全集2 自由民權篇上』, 日本評論社, 1968.

明治文化硏究會, 『明治文化全集 別卷 明治事物起源』, 日本評論社, 1993.

明治百傑伝, 『明治百傑伝』, 靑木嵩山堂, 1902.

木村正辭編, 『史略』, 文部省, 1872.

文部省, 『小學敎則』, 出雲寺万治郞, 1873.

文部省, 『學制百年史』, 帝國地方行政學會, 1972.

버클, 「英國文明史(抄)」『歷史認識 日本近代思想大系 13』, 岩波書店, 1991.

報知新聞社, 『名士の少年時代』 1-3, 平凡社, 1930.

福田久松, 『大日本文明史』, 丸善社, 1891.

福地源一郞, 『幕末政治家』, 1900.

福澤諭吉(정명환 譯), 『文明論의 槪略』, 홍성사, 1986.

福澤諭吉, 『福澤全集』 卷2, 時事新報社, 1898.

福澤諭吉, 『西洋事情』, 慶應義塾出版局, 1872.

釜山商法會議所(松田行藏)編, 『朝鮮國慶尙忠淸江原道旅行紀事 附：農商調査表』, 商法
　　　　　會議所, 1888.

棚谷元善編, 『國史擥要』, 萬蘊堂:魁文堂, 1874.

師範學校編, 『萬國史略』(2), 東京:文部省, 1874.

司忠編, 『丸善社史』, 丸善, 1951.

山內正瞭, 『世界殖民史』, 博文館, 1904.

山內正瞭, 『殖民論』, 金刺芳流堂, 1905.

山內顯, 『殖民政策汎論』, 博文館, 1908.

山路愛山, 「韓山紀行」, 『愛山文集』, 民友社, 1917.

三輪德三, 『殖民史』, 早稻田大學出版部, 1905.

三宅米吉, 「日本史學提要」, 『歷史認識 日本近代思想大系13』, 岩波書店, 1991.

杉亨二, 「北亞米利加合衆國の自立」, 『明六雜誌』 5, 1874.

上村才六, 『淸韓游踪』, 東京堂, 1906.

西田勝 編, 『田岡嶺雲全集·第五卷』, 法政大學出版局, 1969.

西村豊, 『朝鮮史綱』, 敬業社, 1895.

細井肇, 『現代漢城の風雲と名士』, 日韓書房, 1910.

少年園, 『東京遊學案內』, 少年園, 1898~1905.

小野梓, 「余か政事上の主義」, 『近代日本思想大系30 明治思想集I』, 筑摩書房, 1976.

小川銀次郞, 『日本史 : 參考叢書』, 杉本書店, 1906.

松田正助編,『戊辰以來新刻書目一覽』, 赤志忠七等, 1874.

松田行藏編,『慶尙道全羅道旅行記事並農商況調査錄』, 1891.

手塚律藏,『泰西史略』, 手塚氏又新堂, 1858.

勝田主計,『淸韓漫遊餘瀝』, 1910.

矢野文雄,『譯書讀法』, 報知社, 1883.

矢津昌永,『朝鮮西伯利紀行』, 丸善株式會社書店, 1894.

植木枝盛,「明治第二の改革を希望するの論」,『日本近代思想大系13 歷史認識』, 岩波書店, 1991.

新渡戶稻造,「枯死國朝鮮」『In 隨想錄. 丁未出版社』, 1907.

神保長致, 鈴木敬信,『陸軍士官候補生受驗者用數學撰題 : 附・解式』, 中央堂, 1893.

兒島彰二,「民權問答」,『明治文化全集 2 自由民權編』, 日本評論社, 1968.

櫻木章,『側面觀幕末史』, 1905.

英人某著,『拿破崙第一世伝』, 陸軍文庫, 1879.

穎才新誌社編,『穎才新誌 : 解說・總目次・索引』, 不二出版, 1993.

源光圀修,『大日本史』, 吉川弘文館, 1911.

有賀長雄編輯,『帝國史略』, 牧野書店, 1892.

伊藤圭介,『輿地紀略』, 花繞書屋, 1858.

人見一太郎,『第二之維新』, 民友社, 1893.

日向輝武,『殖民史論』, [   ], 1903.

林泰輔,『朝鮮近世史』, 吉川半七, 1901.

林泰輔,『朝鮮史』 第一卷, 吉川七牛, 1892.

田口卯吉,「日本開化小史」,『鼎軒田口卯吉全集』2(復刊), 吉川弘文館, 1990.

田中耕造譯述他,『拿破崙政略』, 1873.

井上勤編,『第一世拿破崙言行錄』, 思誠堂, 1881.

第一高等學校,『第一高等學校六十年史』, 第一高等學校, 1939.

鳥居美和子,『明治以降敎科書總合目錄』(1 小學校篇, 2 中等學校篇), 小宮山書店, 1967.

竹越與三郎,「新日本史」,『明治文學全集77 明治史論集』, 筑摩書房, 1965.

中江兆民,『三醉人経綸問答』, 集成社, 1887.

中內光則,『殖民地統治論』, 宝文館, 1907.

重野安繹,「國史編纂の方法を論ず」,『歷史認識 日本近代思想大系13』, 岩波書店, 1991.

重野安繹,『帝國史談』. 富山房, 1896.

重野安繹等,『稿本國史眼』, 大成館, 1890.

鐵道院,『遊覽地案內』, 鐵道院, 1912.

淸水市次郎編,『那波列翁一代記』, 淸水市次郎, 1887.

椒山野史, 『近世史畧』, 山口, 1872.

村上勘兵衛編, 『御維新以來京都新刻書目便覽』, 平樂寺等, 1874.

村松直一郎, 『諸官立學校受驗者必讀入學試驗問題答案』, 博文館, 1893.

太田勘右衛門編, 『戊辰以來新刻書目便覽』, 梅嚴堂, 1874.

統監府鐵道管理局, 『韓國鐵道線路案內』, 統監府鐵道管理局, 1908.

坪谷善四郎, 『大橋佐平翁伝』, 栗田出版會, 1974.

坪谷善四郎, 『明治歷史』, 民友社, 1893.

坪谷善四郎, 『博文館五十年史』, 博文館, 1937.

幣原坦, 『韓國政爭志』, 三省堂書店, 1907.

夏目漱石, 「滿韓ところどころ」 『漱石近什四篇』, 春陽堂, 1910.

恒屋盛服, 『朝鮮開化史』, 博文館, 1901.

海後宗臣, 仲新編, 『近代日本教科書總說』(解說篇, 目錄篇), 講談社, 1969.

海後宗臣等編, 『日本教科書大系 近代編 18 歷史(1)』, 講談社, 1963.

丸善株式會社, 『丸善百年史』. 丸善, 1980.

黑板勝美, 「田口博士を想ふ」, 『田口鼎軒集 明治文學全集 14』, 筑摩書房, 1966.

黑板勝美, 『國史の研究』, 文會堂, 1908.

喜田貞吉, 『六十年之回顧 : 還曆記念』, 喜田貞吉, 1933.

『シリーズ 明治・大正の旅行 第1期 旅行案內書集成』 全26卷, ゆまに書房, 2013.

『山路愛山集 明治文學全集35』 筑摩書店, 1965.

『旅館要錄』, 東京人事興信所, 1911.

후쿠자와 유키치(허호 역), 『후쿠자와 유키치 자서전』, 이산, 2006.

Buckle, History of Civilization in England, edited by J.M.Robertson, Routledge, 1904.

Goodrich, Samuel, Peter Parley's Universal History on the Basis of Geography, Boston: American Stationers' Co., 1837.

Hugh Edward Egerton, The origin and growth of the English Colonies and their system of government, The Clarendon Press, 1903.

M. Guizot, General history of civilization in Europe, from the fall of the Roman empire to the French revolution, 1846.

Samuel Goodrich, Parley's Universal History, on the basis of geography, London: William Tegg, 1867.

Samuel Goodrich, Recollections of a Lifetime, NY: Miller, Orton and Mulligan, 1856.

【연구서】

加藤周一外編, 『日本近代思想大系 15 翻譯の思想』, 岩波書店, 1991.

家永三郎, 『日本の近代史學』, 日本評論社, 1957.

岡野他家夫, 『日本出版文化史』(復刻), 原書房, 1981.

江越弘人, 『逃げる男 - 活版印刷の祖・本木昌造』, 長崎新聞社, 2003.

岡利郎, 『山路愛山』, 硏文出版, 1998.

高橋昌郎, 『中村敬宇』, 吉川弘文館, 1988.

關彪, 『淺野家の有恒社と株式會社有恒社』, 關彪, 1924.

橋本求, 『日本出版販賣史』, 講談社, 1964.

近代印刷活字文化保存會, 『日本の近代活字本木昌造とその周辺』, 朗文堂, 2003.

大久保利謙, 小西四郎. 『維新史』と維新史料編纂會』, 吉川弘文館 1983.

大久保利謙, 『日本近代史學の成立』, オンデマンド版. 大久保利謙歴史著作集 / 大久保利謙
          著. 吉川弘文館, 2007.

大久保利謙, 『日本近代史學の成立』, オンデマンド版. 大久保利謙歴史著作集 / 大久保利謙
          著. 吉川弘文館, 2007.

大久保利謙, 『日本近代史學事始め : 一歴史家の回想』, 岩波新書. 岩波書店, 1996.

大久保利謙, 『日本近代史學史』, 日本歴史文庫. 白揚社, 1940.

大久保利謙, 『日本近代史學の成立』, 吉川弘文館, 1988.

東京大學史料編纂所 외, 『歴史學と史料研究』, 山川出版社, 2003.

歴史學研究會 and 日本史研究會, 『日本史學史』, 日本歴史講座 / 歴史學研究會, 日本史
          研究會編. 東京大學出版會, 1957.

瀬沼茂樹, 『本の百年史 : ベスト・セラーの今昔』, 出版ニュース社, 1965.

笠井昌昭, 『日本史學史講義』, 協和書房, 2004.

木村直惠, 『＜青年＞の誕生』, 新曜社, 1998.

本多辰次郎, 『勤王論之發達』, 日本學術普及會, 1916.

史學會(東京大學內), 『本邦史學史論叢』, 富山房, 1939.

山本武利, 『近代日本の新聞讀者層』, 法政大學出版局, 1981.

三谷幸吉 編, 『本木昌造平野富二詳傳』, 詳傳頒布刊行會, 1933.

成田潔英, 『洋紙業を築いた人々』, 製紙記念館, 1952.

成田潔英, 『王子製紙社史』, 王子製紙社史編纂所, 1956-1959.

成田龍一, 『歴史學のスタイル : 史學史とその周辺』, 校倉書房, 2001.

小林善八, 『日本出版文化史』, 日本出版文化史刊行會, 1938.

小山常實, 『歴史教科書の歴史』, 草思社, 2001.

小川菊松, 『日本出版界のあゆみ』, 誠文堂新光社, 1962.

小澤榮一, 『近代日本史學史の研究: 幕末編』, 吉川弘文館, 1966.

小澤榮一, 『近代日本史學史の研究: 明治編』, 吉川弘文館, 1968.

松島榮一, 「解題」, 『明治文學全集77 明治史論集』, 筑摩書房, 1965.

松本芳夫, 『日本史學史』, 『慶応義塾大學通信教育部], 1968.

松澤裕作, 『近代日本のヒストリオグラフィー』, 史學會シンポジウム叢書. 山川出版社, 2015.

永原慶二, 『20世紀日本の歴史學』, 吉川弘文館, 2003 (하종문역, 『20세기 일본의 역사학』, 삼천리, 2011).

五井直弘, 『近代日本と東洋史學』, 靑木書店, 1976.

原隆, 『村敬宇硏究 : 明治啓蒙思想と理想主義』, 早稲田大學出版部, 1990.

遠山茂樹, 『日本近代史學史』, 遠山茂樹著作集 / 遠山茂樹著. 岩波書店, 1992.

有山輝雄, 『海外觀光旅行の誕生』, 吉川弘文館, 2002.

伊豆公夫, 『日本史學史』, 新版. 歷史科學叢書. 校倉書房, 1972.

長尾政憲, 『福澤屋諭吉の硏究』, 思文閣出版, 1988.

荻五井直弘, 『近代日本と東洋史學』, 靑木書店, 1976.

田口卯吉, 大久保利謙. 『明治文學全集 田口鼎軒集』, 筑摩書房, 1977.

田中彰, 『近代日本の軌跡 1 明治維新』, 吉川弘文館, 1994.

前川貞次郎, 『フランス革命史研究 : 史學史的考察』, 創文社, 1956.(第2刷. 1987).

田村哲三, 『出版王國の光と影―博文館興亡六十年―』, 法學書院, 2007.

竹內洋, 『立身出世主義―近代日本のロマンと欲望』, 世界思想社, 2005.

竹內洋, 『立志・苦學・出世 : 受驗生の社會史』, 講談社, 1991.

中村眞一郎, 『賴山陽とその時代』, 中央公論社, 1971.

淸原貞雄, 『增訂日本史學史』, 中文館書店, 1944.

蔡星慧, 『出版産業の変遷と書籍出版流通』, 出版メディアパル, 2006.

坂本多加雄, 『山路愛山』, 吉川弘文館, 1988.

海老澤有道, 大久保利謙. 『日本史學入門』, 廣文社, 1965.

海後宗臣 監修・小池俊夫 解說, 『図說教科書の歴史』, 日本図書センター, 1996.

海後宗臣, 『歷史教育の歷史』, 東京大學出版會, 1969.

마에다 아이(유은경 역), 『일본근대독자의 성립』, 이룸, 2003.

유인선 외, 『사료로 보는 아시아사』, 위더스북, 2014.

조현범, 『문명과 야만:타자의 시선으로 본 19세기 조선』, 책세상, 2003.

坂本太郎, 『일본사학사』, 동방문집. 첨성대, 1991.

하라 아키라, 『청일・러일전쟁 어떻게 볼 것인가』, 살림, 2015.

Benedict Anderson, Imagined Communities : Reflections on the origin and spread of nationalism, Verso, 1991 (윤형숙 역,『상상의 공동체 : 민족주의의 기원과 전파에 대한 성찰』, 나남출판, 2002).

Daniel Roselle, Samuel Griswold Goodrich; Creator of Peter Parley, NY: State University of New York Press, 1968.

Eric Hobsbawm, Terence Ranger (eds.), The Invention of Tradition, Cambridge University Press, 1983. (최석영 역)『전통의 날조와 창조』, 서경문화사, 1995).

Ernst Breisach, Historiography, The University of Chicago Press, 1983.

【연구논문】

リサヨシカワ,「近代日本の國家形成と歷史學　黑板勝美を通じて」『立教大學日本學研究所年報』, 14/15 (2016): 15‐25.

加藤潤,「近代日本における青年の自我構造に關する一考察」『名古屋女子大學紀要』, 36 (1990): 63‐72.

岡崎勝世,「日本における世界史教育の歷史(I-2)「文明史型万國史」の時代　1」『埼玉大學紀要 (教養學部)』52‐1 (2016): 1‐52.

岡崎勝世,「日本における世界史教育の歷史(I-3)「文明史型万國史」の時代 2」『埼玉大學紀要 (教養學部)』, 52‐2 (2017): 33‐89.

桂島宣弘,「植民地朝鮮における歷史書編纂と近代歷史學 」『季刊日本思想史』, 76 (2019): 105‐122.

古宮千惠子,「南北朝正閏問題に關する一考察‐‐歷史學・歷史教育・民衆、それぞれの歷史意識」『歷史民俗資料學研究』, 14 (2009): 77‐99.

昆野伸幸,「「皇國史觀」考 (現代歷史學とナショナリズム)」『年報・日本現代史』, 12 (2007): 27‐60.

廣木尙,「南北朝正閏問題と歷史學の展開 (特集/南北朝正閏問題100年)」『歷史評論』, 740 (2011): 18‐35.

廣木尙, 「日本近代史學史研究の現狀と黑板勝美の位置」 『立教大學日本學研究所年報』, 14/15 (2016): 26‐32.

堀井一摩,「神話の「抹殺」、「抹殺」の歷史 :『基督抹殺論』と「かのやうに」における近代史學」『言語情報科學』, 12 (2003): 283‐97.

堀和孝,「福澤諭吉と竹越与三郎の比較思想史的研究‐‐明治維新論を中心に」『近代日本研究』, 26 (2009): 155‐174.

宮永孝,「幕末・明治の英學」,『社會志林』, 46‐2 (1999): 173‐228.

宮田純,「幸田成友 (1873－1954) の基礎的研究―東京師範學校附屬小學校在籍時を中心と
　　して」『21世紀アジア學硏究』, 13 (2015):33－74.

宮地正人,「幕末・明治前期における歷史認識の構造」『歷史認識　日本近代思想大系13』,
　　岩波書店, 1991.

宮地正人,「日本的國民國家の確立と日淸戰爭―帝國主義的世界體制成立との關連におい
　　て―」『黑船と日淸戰爭』, 未來社, 1996.

宮地正人,「政治と歷史學」『In 現代歷史學入門/西川正雄』, 小谷汪之(編　)』, 92－123. 東
　　京大學出版會, 1987.

權錫永,「新渡戶稻造の朝鮮亡國論」『北海道大學文學硏究科紀要』, 126 (2008): 37－60.

權純哲,「林泰輔の「朝鮮史」硏究の內容と意義」『埼玉大學紀要 敎養學部』, 45－2 (2009):
　　49－105.

權純哲,「林泰輔の『朝鮮史』硏究」『埼玉大學紀要 (敎養學部)』, 44－2 (2008): 1－26.

今井修,「久米邦武硏究の課題－－硏究文獻と展望」『早稻田大學史記要』, 24 (1992): 133
　　－69.

吉岡眞知子,「明治期における近代學校敎育制度の成立と子育て觀」『東大阪大學　・　東大阪
　　大學短期大學部敎育硏 究紀要』, 3 (2006): 1－8.

吉野剛弘,「明治後期における旧制高等學校受驗生と予備校」『慶應義塾大學大學院社會學
　　硏究科紀要』, 5 2000.

吉野剛弘,「明治後期における旧制高等學校受驗生と予備校」『社會學硏究科紀要』, 51 (2000):
　　31－42.

吉野剛弘,「受驗雜誌・進學案內書こみる近代日本における予備校」『哲學』, 115 (2006): 89－114.

吉田忠,「『解体新書』から『西洋事情』へ－言葉をつくり, 國をつくった蘭學・英學期の翻譯」
　　『國際交流』, 19 (1996): 34-40.

金仙熙,「韓國における「歷史叙述」の問題 ―林泰輔『朝鮮史』の受容を中心に ―」『東アジ
　　ア文化交涉硏究』, 3 (2010): 131－142.

金子文夫,「日本の植民政策學の成立と展開」,『季刊三千里』, 41 (1985): 46-53.

大江志乃夫,「植民地戰爭と總督府の成立」,『岩波講座 近代日本と植民地』 第2卷, 岩波書
　　店, 1993.

大久保利謙,「明治初年の史學界と近代歷史學の成立」,『明治文學全集77 明治史論集』, 筑
　　摩書房, 1965.

大久保利謙,「王政復古史觀と旧藩史觀・藩閥史觀」『法政史學』, 12 (1959): 4－24.

大日方純夫,「南北朝正閏問題の時代背景 (特集/南北朝正閏問題100年)」『歷史評論』, 740
　　(2011): 4－17.

稻岡勝,「明治前期敎科書出版の實態とその位置」,『出版硏究』16 (1985): 72－125.

稲岡勝,「明治前期文部省の教科書出版事業」,『研究紀要(東京都立中央図書館)』18 (1986)

渡邉明彦,「「南北朝正閏問題」と新聞報道」『早稲田大學大學院教育學研究科紀要 別冊』, 14 (2007): 263‑73.

藤原暹,「『文明東漸史』の精神史的構造」『歴史と文化(岩手大學人文社會科學部)』, 159‑174, 1981.

藤田高夫,「日本における「東洋史」の成立」『東アジア文化交流と經典詮釋』, 19‑33, 2009.

浪本勝年,「教科用図書檢定規則の研究」『立正大學人文科學研究所年報』, 21 (1983): 66‑76.

鈴木正弘, 「明治後期における「東洋史」の通史的概説書(1)主要3著と久保・幸田・河野・高桑の4著を中心に」『東洋史論集』, 13 (2001): 25‑39.

鈴木正弘,「明治後期の啓蒙的歴史雑誌『史學界』について」『歴史教育史研究』, 1 (2003): 2‑17.

鈴木惠子,「近代日本出版業確立期における大倉書店」,『英學史研究』, 18 (1985): 1‑53.

劉銀炅,「語られない韓國 :「満韓ところどころ」の連載中止と關連して」『中央大學國文』, 58 (2015): 17‑31.

柳川平太郎,「箕作元八と旧制中學西洋史教科書」『高知大學教育學部研究報告』, 76 (2016): 225‑232.

李良姫,「植民地朝鮮における朝鮮總督府の観光政策」『北東アジア研究』, 13 (2007): 149‑67.

李榮,「明治啓蒙思想における道徳と自由 : 中村敬宇を中心に」,『近代日本研究』, 25 (2008): 151‑192.

目野由希,「賴まれ仕事―史伝」『文學研究論集』, 15 (1998): 173‑186.

目野由希,「明治「史伝」と鷗外「史伝」―明治二十～ 三十年代を中心に―」『國士舘大學文學部人文學會紀要』, 34 (2001): 33‑42.

武石典史,「明治前期東京における中等教育の趨勢 : 伝統學知から近代學知へ」『東京大學大學院教育學研究科紀要』, 45 (2006): 87‑96.

武井邦夫,「南北朝正閏論爭」『つくば國際大學 研究紀要』, 6 (2000): 89‑103.

門脇厚司,「日本的「立身・出世」の意味変遷」『教育社會學研究』, 24 (1969): 94‑110.

米家泰作,「近代日本における植民地旅行記の基礎的研究 : 鮮満旅行 記にみるツーリズム空間」『京都大學文學部研究紀要』, 53 (2014): 319‑64.

朴裕河,「漱石「満韓ところどころ」論‑‑文明と異質性」『國文學研究』, 104 (1991): 54‑63.

白柳秀湖,「明治の史論家」,『明治文學全集77 明治史論集』, 筑摩書房, 1965.

兵頭晶子, 「久米事件という分水嶺‑‑明治期における神道非宗教論の交錯とその行方」『日本思想史研究會會報』, 20 (2003): 362‑71.

兵藤裕己,「歴史研究における「近代」の成立 : 文學と史學のあいだ (伊藤博之教授古稀慶賀)」

『成城國文學論集』, 25 (1997): 255‐80.

本山幸彦, 「明治二〇年代の政論に現れたナショナリズム」, 『明治前半期のナショナリズム』, 未來社, 1958.

北田聖子, 「明治期における菊判,四六判の普及過程‐‐出版メディアの近代化の一樣相」『デザイン理論』, 57 (2010): 1‐14.

浜林正夫, 「H.T.バックルの『イングランド文明史』」『一橋大學社會科學古典資料センター年報』, 5 (1985): 4‐8.

寺崎昌男, 「日本における近代學校体系の整備と青年の進路」『教育學研究』, 44‐2 (1977): 153‐57.

山岡洋一, 「翻譯についての斷章」, 『翻譯通信』, 22 (2004): 1‐3. http://www.honyaku‐tsushin.net/bn/200403b.pdf

山本和明, 「明治期出版關連資料一端 : 「校正日本外史」刊行を巡って」『相愛大學研究論集』, 22 (2006): 270‐259.

山下重一, 「自由民權運動と英學 : 土佐立志學舍と三春正道館」, 『英學史研究』, 25 (1992): 63‐74.

三上敦史, 「雜誌『成功』の書誌的分析 ―職業情報を中心に―」『愛知教育大學研究報告. 教育科學編』, 61 (2012): 107‐115.

上原いづみ, 「明治期歷史教育における「歷史畵」の研究‐‐檢定教科書の挿繪分析を通して」『筑波社會科研究』, 21 (2002): 13‐22.

西谷敬, 「日本の近代化のエートスの限界」『間形成と文化 : 奈良女子大學文學部教育文化情報學講座年報』, 2 (1997): 1‐30.

西川長夫, 「日本型國民國家の形成」, 『幕末・明治期の國民國家形成と文化變容』, 新曜社, 1995.

成田龍一, 「總說 時間の近代」, 『岩波講座 近代日本の文化史3』, 岩波書店, 2002.

小路田泰直, 「日本史の誕生『大日本編年史』の編纂について」『世紀轉換期の國際秩序と國民文化の形成』, 柏書房, 1999.

小山常實, 「南北朝正閏問題の教育的意義」『日本の教育史學 : 教育史學會紀要』, 30 (1987): 62‐78.

小野壽人, 「日本開化小史とその時代」, 『本邦史學史論叢 : 史學會創立50年記念』(下卷), 史學會編, 富山房, 1939.

小泉信三, 「新錢座屍臺の塾則及學課目」, 『資料日本英學史1下, 文明開化と英學』, 大修館書店. 1998.

小澤榮一, 「文明史の翻譯」, 『日本英學史研究會研究報告』, 60 (1966): 1‐7.

小風秀雅, 「憲法發布と維新史の成立 : ナショナルヒストリーの形成と二人の「朝敵」(特集 歷

史の中の「正典」 : 外部/內部世界による分斷・再編)」『歷史學研究』, 938 (2015): 2 - 15.

小風秀雅, 「憲法發布と維新史の成立」『歷史學研究』, 938 (2007).

松本通孝, 「大正期における「世界史」教科書の試み」『歷史敎育史研究』, 7 (2009): 1 - 13.

松澤弘陽, 「「西國立志編」と「自由之理」の世界--幕末儒學・ビクトリア朝急進主義・「文明開化」(日本における西歐政治思想)」,『年報政治學』26 (1975): 9 - 53.

矢作勝美, 「近代における搖籃期の出版流通」,『出版研究』12 (1981): 89 - 123.

矢澤康祐, 「江戶時代における日本人の朝鮮觀について」,『朝鮮史研究會論文集』6 (1969): 14 - 39.

新川登龜男, 「竹越三叉」,『日本の歷史家』, 日本評論社, 1976.

深谷昌志, 「エリートの形成と入試制度」『敎育學研究』, 42 - 4 (1975): 275 - 84.

安田浩, 「近代日本における民族觀念の形成」,『近代天皇制國家の歷史的位置』, 大月書店, 2011.

岩井忠熊, 「日本近代史學の形成」,『岩波講座 日本歷史 22』, 岩波書店, 1963

野田秋生, 「藤田鳴鶴の自由民權觀念の形成 : 平民意識・文明史論・『孟子』誤讀」『大分縣地方史』, 179 (2000): 35 - 48.

雨田英一, 「近代日本における勉學意欲と敎育熱の形成と生成の歷史(1)」『東京女子大學紀要論集』, 60 - 1 (2009): 223 - 43.

雨田英一, 「近代日本における勉學意欲と敎育熱の形成と生成の歷史(2)」『東京女子大學紀要論集』, 64 - 2 (2014): 391 - 416.

有山輝雄, 「民友社ジャーナリズムと地方靑年」『コミュニケーション紀要』, 10 (1995): 15 - 37.

有山輝雄, 「言論の商業化 : 明治20年代「國民之友」」『コミュニケーション紀要』, 4 (1986): 1 - 23.

伊集院立, 「近代日本の世界史敎科書における東洋史と世界史の叙述」『社會志林』, 56 - 1 (2009): 23 - 37.

齋藤希史, 「作文する少年たち--『穎才新誌』創刊のころ」『日本近代文學』, 70 (2004): 158 - 66.

槇林滉二, 「內發論の展開 : 『穎才新誌』後半」『尾道大學芸術文化學部紀要』, 3 (2004): B28 - B38.

前田愛, 「明治立身出世主義の系譜--「西國立志編」から「歸省」まで」,『文學』, 33 - 4 (1965): 10 - 21.

田中克佳, 「明治3・40年代の社會と敎育--天皇制の動搖と再統合をめぐって」『慶應義塾大學大學院社會學研究科紀要』, 14 (1974): 1 - 9.

田中愼一, 「植民學の成立」,『北大百年史』, 北海道大學, 1982.

丁貴連, 「もう一つの旅行記 : 柳宗悅の朝鮮紀行をめぐって」『宇都宮大學國際學部研究論集』,
　　　　15 (2003): A1－14.

井上勝生, 「札幌農學校と植民學－佐藤昌介を中心に－」, 『北大百二十五年史』, 北海道大
　　　　學, 2003.

佐藤孝己, 「S.G.グッドリッチと「パーレーの万國史」」, 『英學史研究』 2 (1970): 1－24.

佐竹智子, 「明治期における青年教育論の全体像とその変容」『廣島大學大學院教育學研究科
　　　　紀要. 第三部』, 教育人間科學關連領域』, 61 (2012): 83－92.

竹內光浩, 「久米邦武事件－－黎明期史學の受難 (特集 時代の奔流と向かい合って生きた歷
　　　　史家たち)」『歷史評論』, 732 (2011): 4－12.

竹田進吾, 「近代日本における文部省の小學校歷史教科書統制に關する基礎的考察－「調査
　　　　濟教科書表期」から檢定期初期の分析－」『東北大學大學院教育學研究科研
　　　　究年報』, 54－2 (2006): 47－61.

中根隆行, 「日露戰爭後における朝鮮殖民 事業の文化地政學」『文學研究論集』, 18 (2000):
　　　　1－24.

中野目徹, 「解說」, 『明六雜誌 (上)』, 岩波書店, 1999.

增野惠子, 「內田正雄『興地誌略』の研究」, 『近代畫說』, 18 (2009): 64－93.

池田智文, 「「南北朝正閏問題」再考－近代「國史學」の思想的問題として」『日本史研究』, 528
　　　　(2006): 1－26.

池田智文, 「近代「國史學」の思想構造」『龍谷大學大學院文學研究科紀要』, 25 (2003): 85
　　　　－101.

池田智文, 「近代日本における在野史學の研究 ： 山路愛山の史學思想を中心に」『龍谷大學
　　　　大學院文學研究科紀要』, 23 (2001): 35－49.

池田智文, 「近代日本史學史研究における問題意識」『龍谷史壇』, 116 (2001): 133－52.

池田智文, 「日本近代史學の思想史的研究 ：「皇國史觀」的歷史認識との關係を中心に」『龍
　　　　谷大學大學院研究紀要. 人文科學』, 20 (1999): 250－53.

倉長眞, 「パーレー「万國史」の影響」『論集(靑山學院大學文學部英米文學科)』, 8 (1967):
　　　　57－62.

淺岡邦雄, 「明治期博文舘の主要雜誌發行部數」, 『明治の出版文化』, 臨川書店, 2002.

川口雅昭, 「吉田松陰の國際感覺について」『藝』 1 (2003): 1－9.

千葉功, 「歷史と政治 ： 南北朝正閏問題を中心として」『史苑』, 74－2 (2014): 102－123.

秋元信英, 「久米邦武と竹越与三郎の連續性」『國學院女子短期大學紀要』, 5 (1987): 51－
　　　　88.

秋元信英, 「久米邦武事件3題」『日本歷史』, 475 (1987): 92－96.

秋元信英, 「明治二十六年栗田寬の修史事業構想」『國學院女子短期大學紀要』, 創刊号

(1983): 115‒61.

秋元信英,「明治初年の修史・教科書・國學者」『國學院大學北海道短期大學部紀要』, 29 (2013): 3─44.

秋元信英,「川田剛の修史事業と史論」『國學院女子短期大學紀要』, 2 (1983): 37‒95.

湯川椋太,「「皇國史觀」と「國体」論 : 井上毅の「しらす」論の檢討を通して」『龍谷大學大學院 文學研究科紀要』, 38 (2016): 174.

土居安子,「讀書投稿欄から見る明治期の『少年世界』--『少年世界』創刊号当時の『小國 民』との比較を通して (特集 雑誌『少年世界』(博文館)研究--明治期兒童雑 誌研究プロジェクト)」『國際兒童文學館紀要』, 23 (2010): 17‒27.

平岡さつき・秋元信英・土居安子.「日本における歴史教育の構造」『共愛學園前橋國際大學 論集』, 12‒26 (2013): 125‒34.

平石典子,「明治の「煩悶青年」たち」『文藝言語研究. 文藝篇』, 41 (2002): 83‒118.

和崎光太郎,「＜青年＞の成立 : 明治20年代初頭における〈青年〉と「學生」の相克」『中等 教育史研究』, 23 (2000): 15‒28.

和崎光太郎,「＜青年＞史研究序説 ─＜青年＞の誕生を再考する─」『近畿大學教育論叢』, 27‒2 (2016): 45‒61.

和崎光太郎,「近代日本における「青年期」概念の成立 :「立志の青年」から「學生青年」へ」『人 間・環境學』, 19 (2010): 35‒46.

會田倉吉,「明治時代における英學の導入」,『英學史研究』, 5 (1972): 69-80.

後藤美緒,「戰間期における學生の讀書實踐」『社會學評論』, 62‒1 (2011): 51‒68.

데시마 다카히로,「구로이타 가쓰미(黒板勝美)의 외교사・대외관계사에 대하여」,『일 본사상』, 30 (2016): 97‒119.

木村健二,「메이지기 일본의 조사보고서에 보이는 조선인식」, 김용덕・미야지마 히 로시(편),『근대교류사와 상호인식』, 고려대학교 아세아문제연구소, 2001.

朴均燮,「교육칙어와 일본근대교육」『일본학보』, 43 (1999): 547‒65.

박양신,「19・20세기 전환기 일본에서의 「제국주의」론의 제상 - 서양사상과의 관련 에서」『일본역사연구』9 (1999): 131‒157.

박양신,「19세기말 일본인의 조선여행기에 나타난 조선상」,『역사학보』177 (2003): 105‒130.

서기재,「일본근대「여행안내서」를 통해서 본 조선과 조선관광」『일본어문학』, 13 (2002): 423‒440.

오태영,「관광지로서의 조선과 조선문화의 소비-『觀光朝鮮』과『文化朝鮮』에 대한 개괄적인 소개-」『일본학』, 30 (2010): 281 - 99.

윤소영, 「러일전쟁 전후 일본인의 조선여행기록물에 보이는 조선인식」『한국민족운
동사연구』, 51 (2007): 49 - 93.

윤소영, 「일본어잡지『朝鮮及滿洲』에 나타난 1910년대 경성」『지방사와 지방문화 9』,
1 (2006): 163 - 201.

한정선, 「'배제'와 '포섭'의 수사학」『일본학연구』, 33 (2011): 57 - 80.

함동주, 「근대일본의 역사상과 조선」, 『한국,일본,서양 - 일한공동연구총서』, 한일공
동연구포럼, 2005.

함동주, 「근대일본의 형성과 역사상 - 田口卯吉의 《日本開化小史》를 중심으로」, 『역
사학보』, 174 (2002): 171 - 199.

함동주, 「메이지 초기 서양사수용과 프랑스혁명관의 사회문화사」, 『동양사학연구』,
108 (2009): 193 - 218.

함동주, 「명치후반기의 조선사서술과 대중적 조선사상의 전개」, 『문명, 개화, 평화 -
일한공동연구총서』, 일한공동연구포럼, 2005.

함동주, 「일본제국의 성립과 박문관의 출판활동 — 청일전쟁기를 중심으로 —」, 『동
양사학연구』, 113 (2010): 245 - 270.

함동주, 「일본제국의 형성과 역사서술」, 『이화사학연구』, 32 (2005): 19 - 33.

함동주, 「竹越與三郎와 1890년대 전반기 일본의 역사상」, 『일본역사연구』, 20 (2004):
103 - 122.

Borton, Hugh. "A Survey of Japanese Historiography." The American Historical Review
43, no. 3 (1938): 489 - 499.

Conrad, Sebastian. "WHAT TIME IS JAPAN? PROBLEMS OF COMPARATIVE
(INTERCULTURAL) HISTORIOGRAPHY." History and Theory 38, no.
1 (1999): 67 - 83.

Cross, Helen Reeder. " 'Peter Parley'—Pied Piper in Print: Samuel Griswold Goodrich,
1793-1860." New-England Galaxy 9-2 (1967): 3-14.

Duus, Peter. "Whig History, Japanese Style: The Min`yusha Historians and the Meiji
Restoration ." The Journal of Asian Studies 33, no. 3 (1974): 415 - 436.

Hill, Christopher. "How to Write a Second Restoration: The Political Novel and Meiji
Historiography The Political Novel and Meiji Historiography." The Journal
of Japanese Studies 33, no. 2 (2007): 337 - 356.

Il Pai, Hyung. "Staging 'Koreana' for the Tourist Gaze: Imperialist Nostalgia and the
Circulation of Picture Postcards." History of Photography 37, no. 3

(August 2013): 301 - 311.

Kinmoth, Earl H. "Nakamura Keiu and Samuel Smiles: A Victorian Confucian and a Confucian Victorian." The American Historical Review 85, no. 3 (1980): 535 - 556.

Kono, Shion. "The Rhetoric of Annotation in Mori Ogai's Historical Fiction and Shiden Biographies." The Journal of Japanese Studies 32, no. 2 (2006): 311 - 340.

Kornicki, P.F. "The Publisher's Go-Between: Kashihonya in the Meiji Period." Modern Asian Studies 14, no. 2 (1980): 331 - 344.

Marshall, Byron K. "Professors and Politics: The Meiji Academic Elite." Journal of Japanese Studies 3, no. 1 (1977): 71 - 97.

Mayo, Marlene J. "The Western Education of Kume Kunitake, 1871-6." Monumenta Nipponica 28, no. 1 (1973): 3 - 67.

Mehl, Margaret. "Scholarship and Ideology in Conflict: The Kume Affair, 1892." Monumenta Nipponica 48, no. 3 (1993): 337 - 357.

Mehl, Margaret. "The Mid-Meiji 'history Boom': Professionalization of Historical Scholarship and Growing Pains of an Emerging Academic Discipline." Japan Forum 10, no. 1 (1998): 67 - 83.

Nordeborg, Martin. "Confucian Frosting on a Christian Cake : The Translation of an American Primer in Meiji Japan." Japanese Language and Literature 43, no. 1 (2009): 83 - 119.

Ogihara, Eriko. "Reconstructing the World: Peter Parley's Universal History." MA thesis. University of Tsukuba, 2000.

Pocock, J.G.A. "Historiography as a Form of Political Thought." History of European Ideas 37, no. 1 (March 2011): 1 - 6.

함동주咸東珠

이화여자대학교에서 사학을 전공하고 미국 시카고대학 사학과에서 석사, 박사학위를 받았다. 이화여자대학교 사학과 교수로 재직 중이다. 일본근대사 분야의 전문가로 한국일본사학회 회장을 역임하는 등 활발한 활동을 하고 있다. 근대일본의 아시아론, 식민담론과 근대적 역사서술의 성립 등에 대해 연구해 왔으며 현재까지 일본근현대사 관련하여 저역서 및 다수의 논문들을 발표하였다. 대표적 저서로는 『천황제 근대국가의 탄생』(창작과 비평사)이 있다. 최근에는 러일전쟁 이후의 재조일본인 문제와 1920년대 일본의 도시문화에 관한 논문들을 발표하고 있다.

근대일본의 사회변화와 역사지식 :

문명개화에서 제국주의까지

초판 1쇄 인쇄 2018년 6월 14일
초판 1쇄 발행 2018년 6월 25일
저　자 함동주
펴낸이 이대현
편　집 홍혜정
디자인 안혜진

펴낸곳 도서출판 역락
주소 서울시 서초구 동광로 46길 6-6 문창빌딩 2층
전화 02-3409-2058, 2060
팩스 02-3409-2059
등록 1999년 4월 19일 제303-2002-000014호
이메일 youkrack@hanmail.net
홈페이지 www.youkrackbooks.com
역락블로그 http://blog.naver.com/youkrack3888
ISBN 979-11-6244-254-8 93910

* 책값은 뒤표지에 있습니다.
* 파본은 구입처에서 교환해 드립니다.

이 도서의 국립중앙도서관 출판예정도서목록(CIP)은 서지정보유통지원시스템 홈페이지(http://seoji.nl.go.kr)와 국가자료공동목록시스템(http://www.nl.go.kr/kolisnet)에서 이용하실 수 있습니다.(CIP제어번호: CIP2018018035)